21 世纪高等学校物流管理与物流工程系列教材

集装箱运输与多式联运

段满珍　主编

清 华 大 学 出 版 社

北京交通大学出版社

·北京·

内 容 简 介

全书共分 10 章，以"箱、货、船、点、单、费、路"为主线，系统介绍我国集装箱远洋运输业发展及现状，多式联运系统组成；国际集装箱标准及箱务管理，集装箱适箱货源和货物交接；集装箱船舶、船舶配积载和积载图编制、集装箱航线运行组织；集装箱运输节点、集装箱班轮货运程序、海运提单和三大国际航运法规；国际集装箱运费计算；国际多式联运组织、大陆桥运输和一带一路等内容。

本书可作为高等院校交通运输、物流工程及管理类专业本科生、研究生的教材或辅助用书，也可供各类物流企业和相关岗位从业人员参考及培训使用。

图书在版编目（CIP）数据

集装箱运输与多式联运 / 段满珍主编. —北京：北京交通大学出版社 ：清华大学出版社，2021.10

ISBN 978-7-5121-4558-0

Ⅰ. ① 集… Ⅱ. ① 段… Ⅲ. ① 集装箱运输–多式联运–高等学校–教材 Ⅳ. ① U169

中国版本图书馆 CIP 数据核字（2021）第 171057 号

集装箱运输与多式联运
JIZHUANGXIANG YUNSHU YU DUOSHI LIANYUN

责任编辑：郭东青

出版发行：	清华大学出版社	邮编：100084	电话：010-62776969	http://www.tup.com.cn
	北京交通大学出版社	邮编：100044	电话：010-51686414	http://www.bjtup.com.cn

印 刷 者：北京鑫海金澳胶印有限公司

经　　销：全国新华书店

开　　本：185 mm×260 mm 　印张：20 　字数：512 千字

版 印 次：2021 年 10 月第 1 版 　2021 年 10 月第 1 次印刷

印　　数：1～2 000 册 　定价：59.00 元

前　言

集装箱多式联运被誉为最先进的运输组织形式之一，它的发展代表着一个国家和地区交通运输业的发展水平。国家"一带一路"发展战略以及新冠疫情的出现，人们对无接触物流的渴求为集装箱运输的发展提供了前所未有的机遇。首先，2020年疫情以来以国际集装箱为载体的中欧班列在疫情期间的突出表现更是令全球瞩目，也为后续中欧友谊和"一带一路"战略的发展奠定了坚实的基础。其次，在国家"散改集"战略方针的指引下，其运输对象不仅局限于传统意义上的适箱货，更是向煤炭、矿石等易损耗、易污染的散杂货领域延伸。这些都表明，掌握集装箱运输的基本知识是对未来物流人才的基本要求。

为适应行业发展以及满足我国新型物流人才培养的需要，我们编写了《集装箱运输与多式联运》这本教材，知识体系围绕集装箱载体，从"箱、货、船、点、单、费、路"七个角度介绍集装箱运输的基本理论，在此基础上进一步介绍以集装箱为载体的多式联运和典型形式大陆桥运输。希望能为更多的兄弟院校和支持我们的广大读者提供一份高质量的教材和教辅资料。

为帮助读者学习，本教材还提供三种电子渠道：1.《学堂在线》搜索"集装箱运输与多式联运"，平台提供有相应的视频课程和配套习题；2. 访问华北理工大学教学平台，搜索"国际集装箱与多式联运"课程，参与课程教学讨论、浏览课程资源；3. 申请参与"学习通"同步课堂教学和测试。

教材编写过程中参考并引用了许多专家学者的书籍、期刊资料，以及大量的网络资料、企业案例，在此一并致谢。感谢一起合作的曹会云、郭赟芳老师。同时感谢北京交通大学出版社各位领导和编辑的帮助与支持，也感谢配合我们编写工作的老师和同学们。

由于集装箱运输与国际多式联运的实践性较强，发展迅速，加之作者的学识和实践经验有限，书中疏漏和不足之处在所难免。欢迎业内专家、学者和广大读者给予批评指正，使本书更臻完善。

相关反馈和教学资源索取，可与责任编辑联系，邮箱：764070006@qq.com。

编　者

2021 年 3 月

目　录

第1章

集装箱运输概述

本章要点

- 掌握集装箱运输的几个发展阶段及各阶段的特点；
- 了解集装箱运输的发展趋势；
- 了解集装箱运输系统组成；
- 掌握无船承运人与国际货运代理的区别。

开篇案例

新造船市场两极化

随着运输需求的增长，造船技术的提升，以及班轮公司对规模效应和单位运输成本的考量，近年来，船舶大型化趋势明显。拥有超大型集装箱船已成为顶级班轮公司的标配。2020年，东方海外宣布订造 7 艘 23 000 TEU 超大型集装箱船，目的是优化船队结构及运力，提升成本竞争力和经营效益。但值得注意的是，3 000 TEU 及以下的小型集装箱船，由于在区域性近洋航线上扮演越来越重要的角色，逐渐与大型集装箱船平分秋色，成为新造船市场的主力。

根据 VesselsValue 对 2015 年至 2020 年间的新造集装箱船船型统计，从 2015 年开始，10 000 TEU 以上的大型集装箱船订单，包括 15 000～24 000 TEU 的超大型集装箱船和 10 000～15 000 TEU 的新巴拿马型集装箱船，在所有新造集装箱船订单中，都占有相当大的比重。另外，2 000～3 000 TEU 的次巴拿马型、1 250～2 000 TEU 的灵便型和 500～1 250 TEU 的支线型集装箱船等小型船舶的新造船订单量，也保持在高位。特别是从 2018 年开始，这类船舶的新造船订单量占比，甚至超过了大型船舶。

但 2020 年，受新型冠状病毒性肺炎疫情影响，全球经济遭受重创，市场的不确定性增大。在这一背景下，班轮公司在经营方面更加谨慎，订造新船的意愿明显下降。数据显示，

2020 年 1—10 月的新集装箱船订单量明显下降，不足 50 艘，已跌至 20 年来的最低水平。从船型看，2020 年的新增订单，几乎都是 10 000 TEU 以上的大型集装箱船以及 3 000 TEU 以下的较小型集装箱船。计划交付运力方面，2020 年，共有 201 艘集装箱船交付，其中 72% 是 3 000 TEU 以下的小型集装箱船，25% 是 10 000 TEU 以上的大型集装箱船，其余为中型集装箱船。

展望 2020 年到 2024 年间计划交付的集装箱船，仍以 3 000 TEU 以下的小型集装箱船为主。特别是 2018 年和 2019 年订造的这一规模的新船，将开始集中交付，2021 年有望迎来小型集装箱船的交付高峰。

来源：国际船舶网. 今年新造船市场哪两种船型最吃香？[EB/OL].（2020–12–02）[2021–1–15]. http://www.eworldship.com/html/2020/ship_market_observation_1202/165792.html.

思考题：认真阅读上面的文字，谈谈你对未来集装箱船舶市场的看法，以及新格局意味着什么？

1.1　集装箱运输发展概况

集装箱运输是一种先进的运输方式，突破了传统件杂货运输装卸作业的"瓶颈"，是运输领域的一次伟大变革，它的出现带动了世界范围的运输革命，使运输业的发展进入了前所未有的新时期。正是因为集装箱运输的出现才使多式联运成为可能，遍布世界各大洲、各大洋的陆桥运输开展得轰轰烈烈。在集装箱基础之上的陆桥运输不仅使运输成本急剧下降，快捷的运输方式更满足了人们日新月异的生活需求，推动了生活和生产需求的快速发展。

1.1.1　集装箱运输的发展沿革

不同时期的社会生产力发展，客观上需要与之相适应的运输方式，集装箱运输正是适应生产力发展的这种需求而产生的。根据不同时期集装箱运输发展的特点，大体上可以分为五个不同的阶段：萌芽阶段、开创阶段、成长扩展阶段、成熟阶段、高速大型化阶段。

1. 萌芽阶段（1801—1955）

英国工业革命促进了交通运输业的发展，运输领域出现了因低效的人力装卸与先进的运输工具不相适应的矛盾。随之产生了成组化运输的思想，1801 年，英国人安德森博士提出集装箱运输的设想。1830 年，英国率先在铁路上采用一种装煤的容器，同时在日杂货运输方面出现了使用大容器来装运的实例，1853 年，美国铁路也采用了容器装运法，这是世界上最早出现的集装箱运输的雏形。由于当时还是工业化初期，这种大容器运输货物的方法，受到了种种条件的限制，后来被迫中止使用。

1880 年，美国正式试制了第一艘内河用的集装箱船，在密西西比河试航，但这种新型的水路运输方式并没有被人们接受。

1900 年，英国铁路上首先出现了较为简单的集装箱运输。1917 年，美国在铁路上试行集装箱运输。随后在短短的十余年间，德、法、日、意相继出现了集装箱运输。1928 年在罗马召开的世界公路会议上，探讨了铁路和公路运输相互合作的问题。讨论认为，利用集装箱运输对于协调铁路和公路间的矛盾特别有利，为了推动集装箱运输的发展，1931 年在法国巴黎成立了集装箱运输的国际组织——国际集装箱协会，负责研制集装箱规格标准和广泛宣传等工作，该协会还出版了名为 *Container*（《集装箱》）的杂志。

第二次世界大战爆发后，美国军队利用集装箱在海上进行军用物资的运输，证实了集装箱在进行大量货物运输时的安全、快捷的优势。

这一阶段集装箱运输的主要特点是：欧美地区的发达国家在其内部尝试陆上集装箱运输，运距较短，发展缓慢，集装箱运输的优越性并没有充分发挥出来。其主要原因在于社会生产力还较落后，没有达到开展集装箱运输所需的水平，没有充足而稳定的适箱货源，集装箱运输所需的物质技术基础与配套的设施落后，集装箱运输的组织管理水平也较差，致使集装箱运输的优越性不能很好发挥，影响集装箱运输的开展。

2. 开创阶段（1956—1965）

第二次世界大战以后，各国经济得到迅速发展，国际贸易量大幅增加。尤其是欧美等发达国家，落后的件杂货运输方式严重影响到其生产效率和经济效益的提高，强烈要求变革原有的运输方式，给集装箱运输的发展提供了前所未有的良机。

1955 年，美国人马尔康·麦克林（Malcon Mclean）提出集装箱运输必须实现海陆联运的观点。1956 年 4 月，他通过自己拥有的美国泛大西洋轮船公司将一艘 T–2 型油船改装，在甲板上设置了一个可装载 58 只 35 ft 集装箱的平台，取名为"马科斯顿"号，航行于纽约至休斯敦航线上。经过 3 个月的试运行后，"马科斯顿"号获得了巨大的经济效果，平均每吨货物的装卸费从原来的 5.83 美元下降到 0.15 美元，仅为原来装卸费用的 1/39。事实充分证明集装箱运输可以大幅度降低运输成本，可以获得较好的经济效益，从而显示了集装箱运输的巨大优越性。

1957 年 10 月，该公司又将 6 艘普通货船改装成吊装式全集装箱船，取名"盖脱威城"号（Gate Way City），载重量 9 000 t，可装载 226 个 35 ft 集装箱，仍航行于纽约—休斯敦航线上，这是世界上第一艘全集装箱船。为了满足集装箱的装卸作业要求，1958 年，在美国加州阿拉美达港研制了世界第一台岸边集装箱装卸桥，额定起重量 25.4 t，外伸距 27.85 m，码头堆场采用叉车或拖挂车进行集装箱装卸搬运作业。从此，海上集装箱运输才成为现实。

1960 年 4 月，泛大西洋轮船公司改名为海陆运输公司，以表明自己在海陆联运方面的实力。1961 年 5 月，该公司又陆续开辟了纽约—洛杉矶—旧金山航线和阿拉斯加航线，从而奠定了在国内进行集装箱运输的基础。在此期间，美国的马托松等其他船公司也先后开辟了夏威夷等航线，集装箱运输从此逐步开展起来了。

这一阶段集装箱运输的特点是：所使用的集装箱船都是改装的，没有专用集装箱泊位，使用的都是非标准的 17 ft，27 ft 和 35 ft 的集装箱，集装箱运输的航线都在美国沿海。

3. 成长扩展阶段（1966—1983）

1966 年 4 月海陆运输公司以经过改装的全集装箱船开辟了纽约—欧洲集装箱运输国际航线。1967 年 9 月马托松船公司将"夏威夷殖民者"号全集装箱船投入到日本—北美太平洋沿岸航线。一年以后，日本有 6 家船公司在日本至加利福尼亚之间开展集装箱运输。紧接着日本和欧洲各国的船公司先后在日本、欧洲、美国和澳大利亚等地区开展集装箱运输。这一时期从事集装箱运输的船舶为第一代集装箱船，载箱量在 700 到 1 100 TEU 之间，并且出现了集装箱专用码头。

集装箱全球航运的开始，推动了集装箱的标准化、专用码头和装卸设备的发展。1965 年，国际标准化组织 ISO 颁布了一系列国际标准箱的规格（尺寸），其中，20 ft 和 40 ft 的标准集装箱成为国际集装箱运输中的主流。与此同时，配备集装箱专用机械的专用码头在世界一些主要港口陆续出现，使集装箱装卸效率显著提高。

由于集装箱运输的高效率、高效益、高质量，便于开展联运等优点，集装箱运输深受货主、船公司、港口及有关部门的欢迎，发展极其迅速，遍及并扩展到东南亚、中东及世界各主要航线。1971 年年底，世界 13 条主要航线基本上实现了件杂货集装箱化。集装箱船舶运输能力迅速增加，1970 年约为 23 万 TEU，1983 年达到 208 万 TEU，集装箱船舶基本上航行于全球，发达国家的海上件杂货运输基本上实现了集装箱化，发展中国家的集装箱运输也得到了较快发展。集装箱船舶迅速大型化，出现了第二代、第三代集装箱船。港口建设不断现代化，许多集装箱码头开始配备了跨运车、集装箱装卸桥及堆场使用的龙门起重机。电子计算机开始应用于集装箱运输。1980 年 5 月，在日内瓦通过了《联合国国际货物多式联运公约》。

这一阶段集装箱运输的特点是：集装箱运输航线从美国沿海走向国际远洋航线，集装箱趋于标准化，出现了第二代、第三代集装箱船和专用码头，集装箱管理开始实现现代化。

4. 成熟阶段（1984—1995）

这一阶段集装箱运输已遍及全球，与集装箱运输有关的硬件和软件日臻完善，各有关环节紧密衔接、配套建设。集装箱船舶的大型化和全自动化，集装箱专用泊位高效率化以及集装箱运输的集疏运系统等的配套建设，大大地提高了整个集装箱运输系统的现代化水平和能力。在集装箱运输管理方面，实现了管理方法科学化，管理手段现代化，广泛采用 EDI（电子信息交换）系统，实现集装箱动态跟踪管理等。集装箱运输多式联运获得迅速发展，发达国家之间的集装箱运输已基本实现了多式联运，发展中国家多式联运处于迅猛增长阶段。

这一阶段的船舶以第四代集装箱船（巴拿马级）和第五代集装箱船（早期的超巴拿马级）为主。同时，港口装卸设备朝着大型、高效、自动化的方向发展，形成了堆场集装箱装卸工艺，欧洲以跨运车为主、亚洲则以轮胎式集装箱龙门起重机为主的模式。随着港口集装箱吞吐量的迅速增长，堆场堆箱层数逐步提高，轨道式龙门起重机开始展现其堆装效率高的优越性，集装箱尺寸增大，出现长 45 ft、48 ft 和 53 ft 的超长集装箱。集装箱重量也在增加，国际标准化组织再次修订集装箱标准，重新颁布 ISO 668—1995，标准规定 20 ft 集装箱额定重量由 20 320 kg 改为 24 000 kg。现行的国际标准 ISO 668—2020 增加了 45 ft 集装箱，额定总质量为 30 480 kg。

5. 高速大型化阶段（1996 年至今）

"门到门"的多式联运已成为深受大众喜欢的运输方式。造船技术的发展使得集装箱船舶进入另一飞速发展的阶段，尤其是 2005 年后，造船业的发展更是日新月异。

2006 年 3 月 22 日，在宁波港集团北仑港第三集装箱码头首航的"中远宁波"号，是由韩国现代重工船厂制造，载重为 10.9 万 t，吃水深度 14.5 m，载箱量 9 499 TEU，长 350.57 m，宽 42.8 m，航速 25.4 节。

2009 年 3 月 17 日试航，由中国制造的"中远川崎 48"号，载箱量 10 062 TEU，长 348.50 m，宽 45.60 m，型深 27.20 m，吃水深度 14.5 m，航速 25.8 节，载重为 10.9 万 t。

2009 年投入使用的"地中海丹妮特"号，长 365.5 m，宽 51.29 m，最大吃水 15.6 m，能够装载 14 028 TEU，并配有 1 000 个冷藏箱插座，舱内可堆码 11 层集装箱，甲板可堆码 9 层集装箱。

另外，丹麦的奥登塞造船厂制造的"艾玛·马士基"长约 397.71 m、宽 56.40 m，设计吃水深度 16 m，装载量至少 14 800 TEU，可以让 11 台岸边重机同时作业，额定装载能力为 11 000 TEU。

截至 2018 年 1 月 1 日，全球在运营的超大型集装箱船（ultra large container ship，ULCS）总共有 451 艘，其中 14 000～18 000 TEU 的有 101 艘，18 000 TEU 以上的有 69 艘。地中海航运 MSC 运营的超大型船舶最多（达到 90 艘），且拥有 23 350 TEU 的大船订单 11 艘。

【来源：全球有多少超大型集装箱船？哪家公司最多？[EB/OL].（2018−02−08）[2021−01−15]. https://www.sohu.com/a/221744166_175033】

日本海洋网联船务（Ocean Network Express）与 Shoei Kisen 正式签署的 6 艘 24 000 TEU 世界最大集装箱船的定期租船合同计划在 2023 年至 2024 年陆续交付。

【来源：ONE 定下 6 艘 24000 TEU 超大型集装箱船订单.航运界[EB/OL].（2020−12−29）[2021−1−15]. https://www.360kuai.com/pc/98f9e61b5ac602f5e?cota=4&kuai_so=1&tj_url=so_rec&sign=360_e39369d1&refer_scene=so_54】

据统计，2020 年抵达青岛港 400 m 级集装箱船达到 400 艘，比 2019 年增长 8.11%，是 2018 年的 2 倍，创历史新高。其中包括设计装载量为 23 964 t 的集装箱班轮"阿尔赫西拉斯"号，该轮长 399.9 m，宽 61.03 m，2020 年 4 月 26 日在山东青岛启航驶往欧洲。

【来源：丛树晗. 2020 年 400 艘超大型集装箱船进出青岛.大众网[EB/OL].（2020−12−29）[2021−01−15]. https://www.360kuai.com/pc/9f347215a808920c1?cota=3&kuai_so=1&tj_url=so_vip&sign=360_e39369d1&refer_scene=so_54】

从这些实例中足以看出近些年世界造船业的蓬勃发展趋势。通过表 1−1 中中远的一组数据也可以看出我国在集装箱运力方面的投入和对集装箱远洋运输的重视。

表 1−1　中远海运 14 000 TEU 以上的集装箱船舶一览表

船名	英文船名	建造年份	总长/m	型宽/m	航速/节	标准箱位	船旗
中远海运处女座	COSCO SHIPPING VIRGO	2018	399.8	58.6	22.5	20 119	HONG KONG
中远海运天秤座	COSCO SHIPPING LIBRA	2018	399.8	58.6	22.5	20 119	HONG KONG
中远海运宇宙	COSCO SHIPPING UNIVERSE	2018	399.9	58.6	22	21 237	HONG KONG
中远海运金牛座	COSCO SHIPPING TAURUS	2018	399.8	58.6	22.5	20 119	HONG KONG
中远海运双子座	COSCO SHIPPING GEMINI	2018	399.8	58.6	22.5	20 119	HONG KONG
中远海运天蝎座	COSCO SHIPPING SCORPIO	2018	400	58.6	22.5	19 273	HONG KONG
中远海运狮子座	COSCO SHIPPING LEO	2018	400	58.6	22.5	19 273	HONG KONG
中远海运白羊座	COSCO SHIPPING ARIES	2018	400	58.6	22.5	19 273	HONG KONG

续表

船名	英文船名	建造年份	总长/m	型宽/m	航速/节	标准箱位	船旗
中远海运摩羯座	COSCO SHIPPING CAPRICORN	2018	400	58.6	22.5	19 273	HONG KONG
中海印度洋	CSCL INDIAN OCEAN	2015	399.67	58.6	25	18 982	HONG KONG
中海大西洋	CSCL ATLANTIC OCEAN	2015	399.67	58.6	25	18 982	HONG KONG
中海北冰洋	CSCL ARCTIC OCEAN	2015	399.67	58.6	25	18 982	HONG KONG
中海太平洋	CSCL PACIFIC OCEAN	2014	399.67	58.6	25	18 982	HONG KONG
中海环球	CSCL GLOBE	2014	399.67	58.6	25	18 982	HONG KONG
中远海运喜马拉雅山	COSCO SHIPPING HIMALAYAS	2017	366	51.2	22.1	14 568	HONG KONG
中远海运乞力马扎罗	COSCO SHIPPING KILIMANJARO	2017	366	51.2	22.4	14 566	HONG KONG
中远海运阿尔卑斯	COSCO SHIPPING ALPS	2018	366	51.2	22.4	14 566	HONG KONG
中远海运德纳里	COSCO SHIPPING DENALI	2018	366	51.2	22.5	14 566	HONG KONG
中海天王星	CSCL URANUS	2012	366.07	51.2	24	14 074	HONG KONG
中海之星	CSCL STAR	2011	366.07	51.2	24	14 074	HONG KONG
中海土星	CSCL SATURN	2011	366.07	51.2	24	14 074	HONG KONG
中海水星	CSCL MERCURY	2011	366.07	51.2	24	14 074	HONG KONG

资料来源：

网址：http://lines.coscoshipping.com/home/Services/ship/0.

　　这一时期世界大部分国家或地区基本实现了集装箱化，尤其是亚洲的集装箱运输得到了空前的发展。表 1-2 是近几年世界各大集装箱港口的发展情况。

表 1-2　JOC 全球集装箱港口排名　　　　　　　单位：百万 TEU

排名	港口	国家/地区	2019 年集装箱吞吐量	2018 年集装箱吞吐量	增长率
1	上海港	中国	43.30	42.00	3.10%
2	新加坡港	新加坡	37.20	36.60	1.60%
3	宁波舟山港	中国	27.54	26.40	4.50%
4	深圳港	中国	25.77	25.70	0.20%

续表

排名	港口	国家/地区	2019 年集装箱吞吐量	2018 年集装箱吞吐量	增长率
5	广州港	中国	23.24	21.90	6.00%
6	釜山港	韩国	21.99	21.70	1.50%
7	青岛港	中国	21.01	19.30	8.80%
8	香港港	中国	18.36	19.60	−6.30%
9	天津港	中国	17.30	16.00	8.10%
10	鹿特丹港	荷兰	14.81	14.50	2.10%

资料来源：全球 50 大集装箱港口排名[EB/OL].（2020−12−28）[2021−1−15]. http://jtys.sz.gov.cn/szpilot/ghxw/content/post_8370277.html.

为满足世界船舶大型化发展的需求，世界各大港口都在加快建设新的集装箱码头或改造现有码头，来扩大港口规模、航道和港口水域，添置大型高效的码头设备，提高作业效率，以吸引大型集装箱船舶挂靠，如国外的比利时安特卫普港、韩国釜山港、巴基斯坦的卡拉奇，迪拜的亚丁港等。国内的众多港口也纷纷改扩建，例如，广州港南沙港区四期工程项目，拟建设 2 个 10 万 t 级和 2 个 5 万 t 级集装箱泊位（码头结构按靠泊 10 万 t 级集装箱船设计）及配套 12 个集装箱驳船泊位，工程设计年通过能力 490 万 TEU，预计 2021 年竣工。工程采用北斗卫星导航定位系统、激光雷达 SLAM、视觉 SLAM 以及多传感器融合定位技术的无人驾驶智能引导车（IGV）等现代化设备进行水平运输。

天津港北疆港区 C 段智能化集装箱码头于 2019 年 12 月 28 日开工建设，拟建三个智能化集装箱泊位，建成后可满足世界最大集装箱船舶全天候靠泊作业。新型码头集智能、效率、安全、绿色、环保等功能于一身，在设计上拥有双悬臂轨道吊边装卸、无人驾驶电动集卡水平运输等多项全球首创的技术和工艺。

与此同时，港口装卸设备的大型化更加突出，就集装箱装卸桥而言，目前最大的装卸桥起重能力可达 70 t，外伸距最大达 67.5 m。就我国而言，福州港江阴港区 4、5 号泊位集装箱装卸桥额定起吊重量 65 t，外伸距 65 m，可装卸 10 万 t 级集装箱船；连云港、天津等港区的也都安装了能满足第六代集装箱船作业的装卸桥，跨距一般为 30 m 以上、起重在 60 t 以上、外伸距达 60 多 m。

在集装箱码头自动化方面也得到了快速发展。新加坡港新建的集装箱码头前沿配备了自动化控制的大型集装箱装卸桥，堆场配置了全自动化控制的高架式起重机进行堆场集装箱作业。而我国集装箱港口在这方面的发展也毫不逊色。

2020 年 5 月初，在宁波舟山港穿山港区集装箱码头采用公司下属宁波港信息通信有限公司自主研发的操作系统（n−TOS 系统），单日最高可完成 3.3 万 TEU 的装卸任务，能同时进行 5 艘 2 万 TEU 级集装箱船舶的作业，结束了我国"千万级"大型集装箱码头依赖国外系统的历史。

2020 年 6 月，盐田国际四台远程控制半自动化岸吊投产使用，实现 7×24 的全时段全天候作业，率先实现了深圳港岸吊远程控制及半自动化，为深圳港在世界级大港升级之路迈出了坚实的一步。同时，盐田国际还是中国首先大规模推广龙门吊油改电项目的码头，也是国内首家批量使用 LNG 拖车的码头，多次获得 ISO：14001 环境管理体系和 ISO：50001 能源管理体系的认证。自动闸口配备了集装箱识别技术，利用集成光学识别，可以实现远程验箱，简化人工数据录入，以及箱体检验流程，大大缩短拖车等候和流转的时间。

2020 年 8 月，"青岛港自动化集装箱码头标准体系"顺利通过专家评审，标志着山东港口在我国率先完成"自动化集装箱码头标准体系"的构建，该码头位于青岛前湾港区南岸，规划设计分 3 期建设 6 个泊位，全自动化码头代表着海洋港口集装箱装卸的最高端形态，这一举措将更加有力地支撑具有国际领先技术水平的自动化码头的发展。

2020 年 8 月底，我国首个海铁联运自动化集装箱码头（广西钦州大榄坪南作业区 9、10 号自动化集装箱泊位）开工建设，项目建成后将成为中国第五个自动化集装箱码头，同时也是中国第一个海铁联运自动化集装箱码头。作为北部湾智慧港口建设的标志性项目，钦州港大榄坪南作业区 9、10 号自动化集装箱泊位工程计划新建两个 10 万 t 级自动化集装箱泊位，码头水工按靠泊 20 万 t 级集装箱船设计，年设计吞吐量 160 万 TEU，总投资约 40.5 亿元人民币，计划于 2022 年建成。

1.1.2　中国集装箱运输发展

中国集装箱运输是从 20 世纪 50 年代起步的。1955 年 4 月，铁路部门开始办理国内小型集装箱运输。水运部门在 1956 年、1960 年、1972 年 3 次借用铁路集装箱进行短期试运。为了适应对外贸易发展的需要，1973 年，中国外轮代理公司、中国远洋运输总公司和中国对外贸易运输总公司共同出面，与日本新和海运株式会社、日新仓库株式会社协商，于同年 9 月在上海至横滨、大阪、神户等港之间开始用普通杂货船捎运小型集装箱的试运工作，同年 10 月，又在天津至横滨、大阪、神户等港间进行小型集装箱的试运。自 1973 年 9 月至 1975 年年底，历时 2 年零 3 个月的试运期间，中日双方共派船 89 个航次，载运集装箱 2 399 个，运货 7 503 t，其中进口 40 个航次，共运箱 1 204 个，出口 49 个航次，运箱 1 195 个。通过这一阶段的试运，既为我国开展国际集装箱运输积累了经验，也培养了一批集装箱运输的业务骨干。

1977 年 1 月，我国交通部成立集装箱筹备小组，着手在上海、天津和青岛港配备必要的集装箱吊装机械、吊具和运输车辆。与此同时，作为我国国际集装箱运输主力的中国远洋运输总公司也开始进行集装箱运输的筹备工作。1977 至 1980 年间，中远先后购置了 7 047 t 的"平乡城"半集装箱船和 8 艘新滚装船，以及 3 艘二手滚装船和 8 艘半集装箱船，共 5 353 TEU 箱位，形成了初具规模的集装箱船队。

1981 年 12 月，我国第一个集装箱专业化码头在天津建成，开启了我国专业化集装箱港口发展的序幕。20 世纪 90 年代，中国水路、公路等集装箱运输有了快速发展，特别是水路国际集装箱运量和港口吞吐量大幅度增长，港口集装箱化比重也有了很大提高。我国广州、青岛、大连、宁波、厦门等八大沿海港口先后进入年吞吐量百万标箱的行列，其中上海港和深圳港 2001 年吞吐量都超过 500 万 TEU。2008 年，我国港口集装箱吞吐量为 1.28 亿 TEU，上海、深圳、宁波等 6 个港口的集装箱吞吐量进入世界前 10 位，中远、中海集装箱船队运力进入世界前 10 位，港口集装箱化率达到国际先进水平。

2002 年 4 月，原国家经济贸易委员会、铁道部、交通部、对外贸易经济合作部、海关总署、国家质量监督检验检疫总局联合颁布了《关于加快发展我国集装箱运输的若干意见》，重点强调了要建立高效、统一的管理和协调工作机制，进一步规范集装箱运输市场秩序，提高口岸查验效率，改善口岸服务环境，大力推动集装箱多式联运发展，合理规划建设集装箱运输基础设施，加强集装箱运输支持保障系统建设。这一系列的政策措施为中国集装箱运输和多式联运的发展营造了良好的制度环境。目前，我国环渤海湾、长江三角洲、珠江三角洲等地区已基本形成沿海内贸集装箱运输网络，长江干线集装箱运输日渐成熟。

中国国际集装箱运输虽然起步较晚，但发展的速度很快。自 1973 年天津接卸了第一个国际集装箱，历经了 70 年代的起步，80 年代的稳定发展，到 90 年代中国国际集装箱运输引起全世界航运界的热切关注。迄今为止，中国拥有了一支现代化的集装箱船队，建成了一批集装箱专用深水泊位。全球前五的集装箱港口中国占四个，分别是上海、舟山、深圳、广州。排名前十的有七个在中国。

运力方面，根据 Alphaliner 最新数据显示，截至 2021 年 1 月 5 日，全球十大集装箱船公司运力排名如下：马士基（第 1）、地中海航运（第 2）、中远海运集运（第 3）、达飞轮船（第 4）、赫伯罗特（第 5）、海洋网联船务 ONE（第 6）、长荣海运（第 7）、现代商船（第 8）、阳明海运（第 9）、以星航运（第 10），占全球百大集装箱班轮公司的 83.9%。

在上榜的中国大陆班轮公司中，中远海运集运排名第 3 位；中谷物流排名第 13 位；安通控股排名第 16 位；海丰国际排名第 18 位；中外运集运排名第 24 位；宁波远洋排名第 38 位；锦江航运排名第 41 位；大连信风海运排名第 44 位；太仓港集装箱海运有限公司排名第 64 位；天津达通航运排名第 68 位；融商物流排名第 87 位；大连集发环渤海集运排名第 90 位。

1.1.3　集装箱运输的发展趋势

1. 集装箱船趋向大型化

如果说 1997 年之前船公司的造船计划被称为"稳健型"，那么 1997 年之后就进入"激进型"。从 3 000 TEU 发展到 6 000 TEU 用时 24 年，但是从 6 000 TEU 发展到 12 000 TEU 只用了 10 年时间。2013 年 18 000 TEU 的超大型集装箱船问世后，以集装箱班轮公司联盟为主体的角逐竞争拉开帷幕，各大班轮联盟展开了新一轮运力竞赛，在箱位尺度节节攀升的情况下，全球第一大干线亚欧航线已"非万箱以上船莫入"，东西干线基本被 14 000+TEU 船舶主导，如果没有一组 18 000+TEU 船舶的班轮公司很难在东西干线立足，将面临被迫退出主干航线的风险。因此，各大航运公司展开竞相角逐也是无奈之举（见表 1-3）。

表 1-4 是 2018 年在役船舶及近两年订单情况。

表1-3　主要班轮巨头的超大型集装箱船舶配置情况

排名	班轮公司	现役船舶			订单船舶		
		艘数/艘	平均单船/TEU	典型船型平均单船/TEU	艘数/艘	平均单船/TEU	典型船型平均单船/TEU
1	APM-Maersk	47	18 048	18 270/15 226	3	15 226	15 226
2	MSC	37	17 127	19 224/14 036	35	17 010	22 000/14 681
3	COSCO	34	18 043	21 413/14 074	6	20 375	20 988
4	CMA CGM	21	16 903	14 414	9	22 000	22 000
5	Evergreen	5	20 150	20 150	11	19 032	20 150/14 000
6	Hapag-Lloyd	17	16 337	18 800/14 996	—	—	—
7	ONE	18	16 067	20 150/14 006	8	14 006	14 026
8	Yang Ming	16	14 063	14 100	2	14 000	14 000
9	PIL	0	—	—			
10	HMM	0	—	—	20	19 920	23 000/15 300

数据来源：克拉克森. 数据截至 2019 年 8 月份之前。

表1-4　2018 年在役船舶及近两年订单情况（不包括协商后延期和取消的新造船）

船舶容量（TEU）	在役船队		2019 年订单		2020 年及以后订单		总订单		占世界船队比重
	艘	TEU	艘	TEU	艘	TEU	艘	TEU	
总计	5 217	21 742 764	284	1 420 385	186	1 635 254	470	3 055 639	14.1%
18 000+	88	1 710 374	21	436 356	29	644 950	50	1 081 306	63.2%
14 000～17 999	112	1 644 739	17	252 186	28	420 034	45	672 220	40.9%
11 000～13 999	208	2 662 480	20	244 086	32	366 650	52	610 736	22.9%
5 000～10 999	1 123	8 391 853	11	66 500	0	0	11	66 500	0.8%
3 000～4 999	806	3 324 329	18	64 600	9	27 788	27	92 388	2.8%
0～2 999	2 880	4 008 989	197	356 657	88	175 832	285	532 489	13.3%

数据来源：Lloyd's List Intelligence。

此外，随着 20 000 TEU 以上船舶的上线，各大公司也竞相投入。2019 年 9 月，长荣海运在中韩三家船厂订造了总计 10 艘 23 000 TEU 超大型集装箱船，包括三星重工的 6 艘，以及沪东中华和江南造船的各 2 艘。2020 年，全球运力排名第三的中远海运，通过东方海外订造了 12 艘 23 000 TEU 超大型集装箱船，凭借东方海外的订单，南通中远海运川崎和大连中远海运川崎也成为继沪东中华、江南造船之后，最新加入 23 000 TEU 超大型集装箱船建造阵营的中国船企。与此同时，地中海航运也在 2020 年 10 月初传出将在中国订造 5 至 6 艘配备脱硫装置的 23 000 TEU 集装箱船，并已经与江南造船和沪东中华签署了集装箱船建造意向书。长荣海运也将订造 10 艘 15 000 TEU 集装箱船。赫伯罗特据称将重拾年初搁置的建造计划,订造 6 艘 23 000 TEU 双燃料集装箱船。根据此前的消息,沪东中华和江南造船在赫伯罗特的新造船谈判中一路领先韩国,最有可能获得赫伯罗特的订单。同样在年初搁置了 23 000 TEU 集装箱船订造计划的还有日本海洋网联船务(ONE),有消息称 ONE 计划在 2021 年签署这批新船订单。马士基也将订造 5 艘 23 000 TEU 超大型集装箱船,预计这批配备脱硫装置的超大型船舶,造价在 1.45 亿~1.48 亿美元之间,总金额将达到 8.9 亿美元。

集装箱船舶的大型化趋势也会遇到一系列的障碍,这包括港口的水深条件、起重设备的作业尺寸、港口的装卸效率及陆路的集疏运能力等问题。

2. 集装箱码头趋向深水化、大型化和高效化

随着集装箱船舶的大型化,特别是现在投入营运的超大型超巴拿马船舶满载吃水深度大部分在 14 m 以上,若要满足集装箱船全天候进出港的要求,要求集装箱主干线上的枢纽港的航道水深在 13~14 m 以上,泊位水深在 14~15 m 以上。因此,集装箱码头规模的扩大,码头深水化、高效化已成为枢纽港的必要条件。吃水深度在 13~14 m 以上的集装箱枢纽港有上海、香港、新加坡、高雄、鹿特丹、长滩、西雅图、塔科马、盐田等,见表 1-5。

表 1-5　世界主要的集装箱港航道及泊位水深情况

港口	航道水深/m	泊位水深/m	港口	航道水深/m	泊位水深/m
新加坡	13.1	12.4~14	上海外高桥	12.5	9.4~12
香港	13.2	12~14.5	纽约	13.7	9.7~12.8
高雄	14	10.5~14.5	东京	12	10~12
鹿特丹	25	12.2~14.5	横滨	12	11~13
釜山	13.4	12.5	费力克斯托	12.5	11.5~13
长滩	18.3	11.2~15.2	基隆	15	11.5~12
汉堡	11.6	10~14.5	神户	12~14.2	10~13
洛杉矶	13.7	10.4~13.7	不来梅	12.5	11~12.5
安特卫普	11	12	深圳盐田	16	14~16
西雅图	20	12.2~15.2	塔科马	15.2	12~15.2

3. 船舶挂靠港口减少,促进港口建设

航运公司运力优化配置带来的最大效果就是运输服务质量的提高,表现为航线挂靠港口减少,航班服务密度增加,交货期缩短。在重组的以枢纽港为核心的新的港口群中,港口密度将进一步提高,大中小港口、大中小泊位、专业与通用泊位将更强调相互协调发展,港口群体将更注重港口间密切的相互协作和高度的互补性,从而促进采用更为先进的港口技术设施。

4. 集装箱运输与信息化的结合

随着物流信息技术的发展,集装箱码头信息化也进入跨越式发展阶段,除了互联网和 EDI

技术的应用，无线通信技术（TETRA 技术、Mesh 无线网络技术等），RFID（无线射频识别），GIS（地理信息系统）、GPS（全球定位系统）等技术也被应用到集装箱码头，为集装箱码头的生产作业自动化和智能化奠定了良好的基础。

集装箱码头基础设施不断完善，集装箱码头前沿的装卸设备由原来只能装卸一个集装箱发展到现在能同时装卸 3 个 40 ft 的集装箱；又如大跨度的集装箱轨道吊技术的应用，使得集装箱码头场地的装卸水平和效率得到了很大的提高；再如 AGV 水平运输在集装箱码头的应用使集装箱码头基本实现了自动化和智能化发展。

此外，"9·11"后，美国海关实施集装箱安全预检系统（container security initiative，CSI），鉴别运往美国的高度危险的集装箱，包括过境货物，并在其装船前进行预扫描，采取了一系列智能化操作以保证进港货物的安全。

5. 绿色、安全、环保物流理念下的"散改集"运输

绿水青山是人类幸福的最美底色，强化生态环境保护是功在当代、利在千秋的事业。立足交通强国建设背景，近年来铁路部门不断加大货运服务改革力度，充分发挥自身环保、高效、降低成本、便捷等优点，通过实现大宗物资"散改集"，为助力打赢"蓝天保卫战"发挥重要作用。

所谓大宗物资"散改集"，是指将原来散装运输的煤炭、焦炭、矿石、粮食等大宗货物装入集装箱进行运输。在国家战略方针的指引下，福建省、河北省、山东省、上海市等区域地方港务监管机构继续加强落实和推进集装箱运输行业的"散改集"发展战略方针，对煤炭、矿石等易损耗、易污染的散杂运输货物改用集装箱运输方式，更适于组织多式联运，有助于缩短货品集港时间，从而提高物流运输效率，同时降低物流企业运营成本。"散改集"的推动使成箱率得以大幅提高，尤其是唐山港等北方港口。

1.2 集装箱运输的特点

由于普通散件杂货运输长期以来存在着装卸及运输效率低、时间长，货损、货差严重，手续繁杂等问题，对货主、船公司及港口的经济效益产生极为不利的影响。实践表明，只有通过集装箱运输，才能彻底解决上述问题。

如何加速商品的流转，降低流通费用，实现快速、低耗、高效率及高效益地完成运输生产，并将货物送达目的地，交付给收货人，而集装箱运输恰恰顺应了这一变革的需要，成为一种高效率、高效益及高质量的运输方式。它具有以下特点。

1. 高效益的运输方式

集装箱运输的高效益主要体现在以下几个方面。

（1）简化包装，节约包装费用，简化理货工作。集装箱具有坚固、密封的特点，其本身就是一种极好的包装。货物集装箱化后，其自身的包装强度可减弱，甚至无须包装，包装费用下降。据统计，用集装箱方式运输电视机，本身的包装费用可节约 50%。同时，由于集装箱装箱通关后，一次性铅封，在到达目的地前不再开启，从而简化了理货工作，降低了相关费用。

（2）减少货损货差，提高货运质量。货物装箱铅封后，途中无须拆箱倒载，一票到底，即使经过长途运输或多次换装，也不易损坏箱内货物。集装箱运输可减少被盗、潮湿、污损等引起的货损和货差，深受货主和船公司的欢迎，并且由于货损货差率的降低，减少了社会财富的浪费，也具有很大的社会效益。据我国的统计，用火车装运玻璃器皿，一般破损率在30%左右，而改用集装箱运输后，破损率下降到5%以下。在美国，类似运输破损率不到0.01%，日本也小于0.03%。

（3）减少营运费用，降低运输成本。由于集装箱的装卸基本上不受恶劣气候的影响，船舶非生产性停泊时间缩短，又由于装卸效率高，装卸时间缩短，对船公司而言，可以提高航行率，降低船舶运输成本；对港口而言，可以提高泊位通过能力，从而提高吞吐量，增加收入。同时由于集装箱运输货物的安全性提高，运输中保险费用也相应下降。据英国有关方面统计，该国在大西洋航线上开展集装箱运输后，运输成本仅为普通件杂货运输的1/9。

2. 高效率的运输方式

传统的运输方式具有装卸环节多、劳动强度大、装卸效率低、船舶周转慢等缺点。而集装箱运输完全改变了这种状况。

（1）扩大成组单元，提高装卸效率，降低劳动强度。在装卸作业中，装卸成组单元越大，装卸效率越高。托盘成组化与单件货物相比，装卸单元扩大了20～40倍；而集装箱与托盘成组化相比，装卸单元又扩大了15～30倍。所以集装箱化对装卸效率的提高是个不争的事实。

（2）缩短货物在途时间，降低物流成本。集装箱化为港口和场站的货物装卸、堆码的全机械化和自动化创造了条件。标准化的货物单元加大，提高了装卸效率，缩短了车船在港口和场站停留的时间。因而船舶航次时间缩短，船舶周转加快，航行率大大提高，船舶生产效率随之提高。据航运部门统计，一般普通货船在港停留时间约占整个营运时间的56%；而采用集装箱运输，则在港时间可缩短到营运时间的22%。这一时间的压缩，对货主而言意味着资金占用的大幅下降，很大程度地降低物流成本。

3. 高投资的运输方式

集装箱运输虽然是一种高效率的运输方式，但同时又是一个资本高度密集的行业。

（1）船公司必须对船舶和集装箱进行巨额投资。根据有关资料表明，集装箱船每立方英尺的造价为普通货船的3.7～4倍。集装箱的投资相当大，开展集装箱运输所需的高额投资，使得船公司的总成本中固定成本占比高达2/3以上。

（2）集装箱运输中的港口投资也相当大。专用集装箱泊位的码头设施包括码头岸线和前沿、货场、货运站、维修车间、控制塔、门房，以及集装箱装卸机械等，耗资巨大。

（3）为开展集装箱多式联运，还需有相应的内陆设施及内陆货运站等，为了配套建设，需要兴建、扩建、改造、更新现有的公路、铁路、桥梁、涵洞等，这方面的投资更是惊人。可见，没有足够的资金开展集装箱运输，实现集装箱化是非常困难的，必须根据国力量力而行。

4. 高协作的运输方式

集装箱运输涉及面广、环节多、影响大，是一个复杂的系统工程。集装箱运输系统包括海运、陆运、空运、港口、货运站以及与集装箱运输有关的海关、商检、船舶代理公司、货运代理公司等单位和部门。如果互相配合不当，就会影响整个运输系统功能的发挥，如果某一环节失误，必将影响全局，甚至导致运输生产停顿和中断。因此，要求搞好整个运输系统各环节、各部门之间的高度协作。

5. 高风险的运输方式

（1）全集装箱船常有 1/3（有时高达 1/2）的集装箱装在甲板上，这样就提高了船舶的重心，降低了稳性。同时甲板上堆放集装箱，会影响驾驶台的视线，还影响消防通道的畅通。1973 年 6 月美国"海巫号"集装箱船在纽约港内与一油轮相撞失火，由于甲板上集装箱阻隔，无法扑救，致使大火连烧 8 天 8 夜，以全损告终。

（2）全集装箱船为使箱子入舱，其舱口必须大于普通货轮，这使得集装箱船与普通货船相比，在抗纵向变形的能力方面减弱许多。

（3）货物装箱铅封后，在途中无法知道箱内货物的状态。如果在装箱时处置不妥，可能导致比件杂货运输更严重的货损。

6. 适于组织多式联运

集装箱运输在不同运输方式之间换装时，无须搬运箱内货物而只需换装集装箱，这就提高了换装作业效率。在换装转运时，海关及有关监管单位只需加封或验封转关放行，从而提高了运输效率。

此外，由于国际集装箱运输与多式联运是一个资金密集、技术密集及管理要求很高的行业，是一个复杂的运输系统工程，这就要求管理人员、技术人员、业务人员等具有较高的素质，才能胜任工作，这样才能充分发挥国际集装箱运输的优越性。

1.3 集装箱运输系统及其业务机构

1.3.1 集装箱运输系统

1. 集装箱货物的流通途径

在传统的国际货物运输中，托运人要从内陆各地用铁路、公路等运输方式将货物集中到出口港，再通过与船公司的运输合同装船出运。货物运到目的港卸船后，再通过铁路、公路等运输方式将货物运到交货地点。在货物运输的全过程中，各运输区段的运输批量、运输线路和实际承运人的选择，各段之间的衔接等运输组织工作，都是由众多的托运人独立进行的，运输组织比较混乱。由于各托运人托运货物的批量较小，特别在内陆运输中无法实现规模经济。

随着集装箱运输的发展和集装箱运输系统的建立和完善，与传统的国际运输相比较，集装箱货物的运输无论在全程流通过程还是运输组织形式上都发生了革命性的变化。

在起运港内陆广大地区的货物，如果是整箱货，托运人可以在自己的工厂和仓库交给运输经营人（门交接），再由经营人负责运抵内陆货运站堆场；也可直接运到内陆货运站堆场（container yard，CY）交给运输经营人（内陆堆场交接）。如果是拼箱货，托运人将货物运到各内陆货运站，交给运输经营人或其代理人，装箱后转到各内陆货运站堆场。从内陆堆场到装船港码头堆场的运输，一般由各内陆集散点（货运站）统一组织。由于围绕各集装箱港口建立的集疏网络具有多极结构，不同托运人托运的货物，不同运输经营人承运的货物，从货物交接点到港口码头堆场的集装箱运输过程，是多次集中、不断扩大运输批量的过程。这从根本上改变了传统运输中内陆运输是零星、小批量和由各托运人独立组织的局面，实现了统一组织，使内陆运输达到规模经济的效果。

在装运港附近的货物，如果是整箱货，托运人可在自己的工厂和仓库向运输经营人交货，再由经营人负责运至港口码头堆场，也可由托运人直接运到码头堆场。如果是拼箱货，则由托运人将货物运到码头货运站（container freight station，CFS）交给运输经营人，运输经营人组织装箱后转到码头堆场。在集装箱枢纽港周边地区的卫星港，也可通过支线运输将集装箱运抵枢纽港码头堆场。这些货物和内陆地区集运的货物，在港口码头堆场上进一步集中，保证了海上干线运输的规模经济效果。

　　货物经海上运输到达卸箱港口，可以通过相反的过程疏运到最终交付货物的地点。如图 1–1 所示，清楚地说明了集装箱货物的典型流通途径。

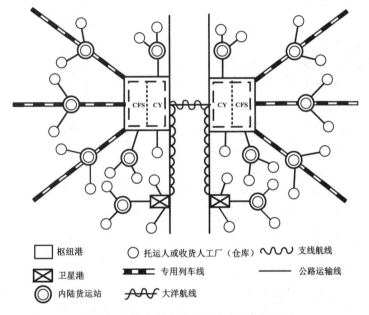

图 1–1　集装箱货物的典型流通途径

　　从以上的集装箱货物流通与运输组织过程来看，与传统的货物运输有本质区别。首先在货物集（疏）运过程中，分散在各地的小批量货物应预先在内陆地区的集散点集中，组织一定批量后通过内陆、内河或支线运输，采用集装箱专列、船舶等大型的运输工具，将其运往集装箱码头堆场（或相反），使集装箱货物运输建立在大规模生产的基础上。其次是集装箱货物的流通过程，体现了集装箱运输系统高度的整体性与组织性。通过上述组织形式的运输，把集装箱系统的各要素，把运输全程所涉及的不同运输方式，不同服务环节紧密地联系为一个整体。在国际集装箱运输（多式联运）过程中，从接受货物地点到交付货物地点的全程运输，都是由集装箱运输经营人（多式联运经营人）负责组织的，这也为集装箱运输高度的整体性与组织性打下了基础。这种组织形式将使集装箱运输产生规模效益，最终保证了运输总成本的降低。

2. 集装箱运输系统组成

　　国际集装箱运输，是一个涉及面广并由诸多子系统所构成的大系统，是一个复杂的运输系统工程，因此必须对国际集装箱运输进行系统研究，以实现系统最优化。

　　国际集装箱运输系统，由适箱货源、国际标准集装箱、集装箱船舶、集装箱港口码头、集装箱货运站、公路运输、铁路运输及航空运输等基本生产要素及其管理功能子系统组成。任何一个子系统的工作质量和功能状态均将影响到全局，因此必须做好每一子系统的各项工作，发挥其最优功能，从而实现整个集装箱运输系统的优化，最佳地实现货物"门—门"运输。

（1）适箱货源。为了保证集装箱运输顺利进行，首先必须具备足够的适箱货源。一般来说，并不是所有货物都适合于集装箱运输：对于那些物理及化学属性适合于装箱的货物，并且货价高、运费率较高、易于破损和被盗、承受运价能力大的货物，属于最佳装箱货。如酒类、医药用品、针织品、精密仪器、珠宝等；对于那些货价较高，运费率较高或承受运价能力较大的货物，且物理及化学属性上也适合装箱的货物，称为适宜装箱货，如电线、电缆、铅丝、袋装面粉、咖啡、生皮；对于那些物理及化学属性上可以装箱，但其货价和运费率较低，很难承受集装箱运输较高运价的货物及其破损被盗可能性很小，采用集装箱运输在经济上不一定合理的货物，称为可装箱但不经济装箱货（临界货物），如生铁、原木；对于那些因物理及化学属性和经济上的原因不能装箱或使用专用船更经济，如原油、矿砂、长度大于40 ft 的桥梁等货物，称为不适合装箱货。

集装箱运输所指的适箱货源主要是前两类货物。做好适箱货源的组织工作，提高揽货工作质量，为国际集装箱运输提供充足而稳定的货源，做好适箱货源子系统的各项工作，是保证国际集装箱运输正常进行的关键。

随着 2018 年 10 月国务院办公厅下发《推进运输结构调整三年行动计划》，推进大宗货物运输"公转铁、公转水"，减少公路运输量，增加铁路运输量，以及响应国家打赢蓝天保卫战的号召，东部沿海港口都开始"散改集"业务的探索，利用集装箱大规模运输焦煤、铁矿石等大宗物资。集装箱货源已经不仅仅局限于传统意义上的适箱货源，更是向煤炭、矿石等易损耗、易污染的散杂货领域延伸。加上后疫情时代一方面是人们对无接触物流需求的迫切增长，以中欧班列为代表的集装箱运输表现出色；另一方面是 2021 年 3 月"长赐号"货轮在苏伊士运河上演的"世纪大堵船"，都表明集装箱多式联运必将成为未来运输领域的主流。

（2）国际标准箱。国际标准箱是国际集装箱运输必要的装货设备。提供适合于各种适箱货物要求的各种类型的集装箱并做好箱务管理工作，是国际集装箱运输正常进行的重要环节。国际上最常用的标准箱有 20 ft 和 40 ft 两种类型，它们的主要参数如表 1-6 所示。

表 1-6　国际标准箱参数

	长/ mm	宽/ mm	高/ mm	总质量/t
1CC（20 ft）	6 058	2 438	2 591	30
1AA（40 ft）	12 192	2 438	2 591	30

（3）集装箱船。集装箱船是集装箱的载运工具，是完成集装箱运输任务的重要手段。集装箱船与传统货船相比，具有吨位大，功率大，航速高，货舱开口大，货舱尺寸规格化，船体形状比较"瘦削"，稳性要求高等特点。

（4）集装箱码头及装卸作业子系统。集装箱码头是集装箱不同运输方式换装的枢纽，是集装箱运输系统的重要组成部分，也是集装箱的集散地。因此，集装箱码头在整个运输系统中，具有重要地位和作用。做好集装箱码头的各项工作，对于加速车、船和集装箱的周转，降低运输成本，提高整个集装箱运输系统的效率和经济效益，均具有极其重要的意义。

随着国际集装箱运输及多式联运的迅速发展，世界"集装箱化"的比例不断提高，集装箱运量不断上升，集装箱船舶日趋大型化和高速化，因而要求集装箱码头实现装卸作业高效化、自动化，管理工作现代化、标准化和规范化，具有现代化的硬件和软件系统，以满足国际集装箱运输系统对集装箱码头的要求。

（5）集装箱货运站。集装箱货运站（container freight station，CFS）是处理拼箱货的场所，它办理拼箱货的交接，配载积载后，将箱子送往集装箱堆场（container yard，CY），并接受堆场交来的进口货箱，进行拆箱，理货，保管，最后拨给各收货人；同时也可按承运人的委托进行铅封和签发场站收据等业务。

集装箱货运站是国际集装箱运输系统中相当重要的组成部分，具体又可分为集装箱内陆货运站和码头货运站，它们的职能和任务不尽相同。

集装箱内陆货运站是在内陆交通比较便利的大中城市设立的提供集装箱交接、中转或其他运输服务的专门场所。集装箱内陆货运站兼具集装箱内陆货运站与集装箱码头堆场的双重功能。它既接受托运人交付托运的整箱货与拼箱货，也负责办理空箱的发放与回收。另外，还包括集装箱的装卸及转运、拆装箱以及集装箱维修、办理报关及报检等业务。

码头货运站分码头内货运站和码头附近货运站。码头内货运站是集装箱码头的有机组成部分，它所处的位置、实际工作和业务隶属关系都与集装箱码头无法分割。我国大多数集装箱专用码头均属此类型。其主要任务是承担收货、交货、拆箱和装箱作业，并对货物进行分类保管。码头附近货运站位置处于集装箱码头附近，在实际工作中与集装箱码头的联系十分密切，业务往来频繁，承担的业务与码头内货运站相同，我国台湾地区许多货运站属此类型。

（6）公路运输子系统。集装箱公路运输是多式联运的重要组成部分。为运输 20 ft、30 ft、40 ft 的集装箱，公路应满足以下要求：车道宽度 3 m；最大坡度 10%；停车视线最短距离 25 m；最低通行高度 4 m。集装箱公路运输车辆，应根据集装箱的箱型、种类、规格尺寸及使用条件来确定。一般有集装箱货运汽车及集装箱拖挂车，拖挂车适合公路长途运输，是集装箱公路运输的主要设备。

做好公路集装箱营运管理工作，搞好货运组织工作和车辆的运行管理，是公路运输子系统的重要任务。

（7）铁路运输子系统。我国铁路集装箱运输近年来发展较快，已经成为国际集装箱运输系统的重要环节和不可缺少的运输方式。

铁路集装箱专用车长度主要有 80 ft、60 ft 和 40 ft。一般 60 ft 专用车可装载 3 只 20 ft 或 1 只 40 ft 和 1 只 20 ft 的集装箱。

做好铁路集装箱运输的组织和运营工作，协调铁路、公路、海运及港口码头的配合协作，对整个集装箱运输系统具有重要意义。

1.3.2　集装箱运输系统业务机构

随着集装箱运输的发展、成熟，与之相适应的，有别于传统运输方式的管理方法和工作机构也相应地发展起来，形成了一套适应集装箱运输特点的运输体系。

1. 集装箱实际承运人

《中华人民共和国海商法》（简称《海商法》）第四十二条规定："承运人是指本人或者委托他人以本人名义与托运人订立海上货物运输合同的人。""实际承运人是指接受承运人委托，从事货物运输或部分运输的人，包括接受转委托从事此项运输的其他人。"《货物多式联运术语》（JT/T 1092—2016）6.1 条规定，实际承运人（actual carrier）是拥有运输工具并实际参与多式联运全程运输或者分段运输过程的承运人。集装箱实际承运人包括经营集装箱运输的船公司、联营公司、集装箱公路运输公司、航空集装箱运输公司等。

2. 集装箱出租公司

开展集装箱运输，船公司既要付出巨额投资购置集装箱船，又要购置船舶载箱量约三倍的集装箱，所有这些投资，必须在开展集装箱运输之前全部投入，船公司不堪负担。此外，如何有效地使用集装箱，解决集装箱在营运中的回空、堆放、保管、维修、更新等问题，由于管理难度很大，也需投入大量的人力、物力和财力。集装箱租赁业就是顺应船公司的客观需求而发展起来的。租赁者可根据自己运输业务的需要向出租公司租用集装箱，与租箱公司进行协商，灵活选取不同的租赁方式以满足用箱的需求。

集装箱租赁者除集装箱运输公司外，还包括货主以及无船承运人或货运代理人之类的联运经营人。

3. 集装箱船舶出租公司

集装箱船舶租赁业务始于 20 世纪 60 年代，是随着集装箱运输的发展而兴起的行业。集装箱运输市场供求关系发生变化，出现航线货流不平衡问题。为了解决这类矛盾，出现租赁集装箱船业务。租赁者有规模较小的船公司，也有需要租船的货主，甚至较大的船公司在运输市场繁忙的情况下也常出入租船市场。目前，集装箱租船市场的份额和规模呈不断上升的趋势。

4. 集装箱码头（堆场）经营人

集装箱码头（堆场）经营人是具体办理集装箱在码头的装卸、交接、保管的部门，它受托运人或其代理人以及承运人或其代理人的委托提供各种集装箱运输服务。

5. 联运保赔协会

联运保赔协会是一种由船公司互保的保险组织，对集装箱运输中可能遭受的一切损害进行全面统一的保险。这是集装箱运输发展后所产生的新的保险组织。

6. 国际货运代理

随着国际贸易以及运输方式的发展，特别是国际集装箱多式联运，运送货物所涉及的面越来越广，情况相当复杂。货主和运输经营人不可能亲自办理和处理每一项具体业务，而通过国际货运代理公司便能解决以上问题。

国际货运代理（international forwarder）指接受进出口货物收货人，发货人的委托，以委托人或自己的名义，为委托人办理国际货物运输及相关业务，并收取劳务报酬的经济组织。其主要业务有：订舱、揽货、货物装卸业务办理、报关、理货、拆装箱、集装箱代理、货物保险等。国际货运代理人一方面作为货物承运人与货物托运人签订运输合同；另一方面作为委托人与运输部门订立合同。

7. 无船承运人

无船承运人（non-vessel operating common carrier，NVOCC）指不拥有运输工具，但以

承运人的身份发布运价，接受托运人的委托，签发自己的提单或其他运输单证，收取运费，并通过与有船承运人签订运输合同，承担承运人责任，完成国际海上货物运输的经营者。无船承运人是随着集装箱运输的发展而出现的一种新型的运输经营人，它在承运人与托运人之间起着桥梁作用。

现实中由于无船承运人的特殊身份以及国际货运市场的不规范导致的货运纠纷层出不穷，在此有必要对无船承运人和货运代理人进行深入区分。

无船承运人与国际货运代理的区别。

（1）二者的业务不同。作为当事人的无船承运人，是以自己的名义分别与货主和实际承运人订立运输合同，通常是将多个货主提供的散装货集中拼装在一个集装箱中，与实际承运人洽定舱位，虽然此时无船承运人也会提供包装、仓储、车辆运输、过驳、保险等其他服务，但这些服务并非主业而是辅助性的。而作为纯粹代理人的货运代理人，其主要业务包括揽货、订舱、托运、仓储、包装、货物的监装、监卸、集装箱装拆箱、分拨、中转及相关的短途运输服务、报关、报检、报验、保险、缮制签发有关单证、交付运费、结算及交付杂费等。

（2）二者适用的法律不同。无船承运人与托运人之间所形成的是为提单所证明的海上货物运输合同关系，适用我国《海商法》及国际公约有关提单运输之法律规定，银行可以结汇；货运代理人与原始托运人（客户）之间签订的是书面的运输委托协议，二者之间是委托合同的法律关系，适用《中华人民共和国民法典》有关委托合同之法律规定，银行不予结汇，同时由于目前国际上还没有专门规范货运代理的国际公约，因而各国法律在规范货运代理人时不可避免地存在着冲突。

（3）二者的权利、义务和责任不同。无船承运人作为本人，与托运人订立的是海上货物运输合同，合同中充当承运人的角色，享有承运人的权利，如留置权等，同时因其签发了提单而对运输过程中货物的灭失、损坏、迟延交付等承担责任，此外无船承运人与实际承运人对货物在运输途中所遭受的损失通常承担连带赔偿责任。货运代理人与托运人订立的是委托合同，其在合同中充当受托人角色，享有受托人的权利，承担受托人的责任和义务，仅负有以合理的注意（due care）从事委托事务的义务，仅在因其过错给委托人造成损失时，承担赔偿责任。很明显，二者的权利、义务与责任存在很大的不同。

（4）二者签发单证的性质不同。无船承运人使用的是专门的提单即无船承运人提单，它是物权凭证，抬头为本公司，且公开运价。货运代理人无权以承运人的身份签发提单，亦无权签发或代签无船承运人或承运人提单。总之，货运代理签发的是运输凭证，仅作为运输证明；无船承运人签发的提单，作为物权凭证。

（5）相关费用的计收方面也有所不同。无船承运人因其双重身份，即相对于托运人来说是契约承运人，相对于实际承运人来说是托运人，可以在业务中收取运费或赚取差价；而国际货运代理人由于其代理人的身份，只能向委托方收取佣金。而运费差额通常是远远高于佣金的。这也是许多国际货运代理人介入无船承运领域的重要原因。

托运人订舱时，无船承运人根据自己的运价本向托运人报价，以托运人的身份向船公司洽订舱位，安排货物的运输。待货物装船后，收到船公司签发的海运提单的同时，无船承运人签发自己的提单给托运人。货物抵达目的港，收货人凭其所持有的无船承运人签发的正本提单到无船承运人代理的营业所办理提货手续。而在此之前，无船承运人的代理机构已经从实际承运的船公司处收取了该货物，无船承运业务涉及两套提单的流转：无船承运人自己的提单（HOUSE B/L）和船公司的提单（MASTER B/L）。无船承运人接受托运人的订舱，办理货物托运手续，并接管货物，应托运人的要求签发 HOUSE B/L，提单关系人是托运人和实际收货人。同时以自己的名义向船公司订舱，通过船公司的班轮实际承载该货物，得到船公司签发的 MASTER B/L，提单关系人是无船承运人及其在目的港的代理。

 复习思考题

一、名词解释

无船承运人　国际货运代理人

二、多项选择题

1. 集装箱运输发展初期导致其发展缓慢的因素有：（　　　）。

　　A. 生产力落后　　　　　　　　　B. 适箱货源不足

　　C. 配套设施落后　　　　　　　　D. 运输管理水平低下

2. 集装箱运输成长扩展阶段的特点是：（　　　）。

　　A. 出现了国际远洋航线　　　　　B. 集装箱开始趋于标准化

　　C. 出现了专用码头　　　　　　　D. 开始现代化管理

三、判断题

1. 世界上第一艘全集装箱船是用普通货船改装而成的。　　　　　　　（　　　）

2. 无船承运人的主要业务是揽货、订舱、包装、仓储、保险等服务。　（　　　）

3. 无船承运人对货物在运输途中所遭受的损失承担连带赔偿责任。　（　　　）

4. 集装箱船的大型化引发了运输成本、港口配套设施以及内陆集疏运能力等一系列问题。

　　　　　　　　　　　　　　　　　　　　　　　　　　　　　　（　　　）

四、论述题

1. 论述集装箱运输的优点。

2. 分析无船承运人与国际货运代理的区别。

参考答案

二、多项选择题

1. ABCD　　2. ABCD

三、判断题

1. T　　2. F　　3. T　　4. T

 **案例分析**

无船承运人与货运代理人身份？

案例一：

案情原告：罗定市某纺织有限公司

被　　告：宁波市某船务有限公司

2006年6月30日，原告与案外人中国石化上海石油化工股份有限公司（以下简称"上海石化"）签订了一份半年度的大购销合同，约定每月供应货物（腈纶膨体毛条3.33 dtex半消光）约50 t。同年9月，原告向上海石化购买货物共104件，重量共计46.351 t，总计价值人民币951 307.92元。货物被装入编号为UESU5 024 235、UESU5 024 220的两个集装箱内。原告通过其代理人杨某委托被告将该货物从上海港运至广州黄埔港，相应的托运委托书记载托运人为杨某，收货人为原告，并约定运费共计人民币14 400元。被告又委托上海新鸥海运有限公司（以下简称"新鸥海运"）运输，相应的托运委托书记载托运人、收货人均为被告。新鸥海运再委托中谷新良海运有限公司（以下简称"中谷新良"）运输，相应的托运委托书记载托运人为新鸥海运，收货人为被告；中谷新良签发了编号为ZS0609SSHHP039的运单，记载托运人为新鸥海运，收货人为被告。同年9月24日，货物在运输途中落海全损。涉案货物的运费，原告未向被告支付。

2007年4月17日，本案被告另案对中谷新良、安徽省中盛航运有限责任公司、安徽省皖江轮船运输公司提起确权诉讼。本案被告在该案诉讼中称：其接受本案原告和另一托运人宁波市江北华欣物资联运有限公司（以下简称"华欣公司"）的委托将货物从上海运至广州黄埔，之后转托给新鸥海运并最终由中谷新良承运；"中盛号"轮发生海事事故后，本案原告作为托运人已向本案被告提起诉讼。华欣公司的货物全损，本案被告已向华欣公司先行赔付人民币83 092.95元，并取得向责任人追索的权利。本案被告在该案中提交了中谷新良签发的编号为ZS0609SSHHP039（即本案中的运单）、ZS0609SSHHP007、DC0624SSHHP081的运单，后两份运单记载的托运人为新鸥海运，收货人为本案被告。本案被告在该案中将本案中的三份托运委托书作为证据提交，另外还提交了华欣公司的托运委托书，记载的托运人为华欣公司。

原告认为，被告作为涉案货物的承运人，应对落海货物的损失负责。为此，请求判令被告赔偿原告货物损失共计人民币951 307.92元及其利息损失。被告辩称，其并非涉案货物的承运人，仅仅是原告的货运代理人，不应当承担承运人的赔偿责任，请求驳回原告的诉讼请求。

上海海事法院认为：在涉案货物的运输流程中，被告的法律地位应当界定为原告的承运人而非货运代理人。原、被告之间的沿海货物运输合同关系依法成立。被告作为涉案货物的承运人，应就货物在运输过程中发生的损失向原告承担违约赔偿责任。遂判决被告向原告赔偿货物损失人民币951 307.92元以及该款项的利息损失。一审判决后，被告不服提起上诉。上海市高级人民法院驳回上诉，维持原判。

思考题： 如何界定无船承运人和货运代理人的法律地位？

参考答案

货代企业的两种主要法律地位——货运代理人和契约承运人（无船承运人），是货运代理企业两种最为常见的法律地位。在代理货主与承运人订立合同时，货运代理企业法律地位是货主的代理人；在完成其他辅助工作时，其法律地位是货主的受托人。从上述规定可以看出，货运代理企业不仅可以委托人的名义、还可以自己的名义从事业务。这种传统的货运代理人不承担任何运输上的风险，不承担承运人的责任，具有投资运作成本低、责任轻、风险小的优点，但同时利润来源单一、微薄，只能按提供的劳务收取一定的报酬，即代理费、佣金或手续费。随着拼装运输业务的出现，货运代理人开始往承运人的方向发展，并在整个运输环节中具有双重身份。对货主而言，其是承运人；对实际承运人而言，其是托运人。海上货物运输中的无船承运人是这种双重身份的典型表现。

货运代理企业的货主受托人（代理人）和承运人，这两种法律地位的区分，是理论上和商业实践中的难题。一般而言，有以下几个标准或参考因素。

1. 合同条款

通过合同约定的内容、约定不明时通过对合同条款的解释来判断当事人的法律地位，可以说是最为简单直接的方法了。实践中经常遇到的一个问题是：如果货运代理企业在合同中承诺履行承运人的某些义务，如"保证货物安全、如期到达""负责货物运输事宜"等语句，可否据此认定货运代理企业的承运人身份？笔者认为，对货运代理企业"促销"性质的某些承诺的态度，某种程度上是一个政策的问题。随着货运代理行业的发展，货运代理企业相对委托人所占据的信息优势越来越明显，在交易中处于优势地位。因此，对货运代理企业做出的相关承诺应当采取较为严厉的态度，保护处于信息劣势的托运人，维护商业诚信和市场的公平竞争。

2. 货运代理企业的行为

（1）签发提单或运单。提单或运单是运输合同的证明，是承运人收取货物的收据。当货运代理企业签发了自己的提单或运单时，其法律地位显然是承运人。

（2）如果货运代理企业签发的不是提单而是货运代理企业收货凭证或货运代理企业运输凭证，则不能以此认定货运代理企业为承运人。

（3）集运行为。德国1998年《运输法修正案》将从事集运作业的货运代理企业定性为承运人。货运代理企业从事集运作业时，不可避免地要分别与分散的货主以及实际承运人订立两个"背靠背"的运输合同，并在前一个运输合同中处于承运人的法律地位。此时，其利润来自其向分散货主收取的运费总价与其支付给实际承运人的运费之间的差额。

3. 实际承运人提单或运单上的记载

实际承运人提单或运单上如果记载货主为托运人，则可以据此认定货运代理企业以货主的名义代理货主与该实际承运人订立了运输合同。

（1）代理企业以自己的名义代理货主与船公司订立运输合同，此时可能属于《中华人民共和国合同法》第四百零二条所规定的隐名代理。

（2）货运代理企业自己与船公司订立运输合同，此时其法律地位是承运人（契约承运人、无船承运人）。有鉴于此，该事实会在将货运代理企业认定为承运人方面增加一个有力的理由。相比第二个标准，该标准可以说是一个反向推论。

4. 货运代理企业的收费方式

货运代理企业作为承运人时，其按照自己的运价表向货主收取固定运费，并赚取其所收运费与向实际承运人所付运费之间的差额，以作为自己的利润来源。反之，如果货运代理企业向货主收取一揽子固定费用（总包干费、总额运价），则货运代理企业的法律地位如何？该区分标准引发的争议是最大的。

法院认为：货运代理企业收取总额运价，有为自己利益计算的动机。但是，尚不至于以认定其法律地位就是承运人的办法来遏止此计算。或者说，即使货运代理企业收取总额运价，仍然可以认定其受托人（代理人）的法律地位，并将总额运价视为一种变通的收费方式。

5. 货运代理企业与相对人之间的交易历史

货运代理企业作为贸易和运输之间的桥梁，业务环节众多，操作流程复杂；而为应对市场需求，操作又必须迅捷高效；因此，其与相对人交易时，经常出现相关事项约定不明的现象。货运代理企业数量众多，在从业规模和人员素质上差别较大，且业务人员流动性强，因此，经常出现操作行为、操作流程不规范的现象。货运代理企业的法律地位，往往因上述两个现象的存在而变得模糊不清。此时，货运代理企业与相对人之间的交易历史将成为重要的参考因素。如果货运代理企业在与相对人的先前交易中均以某种固定的法律地位行事，那么，在一个与先前交易情况基本相同的交易中，法院往往倾向认定货运代理企业具有与先前交易中同样的法律地位。

根据上述实践中总结出的标准考察本案中的被告：① 原、被告之间没有订立书面合同，被告也没有签发运单或其他单证，此两项最为简单的标准无法适用。② 原、被告之间约定了包干的运输费用。当然仅凭此点，尚不足以认定被告就是承运人。③ 被告又委托新鸥海运运输时，托运人、收货人均为被告。即被告系以自己的名义而非原告的名义委托他人运输的。此时，被告可能是隐名的货运代理人，也可能是契约承运人。但被告未能提供任何证据证明其在涉案货物的运输操作过程中，曾表明其身份为原告的货运代理人。④ 中谷新良签发的运单中，托运人为新鸥海运，收货人为被告。依据《国内水路货物运输规则》第四十四条规定，被告可以就货物损失向中谷新良主张索赔权。而原告凭该运单却无法向中谷新良主张提货或索赔。也就是说，从实际承运人运单上的记载来看，被告的身份更接近于承运人。⑤ 另外，对照原告与华欣公司的托运委托书以及中谷新良所签发的相应运单可以看出，被告就两批货物的运输操作过程和方式并无不同，而被告称其已就货物损失向华欣公司做出实际赔付。此处，虽然没有原、被告之间的交易历史以供参照，但可参照被告与其他类似原告身份的案外人的交易历史，对被告的法律地位进行界定。如果被告的身份是货运代理人，其作为理性的商业主体，没有必要向案外人做出赔付。从这一点来看，被告的身份也是更接近于承运人。最后，虽然单凭某一点均不能足以认定被告的承运人身份，但综合上述几个因素，应当说，认定被告是货运代理人并无充分理由，而认定被告是承运人则更加合理。

案例二：

案情原告：上海 QF 国际货运有限公司

被　　告：上海 HD 国际货运有限公司

原告诉称：原告接受案外人华晨公司的委托，通过被告向承运人订舱出运集装箱货物，事后由于华晨公司取消运输，导致运输未能实际成行。被告以亏舱费为由向原告收取了 8 000 美元。原告认为，根据我国有关法律规定，班轮运输中依法收取亏舱费为承运人的权利，被告作为货运代理人并无权利收取该费用。故请求法院依法判令被告返还已收取的亏舱费及利息。

被告辩称，其与原告之间形成的是海上货物运输合同关系，被告收取的 8 000 美元是赔偿金。

法院经审理查明：2003 年 11 月，原告作为案外人华晨公司的受托人，以华晨公司的名义向被告出具集装箱货物托运单，委托被告向赫伯罗特船务（中国）有限公司订舱出运 5 个集装箱货物。被告接受委托后，履行了对该 5 个集装箱货物的订舱、装箱、报关等货代义务，订舱出运的船期为 2003 年 11 月 23 日，提单确认件的编号为 HLCUSHA03116807，记载的托运人为华晨公司。同年 11 月 19 日，原告为涉案业务向被告预付代垫运费 30 000 美元，被告就此向原告出具了发票，载明收费内容为海洋运费。11 月 21 日，原告向被告出具退关保函，载明应客户要求将已报关的涉案货物退关，由此产生的一切后果由其承担。被告据此办理了退关手续，致使涉案货物未能出运。原、被告最终未能拿到赫伯罗特公司签发的正本提单，被告也未向原告签发提单。11 月 25 日，被告将先前已收到的运费 30 000 美元中的 22 000 美元退还给原告，原告也向被告出具了相应的发票，收费内容为运费。

2004 年 2 月 6 日，华晨公司就涉案货物的代理出运及退关事宜向法院提起诉讼，要求原告退还已收取的预付运费并赔偿损失。同年 2 月 25 日，原告在收到华晨公司的起诉状副本后，要求被告提供其收取涉案的 8 000 美元亏舱费并向船公司支付该费用的依据和凭证。但被告回函称双方就该费用已达成协议并履行完毕，不再存有争议。5 月 21 日，原告与华晨公司在庭外达成和解协议，并同意向华晨公司支付人民币 150 000 元，其中包括涉案的 8 000 美元。原告向华晨公司支付了该费用。

另查明，被告具有无船承运业务经营资格。

裁判上海海事法院判决：被告 HD 公司向原告 QF 公司返还运费 8 000 美元及其利息。

参考答案

通常判断货运代理人的法律地位的依据有：双方之间的协议性质和措词、是否签发提单、货运代理人与承运人之间的合同表述、业务往来惯例、收费标准等。根据本案的案情，可以从以下两个方面来进行论证被告的货运代理人身份。

1. 双方之间的协议性质和措词

如果委托人在合同中具体约定了受托人要承担某一项或某几项货运代理事务，很明显这是一份货运代理合同，受托人应是货运代理人。本案符合这种情况。合同中有如此详细的规定，可以说明委托人对货运代理人在本合同下的身份明了，且意思表示明确。

2. 货运代理人是否签发提单

根据《国际海运条例》第七条，在实务中签发提单是无船承运人的主要业务之一。签发提单的行为最能显示他被冠以"承运人"之名的意义，最符合他区别于货运代理人的特征，是法院在辨别其身份时的一个重要依据。法院认为：货运代理人以自己的名义签发提单，即提单抬头和提单正面右下角的签章都是货运代理人，依据《国际海运条例》和《海运条例实施细则》的规定，说明货运代理人签发的是无船承运人提单，即已登记的提单，应认为此种情况下货运代理人实为无船承运人。如果提单正面右下角的签章是货运代理人本人，但提单抬头不是他人，而是实际承运人甚至其他毫不相干的航运公司，也就是说货运代理人用的是他人提单，仅凭提单抬头不能正确反映货运代理人的无船承运人身份，依据《海商法》第七十二条的规定，也可以认为货运代理人实为无船承运人。如果货运代理人自己从未向委托人签发过提单，仅仅是将承运人签发的提单交付委托人，使其成为提单持有人的行为，一般不能认定其为无船承运人。

本案中，被告向法院提供了交通部（今交通运输部）颁发的"无船承运业务经营资格登记证"，以证明被告的经营范围，但法院认为仅凭此据不能证明其与原告之间存在海上货物运输合同关系。因为根据《国际货物运输代理业管理规定》《国际海运条例》的相关规定，货运代理人和无船承运人经营的业务具有多样性和重叠性，比如都能够从事代办订舱、报关、揽货、货物进出港口、代签提单、代收运费等业务，因而在实际业务中这两种人的角色常常互换，都有可能是货运代理人、承运人的代理人或者承运人。只要在资质上符合法律、行政法规的强行性规定，它们都可以进行经营。因而仅有形式要件不是构成货运代理人在具体案情中作为无船承运人的充分条件。

被告是否应该返还涉案金额的亏舱费？

被告作为货运代理人，有权收取的只是代理费，在没有合法依据的情况下，无权擅自扣除原告已经向其支付的费用，即使因原告的解约行为给被告造成了损失，被告也应该举证证明该损失的实际存在，并通过合法途径解决，而无权扣除。

本案中原告于 11 月 21 日取消了原定于 11 月 23 日的运输业务，被告于 11 月 25 日向原告退还了 30 000 美元运费中的 22 000 美元，剩余部分很有可能是被告出于要向承运人支付亏舱费的考虑，为了减少手续上的烦琐而暂时留下的 8 000 美元，从而导致原告事后要求被告出具亏舱费的实践证明，如承运人的收费凭证。这 8 000 美元的性质，如果的确是并已经向承运人支付了的亏舱费，原告要求被告出具证明的主张是合理的，被告也应当能够举证证明。

原告取消运输，撤销货运代理委托事项，根据《中华人民共和国合同法》第四百零八条的规定，应该承担责任，但被告主张该 8 000 美元作为赔偿金予以扣除的观点，未能得到法院的支持。依据《中华人民共和国民法通则》第一百一十五条，《中华人民共和国合同法》第九十七、九十八条规定，合同终止，当事人有权要求赔偿损失。但损害赔偿作为双方协商解除合同的辅助性经济手段时，也要遵循特定的法律原则和操作规范，赔偿范围的确定是进行赔偿前的先决问题。被告既不能证明与原告的合同中有关于违约赔偿的约定，又不能证明损失的客观存在和具体数额，所以被告扣除原告预付款的行为没有事实和法律依据。

开篇案例参考答案

21 世纪是一个集装箱船舶"巨无霸"的时代，尤其是近十年的发展尤为迅猛。随着班轮联盟化，干线拥有大船已成"立足之本"，于是各大船公司竞相比拼。但是船舶大型化也带来一些问题，比如造船成本、运营成本与经济效益的关系复杂化，货源集疏运效率，港口的航道水深和设备条件，以及堆场的承受能力和作业能力问题等。尽管集装箱船舶大型化是一个必然的趋势，但由于大型化的同时会对航运条件各方面提出一系列挑战，因此，这是一个值得探讨的问题，对学生来讲既可以启发学生思考，又利于其积极探索和拓展知识。指导教师可以以灵活的形式组织学生讨论或者辩论。

第 2 章

集装箱及其箱务管理

本章要点

- 掌握集装箱及其标准化的含义；
- 理解集装箱的种类、结构及其标记；
- 掌握航线集装箱需备量的确定方法；
- 掌握集装箱箱务管理的主要内容。

 开篇案例

五花八门的集装箱

20 世纪 50 年代晚期，集装箱成了运输界谈论的话题。卡车运输公司在拖运集装箱，铁路公司在运载集装箱，泛大西洋公司的海陆联运业务在把集装箱装到轮船上，美国军方也在把集装箱运往欧洲。但是对于不同的群体来说，"集装箱"意味着非常不同的东西。在欧洲，集装箱通常是带着钢筋、高四五英尺的木板箱。对美国军方来说，集装箱主要是钢制的"康乃克箱子"，长 8.5 英尺、高 6 英尺 10.5 英寸，用来装运军人生活用品。有些集装箱的设计便于带吊钩的起重机吊运，而有些则是底部有狭窄的沟槽，便于叉车搬运。纽约的制造商海运钢铁公司做广告的集装箱有 30 多个不同的型号。根据 1959 年的一项调查，在美国的 58 000 只私人所有的航运集装箱中，有 43 000 只的箱底面积不超过 8 平方英尺，而长度超过 8 英尺长的仅有 15 000 只，主要是海陆联运公司和麦特森公司拥有的那些。

这种多样性威胁到了萌芽状态中的集装箱运输业。如果一家运输公司的集装箱不适合装在另一家的轮船或火车车厢上，那么各家公司就都需要有一支其客户专用的庞大的集装箱运输队。一家出口商在把货物装进集装箱时将必须小心谨慎，因为这些箱子或许只能装在某一家运输公司的船上，尽管有另一家公司的船能更早起航。一家欧洲铁路公司的集装箱将无法越过大西洋，因为美国的卡车和铁路不适合欧洲的集装箱尺寸；同时，美国各铁路公司也

采用不兼容的集装箱系统，而这意味着纽约中央火车站上的一只集装箱将不能很容易地转运到密苏里太平洋铁路公司。随着集装箱变得越来越普遍，各家轮船公司将都需要在每一个港口有自己的码头和起重机，不管它们在那里的业务是不是很少，也不管它们的轮船是不是很少在那里停泊，因为其他公司的设备无法装卸它们的集装箱。只要集装箱的形状和尺寸五花八门，那么它们对降低货物运输的总成本不会起到多大作用。

思考题：根据以上叙述，讨论集装箱标准化的意义。

2.1　国际集装箱及其标准化

2.1.1　集装箱定义

集装箱（container）是我国大陆的称谓，在中国香港地区被称为"货箱"，在中国台湾地区被称为"货柜"。关于它的定义，在各国的国家标准、各种国际公约和文件中，都有具体规定，其内容不尽一致。下面仅列举国际标准化组织（ISO）、《集装箱海关公约》（CCC）及《国际集装箱安全公约》（CSC）中集装箱的定义。

1. 国际标准化组织关于集装箱的定义

1968 年，国际标准化组织（ISO）第 104 技术委员会起草的国际标准《集装箱术语》（ISO/R 830：1968）中，对集装箱已下了定义。该标准后来又做了多次修改。国际标准《集装箱　术语》（ISO 830：1999）（*Freight Containers –Vocabulary*）3.1 中，对集装箱定义如下：

freight container

article of transport equipment which is

a）of a permanent character and accordingly strong enough to be suitable for repeated use；

b）specially designed to facilitate the carriage of goods by one or more modes of transport，without intermediate reloading；

c）fitted with devices permitting its ready handling，particularly its transfer from one mode of transport to another；

d）so designed as to be easy to fill and empty；

e）having an internal volume of at least 1 m^3（35.3 ft^3）.

NOTE　The term "freight container" includes neither vehicles nor conventional packing.

【译文】运输设备集装箱是：

a）具有足够的强度，可长期反复使用；

b）适于一种或多种运输方式的运送，途中转运时箱内货物不需换装；

c）具有快速装卸和搬运的装置，特别便于从一种运输方式转移到另一种运输方式；

d）便于货物装满和卸空；

e）具有 1 m^3 及其以上的容积。

集装箱这一术语，不包括车辆和一般包装。

目前，许多国家标准如日本工业标准《国际大型集装箱术语说明》（JISZ 1613—72）、法国国家标准《集装箱的术语》（NFH90－001－70）都引用了这一定义。

2. 集装箱海关公约关于集装箱的定义

1972 年制订的《集装箱海关公约》（*Customs Convention on Container*）（简称 CCC）中，对集装箱做了如下定义：

集装箱一词是指一种运输装备（货箱、可移动货罐或其他类似结构物）：

（1）全部或部分封闭而构成装载货物的空间；

（2）具有耐久性，因而其坚固程度能适合于重复使用；

（3）经专门设计，便于以一种或多种运输方式运输货物，无须中途换装；

（4）其设计便于操作，特别是在改变运输方式时便于操作；

（5）其设计便于装满和卸空；

（6）内部容积在 1 m^3 或 1 m^3 以上。

集装箱一词包括有关型号集装箱所适用的附件和设备，如果集装箱带有这种附件和设备。

集装箱一词不包括车辆、车辆附件和备件或包装。

该定义与国际标准化组织的定义有如下几点不同：

（1）指出了集装箱是货箱、可移动货罐及其他类似结构物。

（2）增加了一条"全部或部分封闭而构成装载货物的空间"作为主要条件之一。

（3）把国际标准化组织定义中"集装箱这一术语含义不包括车辆和一般包装"一句改为"集装箱应包括有关型号集装箱所适用的附件和设备，而不包括车辆、车辆附件和备件或包装"。

3. 国际集装箱安全公约关于集装箱的定义

《国际集装箱安全公约》（*International Convention for Safe Containers*）（简称 CSC）第二条，对集装箱下了如下定义：

集装箱是指一种运输装备：

（1）具有耐久性，因而其相应的强度足能适合于重复使用；

（2）经专门设计，便于以一种或多种运输方式运输货物，而无须中途重装；

（3）为了系固和（或）便于装卸，设有角配件；

（4）四个外底角所围闭的面积应为下列二者之一：

①至少为 14 m^2（150 ft^2），或

②如装有顶角配件，则至少为 7 m^2（75 ft^2）；

"集装箱"一词既不包括车辆，也不包括包装；但是，集装箱在底盘车上运输时，则连同底盘车包括在内。

该定义与国际标准化组织的定义又有如下不同：

（1）把国际标准化组织定义中的"具有快速装卸和搬运的装置，特别便于从一种运输方式转移到另一种运输方式"一句，改为"为了系固和（或）便于装卸，设有角配件"，从而明确了该"装置"是指角件。

（2）省略了国际标准化组织定义中"便于货物装满和卸空"一句。

（3）把"具有 1 m^3 及其以上的容积"改为"四个外底角所围闭的面积应为下列二者之一：①至少为 14 m^2（150 ft^2），或②如装有顶角配件，则至少为 7 m^2（75 ft^2）；"这就把原来规定的集装箱应具有一定的内容积，改为具有一定尺寸的底面积，无形中就打破了集装箱是一

种"容器"的概念，从而奠定了后来把平台集装箱也包括在集装箱中的基础。这一变化可以说是一个重大的突破。

4. 我国关于集装箱的定义

我国国家标准《集装箱术语》（GB/T 1992—2006）3.1 中对集装箱定义如下：

集装箱（freight container）是一种供货物运输的设备，应满足以下条件：

a）具有足够的强度和刚度，可长期反复使用；

b）适于一种或多种运输方式载运，在途中转运时，箱内货物不需换装；

c）具有便于快速装卸和搬运的装置，特别是从一种运输方式转移到另一种运输方式；

d）便于货物的装满和卸空；

e）具有 1 m^3 及其以上的容积；

f）是一种按照确保安全的要求进行设计，并具有防御无关人员轻易进入的货运工具。

2006 标准在原来基础上增加了 '3.1 f' 关于智能、安全方面的要求。

2.1.2　集装箱标准化

1. 集装箱国际标准化的必要性

随着集装箱运输的发展，集装箱的标准化问题成为发展过程中必须解决的核心问题。

1）国际运输的必然要求

集装箱运输是一种国际的运输方式，应保证所经过的各个国家、地区都能通过，使各个国家的装卸设备、运输工具均能适应。

2）多式联运方式的必然要求

集装箱运输本质上是一种"多式联运"，所以集装箱的外形和结构必须标准化，以便能方便地在船舶、火车、卡车、飞机之间实施快速换装，并且便于紧固和绑扎。

3）集装箱运输自身特点的必然要求

集装箱运输是一种消除了具体运输货物的物理、化学特性区别的运输方式。在这种运输方式中，外形、特征各异的具体货物，都演变成了千篇一律的金属箱子，这就要求集装箱有一些标准化的标记，便于相互识别，便于记录与传递信息。

4）集装箱运输过程安全的必然要求

集装箱是用来运输货物的，本身必须承载较大的负荷。集装箱经常需要在较为恶劣的环境下运营，如必须能承受远洋运输途中船舶的剧烈摇晃，火车、卡车启动与刹车的冲击，装卸过程中的冲击等。所以集装箱在强度上也必须有相应的标准规定，并有必要的检验与准用程序和规定。

2. 集装箱标准

为了有效地开展国际集装箱多式联运，必须强化集装箱标准化。集装箱标准按使用范围可以分为国际标准、国家标准、地区标准和公司标准四种。

1）国际标准集装箱

国际标准集装箱指根据国际标准化组织（ISO）第 104 技术委员会制订的国际标准来建造和使用的国际通用的标准集装箱。

集装箱标准化历经了一个发展过程。国际标准化组织 ISO/TC 104 技术委员会自 1961 年成立以来，对集装箱国际标准做过多次补充、增减和修改，现行的国际标准为第 1 系列共 16

种，其宽度均一样（2 438 mm）、长度有 5 种（13716 mm、12 192 mm、9 125 mm、6 058 mm、2 991 mm）、高度有 4 种（2 896 mm、2 591 mm、2 438 mm、＜2 438 mm）。详见表 2-1。第 2 系列和第 3 系列均降格为技术报告。

表 2-1　国际标准集装箱规格尺寸和总质量

规格	箱型	长（L）	宽（W）	高（H）	额定总质量（R）
45 ft	1EEE	13 716 mm（45 ft）	2 438 mm（8 ft）	2 896 mm（9 ft 6 in）	30 480 kg（31 lt）
	1EE			2 591 mm（8 ft 6 in）	
40 ft	1AAA	12 192 mm（40 ft）	2 438 mm（8 ft）	2 896 mm（9 ft 6 in）	30 480 kg（31 lt）
	1AA			2 591 mm（8 ft 6 in）	
	1A			2 438 mm（8 ft）	
	1AX			＜2 438 mm（8 ft）	
30 ft	1BBB	9 125 mm（29 ft 11.25 in）	2 438 mm（8 ft）	2 896 mm（9 ft 6 in）	30 480 kg（31 lt）
	1BB			2 591 mm（8 ft 6 in）	
	1B			2 438 mm（8 ft）	
	1BX			＜2 438 mm（8 ft）	
20 ft	1CCC	6 058 mm（19 ft 10.5 in）	2 438 mm（8 ft）	2896 mm（9 ft 6 in）	30 480 kg（31 lt）
	1CC			2 591 mm（8 ft 6 in）	
	1C			2 438 mm（8 ft）	
	1CX			＜2 438 mm（8 ft）	
10 ft	1D	2 991 mm（9 ft 9.75 in）	2 438 mm（8 ft）	2 438 mm（8 ft）	10 160 kg（10 lt）
	1DX			＜2 438 mm（8 ft）	

注：mt 指公吨，1 mt=1 000 kg；lt 指长吨，1 lt=1 016 kg。

i=3 in（76 mm），为两箱之间间距。

则各类国际标准箱长度之间关系为：

1A=1B+1D+i=9 125 mm+2 991 mm+76 mm=12 192 mm；

1B=3D+2i=3×2 991 mm+2×76 mm=9 125 mm；

1C=2D+i=2×2 991 mm+76 mm=6 058 mm。

上述 A、B、C、D 四类集装箱中，以 A 类与 C 类（长度分别为 40 ft 和 20 ft）集装箱最为通用，其总数量也较多。从统计的角度，将一个 C 类集装箱（长度为 20 ft），称为 1 个标准箱（TEU）；一个 40 ft 的集装箱计为 2 个标准箱；一个 30 ft 的集装箱计为 1.5 个标准箱；一个 10 ft 的集装箱计为 0.5 个标准箱。

图 2-1　国际标准第 1 系列集装箱长度关系图

2）国家标准集装箱

国家标准集装箱指根据各国政府参照国际标准并考虑本国的具体情况而制订本国的集装箱标准来建造的国家标准集装箱。

2008 年 10 月，由中国国家标准化管理委员会发布的国家标准《系列 1 集装箱　分类、尺寸和额定质量》（GB/T 1413—2008）中，规定了我国集装箱系列，如表 2-2 所示。

表 2-2　集装箱外部尺寸、额定质量

型号	长度（L）/ mm	宽度（W）/ mm	高度（H）/ mm	额定总质量（R）/ kg
1EEE	13 716 45 ft	2 438	2 896	30 480
1EE			2 591	
1AAA	12 192 40 ft	2 438	2 896	30 480
1AA			2 591	
1A			2 438	
1AX			<2 438	
1BBB	9 125 30 ft	2 438	2 896	30 480
1BB			2 591	
1B			2 438	
1BX			<2 438	
1CC	6 058 20 ft	2 438	2 591	30 480
1C			2 438	
1CX			<2 438	
1D	2 991 10 ft	2 438	2 438	10 160
1DX			<2 438	

3）地区标准集装箱

地区标准集装箱，是指由地区组织根据该地区的特殊情况制订的标准建造的集装箱，此类集装箱仅适用于该地区。如根据欧洲国际铁路联盟（VIC）所制订的集装箱标准而建造的集装箱。

4）公司标准集装箱

公司标准集装箱是指某些大型集装箱船公司，根据本公司的具体情况和条件而制订的集装箱船公司标准建造的集装箱，这类箱主要在该公司运输范围内使用。如美国海陆公司的35 ft 集装箱。

此外，目前世界上还有不少非标准集装箱。如非标准长度集装箱有美国海陆公司的 35 ft 集装箱、总统轮船公司的 48 ft 集装箱；非标准高度集装箱，主要有 9 ft 和 9.5 ft 两种高度集装箱；非标准宽度集装箱有 8.2 ft 宽度集装箱等。由于经济效益的驱动，新修订标准中 20 ft 集装箱总重达 30 t。

2.1.3　集装箱分类

随着集装箱运输的发展，为适应装载不同种类货物的需要，出现了不同种类的集装箱。这些集装箱不仅外观不同，而且结构、强度、尺寸等也不相同。按照集装箱不同的用途、制造材料及结构来分也有不同的种类。

1. 根据集装箱的用途分类

1）通用集装箱

通用集装箱（general purpose container），用以装载除液体货、需要调节温度货物及特种货物以外的一般件杂货。这种集装箱使用范围极广，目前在国内外运营中的集装箱，大部分属于杂货集装箱。常用的有 20 ft 和 40 ft 两种，其结构特点是常为封闭式，一般在一端或侧面设有箱门，可 270°开启。有的杂货集装箱，其侧壁可以全部打开，属于敞侧式集装箱，便于在铁路运输中进行拆装箱作业。

2）敞顶式集装箱

敞顶式集装箱（open top container）没有刚性箱顶的集装箱，但有通过可以转动或可拆卸的顶梁来支撑的柔性顶篷或可以移动的刚性顶盖，其他部分与通用集装箱类似。开顶集装箱适于装载较高的大型货物和需吊装的重货，如钢材、木材、玻璃等。货物从箱顶吊入箱内，这样不易损坏货物，可减轻装箱的承压强度，又便于在箱内固定货物。

3）平台式集装箱

平台式集装箱（platform container）是一种没有上部结构的载货平台，其平面尺寸和最大总质量以及供搬运和紧固作业的设施等均符合标准集装箱的要求。该集装箱装卸作业方便，适于装载长、重大件货物。平台式集装箱在欧洲使用较多。

4）台架式集装箱

台架式集装箱（platform-based container）没有刚性侧壁，也没有像通用集装箱那种能够承受箱内载荷的侧壁等效结构，其底部结构类似平台式集装箱。台架式集装箱有很多类型。它们的主要特点是：为了保持其纵向强度，箱底较厚。箱底的强度比普通集装箱大，而其内部高度则比一般集装箱低。在下侧梁和角柱上设有系环，可把装载的货物系紧。台架式集装箱没有风雨密性，怕水湿的货物不能装运，适合装载形状不一的货物。台架式集装箱可分为：敞侧台架式、全骨架台架式、有完整固定端壁的台架式、无端仅有固定角柱和底板的台架式集装箱等。

5）通风集装箱

通风集装箱（ventilated container）一般在侧壁或端壁上设有 4～6 个通风孔，适于装载不需要冷冻而需通风、防止汗湿的货物，如水果、蔬菜等。当船舶驶经温差较大的地域时，通风集装箱可防止由于箱内温度变化造成"结露"和"汗湿"而使货物变质。如将通风孔关闭，可作为杂货集装箱使用。

6）冷藏集装箱

冷藏集装箱（reefer container）是专为运输要求保持一定温度的冷冻货或低温货，如鱼、肉、新鲜水果、蔬菜等食品而设计的集装箱，具有制冷或保温功能。它分为带有冷冻机的内藏式机械冷藏集装箱和没有冷冻机的外置式机械冷藏集装箱。

前者称为"机械式冷藏集装箱"，这种集装箱内装有冷冻机，只要外界供电，就能制冷。这类集装箱的冷冻装置装在箱体内，不会妨碍集装箱专用机械的搬运和装卸。后者称为"离合式集装箱"，箱体只是一个具有良好隔热层的箱体，在陆上运输时，一般与冷冻机相连；在海上运输时，则与冷冻机分开。船上的冷冻机制冷，通过冷风管道系统与冷藏集装箱连接，实现集装箱内冷却。冷藏集装箱造价较高，营运费用较高，且货运事故较多，使用中应注意冷冻装置的技术状态及箱内货物所需的温度。

7）干散货集装箱

干散货集装箱（dry bulk container）用于装运无包装干散货的集装箱，设有便于装满和卸空的开口，适用于装载粉状或粒状货物。箱顶的装货口与端门的卸货口有很好的风雨密性，可以有效防止雨水浸入。使用时要注意保持箱内清洁干净，两侧保持光滑，便于货物装卸。散货集装箱也可用于装运普通的件杂货。

8）动物集装箱

动物集装箱（pen container or live stock container）是一种专供装运牲畜的集装箱。为了实现良好的通风，箱顶采用胶合板覆盖，箱壁用金属丝网制造，侧壁下方设有清扫口和排水口，并设有喂食装置。

动物集装箱在船上必须装在甲板上，而且不允许多层堆装，所以其强度可低于国际标准集装箱的要求，其总重也较轻。

9）罐式集装箱

罐式集装箱（tank container）是一种专供装运液体货而设置的集装箱，如酒类、油类及液状化工品等货物。它由箱体框架和罐体两部分组成，装货时货物由罐顶部装货孔进入，卸货时，则由排货孔流出或从顶部装货孔吸出。有些液体货物随外界温度的降低会增加黏度，装卸时需要加温，所以在某些罐状集装箱的下部设有加热器。

需要注意的是：罐体的强度在设计时是按满载为条件的，所以，在运输途中货物如呈半罐状态，可能对罐体有巨大的冲击力，造成危险。因此装货时，应确保货物为满罐。

10）汽车集装箱

汽车集装箱（car container）是专为装运小型轿车而设计制造的集装箱。其结构特点是无侧壁，仅设有框架和箱底，箱底应采用防滑钢板。可装载一层或两层小轿车。由于一般小轿车的高度为 1.35 ～1.45 m，如装在 8 ft（2 438 mm）高的标准集装箱内，只利用了其箱容的3/5，所以轿车是一种不经济的装箱货。为提高箱容利用率，有一种装双层的汽车集装箱，其高度有两种，一种为 10.5 ft（3 200 mm），另一种为 12.75 ft（8.5 ft 的 1.5 倍）。所以，汽车集装箱一般不是国际标准集装箱。

11）服装集装箱

服装集装箱是杂货集装箱的一种变形，是在集装箱内侧梁上装有许多横杆，每根横杆垂下若干绳扣。成衣利用衣架上的钩，直接挂在绳扣上。这种服装装载法无须包装，节约了大量的包装材料和费用，也省去了包装劳动。这种集装箱和普通杂货集装箱的区别仅在于内侧上端梁的强度需略微加强。将横杆上的绳扣收起，这类集装箱就能作为普通杂货集装箱使用。

12）其他用途集装箱

集装箱现在的应用范围越来越广，不但用于装运货物，还广泛被用于其他用途。如"流动电站集装箱"，可在一个 20 ft 集装箱内装置一套完整的发电机组，装满燃油后可连续发电96 h，供应 36 只 20 ft 或 40 ft 冷藏集装箱的耗电。还有"流动舱室集装箱""流动办公室集装箱"，可在一个 20 ft 的集装箱内装备舒适的居室和办公室。美国已研制成了由若干只 20 ft集装箱组成的"战地医院"，有几十个床位，配有药房、化验室、手术室、护理室等，可用C130 运输机运输，在战地迅速布置。

表 2-3 中列举了与集装箱相适应的货物类型供参考。

集装箱运输与多式联运

表 2-3 集装箱与适宜装载货物

集装箱的种类	适合装载的货物类型
通用集装箱	除需要冷藏箱或低温箱的货物、需要特别通风的货物、活的动植物、散货或液体货等，其他货物大多可用杂货箱装载
敞顶集装箱	难以从箱门进行装卸而需要由箱顶上进行装卸作业的货物，超高货物，只要利用侧壁就可以进行固定的货物，如玻璃板、胶合板、一般机械和长尺度货物等
平台式集装箱 台架式集装箱	会产生集中负荷的重货，需要从箱顶或箱侧装载的货物，在集装箱内需要严格固定的货物，不怕风雨侵袭的货物，超尺度货物等
通风集装箱	兽皮以及其他在运输中会渗出液汁的货物，需要通风的食品类货物，可能会引起潮湿的货物
冷藏集装箱	冷冻货，如冷冻鱼、冷冻肉等；低温货，如低温肉、柑橘、干酪、禽蛋等；需要保持一定低温条件的货物，如胶片、药品等
干散货集装箱	麦芽、大豆、大米等谷物类货物，干草块、原麦片等饲料，树脂、硼砂等化工原料
动物集装箱	鸡、鸭、鹅等活家禽和牛、马、羊、猪等活家畜
罐式集装箱	液体货、酒类、化学液体货物及其他危险液体货物

2. 根据集装箱的制造材料分类

1）钢制集装箱

其框架和箱壁板皆用钢材制成。最大优点是强度高、结构牢、焊接性和风雨密性好、价格低、易修理、不易损坏，主要缺点是自重大、抗腐蚀性差。

2）铝制集装箱

铝制集装箱有两种：一种为钢架铝板；另一种仅框架两端用钢材，其余用铝材。主要优点是自重轻、不生锈、外表美观、弹性好、不易变形，主要缺点是造价高，受碰撞时易损坏。

3）不锈钢制集装箱

一般多用不锈钢制作罐式集装箱。不锈钢制集装箱主要优点是强度高、不生锈、耐腐性好，缺点是投资大。

4）玻璃钢制集装箱

玻璃钢制集装箱是在钢制框架上装上玻璃钢复合板构成的。主要优点是隔热性、防腐性和耐化学性均较好，强度大（能承受较大应力，易清扫，修理简便，集装箱内容积较大等；主要缺点是自重较大，造价较高。

3. 根据集装箱的结构分类

1）内柱式与外柱式集装箱

内柱式集装箱是指侧柱（或端柱）位于侧壁或端壁之内的铝合金集装箱；外柱式集装箱是指侧柱（或端柱）位于侧壁或端壁之外的铝合金集装箱。

2）折叠式集装箱与固定式集装箱

折叠式集装箱是指集装箱的主要部件（侧壁、端壁、箱顶等）能简单地折叠或分解，再次使用时可以方便地再组合起来。反之，各部件永久组在一起的集装箱称为固定式集装箱。

3）薄壳式集装箱与预制骨架集装箱

薄壳式集装箱是把所有部件组成一个钢体，它的优点是重量轻，可以适应所发生的扭力而不会引起永久变形；预制骨架集装箱是由许多预制件组合起来，并由它来承受主要载荷，由于外板和骨架均为预制件，故称为预制骨架集装箱。

2.1.4 集装箱的结构与强度

1. 集装箱的结构

通用集装箱各构件，如图 2-2 所示。

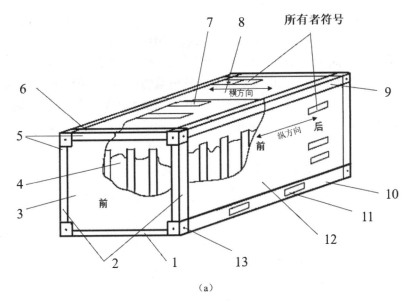

（a）

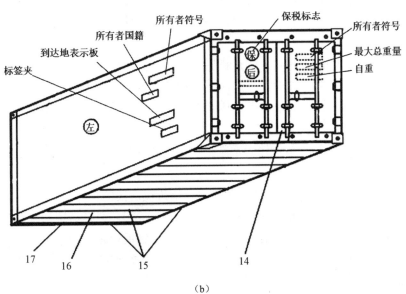

（b）

图 2-2 集装箱各构件名称

1）通用集装箱上主要部件名称和说明

通用集装箱是一个矩形箱体，由两部分组成：一部分是承受货物重量和冲击等外力的主要构件，其中包括角柱、上端梁、下端梁、上侧梁、下侧梁等，这些主要构件都采用高强度材料制造；另一部分主要用于保护货物日晒雨淋的外表面，包括箱顶板、侧壁、端壁和箱门等。下面就部分构件给予说明。

（1）下端梁（bottom-end transverse member）。下端梁通常指位于端框架底部连接两个底角件的横梁。

（2）角柱（corner post）。角柱通常指位于箱体端框架的两侧连接顶角件和底角件的立柱，与相关角件共同称为角构件。

（3）端壁（end wall）。端壁是指端框架的封板，属承载构件，不包括端框架本身。

（4）端壁板（end panel）。端壁板是指覆盖在集装箱端部外表面的板。

（5）端框架（end frame）。端框架是指集装箱前端的框架，由前面的两组角结构、上端梁和下端梁组成。后端的框架实际为门框架，它由后面的两组角结构、门楣和门槛组成。

（6）上端梁（top-end transverse member）。上端梁通常是指位于端框架上部连接两个顶角件的横梁。

（7）顶梁（roof bow）。顶梁是指设在箱体顶部支承箱顶的横梁。对于敞顶式集装箱则是用于承托可移动的柔性顶罩，为便于从顶部装卸货物，要求这些顶梁是可以移动或回转的。

（8）箱顶（roof）。箱顶是指箱体顶部具有风雨密功能的封板，它与两根上端梁、两根上侧梁和四个顶角件相承接。

（9）上侧梁（top side rail）。上侧梁通常指位于箱体侧面的上部连接两个端部上角件的纵梁。

（10）下侧梁（bottom side rail）。下侧梁通常指位于箱体侧面的下部连接两个端部底角件的纵梁。

（11）叉槽（fork lift pocket）。叉槽是指横向贯穿箱底结构的增强梁元，供叉式装卸车的叉齿伸入后对集装箱进行搬运作业。一般用于公称长度等于和小于 6 m 的集装箱。

（12）侧壁（side wall）。侧壁是指箱体侧部的封板，属承载构件，不包括上侧梁、下侧梁和相应的角结构。

（13）角件（corner fitting）。角件通常是指设在箱体的每个角部的零件，它起着支撑、堆码、搬运和紧固集装箱的重要作用。

（14）端门（end door）。端门是指设在箱体端部可供启闭的箱门组合件。

（15）箱底结构和底框架（base structures and base frame）。箱底结构和底框架通常由集装箱底部的四个角件、左右两根下侧梁、下端梁、门槛、底板和底梁组成。

（16）底梁（floor bearer）。底梁亦称底板托梁，是指在集装箱箱体结构中用于支撑底板的构件。

（17）底板（floor）。底板是指承托箱内货载的构件，通用集装箱的底板一般由木料构成；小型集装箱可使用钢质底板；保温集装箱的底板一般由带有纵向通风道的铝材构成。

2. 集装箱的尺寸与能力

1）集装箱的尺寸和容积

（1）集装箱外部尺寸，包括集装箱永久性附件在内的集装箱外部最大的长、宽、高尺寸。它是确定集装箱能否在船舶、底盘车、货车、铁路车辆之间进行换装的主要参数，是各运输部门必须掌握的一项重要技术资料。

（2）集装箱内部尺寸。指箱体的最大无障碍内部尺寸，对于角件的局部伸入量可予以忽略。高度为箱底板面至箱顶板最下面的距离，宽度为两内侧衬板之间的距离，长度为箱门内侧板至端壁内衬板之间的距离。它决定集装箱内容积和箱内货物的最大尺寸。

（3）门框开口。门框内部开口的无障碍尺寸，亦即能够通过的最大尺寸货物装卸的箱门开度。

（4）集装箱内容积。指箱体内部高度、宽度和广度尺寸的乘积。同一规格的集装箱，由于结构和制造材料的不同，其内容积略有差异。集装箱内容积是物资部门或其他装箱人必须掌握的重要技术资料。

2）集装箱的相关能力

集装箱由于承受运输途中、装卸作业等各种载荷，必须具有既能保护货物又能承受外力作用的能力。满载货物状态下，要能承受由于船舶摇摆或陆上车辆的振动、冲击以及在装卸、拴固和堆装时对集装箱产生的冲击，《集装箱术语》（GB/T 1992—2006）将其表述为集装箱的能力。

国际标准化组织 ISO 1496《集装箱技术条件和试验方法》，将其划分为外部强度和内部强度。

外部强度指集装箱承受外力对其所产生的各种载荷的能力。内部强度指集装箱承受箱内货物及装卸货物时机械对其所产生的各种载荷的能力。集装箱的操作人员必须掌握这些有关集装箱强度的基本知识，方能避免或减少在作业中对集装箱的损坏。

（1）集装箱的外部强度。

①堆码能力。堆码能力是指某特定集装箱能够承受其上部同等规格多层满载集装箱的能力，此时的承载值应当计入该箱在模拟载运船舶舱内格栅中堆码时的最大偏移量和船舶在航运中出现的动态加速力。国际标准化组织在 1972 年以前的标准中，要求集装箱在满载（均布负荷）条件下，纵向允许偏离 38 mm，横向允许偏离 25.4 mm 时能堆码 6 层的高度。现在已经出现堆码 9 层以上的高度，对集装箱的堆码强度要求也已提高到 216 000 kg 以上。

②起吊强度。集装箱起吊方法有吊顶角和吊底角两种，不同起吊方法强度不同。

● 吊顶角时的强度。吊顶角时一般利用集装箱吊具从集装箱四角吊起，通常称作四点吊。四点吊时角件上所受的载荷力是垂直方向力，一般要求每个角件应具有 $2R/4$ 的强度。

● 吊底角时的强度。利用集装箱的底角件把集装箱吊起时，应使起吊力平行于集装箱的侧壁，并要求吊索中心线与底角件外侧的距离不大于 38 mm，而且不得触及箱体的任何部位，还要求根据不同的箱型，吊索与水平面要有一定的角度。见表 2-4。

表 2-4　吊索与水平面角度

集装箱类型	1AA，1A，1AX	1BB，1B，1BX	1CC，1C，1CX	1D，1DX
最小夹角	30°	37°	45°	60°

③箱顶强度。集装箱的箱顶上允许有两名操作人员聚在一起进行作业。故第 1 系列集装箱要求箱顶在 300 mm×600 mm 面积内能承受 300 kg 的均布负荷，即载荷值应为 1.63 N/cm²。

④拴固能力。拴固能力是指集装箱通过箱底结构固定在特定载运工具上，在行驶中所能承受的最大加速力。这是以铁路车辆在连接时所遇到的情况为假定条件的，即集装箱装在铁路货车上，四角角件拴固后，在编组站车辆与车辆连接时将发生碰撞，要求集装箱能承受碰撞时所产生的冲击力，这种冲击力作用在集装箱一端的两个底角件上，考虑到 $2g$ 的加速度，故一端水平方向的作用力为 $2R$，即平均每一个角件上将承受 $1R$ 的载荷。

⑤系紧强度。集装箱在甲板上堆装 2 层以上的集装箱时，由于船舶的摇摆，上层集装箱的重量，通过固定件，将对下层集装箱的顶角件在横向（或纵向）产生一定的作用力。根据 ISO 的要求，集装箱在船上是纵向装载的，其横向作用力每个顶角件平均为 150 kN。

⑥叉槽强度。用叉式装卸车的叉齿叉举集装箱时，在集装箱满载均布负荷，叉齿宽度为 200 mm，插入深度为（1 825±3）mm 的条件下，要求叉槽具有即使在垂直方向上加 $1.25g$ 的加速度也能承受的强度。

（2）集装箱的内部强度。

①底板承载能力。集装箱的底部结构所能够承受箱内有效荷载或设备车轮所产生的静载和动载的能力。一般允许起重量 2.5 t 左右的叉式装卸车进入箱内作业而箱底不会损坏，即货物对箱底的载荷和装卸机械对箱底的载荷。前者是均布载荷而后者是集中载荷。

②端壁强度。装在集装箱内的货物，在运输过程中由于急刹车而使货物靠在端壁或箱门上时，端壁或箱门将承受一定的载荷。按 ISO 的规定，端壁要求每平方米能承受 13.72 kN 的均布载荷。

③侧壁强度。与端壁载荷的情况相同，由于船舶横摇而使货物靠在箱的侧壁上时，将使侧壁承受一定的负荷。按 ISO 的规定，侧壁要求每平方米能承受 7.8 kN 的均布载荷。

2.1.5 集装箱标记

为了便于集装箱在国际运输中的识别、管理和交接，便于单据编制和信息传输，国际标准化组织颁布了《集装箱的代号、识别和标记》（ISO 6346：1995），该标准明确地规定了集装箱的内容、标记字体的尺寸、标记的位置等。按此标准，集装箱标记可分为必备标记和自选标记两类。每一类标记中又分为识别标记和作业标记。具体来说，集装箱上有所有者代号或系列号、核对数字，集装箱尺寸及箱型代码。

1. 必备标记

1）识别标记

它由所有者代号、设备代码、系列号及核对数字组成。

（1）所有者代号（owner code）。指集装箱所有人向国际集装箱局登记注册的三个大写的拉丁文字母，比如马士基集团自有箱的所有者代号之一是"MSK"。

目前国际集装箱局已在 16 个国家和地区设有注册机构。我国北京设有注册机构。国际集装箱局每隔半年公布一次在册的所有者代号一览表。部分代号见表 2-5。

表 2-5　部分船公司和租箱公司的所有者代号表

公司名称	所有者代号
AMERICAN PRESIDENT LINES CO	APL
BONAMI SHIPPING CO LTD	BNM
JINGHAN SHIPPING CO LTD	COH
CHINA OCEAN SHIPPING COMPANY	COS
CHINESE POLISH JOINT STO	CPJ
CHINA SHIPPING CO	CSC
HYUNDAI	HMM
K'LINE SHIPPING CO.	KLN

（2）设备代码。指紧接着所有者代号的第四位字母，用以表示集装箱的类型，最常见的字母"U"，表示所有常规的集装箱。另外"J"表示带有可拆卸的集装箱，"Z"表示集装箱的拖车和底盘车。

（3）系列号，又称"箱号"或"箱体注册码"（registration code），由 6 位阿拉伯字母组成。当有效数字不是 6 位时，在有效数字前用"0"补足 6 位用以区别同一箱主的集装箱，如"001234"。

（4）核对数字，又称"校验码"（check digit）。核对数字是用来验证所有者代号和系列号记录是否准确的依据，经计算机处理所得。它位于 6 位系列号之后，以一位阿拉伯数字加一方框表示。例如 001234 ⃞3⃞ 。

设置核对数字的目的，是防止箱号在记录时发生差错。运营中的集装箱频繁地在各种运输方式之间转换，每进行一次转换和交接，就要记录一次箱号。在多次记录中，如果某一次记录，记错一个字符，就会使该集装箱从此"不知下落"。为不致出现此类"丢失"集装箱及所装货物的事故，在箱号记录中设置了一个"自检测系统"，即设置一位"核对数字"。该"自检测系统"的原理如下。

① 所有者代号 4 位拉丁字母与箱号 6 位阿拉伯数字视作一组，共 10 个字符。前 4 位拉丁字母一一与等效数值对应，参见表 2-6。

表 2-6　等效数值表

所有者代号/设备代码				系列号
字符	等效数值	字符	等效数值	数字或等效数值[①]
A	10	N	25	0
B	12	O	26	1
C	13	P	27	2
D	14	Q	28	3

所有者代号/设备代码				系列号
字符	等效数值	字符	等效数值	数字或等效数值[①]
E	15	R	29	4
F	16	S	30	5
G	17	T	31	6
H	18	U	32	7
I	19	V	34	8
J	20	W	35	9
K	21	X	36	
L	23	Y	37	
M	24	Z	38	

①箱号数字与等效数值完全相同。

注：表中省略了 11、22、33，因为它们是模数 11 的倍数。

② 所有者代号的 4 位等效数值与 6 位系列号，共 10 个数字，分别乘以 $2^0 \sim 2^9$ 的加权系数。

③ 将所有乘数累加，然后除以模数 11，所得的余数即核对数字，余数 10 的核对数字为 0。

此外，还有一种用表来查找核对数字的方法，使用时较为简便。

［例 2-1］某集装箱的所有者代号和系列号为 TRIU583888，核对数字是 0，检验是否有误。

解：根据上述方法列表 2-7 计算。

表 2-7　例 2-1 表

序号	项目	所有者代号				系列号						合计
		T	R	I	U	5	8	3	8	8	8	
1	等效数值	31	29	19	32	5	8	3	8	8	8	8 117
2	加权数值	1	2	4	8	16	32	64	128	256	512	
3	乘数	31	58	76	256	80	256	192	1 024	2 048	4 096	
4	余数	10										

经计算得余数为 10，则等效数字为 0，所有者代号和系列号正确。

目前，由于"自动道口"的使用，特别是第二代自动道口采用射频识别技术，利用集装箱或集卡上配置的电子标签，将箱号信息读入道口的自动设施中，非常准确方便，出错的概率几乎可以忽略不计，这时核对数字的作用几乎不存在了。

2）作业标记

（1）额定值和自身质量。额定值即集装箱最大总重量（max gross mass），是作业时的最高值，也是试验时的最低值，通常以 R 表示。集装箱的自身净质量（tare mass），以 T 表示，系某特定箱型在正常作业时的空箱质量，该值包括箱体自身附件和配件的质量。它包括各种集装箱在正常工作状态下应备有的附件和各种设备，如机械式冷藏集装箱的机械制冷装置及其所需的燃油；台架式集装箱上两侧的立柱；开顶集装箱上的帆布顶篷等。集装箱的最大净货载（net weight）为两者之差，通常省略不写。

质量的单位同时用千克（kg）和磅（lb）表示，在箱体标出，如图 2-3 所示。

MAX GROSS	00000kg
000001b	
TARE	00000kg
00001b	
NET	00000kg
000001b	
额定重量、自重和最大净货载标记	

图 2-3　额定重量、自重和最大净货载标记

（2）空陆水联运集装箱标记。空陆水联运集装箱是指可在飞机、船舶、卡车、火车之间联运的集装箱，其容积为 1 m³ 或 1 m³ 以上，装有顶角件和底角件，具有与飞机机舱内拴固系统相配合的拴固装置，箱底可全部冲洗并能用滚装装卸系统进行装运。为适用于空运，这种集装箱自重较轻、结构较弱、强度仅能堆码两层，因而国际标准化组织对该集装箱规定了特殊的标志，该标记为黑色，位于侧壁和端壁的左上角，并规定标记的最小尺寸为：高 127 mm（5 in），长 355 mm（14 in），字母标记的字体高度至少为 76 mm（3 in）。如图 2-4 所示。

标记表示要求如下。

①在陆地上堆码时，只允许在箱上堆码 2 层。

②在海上运输时，不准在甲板上堆码，在舱内堆码时只能堆装 1 层。

（3）登箱顶触电警告标记。该标记为黄色底黑色三角形，一般设在罐式集装箱顶上和位于登顶箱顶的扶梯处，以警告登梯者有触电危险。如图 2-5 所示。

闪电箭头的高度至少为 175 mm（6.875 in）；

警示标记的黑边框外侧每侧长度不得少于 230 mm（9 in）。

标记应设在架设梯子的附近。

（4）超高标记。凡高度超过 8.5 ft（2.6 m）的集装箱必须标出"超高标记"，该标记为在黄色底上标出黑色数字和边框，贴在集装箱每侧的左下角，距箱底约 0.6 m 处，同时该贴在集装箱主要标记的下方。在箱体每端和每侧角件间的顶梁及上侧梁上标打长度至

少为 300 mm（12 in）的黄黑斜条的条形标记，以便在地面或高处作业时能清晰地识别。如图 2-6 所示。

图 2-4　空陆水联运集装箱标记　　　图 2-5　登箱顶触电警告标记　　　图 2-6　超高标记

2. 自选标记

1）识别标记

1984 年的国际标准中，识别标记有国家代码，由 2 到 3 个拉丁字母组成。1995 年的新国际标准中，取消了国家代码，增加了箱型代码。识别标记由"尺寸代码+箱型代码"，以一个整体在集装箱上标识，其组配代码结构为：××××，前两位是尺寸代码，后两位是箱型代码。

（1）尺寸代码。尺寸代码以两个字符表示。第一个字符表示箱长，其中 10 ft 箱长代号为"1"，20 ft 箱长代号为"2"，30 ft 箱长代号为"3"，40 ft 箱长代号为"4"。5～9 为"未定号"。另外，英文字母 A～R 为特殊箱长的集装箱代号。见表 2-8。

第二个字符表示箱宽与箱高。其中 8 ft 高代号为"0"；8 ft 6 in 高代号为"2"；9 ft 高代号为"4"；9 ft 6 in 高代号为"5"；高于 9 ft 6 in 代号为"6"；半高箱（箱高 4 ft 3 in）代号为"8"；低于 4 ft 代号为"9"。另外，用英文字母反映箱宽不是 8 ft 的特殊宽度集装箱。见表 2-9。

表 2-8　尺寸代码第一个字符

代码	箱长		代码	箱长	
	mm	ft　in		mm	ft　in
1	2 991	10　　0	D	7 450	
2	6 058	20　　0	E	7 820	
3	9 125	30　　0	F	8 100	
4	12 192	40　　0	G	12 500	41　　0
5	备用号		H	13 106	43　　0
6	备用号		K	13 600	
7	备用号		L	13 716	45　　0
8	备用号		M	14 630	48　　0
9	备用号		N	14 935	49　　0
A	7 150		P	16 154	
B	7 315	24　　0	R	备用号	
C	7 430	24　　6			

表 2-9　尺寸代码第二个字符

H	W		
	2 438 mm（8 ft）	2 438 mm（8 ft）＜W≤2 500（8 ft 2 in）	W＞2 500（8 ft 2 in）
2 438 mm（8 ft）	0		
2 591 mm（8 ft 6 in）	2	C	L
2 743 mm（9 ft）	4	D	M
2 896 mm（9 ft 6 in）	5	E	N
＞2 896 mm（9 ft 6 in）	6	F	P
1 295 mm（4 ft 3 in）	8		
≤1 219 mm（4 ft）	9		

（2）箱型代码。箱型代码可反映集装箱的用途和特征，由两位字符组成，第一位为拉丁字母表示箱型；第二位为阿拉伯数字表示箱体的物理特征或其他特性。如通用集装箱，一端或两端有箱门，箱型代码为 G0。详见表 2-10。

表 2-10　集装箱箱型代码

代码	箱型	箱型群组代码	主要特征	箱型代码
G	通用集装箱（无通风装置）	GP	一端或两端开门	G0
			货物上部空间设有透气孔	G1
			一端或两端开门，加上一侧或两侧全部敞开	G2
			一端或两端开门，加上一侧或两侧部分敞开	G3
			备用号	G4
			备用号	G5
			备用号	G6
			备用号	G7
			备用号	G8
			备用号	G9
V	通风式通用集装箱	VH	无机械排风装置，货物上部或底部空间设有通风口	V0
			备用号	V1
			箱内设有机械式通风装置	V2
			备用号	V3
			外置式机械通风装置	V4
			备用号	V5
			备用号	V6
			备用号	V7
			备用号	V8
			备用号	V9

代码	箱 型	箱型群组代码	主 要 特 征	箱型代码
B	无压干散货集装箱	BU	封闭式	B0
			气密式	B1
			备用号	B2
	承压干散货集装箱	BK	水平方向卸货，试验压力 150 kPa	B3
			水平方向卸货，试验压力 265 kPa	B4
			倾斜卸货，试验压力 150 kPa	B5
			倾斜卸货，试验压力 150 kPa	B6
			备用号	B7
			备用号	B8
			备用号	B9
S	以货物种类命名的集装箱	SN	牲畜集装箱	S0
			汽车集装箱	S1
			活鱼集装箱	S2
			备用号	S3
			备用号	S4
			备用号	S5
			备用号	S6
			备用号	S7
			备用号	S8
R	保温集装箱机械制冷	RE	机械制冷	R0
	制冷/加热集装箱	RT	机械制冷/加热	R1
	自备电源的机械制冷/加热集装箱	RS	机械制冷	R2
			机械制冷/加热	R3
			备用号	R4
			备用号	R5
			备用号	R6
			备用号	R7
			备用号	R8
			备用号	R9
H	保温集装箱带挂装式机械制冷/加热装置	HR	外置式挂装制冷/加热装置 $K=0.4$ W/($m^2 \cdot$ K)	H0
			内置式挂装制冷/加热装置	H1
			外置式挂装制冷/加热装置 $K=0.7$ W($m^2 \cdot$ K)	H2
			备用号	H3
			备用号	H4
	隔热式集装箱	HI	隔热层 $K=0.4$ W($m^2 \cdot$ K)	H5
			隔热层 $K=0.7$ W($m^2 \cdot$ K)	H6
			备用号	H7
			备用号	H8
			备用号	H9

续表

代码	箱 型	箱型群组代码	主 要 特 征	箱型代码
U	敞顶式集装箱	UT	一端或两端开口	U0
			一端或两端开口并有活动的上端梁	U1
			一端或两端以及一侧或两侧开口	U2
			一端或两端以及一侧或两侧开口并有活动的上端梁	U3
			一端或两端开口以及一侧部分开口和另一侧全部开口	U4
			全部敞顶，带固定的侧壁（无开门）	U5
			备用号	U6
			备用号	U7
			备用号	U8
			备用号	U9
P	平台（和台架式）集装箱，上部结构不完整	PL	平台集装箱	P0
	固端结构	PF	双固端结构	P1
			固定角柱、活动侧柱或活动顶结构	P2
	折端结构	PC	可折的完整端结构	P3
			可折角柱、活动侧柱或活动顶结构	P4
	带完整的上部结构的台架式集装箱	PS	散顶、敞端（骨架式）	P5
			备用号	P6
			备用号	P7
			备用号	P8
			备用号	P9
T	罐式集装箱——非危险性液体货	TN	最低试验压力 45 kPa	T0
			最低试验压力 150 kPa	T1
			最低试验压力 265 kPa	T2
	非危险性液体货	TD	最低试验压力 150 kPa	T3
			最低试验压力 265 kPa	T4
			最低试验压力 400 kPa	T5
			最低试验压力 600 kPa	T6
	气体货物	TG	最低试验压力 910 kPa	T7
			最低试验压力 2 200 kPa	T8
			最低试验压力（未定）	T9
A	空/陆/水联运集装箱	AS		A0

对于能确定类型，但特征尚未确定或不明确的集装箱，可直接用箱型代码标示。如属于"通用集装箱"类型，但无法确定特征的，可直接标示为"GP"。

2）作业标记

作业标记主要为国际铁路联盟标记。欧洲各国边界相连，铁路车辆往来频繁，而各国铁路都有各自的规章、制度，手续也极为复杂，为了简化手续，故对旅客、货物、车体及其他业务方面做了专门的规定，并制订了《国际铁路联盟条例》。

《国际铁路联盟条例》对集装箱的技术条件做了许多规定，满足该条例中规定的集装箱，可以获得"国际铁路联盟"标记，即表示该集装箱已取得"国际铁路联盟"各缔约国的承认。在欧洲铁路上运输集装箱时，该标记是必备的通行标志。

标记中方框上部之"i""c"字样表示国际铁路联盟（Union International des Chemins de Fer），方框下部之数字表示各铁路公司的代号（数字代号及字母代号）。

图2-7中"33"为"中华人民共和国铁路"的代号。

3. 通行标记

集装箱在运输过程中能顺利地通过或进入它国国境，箱上必须贴有按规定要求的各种通行标志，否则，必须办理烦琐证明手续，延长集装箱的周转时间。

图2-7　国际铁路联盟标记

集装箱上主要的通行标记有安全合格牌照、集装箱批准牌照、防虫处理板、检验合格徽等。这些"通行标记"是集装箱进行国际运输时必需的。有些国家还有一些特殊要求，必须加以注意。例如，凡进入澳大利亚和新西兰的集装箱，必须有"防虫处理板"标记。不带这些通行标记的集装箱，会在卸船后被扣押在码头上，经过必需的相关检验，认为符合规定以后，才会被放行。

2.2　集装箱箱务管理

集装箱箱务管理涉及集装箱配置、租赁、调运、保管、交接、发放、检验、修理等多项工作。集装箱箱务管理在国际集装箱运输中是一项非常重要的工作。做好箱务管理工作，对加快集装箱的周转、提高集装箱的装载质量、提高企业的经济效益均具有重要意义。本节就集装箱需备量确定、集装箱租赁及集装箱存量管理这三个方面一一介绍。

2.2.1　航线集装箱需备量确定及船公司的置箱策略

1. 航线集装箱配置的确定方法

集装箱运输通常为班轮运输。下面介绍一条班轮航线如何配置箱量。

1）假设前提

为了简化问题，假设：

（1）该航线为简单直达航线，即仅挂靠两个端点港（假定为A港、B港）；

（2）班轮公司在两个端点港既无调剂箱，也无周转机动箱。

2）相关因素

在以上假设前提下，集装箱班轮航线应配置集装箱的数量与以下因素有关

（1）该航线集装箱需备套数与每套集装箱的数量。以Q代表航线需备集装箱总量（TEU），S表示需备箱套数，N表示每套集装箱数量（如船舶满载则为船舶自载箱量），则有：

$$Q = S \cdot N \qquad (2-1)$$

式中：S——航线集装箱平均总周转天数，和航线的发船间隔有关。航线集装箱平均总周转天数决定于三个因素（T_R, T_A, T_B）；班轮航线上每两艘船之间的发船间隔又与两个因素（T_R, C）有关。即：

$$S = \frac{T}{I} \qquad (2-2)$$

$$T = T_R + T_A + T_B \qquad (2-3)$$

$$I = \frac{T_R}{C} \qquad (2-4)$$

式中：T——航线集装箱平均总周转天数；

I——航线发船间隔；

T_R——船舶在 A，B 两个端点港之间往返的时间；

T_A, T_B——集装箱分别在 A 港，B 港内陆周转时间及港口堆存期；

C——航线配备船舶艘数。

上面公式中的 N 通常以每艘集装箱船满载箱量表示，但实际上，航线上集装箱船航行时，通常并不满载，所以要考虑"船舶载箱率"因素。如以字母 N 代表每艘船满载箱量，以字母 f 表示每艘船实际载箱率，则每套集装箱的数量可表示为 $D = N \cdot f$。

（2）考虑"航线特种箱往返航次不平衡所需箱数"与"全程周转期内港口内陆修箱量"。航线特种箱往返航次不平衡所需箱数是指航线上可能需要使用一些特种箱，如冷藏箱、罐状箱、开顶箱等。这类箱子所载货种在航线上往返运量通常难以平衡，且无法从公司内部或联营体调剂运箱量时，通常需要多配置一些数量。

全程周转期内港口内陆修箱量，是指集装箱在运营中总会有一定的损坏率，需进行修理，这些进行修理的箱子应予以增加配置。

综合（1）、（2）因素，航线需备集装箱总量 Q：

$$Q = S \cdot N \cdot f + S_N + R_N \qquad (2-5)$$

式中：S_N——特种箱往返船次不平衡所需增加箱数；

R_N——全程周转期内港口内陆修箱量。

[例 2-2] 某集装箱班轮公司，开辟一条仅有 A、B 两端点港的简单航线，航线配置 6 艘载箱量为 5 000 TEU 的全集装箱船，船舶往返航次时间为 60 d，在端点港 A 的港口堆存期和内陆周转期的时间有以下比例变化，20% 的箱为 15 d，20% 的箱为 22 d，60% 的箱为 11 d，在端点港 B 的港口堆存期和内陆周转时间平均为 9 d，船舶载箱量利用率为 80%，该航线全程周转期内修量为 120 TEU，试确定该班轮公司在该航线上集装箱需备量。

解：发船间隔：$I = T_R \div C = 60 / 6 = 10$（d）

端点 A 的港口堆存期及内陆周转时间为：$T_A = 15 \times 20\% + 22 \times 20\% + 11 \times 60\% = 14$（d）

端点 B 的港口堆存期及内陆周转时间为：$T_B = I = 10$（d）

航线集装箱平均总周转天数：$T = T_R + T_A + T_B = 60 + 14 + 10 = 84$（d）

航线集装箱配备总套数：$S = \dfrac{T}{I} = \dfrac{84}{10} = 8.4$（套）

每套集装箱数量：$D = N \cdot f = 5\,000 \times 80\% = 4\,000$ （TEU）

航线集装箱需配总量：$Q = S \cdot N \cdot f + S_N + R_N$

$$= 8.4 \times 5\,000 \times 80\% + 120$$

$$= 33\,720 \text{（TEU）}$$

上述航线配置箱计算方法简化了许多因素。如一条航线不止有两个端点港，或在若干挂靠港存在一些中转箱量，则问题会复杂得多。有些因素的变动，只需少量调整以上计算；而有些情况的变动，则需改变整个航线集装箱配置量计算的思路。

2. 船公司的置箱策略

在班轮航线集装箱配置数量可大致估算的情况下，班轮公司考虑自身的投资能力、管理能力和经济效益，通常也不全数置备所需的箱量，一般的"置箱策略"有以下三种。

1）需配置箱量全部由班轮公司自备

采取这种策略的班轮公司数量不是很多。原因是：一艘船舶需配置的箱量通常是其满载箱量的三倍左右，班轮公司用于购船已花费巨额投资，为置箱又花费巨额投资，既难以负担，又增加了投资的风险；巨大的置存箱量，将给班轮公司带来非常烦琐沉重的箱务管理工作量，这在很大程度上会分散班轮公司的管理精力。

2）需配置箱量部分由班轮公司自备

这是一种灵活而合理的操作方法，多数班轮公司采用这种方法。根据班轮公司的规模、航线特点，各班轮公司在自备箱量与租箱量的比例上又各有不同，采用的具体租赁方法不同。

3）需配置箱量全部向租箱公司租入

这是另一种极端的做法。这样做的好处是班轮公司可大大节约初始投资，降低投资的风险。现代经济变数众多，尤其是国际远洋运输往往变幻莫测。降低初始投资，规避风险，是一种聪明的选择。同时班轮公司可省却箱务管理的工作，专心从事航线运营。这样做的缺点是班轮公司的自主经营经常会受到租箱公司的牵制，由于自己完全没有自备箱，在租箱条件的谈判中，有时会处于不利位置。

2.2.2 集装箱租赁业务

集装箱租赁业务是一个随着集装箱运输的发展而派生出来的行业，兴起于 20 世纪 60 年代末。集装箱所有人为出租的一方，集装箱使用人一般是船公司或货主，双方签订租赁合同。由出租人提供合格的集装箱交由承租人在约定范围内使用。由于出租方和承租方均有利可图，所以在近十几年来发展迅速。目前全世界运营的集装箱有 50%左右属于租赁。集装箱租赁业务的发展，对集装箱运输的总体发展起着促进的作用。

1. 集装箱租赁的优点

集装箱租赁的优点，可从出租方和承租方两方面加以分析。

1）集装箱租赁的出租方

（1）投资风险相对小。将资金投于集装箱船舶，开展航线运营，与将资金投于集装箱，从事集装箱租赁，后者的风险明显小于前者。因为水路运输市场对租箱量的需求相对稳定，而对特定航线船舶的需求波动相对大。而且投资于集装箱船舶，单位资金需求量比投资于集装箱要大得多。

（2）加强了集装箱运输的专业化分工。专业集装箱租赁公司的出现与发展，实际上意味着集装箱运输本身专业分工的进一步细分，将"箱务管理"这一块业务独立出来，有利于箱务管理合理程度的提高，有利于集装箱更有效的调配、提高利用率、加强维修，从而降低费用，提高集装箱运输的经济效益，使这种运输方式的优越性更充分发挥。

（3）提高了集装箱的利用率。班轮公司自备的集装箱，一般只供某一特定班轮公司船舶与航线使用，其利用率总是受到一定的限制，调度得再好，也必定存在空箱调运的情况。对于规模较小的班轮公司，利用率不高、空箱调运占用大量运力的现象更是难以避免。而租箱公司则不然，其箱子可供各个班轮公司租用，所以箱子的利用率高，空箱调运次数通常明显低于班轮公司自备集装箱。

2）集装箱租赁的承租方

（1）可有效降低初始投资，避免资金被过多占用。班轮公司贷款购箱，初始投资巨大，背负沉重的利息负担；出资租箱，则只用少量资金就可取得集装箱的使用权，投资风险明显下降。

（2）节省空箱调用费用，提高箱子利用率。班轮公司自备集装箱，由于航线运量不平衡客观存在，必定要花费大量的空箱调运费，而且箱子的利用率会下降；而采用租箱，可避免这些费用。如果班轮公司合理利用单程租赁、短期租赁和灵活租赁等方式，则既能满足对集装箱的需求，又能节省租金，使公司经济效益得以提高。

（3）避免置箱结构的风险。班轮公司自备箱，其尺寸、型号必须形成一定的比例，这就带来了置箱结构上的风险。因为航线所运货物的结构一变，虽然班轮公司总箱量没有减少，但由于对特定箱型需求的变化，仍会面临无法满足所需箱量的情况。采用租箱，就可对所需特殊箱型随时予以调整，可规避由此带来的风险。有时由于国际标准的修订，有些箱型被淘汰，班轮公司会由此带来损失。

2. 集装箱租赁的方式

集装箱租赁主要有以下几种方式。

1）期租

期租是指定期租赁的方式。按其租期的长短，可分为长期租赁和即期租赁两类。

（1）长期租赁。长期租赁一般指租期达 3～10 年的租赁。根据租期届满后对集装箱的处理方式，又可分为融资租赁和实际使用期租赁两种。

① 融资租赁（金融租赁）。指租赁期内，像正常租赁一样支付租金。租期届满后，承租人支付预先约定的转让费（通常为一个象征性的较低的金额），将箱子所有权买下的租赁方式。这种租赁方式的实质是通过"融物"而进行融资。承租人表面上是租用集装箱，而实际上是向出租人借钱，购入集装箱。所以融资租赁租入集装箱，实际上和班轮公司自备箱没有太大的区别。

② 实际使用期租赁。这是一种最为实质的长期租赁，承租人在租赁合同期满后，即将箱子退回给出租人，是一种纯粹的"融物"，不带任何融资的因素。

长期租赁的特点是承租人只需按时支付租金，即可如同自备箱一样使用；租期越长，租金越低。因此，对于货源稳定的班轮航线，采用这种方式租用一定数量的集装箱，既可保证航线集装箱需备量的要求，又可减少置箱费、利息及折旧费的负担，是一种比较经济的方式，因此，目前采用长期租赁方式较多。这种方式在租期未满前，承租人不得提前退租，但可在合同中附有提前归还集装箱的选择条款。对租箱公司而言，采用这种方式可在较长的租期内获得稳定的租金收入，减少租箱市场的风险，也可减少大量的提、还箱等管理工作。

（2）即期租赁。即期租赁是指租箱人根据自己的需要及市场情况与租箱公司签订租赁合同的一种租赁方式。它的特点是与租赁公司事先没有任何约定，而是经磋商后达成临时短期租箱协议。这种租赁对班轮公司风险较小，较为灵活，租箱人可根据自己需要的时间、地点，确定租用期限，但其租金较高。

2）程租

程租是指根据一定的班轮航次进行租箱的租赁方式。这种方式对班轮公司灵活度大，对租箱公司相对不利。所以根据不同的实际情况，集装箱的单位租金会有很大的区别。程租又可分为单程租赁和来回程租赁两种。

（1）单程租赁。单程租赁的特点是从发货地租箱，到目的地还箱。采取从起运港至目的港的单程租用，一般适用于货源往返不平衡的航线。它可满足承租人单程租箱的需要。如果从缺箱地区单程租赁到集装箱积压地区，承租人需要支付较高的租金。因为，此时租箱公司需要从集装箱积压地区往短缺地区调运空箱，租金中一般要包含空箱调运费，有时还需支付提箱费及还箱费。如果需要从箱积压地区租赁到箱短缺地区，承租人可享受租金优惠（因为租箱公司集装箱积压会产生很多费用），可较少支付甚至免除提箱费和还箱费，有时还可能在一定时间内免费租箱。

（2）来回程租赁。来回程租赁通常是指提、还箱同在一个地区的租赁方式，一般适用于往返货源较平衡的航线，原则上在租箱点还箱（或同一地区还箱）。租期可以是一个往返航次，也可以是连续几个往返航次。由于不存在空箱回运的问题，因而租金通常低于单程租赁。

3）灵活租赁

灵活租赁是一种在租箱合同有效期内，承租人可在租箱公司指定地点灵活地进行提、还箱的租赁方式。它兼有"期租"和"程租"的特点。一般租期为一年。在大量租箱情况下，承租人可享受租金的优惠，租金甚至接近于长期租赁。在集装箱货源较多，且班轮公司经营航线较多，往返航次货源又不平衡的情况下，多采用这种租赁方式。

在灵活租赁的情况下，由于提、还箱灵活，给租赁公司带来了一定的风险，所以在合同中规定有一些附加约束条件。如规定最短租期、基本日租金率等。一般最短租期不得少于30 d，承租人须按租期支付租金。有时还可能规定起租额，如规定承租人在合同租期内必须保持一定租箱量，并按超期租额支付租金（即当实际租箱量少于起租箱量时采用）；规定全球范围内月最大还箱限额；规定最小月提箱量；规定各还箱地区的月最大还箱量等。

集装箱班轮公司应根据自身航线特点、货物特点、投资能力等，确定自备箱量与租赁箱量的合理比例及通过什么方式租赁集装箱，在进行租箱业务时，工作应细致、周到，充分了解并掌握各租赁公司的特点，尽可能利用各公司的长处，以使自身取得最好的经济效益。

3. 集装箱租赁合同主要条款

集装箱租赁合同是规定租箱人与租箱公司双方权利、义务与费用的协议和合同文本。

租箱合同是规定承租人与租箱公司之间权利、义务、费用的法律文件。各租箱公司在开展租箱业务时，均制订具有一定固定格式的租箱合同文本，就双方承担责任、义务、费用等方面的问题做出条款规定，其内容通常涉及以下方面：①租金；②租箱方式；③租箱数量与箱型；④交箱期与还箱期；⑤租、退箱费用；⑥交、还箱地点；⑦损坏修理责任；⑧保险。

1）交箱条款

交箱条款是制约租箱公司的条款。通常规定租箱公司应在合同规定的时间、地点，将符合合同条款的集装箱交给承租人。这一条款一般有三个内容：

（1）交箱期。指租箱公司必须在多少天时间界限内交箱，从目前租箱合同中对交箱期的规定看，这一期间通常为 7～30 d。

（2）交箱量。租箱合同中对交箱量有两种规定办法，一种是最低交箱量，也就是租箱合同中规定的交箱量；另一种是实际交箱量，也就是超出或不足租箱合同规定的交箱量。一般来说，采用哪一种交箱量，与集装箱租赁市场上箱、货供求关系十分密切。通常，租赁公司都愿意承租人超量租箱。

（3）交箱时箱子状况。交箱时箱子的实际状况，通常用设备交接单来体现。每一个集装箱在交接时，承租人与租箱公司都要共同签署设备交接单，以表明交接时箱子的状况。在实际租箱业务中，租箱公司为简化手续，规定承租人所雇用的司机在提箱时签署的设备交接单可视为本人签署，具有同等效力。而箱子堆场的交箱员或大门门卫，则可视为租箱公司的代表。

2）还箱条款

承租人在租期届满后，按租箱合同规定的时间、地点，将状况良好的箱子退回租箱公司。这一条款主要内容也有以下三个。

（1）还箱时间。租箱合同中规定有还箱时间，但在实际操作中经常会发生承租人提前还箱或延期还箱的情况，这类情况在租箱业务中称为"不适当还箱"。当发生提前还箱时，如租箱合同中订有"提前终止条款"，则可相应少付租金；否则，应补付追加租金。

（2）还箱地点。承租人应按租箱合同中规定的地点，或经租箱公司书面确认的地点，将箱子退还给租箱公司。还箱地点与最终用箱地点的距离有较密切的关系，作为承租人来说，还箱地点应是最终用箱地点或接近的地点，这样，发生的费用较低；反之，则费用高。

（3）还箱状况。还箱状况是指承租人应在箱子外表状况良好的情况下，将箱子退还给租箱公司。如果还箱时箱子外表有损坏，则租箱公司或其代理人应通知承租人，并做出修理估价单。如果租箱合同中已订立损害赔偿修理条款，则其费用由租箱公司承担。如果到租箱合同规定的还箱期满若干天（有的是 30 d）后，承租人仍没有还箱，租箱公司可自动认为箱子"全损"，承租人应按合同规定的赔偿办法支付赔偿金。而且，在租箱公司收到赔偿金之前，承租人应仍按天支付租金。

3）损害修理责任条款

损害修理责任条款（damage protection plan，DPP），指在承租人支付 DPP 费用的前提下，在归还箱子时，可不对租赁期间箱子的损坏负责，损坏的箱子由租箱公司负责修理。租赁合同中订有 DPP 条款，对承租人来说，可避免一旦发生箱子损坏所引起的有关修理安排、查核、检验、支付修理费用等繁杂事务，并可节约将受损的箱子运至修理厂的额外费用。承租人在订立 DPP 条款时应注意以下问题：DPP 费用只保箱子的部分损坏，不保箱子的全损。如系全损，则属保险责任中的全损险，由保险公司负责赔偿。另外，DPP 条款也不包括共同海损分摊对第三者的民事损害责任以及对箱子内有关货物的责任。习惯上，DPP 只负责到比箱子本身价值低一点的一个固定限额。例如，20 ft 箱的价值为 3 000 美元，而合同中的 DPP 条款负责的最高费用可能只有 2 500 美元。如果箱子在租赁期间发生损坏，其修理费用和其他费用在 2 700 美元，则租赁公司根据合同条款规定只负责 2 500 美元，超出部分则由承租人负责。DPP 费用一般按租箱天数收取。一旦订立了 DPP 条款，不论集装箱在租期间是否发生损坏，租箱人必须支付 DPP 费用，而且该费用一律不退还。

4）租箱人的责任、义务

租赁合同中关于租箱人的主要责任、义务如下。

（1）按合同规定的时间、方式支付租金。

（2）租赁期内，租箱人与租箱公司共同承担国际集装箱安全公约规定的检验和修理责任。

（3）租箱人在租赁期内，应承担本国或他国的一切有关集装箱的法律、法规规定的罚款、费用损失。

（4）租箱人应承担租箱期内箱子的全损或灭失。

（5）租箱人可在租赁的箱子外表贴上自己的标志，但不得任意更动原有的标志。

（6）租赁期内，租箱人应按有关规定使用箱子，不得超负荷装载，或长期堆存有损箱体的货物。

（7）租箱期内，租箱人应对箱子进行良好的保养、维修，包括箱子的清洗、防污、油漆以及更换必要的部件。

（8）租赁期内，租箱人应对第三者造成的箱子损坏责任负责，对其代理人或雇用人员对箱子造成的损坏负责。

5）租金

租金支付条款主要内容如下。

（1）租期。一般租箱合同均规定以提箱日为起租日，退租日则根据租箱合同规定的租期或实际用箱时间确定。长期租赁的退箱时间，根据合同确定。灵活租赁的退租日，则为将箱子退至租箱公司指定堆场的日期。承租人在终止租箱时，应按合同规定的时间事先通知租箱公司，无权任意延长租期或扣留使用箱子。

（2）租金。一般按每箱天计收，即从交箱当日起算至租箱公司接受还箱的次日时止。长期租赁或无 DPP 条款的租箱，原则上在修复箱子后退租。有的租箱公司为简化还箱手续，在合同中订立提前终止条款，承租人在支付提前终止费用后，集装箱进入租箱堆场，租期即告终止。此项费用一般相当于 5～7 d 的租金。对于超期还箱，其超期天数的租金通常为正常租金的一倍。

（3）租金支付方式。租金支付方式有两种，一种是按月支付，另一种是按季预付。租箱人在收到租箱公司的租金支付通知单后的 30 d 之内必须支付，如延迟支付租金，则按合同规定的运费率支付利息。

（4）交、还箱手续费。承租人应按合同规定的运费率支付交、还箱手续费，此项费用主要用以抵偿租箱公司支付租箱堆场的有关费用（如装卸车费、单证费等），其支付方式主要有两种，一种按当地租箱堆场的费用规定支付，另一种是按租箱合同的规定支付。

6）保险条款

这是租赁合同中有关出租公司向租箱人提供集装箱损害修理保险的条款。虽然这一条款常约定出租公司只对租箱人租用的集装箱本身的损害负责，而对于集装箱中装载货物的损害和集装箱运输中涉及第三者的损伤或损害并不负责。但是，在保险公司的集装箱保险以集装箱本身的保险为基本险，兼保货物损害赔偿责任和第三者赔偿责任保险的条件下，经过特约，出租公司也可能同意扩大集装箱损害修理保险范围。其具体做法通常是，先针对集装箱本身的损害扩大保险的范围，然后再适当地扩展其他险别的承保，以扩充其补偿的范围，减轻租箱人可能承担的风险。

（1）保险条件。

● 每一只标有唛头标志的集装箱为一个单独的投保单位。

● 被保险人对投保的集装箱应做好维修、保养工作。

● 保险期可视具体情况修改。如有的租箱公司规定，在租期内的箱子修理损坏率超过一定的比例，租箱公司有权修订保险条款。

（2）保险方式。

● 有限额保险。有限额保险是指保险公司有限度地承担集装箱的损坏修理费，如果损坏修理费超过投保的限度，其超过部分由承租人支付。

● 全值保险。全值保险是指保险公司按保单或协议规定的使用价值支付修理费用，其使用价值根据对箱子规定的金额决定。

当然，在采用上述两种方式中的任何一种方式时，都可能有免赔额的规定，比如有的合同就规定对于 250 美元以下的损害修理费免赔。

（3）除外责任。保险公司对以下原因造成的箱子损坏、修理不承担责任和费用：

● 战争、敌对行为、武装冲突；

● 集装箱所在国政府对箱子的征用、没收、封锁；

● 由于集装箱内在的缺陷造成的损坏；

● 集装箱的自然耗损、正常磨损；

● 超负荷装载导致的集装箱损坏；

● 装载高度易燃品、爆炸品、腐蚀品以及其他烈性危险品造成的损坏；

● 集装箱对第三者造成的损害赔偿；

● 间接损失；

● 共同海损分摊；

● 救助费用分摊。

（4）损坏修理程序。

● 提出损坏报告。集装箱在发生损坏后，投保人应提出有关箱子的损坏报告，并得到有关方面的确认（租箱公司或保险公司）。

● 对箱子进行检验。在箱子发生损坏后，投保人和保险公司都可安排自己的专业检验人员对箱子的损坏进行检验。

● 修理。根据专业检验人员的检查报告，对箱子的损坏部分进行修理，但这种修理不包括箱子的自然耗损部分。

（5）保险期与退租。集装箱的保险期限从租箱协议订立、集装箱交箱起生效，至集装箱退还租箱公司指定的租箱堆场时终止。如果由承租人投保，应在对箱子进行修复并符合条件后才能退租。如果发生集装箱全损，退租的日期为租箱公司收到有效证明文件的当日。

（6）保险金。

● 保险金与租金同时支付给租箱公司；

● 保险金与租金一样按箱天计算，即使有免费期，保险金也不能减免；

● 保险金可根据承租人使用箱子的情况定，租箱公司可定期进行测试和调整。

2.2.3 集装箱存量管理

集装箱存量管理工作非常复杂，对于船公司和租箱公司来说，其管理内容和方式有很大的区别。总的来说，集装箱存量管理大约有以下一些主要工作。

1. 集装箱跟踪管理

集装箱在全球多式联运过程中，投入箱量巨大，运动路线复杂，因此对集装箱跟踪管理的实际工作量很大。据统计，目前集装箱运输过程中，由于集装箱灭失所造成的经济损失，每年高达数十亿美元。在集装箱跟踪控制方面，还没有非常有效的方法。一般来说，集装箱跟踪管理，有手工跟踪管理和计算机跟踪管理两种方式。

1）手工跟踪管理方式

手工跟踪管理方式适用于拥箱量较少、经营规模和范围较小的船公司和租箱公司。

首先制作一套包括自备箱在内的集装箱档案记录卡和一张集装箱动态跟踪图表，每个集装箱一张卡片。为便于控制与管理，集装箱档案记录卡可采用不同式样，如以不同大小的卡片表示不同尺寸的集装箱，以用不同颜色的卡片表示不同类型的集装箱等。船公司或租箱公司的箱务管理部门将每只集装箱的有关信息登记在相应的档案记录卡上。箱务管理部门将业务部门和各港口的箱务代理报来的信息随时登入集装箱档案记录卡，再将档案记录卡插入集装箱动态跟踪图表。这样，通过集装箱动态跟踪图表，就可了解本公司集装箱的全面动态。

手工跟踪管理方式十分麻烦，滞后性大，无法及时地向集装箱管理部门提供盘存所需的各种报表，特别是当船公司经营集装箱运输规模扩大、集装箱拥有量越来越大、周转加快时，这种跟踪管理方式无法适应集装箱运输管理的需要。

2）计算机跟踪管理方式

计算机跟踪管理方式，是目前集装箱班轮公司和租箱公司普遍采用的高效集装箱跟踪管理方式。这种方式基本做法是将集装箱必要的特征，如箱号、箱型、尺寸、购（租）箱及其地点、日期等预先存储在计算机内，然后再将集装箱日常动态和信息利用某种特定的代码形式及时输入计算机，并根据事先编好的程序，通过计算机进行有效的数据处理，随时可直观地显示或打印集装箱管理部门盘存所需的各种类型的报表。

计算机跟踪管理方式按其信息和传递系统可分为联机和脱机两大类。

（1）联机传递系统。所谓联机传递系统，是指船公司的计算机中心与其各港代理处的终端机连成计算机网络，有关的集装箱动态信息可直接由代理人随时通过终端输入至船公司计算机中心存储处理，并能将所需处理结果返回至终端的打印设备上。这种系统实时性好，信息处理迅速及时，但初期形成计算机网络的工作量较大。

（2）脱机传递系统。所谓脱机传递系统是指信息的传递系由各港代理处采用普通的通信或卫星交换方式，传递给船公司，然后再由船公司输入计算机存储处理。这种方式实时性较差，但对远距离的信息传递，还比较合适。

目前，利用计算机对集装箱进行管理，已由初级阶段的动态控制，发展到高级阶段的编目控制动态业务处理。船公司不仅能够掌握及跟踪分布在国内外集装箱码头堆场、集装箱货运站、货主仓库以及运输途中的有关集装箱的地理位置信息和使用状态变化的动态信息，而且还可以对各个运输环节的箱子需求情况做出预测。

2. 集装箱空箱调运及管理

"空箱调运"即集装箱放空进行运输。集装箱应尽可能不发生空箱调运，船公司对集装箱的空箱调运量越少，其集装箱的使用效率越高，相应经济效益越好。但由于集装箱运输本身的复杂性，空箱调运在所难免。例如，2020 年空箱运量约占总运量的 25%左右。

1）空箱调运的原因

集装箱空箱调运，其根本原因在于货运需求与运力供给之间的不平衡。其中有些是客观原因造成的，不可避免；有些则是主观原因造成的，属于不合理调运。总结如下。

（1）管理原因导致空箱调运。航运企业与港口代理机构之间的管理信息系统不完善，管理水平落后。如由于单证交接不全，流通不畅，影响箱子的调运与周转。有时箱子损失或灭失的责任不清，无法追回或未及时追回，只能调运空箱补充；又如货主提箱超期，造成港口重箱积压，影响到箱子在内陆的周转，为保证船期，不得不从附近港口调运空箱。

（2）进、出口货源不平衡，造成进、出口箱子比例失调，产生空箱调运。

（3）由于贸易逆差，导致集装箱航线货流不平衡，因而产生空箱调运。

（4）由于进出口货物种类和性质不同，因而使用不同规格的箱子，产生航线不同规格箱子短缺现象，不得不调运不同规格的箱子，以满足不同货物的需要。

（5）各运输方式之间衔接不够协调。

（6）其他原因。如果出于对修箱费用和修箱要求考虑，船公司将空箱调运至维修费用低、修箱质量高的地区去修理。

2）减少空箱调运的措施

由于客观货物流向、流量与货种不平衡，产生一定数量的空箱调运是必然的。但采取一定的措施，使空箱调运量下降到较低水平，是完全可以做到的。

（1）组建联营体，实现船公司之间集装箱共享。联营体通过互相调节使用空箱，可减少空箱调运量和航线集装箱需备量，节省昂贵的空箱调运费和租箱费。

（2）强化集装箱集疏运系统，缩短集装箱周转时间。通过做好集装箱内陆运输各环节工作，保证集装箱运输各环节紧密配合，缩短集装箱周转时间和在港时间，以提供足够箱源，不致因缺少空箱而进行空箱调运。

（3）建立高效的集装箱箱务管理系统，实现箱务管理现代化。通过优化计算机集装箱管理系统，采用 EDI 技术，以最快、最准确的方式掌握集装箱信息，科学而合理地进行空箱调运，做到最大限度地减少空箱调运量及调运距离。

（4）准确预测货流。倘若货流预测的准确度较高，则空箱调运的及时性、合理性就有了一定保证，在此基础上及时安排和调运空箱，以满足不同的货主对不同的箱型和箱量的需求。

（5）加强修箱管理。箱况的好坏关系到航运公司的服务形象，而修箱费用又与航运公司的盈利息息相关，必须通过管理解决二者之间的矛盾。

3. 集装箱堆存与保管

1）空箱的堆存与保管

集装箱所有人或箱管部门所管理的空箱一般在码头堆场、货运站堆场等地堆存和保管，通常委托箱管代理或各堆场经营人作为代理人进行实际管理，并需支付堆存、管理费用。这些费用也是集装箱运输成本的重要组成部分，因而加强集装箱空箱的堆存、保管的管理具有重要的意义。

集装箱管代理人在安排空箱堆存过程中，应将各航运公司的集装箱分别堆放，同公司的集装箱也应按照箱型分别堆放，便于提箱。在搬运过程中，应规范操作，避免集装箱出现残损。在收箱时，应做好集装箱的核查工作，一旦出现集装箱损坏的现象，要及时通知箱主安排修理事宜。

集装箱所有人在掌握各堆场的空箱类型、数量的基础上，应充分利用各堆场入场初期的免费条款，并将堆存期较长的集装箱优先调运出堆场。

2）重箱的堆存与保管

集装箱码头为了避免堆场内集装箱的大量积压，往往规定了出口重箱应在限定的入港开始时间和截止时间内将重箱运至指定的堆场存放；同时，对于进口重箱，也规定了免费堆存期限，促使收货人及时提取货物，一旦超出了免费堆存期限，就要收取堆存费用。

 复习思考题

一、名词解释

集装箱　集装箱额定重量　集装箱融资租赁

二、多项选择题

1. 以下集装箱的必备标记是（　　　）。
   A. 所有者代号　　B. 设备代码　　C. 箱型代码　　D. 安全合格牌照
2. 集装箱租赁的方式有：（　　　）。
   A. 长期租赁　　B. 即期租赁　　C. 程租　　D. 灵活租赁

三、判断题

1. 设备代码 U 表示集装箱底盘车。　　　　　　　　　　　　　（　　）
2. 箱型代码第一位为拉丁字母表示箱型。　　　　　　　　　　（　　）
3. 为了保证船公司的正常营运，集装箱应该全部自备。　　　　（　　）
4. 对承租方来说，集装箱租赁可有效降低初始投资，避免资金被过多占用。（　　）

四、简答题

1. 集装箱租赁有哪些方式？各有什么优缺点？
2. 阐述航线集装箱配备量的计算方法。

参考答案

二、多项选择题

1. AB　　2. ABCD

三、判断题

1. F　2. T　3. F　4. T

案例分析

集装箱租赁合同纠纷案

一、案情概况

原告：上海中海物流有限公司（以下简称中海物流）

被告：上海品圆贸易有限公司（以下简称品圆公司）

被告：上海科宁油脂化学品有限公司（以下简称科宁公司）

被告：南京林通水运有限责任公司（以下简称林通公司）

2001 年 8 月，被告品圆公司受被告科宁公司委托，为科宁公司将桶装液体助剂从上海运输至汕头。为此，品圆公司与原告中海物流签订协议，向中海物流租借 24 只 20 ft 集装箱。品圆公司将该 24 只集装箱装载在被告林通公司的"苏林立 18"轮上。该轮从上海港出发，开航时船舶无不适航情况。次日，"苏林立 18"轮航行至浙江温州洞头海面遇到雷雨大风，船舶、船上货物及集装箱一并沉没。事故发生后，品圆公司将集装箱灭失的消息及时通知了中海物流。温州海事局制作的事故调查报告书认为，造成本次事故的主要原因是天气海况恶劣，次要原因是船员应变能力差、操作不当。涉案 24 只集装箱系中海物流向中海集装箱运输有限公司（以下简称中集公司）租赁。中海物流已向中集公司赔付集装箱灭失损失 71 700 美元及租金 247.8 美元。

二、法院裁判

海事法院经审理认为，本案诉由为违约之诉。

中海物流与品圆公司之间的集装箱租赁合同合法有效。

中海物流与科宁公司、林通公司无租箱合同关系，故科宁公司、林通公司无须承担赔偿责任。因温州海事局制作的事故调查报告书未对天气海况恶劣程度做出结论，且船员应变能力差、操作不当也是沉船事故的原因之一，故品圆公司等有关不可抗力的抗辩理由不能成立。中海物流未举证证明涉案集装箱价值，依据《国际集装箱超期使用费计收办法》的集装箱全损最低赔偿额标准计算损失为每只 20 ft 干货箱 1 280 美元。品圆公司在集装箱灭失后及时通知中海物流，故无须支付超期使用费。据此，法院判决品圆公司向中海物流支付集装箱灭失赔偿金 30 720 美元、用箱费人民币 12 000 元及利息。

中海物流及品圆公司不服，提起上诉。二审期间，几方当事人在高级人民法院主持下达成和解协议，法院据此制作了调解书。林通公司向中海物流支付人民币 20 万元，最终解决了本案纠纷。

思考题： "第三人原因"致集装箱灭失时的租金支付时应该怎样处理？

参考答案

本案是一起集装箱租赁合同项下请求还箱及支付集装箱使用费、超期使用费的纠纷。

被告品圆公司援引《中华人民共和国合同法》第二百三十一条的规定："因不可归责于承租人的事由，致使租赁物部分或全部毁损、灭失的，承租人可以要求减少租金或者不支付租金；因租赁物部分或者全部毁损、灭失，致使不能实现合同目的的，承租人可以解除合同。"

把集装箱的灭失原因说成是"因不可归责承租人的事由"和"不可抗拒力"进行抗辩，未得到法院的采信。被告科宁公司和被告林通公司辩称"与原告没有租赁合同关系，不承担违约赔偿责任"，均得到了法院的采信。最后法院认定此次海上事故不属于"不可克服、不可避免、不可预见"，被告品圆公司不能免责，根据《中华人民共和国合同法》第二百二十一条的规定："当事人一方因第三人的原因造成违约的，应当向对方承担违约责任。当事人一方和第三人之间的纠纷，依照法律规定或者按照约定解决。"集装箱租赁人品圆公司应对"第三人原因"造成的集装箱灭失承担不能还箱的违约责任，同时须支付集装箱使用费；而被告科宁公司和被告林通公司不承担违约赔偿责任。一审法院的判决是正确的。

开篇案例参考答案

集装箱标准化为集装箱的各种基本技术条件，即尺寸、结构、试验方法等建立标准，从而使集装箱在海、陆、空运输中具有通用性和互换性，提高集装箱运输的经济性及安全性，为集装箱的运输工具和装卸设备的选型、设计和制造提供依据，使集装箱运输成为相互衔接配套、专业化、高效化的运输体系。集装箱标准化极大地促进了集装箱运输在全球的广泛开展，使多式联运成为可能。

第 3 章

集装箱货物及其组织

本章要点

- 掌握集装箱货物的分类；
- 掌握集装箱货物装箱方式；
- 掌握集装箱货物的交接方式。

 开篇案例

　　1997 年 8 月 15 日，东方公司接受土畜产公司的订舱，开具了一份已装船正本提单，该提单注明货物的品名为二氧化硫脲，船名"鳄鱼坚强"号，起运港青岛，卸箱港洛杉矶，托运人为土畜产公司。1997 年 8 月 19 日晚，当"鳄鱼坚强"轮停泊在上海港时，船上发现二舱冒烟，经消防部门及港务公司共同检测，倒箱 166 个，将货物自燃冒烟的 OOLU3360121 集装箱卸下船，堆放在港区的危险品码头，同时卸下的还有编号为 OOLU3429526 的集装箱，因该箱散发浓烈的气味，开箱检查时，有 6 名工人发生轻微中毒。上海市浦东新区环境监测站到场检查，认定是 OOLU3360121 集装箱内装载的货物二氧化硫脲自燃。"鳄鱼坚强"轮将 OOLU3360121 集装箱滞留在码头，其他集装箱装船后于 1997 年 8 月 21 日起航，同年 8 月 23 日到达日本神户港，船到日本后，东方公司聘请海鸥海事（横滨）有限公司对船上的污染进行检查，结论是装载 OOLU3360121 集装箱的二舱有污染，25 个集装箱的表面有化学污染痕迹。船上的集装箱在日本的横滨港、东京港进行了倒箱、清洗。船舶开航后，船员又对船舱进行了清洗。货物到达目的港后，发生了多起收货人因货物受损引起的索赔，东方公司聘请美国的 FREEHILL HOGAN & MAHAR LLP 处理索赔事宜，发生了大量的费用。事故发生后，东方公司即委托了上海中衡咨询有限公司于 1997 年 8 月 26 日和 1998 年 8 月对出事的集装箱进行检验，后一次检验东方公司还委托了香港专家 EDMONDSON、新加坡专家 MULLEN 一同参加，几份检验报告都一致认为是由于货物装载不当引起的自燃。

　　东方公司遂诉至法院，请求中化公司和土畜产公司赔偿其各项损失。

另查明，1997 年 5 月，中化公司与土畜产公司签订了一份"出口外贸代理协议书"，约定由中化公司自行对外签约，办理涉案货物出运的手续，由此而产生的一切纠纷由中化公司自己解决，被告土畜产公司提供全套的出口单据，收取一定的代理费用。

思考题：对于特殊货物应该怎么装载才能确保安全？

3.1　集装箱货物

各种不同的集装箱适合装载各种不同的货物，集装箱货物分类的方法与普通货船运输时有所不同。

一般可分为普通货物和特殊货物。

1. 普通货物

普通货物（general cargo）一般通称为杂货，是指不需要用特殊方法进行装卸和保管、可按件计数的货物。其特点是批量不大，单价较高，具有较强的运费负担能力，经常用定期船运输。杂货根据其包装形式和货物的性质又可分为清洁货和污货两类。

1）清洁货

清洁货（clean cargo）又称"细货"（fine cargo）或"精良货"，是指清洁而干燥，在积载和保管时本身无特殊要求，与其他货物混载时，不会损坏或污染其他货物的货物。如纺织品、棉纱、布匹、橡胶制品、陶瓷器、漆器、电气制品、玩具等。

2）污货

污货（dirty cargo）又称"粗货"（rough cargo，troublesome cargo），是指按本身的性质和状态，容易发潮、发热、风化、融解、发臭，或者有可能渗出液汁、飞扬货粉、产生害虫而使其他商品遭受损失的货物。这类货物包括可能渗出液汁的兽皮；飞扬粉末的水泥、石墨；污损其他货物的油脂、沥青；生虫的椰子核、牛骨、干燥生皮；发生强烈气味的胡椒、樟脑、牛皮等。

2. 特殊货物

特殊货物（special cargo）是指在性质、重量、价值、形态上具有特殊性，运输时需要用特殊集装箱装载的货物。它包括冷藏货、活动（植）物、重货、高价货、危险货、液体货、易腐货和散货等。

1）冷藏货

冷藏货（refrigerated cargo）是指需用冷藏集装箱或保温集装箱运输的货物，如水果、蔬菜、鱼类、肉类、鸡蛋、奶油、干酪等。

2）活动（植）物

活动（植）物（livestock and plants）指活的家禽、家畜和其他动物以及树苗等植物。

3）重货

重货（heavy cargo）是指单件重量特别大的货物，如重型机械等。我国对水路运输中笨重货物规定有以下标准。

①沿海：重量 5 t；长度 12 m。

②长江、黑龙江干线：重量 3 t；长度 10 m。

各省（市、自治区）内河水运企业对本省内运输的笨重、长大货物可另行规定，并报国务院交通主管部门备案。

在国外，一般平均每件重量超过 3.6 t 的货物，按笨重货处理。

4）高价货

高价货（valuable cargo）是指按容积或重量来计算，其价格都比较昂贵的货物，如生丝、绸丝、丝织品、照相机、电视机，以及其他家用电器等。

5）危险货

危险货（dangerous cargo）是指本身具有易燃、易爆、有毒、有腐蚀性、放射性等危险特性的货物。危险货物装箱时必须有特别的安全措施，有危险货物的集装箱装船，也必须有特别的安全防护措施，以保证运输设备及人身的安全。

6）液体货

液体货（liquid cargo）是指需装在罐、桶、瓶等容器内进行运输的液体或半液体货。许多液体货还具有一定程度的危险性。液体货易泄漏和挥发，经常会出现污损或污染其他货物的情况。

7）易腐货

易腐货（perishable cargo）是指在运输途中因通风不良或温度高、湿度大而易腐败变质的货物。

8）散货

散货（bulk cargo）是指粮食、盐、煤、矿石等无特殊包装的散装运输的货物。随着集装箱运输的发展，水泥、糖等也可用集装箱散装运输。

3.2　集装箱装箱方式

集装箱是一个容器，它装载货物的数量较多，而且是在封闭情况下进行运送的，一旦箱内货物装载不良或变质而危及运输安全和货物完好时，不易被及时发现，即使发现了，为时可能已晚，且要纠正不正当的积载也比较困难。

3.2.1　集装箱装箱前的检查

开展集装箱的国际多式联运，应以实行门到门运输为原则。因此，在选用集装箱运输时，还必须注意到内陆运输的条件。选用集装箱时，要根据货物的种类、性质、形状、包装、体积、重量以及运输要求，考虑采用其合适的箱子。首先要考虑的是货物是否装得下，其次再考虑在经济上是否合理，与货物所要求的运输条件是否符合。

集装箱在使用前，必须进行严格检查。一只有缺陷的集装箱，轻则导致货损，重则在装卸中有可能造成严重人身伤亡。所以，对集装箱的检查是货物安全运输的基本条件之一。通常，对集装箱的检查应做到以下几点。

（1）符合集装箱国际标准（ISO）和国际安全公约标准（CSC），具有合格检验证书。

（2）集装箱的 4 个角柱、6 个壁、8 个角要外表状态良好，没有明显损伤、变形、破口等不正常现象。板壁凹损应不大于 30 mm，任何部件凸损不得超过角配件外端面。

（3）箱门应完好、水密，能开启 270°，栓锁完好。

（4）箱子内部清洁、干燥、无异味、无尘污或残留物，衬板、涂料完好。

（5）箱子所有焊接部位牢固、封闭好、不漏水、不漏光。

（6）附属件的强度、数量满足有关规定和运输需要。

（7）箱子本身的机械设备（冷冻、通风等）完好，能正常使用。

在使用前应对集装箱进行仔细全面的检查，包括外部、内部、箱门、清洁状况、附属件及设备等。通常发货人（用箱人）和承运人（供箱人）在箱子交接时，共同对箱子进行检查，并以设备交接单确认箱子交接时的状态。

3.2.2 集装箱货物装载要求

集装箱适于装运多种品类的货物，但这些货物并非都是能够互相配载的，装箱前如果没能根据货物的性质、特点、规格等加以合理挑选组合，运输过程中就容易发生货运事故。

为了确保集装箱货运质量，必须注意集装箱货物的合理装载和固定，集装箱货物的装载应满足以下两个基本要求。

（1）确保货物的完好和运输安全，不断提高运输服务质量。

（2）集装箱载重量和内容积应得到充分利用，不断提高集装箱的利用率。

货物集装作业的质量，直接关系到货物完好与运输安全，在装箱作业进行之前，应对集装箱的卫生条件和技术条件进行认真的目测检查。

1. 集装箱装载货物的一般要求

1）质量和载荷

在货物装箱时，任何情况下箱内所装货物的重量不能超过集装箱的最大装载量。根据货物的体积、质量、外包装的强度，以及货物的性质进行分类，把外包装坚固和质量较大的货物装在下面，外包装脆弱、质量较轻的货物装在上面，装载时要使货物的质量在箱底上平均分布。箱内负荷不得偏于一端或一侧，特别是要严格禁止负荷重心偏在一端的情况。如箱子某一部位装载的负荷过重，则有可能使箱子底部结构发生弯曲或脱开的危险。

2）衬垫

装载货物时，要根据包装的强度决定衬垫。夹衬采用缓冲材料，防止装载在下面的货物被压坏，并使负荷平均分布，特别是包装脆弱货物或易脆商品以及湿货（包括桶装或罐装液体货）时，更应注意采用适宜的隔热物料，装箱时不要用不同包装的货物填塞集装箱的空位，除非这种包装的货物，是完全适合拼装的。

3）固定

货物与货物之间，集装箱侧壁与货物之间如果有空隙，在运输中由于摇摆会使货物移动，造成塌货和破损，还有可能损坏其他货物，破坏集装箱的侧壁，甚至损坏其他集装箱，有时集装箱到达目的地打开门时，由于装在箱门附近的货物倒塌，还会引起人身伤亡和货物损坏，因此货物需要进行充分的固定。

使运输过程中的货物在集装箱内不产生移动的作业叫作"固定"，通常有如下几种方法。

（1）支撑：用方形木条等支柱使货物固定。

（2）塞紧：货物之间，或货物与集装箱侧壁之间用方木等支柱在水平方向加以固定，或者插入填塞物、缓冲垫、楔子等防止货物移动。

（3）系紧：集装箱内的系紧就是用绳索、带子等索具把货物捆绑。

在任何情况下，都不能把货物直接固定在集装箱内部任何一个平面上，因为在集装箱上钻孔会破坏箱子的风雨密性。

由于集装箱的侧壁、端壁、门板处的强度较弱，因此在集装箱内进行固定作业时要注意支撑和塞紧的方法，不要直接撑在这些地方使它承受局部负荷，而必须设法使支柱撑在集装箱的主要构件上。此外，为了使货物能有效地固定并保护货物，有时也将衬垫材料、扁平木材等，制成栅栏来固定。

4）缓冲材料

为了填补货物之间和货物与集装箱侧壁之间的空隙，防止货物的破损、湿损、污损，有必要在货物之间插入木板、覆盖物之类的隔货材料，这些材料多半为货板、木框、缓冲垫等填塞物。

最新的方法是使用合成橡胶制的空气垫。它是利用牵引车上的压缩空气把气垫吹膨起来，除了能固定货物外，同时还起着缓冲作用，但有价格昂贵的缺点。

5）货物的混载

把许多种货物装在同一集装箱内时，要注意货物的性质和包装，如果有可能引起事故就要避免混载，例如，有水分的货物与干燥货物；一般货物与污臭货物及粉末货物；危险货物与非危险货物、两种以上不同的危险货物等。

为了防止发生货物事故，需要采用与该包装相适应的装载方法，利用集装箱装载的典型货物有箱装货、波纹纸板箱货、捆绑货、袋装货、货板（托盘）货、危险货物等。

集装箱货物的现场装箱作业，通常有三种方法。

（1）全部用人力装箱。

（2）用叉式装卸车（铲车）将货物搬进箱内，再用人力堆装。

（3）全部用机械装箱，如货板（托盘）或用叉式装卸车在箱内堆装。

这三种方式中，第三种方法最理想，装卸效率最高，发生货损事故最少。因此在集装箱内进行货物装卸作业时，应严格按照有关的操作规程，尽可能采用相应的装卸搬运机械作业，例如，手推搬运车、输送式装箱机、叉车等，以减轻劳动强度，提高装卸作业效率。

2. 特殊货物的装载要求

对一些特殊货物和特种集装箱进行货物装载时，除上述一般要求与方法外，还有一些特殊的要求。这些货物和集装箱装载时，必须充分保证满足这些特殊要求。

1）超尺度和超重货物装载要求

超尺度货物是指单件长、宽、高的实际尺度超过国际标准集装箱规定尺度的货物；超重货物是指单件重量超过国际标准集装箱最大载货量的货物。国际标准集装箱是有统一标准的，特别在尺度、总重量方面都有严格的限制，集装箱运输系统中使用的装卸机械设备、运输工具（集装箱船、集卡等）也都是根据这一标准设计制造的。如果货物的尺寸、重量超出这些标准规定值，对装载和运输各环节来说，都会带来一些困难和问题。

（1）超高货。一般干货箱箱门有效高度是有一定范围的，如果货物高度超过这一范围，则为超高货。超高货物必须选择开顶箱或板架箱装载。用集装箱装载超高货物时，应充分考虑运输全程中给内陆运输车站、码头、装卸机械、船舶装载带来的问题。内陆运输线对通过高度都有一定的限制（各国规定不甚一致），运输时集装箱连同运输车辆的总高度一般不能超过这一限制。

集装箱船舶装载超高货箱时，只能装在舱内或甲板的最上层。

（2）超宽货物。超宽货物一般应采用板架箱或平台箱运输。集装箱运输下允许货物横向突出（箱子）的尺度要受到集装箱船舶结构（箱格）、陆上运输线路（特别是铁路）允许宽度限制，受到使用装卸机械种类的限制（如跨运车对每边超宽量大于 10 cm 以上的集装箱无法作业），超宽货物装载时应给予充分考虑。

集装箱船舶装载超宽货箱时，如果超宽量在 150 mm 以内，则可以与普通集装箱一样装在舱内或甲板上；如果超宽量在 150 mm 以上，只能在舱面上装载，且相邻列位必须留出。

（3）超长货物。超长货物一般应采用板架箱装载，装载时需将集装箱两端的插板取下，并铺在货物下部。超长货物的超长量有一定限制，最大不得超过 306 mm（即 1 ft 左右）。

集装箱船舶装载超长货箱时，一般装于甲板上（排与排之间间隔较大）；装在舱内时，相邻排位须留出。

（4）超重货物。装箱标准（ISO）对集装箱（包括货物）总重量是有明确限制的，所有的运输工具和装卸机械都是根据这一总重量设计的。货物装入集装箱后，总重量不能超过规定值，超重是绝对不允许的。

2）冷藏（冻）货装载要求

装载冷藏（冻）货的集装箱应具有供箱人提供的该箱子的检验合格证书。

货物装箱前，箱体应根据使用规定的温度进行预冷。货物装箱时的温度应达到规定的装箱温度。温度要求不同或气味不同的冷藏货物绝不能配入一箱。运往一些宗教（特别是伊斯兰教）国家的集装箱货，不能把猪肉与家禽、牛羊肉配装在同一箱内。

货物装载过程中，制冷装置应停止运转；注意货物不要堵塞冷气通道和泄水通道；装货高度不能超过箱中的货物积载线。装货完毕关门后，应立即使通风孔处于要求的位置，并按货主对温度的要求及操作要求控制好箱内温度。

3）危险货物装载要求

集装箱内装载的每一票危险货物必须具备危险货物申报单。装箱前应对货物及应办的手续、单证进行审查，不符合《国际海运危险货物规则》的包装要求或未经商检、港监等部门认可或已发生货损的危险货物一律不得装箱。

危险货物一般应使用封闭箱运输，箱内装载的危险货物任何部分不得突出箱容。装箱完毕后应立即关门封锁。

不得将危险货物与其他性质与之不相容的货物拼装在同一集装箱内。当危险货物仅占箱内部分容积时，应把危险品装载在箱门附近，以便于处理。

装载危险品货物的集装箱上，至少应有 4 幅尺度不小于 250 mm×250 mm 的危险品类别标志牌贴在箱体外部 4 个侧面的明显位置上。

装箱人在危险货物装箱后，除提供装箱单外，还应提供集装箱装箱证明书（container packing certificate），以证明已正确装箱并符合有关规定。

装载危险货物的集装箱卸完后，应采取措施使集装箱不具备危险性并去掉危险品标志。

4）干散货物装载要求

用散货集装箱运输干散货可节约劳动力、包装费、装卸费。散货集装箱的箱顶上一般都设有 2～3 个装货口，装货时利用圆筒仓或仓库的漏斗或使用带有铲斗的起重机进行装载。散货集装箱一般采用将集装箱倾斜使散货产生自流的方法卸货。在选定装载散货的集装箱时，必须考虑装货地点和卸货地点的装载和卸载的设备条件。

运输散装的化学制品时，首先要判明其是否属于危险货物；在运输谷物、饲料等散货时，应注意该货物是否有熏蒸要求。因此，在装货前应查阅进口国的动植物检疫规则，对需要进行熏蒸的货物应选用有熏蒸设备的集装箱装运。

在装运谷物和饲料等货物时，为了防止水湿而损坏货物，应选用有箱顶内衬板的集装箱装运。在装载容易飞扬的粉状散货时，应采取措施进行围圈作业。

5）液体货物装载要求

液体货物采用集装箱运输有两种情况。一是装入其他容器（如桶）后再装入集装箱运输，在这种情况下货物装载应注意的事项与一般货物或危险货物（属危险品）类似；二是散装液体货物，一般需用罐式箱运输，在这种情况下，货物散装前应检查罐式集装箱本身的结构、性能和箱内能否满足货物运输要求；检查应具备必要的排空设备、管道及阀门，其安全阀应处于有效状态。装载时应注意货物的比重（密度）要和集装箱允许的载重量与容量比值一致或接近。在装卸时如果需要加温，则应考虑装货卸货地点要有必需的热源（蒸汽源或电源）。

6）动、植物及食品装载要求

运输该类货物的集装箱一般有两类：密封和非密封式（通风）。装载这类货物时应注意，货物应根据进口国要求经过检疫并得到进口国许可。一般要求托运人（或其代理人）事先向港监、商检、卫检、动植物检疫等管理部门申请检验并出具合格证明后方可装箱。需做动植物检疫的货物不能同普通货装在同一箱内，以免熏蒸时造成货损。

各类特殊货物装箱完毕后，应采取合适的方法进行固定并关闭箱门。如加固时使用木材，且进口国对木材有熏蒸要求（如澳大利亚、新西兰等），则必须经过熏蒸处理并在箱体外表明显处标上有关部门出具的证明。需要理货的集装箱在装箱全过程中，应由理货公司派员在场记载装入货物的名称、件数、包装标志等内容，做好理货单据，并施加理货封志。

国际运输的集装箱装载时，应请海关派员监装，装箱完毕后应施加海关封志。装箱完毕后，装箱人应制作装箱单（一箱一份），如实说明箱内装载货物的名称、件数、包装及标志等内容。在集装箱运输中，装箱单是唯一说明箱内货物情况的单据，必须准确、可靠。

3.3　集装箱货物的交接方式

集装箱运输实现了"门到门"的运输。这些变化必然引起集装箱运输系统中货物的交接和流转方式发生变化。为使集装箱运输的优越性得到充分发挥，集装箱货物的交接和流转方式都具有鲜明的特点。

1. 集装箱货物的交接形态

在集装箱运输中，货方（发、收货人）与承运方货物的交接形态有两种，即整箱货交接与拼箱货交接。

1）整箱货

整箱货（full container load，FCL）交接，是指发货人、收货人与承运人交接的货物是一个（或多个）装满货物的整箱货。发货人自行装箱并办好加封等手续，承运人接收的货物是外表状态良好、铅封完整的集装箱；货物运抵目的地时，承运人将同样的集装箱交付收货人，收货人自行将货物从箱中掏出。

2）拼箱货

拼箱货（less than container load，LCL）交接，一般发生在发货人一次托运的货物数量较少，不足以装满一个集装箱，而针对这些货物的贸易合同又要求使用集装箱运输时。为了减少运费，承运人根据流向相同的原则将一个或多个发货人的少量货物装入同一个集装箱进行运输。这一般意味着承运人以货物原来的形态从各发货人手中接收货物，由承运人组织装箱运输，运到合适的地点时，承运人将货物从箱中掏出后，以原来的形态向各收货人交付。拼箱货物的交接、装拆箱可在码头集装箱货运站、内陆货运站或中转站等地进行。

表 3-1　整箱货与拼箱货的区别

	整箱货	拼箱货
货主数量	一个货主	多个货主
装箱负责人	货主	货运站、集拼经营人、承运人
制装箱单加封	货主	货运站、集拼经营人、承运人
交接场所	门、场	站
货物交接责任	箱子外表状况良好、铅封完整	货物的实际情况
提单的不同	加注不知条款	无
流转程序	发货人—装箱港码头堆场—海上运输—卸箱港码头堆场—收货人	发货人—发货地车站、码头货运站—装箱港码头堆场—海上运输—卸箱港码头堆场——收货地车站、码头货运站—收货人

在集装箱运输中，有时也会出现这两种交接形态结合的情况，即承运人从发货人处以整箱形态接收货物，而以拼箱形态交付货物（针对每个箱中的货物只有一个发货人，多个收货人的情况）或相反（针对每个箱中的货物有多个发货人，而只有一个收货人的情况）。

2. 集装箱货物的交接地点

在集装箱运输中，集装箱货物的交接地点一般有三类，即发、收货人的工厂和仓库（DOOR），集装箱货物码头堆场（CY）和集装箱货运站（container freight station，CFS）。

1）发货人或收货人的工厂或仓库交接（DOOR 交接）

发货人或收货人的工厂或仓库交接是指集承运人或其代理人在发货人的工厂或仓库接收货物或在收货人的工厂或仓库交付货物。DOOR 交接的集装箱货物都是整箱交接。一般意味着发货人或收货人自行装（拆）箱。运输经营人负责自接收货物地点到交付货物地点的全程运输。

2）集装箱货物码头堆场交接（CY 交接）

集装箱货物码头堆场交接，一般意味着发货人应自行负责装箱及集装箱到发货港码头堆场的运输，承运人或其代理人在码头堆场接收货物，责任开始。货物运达卸箱港后，承运人或其代理人在码头堆场上向收货人交付货物时，责任终止。由收货人自行负责集装箱货物到最终目的地的运输和掏箱。

在集装箱码头堆场交接的货物都是整箱交接。在有些资料中和有些情况下，"CY 交接"一词的含义要更广泛一些。除了在码头堆场交接外，还包括在内陆地区的集装箱货运站（或转运站）的交接（即内陆 CY 交接）。在内陆 CY 交接情况下，与货主交接货物的集装箱运输经营人一般是联运经营人，他还要负责从接收货物的堆场到码头堆场间的运输。集装箱货物内陆 CY 交接也是整箱交接。

3）集装箱货运站交接（CFS 交接）

一般包括集装箱码头的货运站、集装箱内陆货运站或中转站。CFS 货物交接通常是拼箱交接，因此 CFS 交接一般意味着发货人自行负责将货物送到集装箱货运站，承运人或其代理人在货运站以原来形态接收货物并负责安排装箱，然后组织海上运输或陆海联运。货物运到目的地货运站后，运输经营人负责拆箱并以货物的原来形态向收货人交付。收货人自行负责提货后的事宜。

3. 集装箱货物的交接方式

在集装箱运输中，根据实际交接地点不同，集装箱货物的交接有多种方式，在不同的交接方式中，集装箱运输经营人与货方承担的责任、义务不同，集装箱运输经营人的运输组织的内容、范围也不同。

集装箱货物的交接方式有以下几种。

1）CY/CY

CY/CY 是 FCL—FCL 的交货类型。承运人从出口国集装箱码头堆场整箱接货，运至进口国集装箱码头堆场整箱交货的一种交接方式。

2）CY/CFS

CY/CFS 是 FCL—LCL 的交货类型。承运人从出口国集装箱码头堆场整箱接货，运至进口国指定的集装箱货运站，拆箱后散件交收货人。

3）CY/DOOR

CY/DOOR 是 FCL—FCL 的交货类型。承运人从出口国集装箱码头堆场整箱接货，运至进口国收货人的工厂或仓库整箱交货。

4）CFS/CY

CFS/CY 是 LCL—FCL 的交货类型。承运人从出口国指定的集装箱货运站散件接货，拼箱后运至进口国集装箱码头堆场整箱交货。

5）CFS/CFS

CFS/CFS 是 LCL—LCL 的交货类型。承运人从出口国指定的集装箱货运站散件接货，拼箱后运至进口国指定的集装箱货运站，拆箱后散件交收货人。

6）CFS/DOOR

CFS/DOOR 是 LCL—FCL 的交货类型。承运人从出口国指定的集装箱货运站散件接货，拼箱后运至进口国收货人的工厂或仓库整箱交货。

7）DOOR/CY

DOOR/CY 是 FCL—FCL 的交货类型。承运人从出口国发货人的工厂或仓库整箱接货，运至进口国集装箱码头堆场整箱交货。

8）DOOR/CFS

DOOR/CFS 是 FCL—LCL 的交货类型。承运人从出口国发货人的工厂或仓库整箱接货，运至进口国指定的集装箱货运站，拆箱后散件交收货人。

9）DOOR/DOOR

DOOR/DOOR 是 FCL—FCL 的交货类型。承运人从出口国发货人的工厂或仓库整箱接货，运至进口国收货人的工厂或仓库整箱交货。

以上 9 种交接方式是集装箱运输中集装箱货物基本的交接方式。除了 CY/CY 交接方式适用于海运单一运输（包括海上转运和海海联运）方式外，其他交接方式都是集装箱货物多式联运下的交接方式。最方便货主并体现集装箱综合运输优越性的是 DOOR/DOOR。

4. 集装箱货物交接组织方式分类

1）整箱接，整箱交（FCL/FCL）

这种方式是指承运人以整箱为单位负责交接，即承运人在码头堆场（CY）或发货地的工厂（DOOR）接收整箱货物，然后在目的地工厂（DOOR）或码头堆场（CY）将整箱货交付给收货人。货物的装箱和拆箱均由货方负责。在这种模式下通常对应一笔贸易合同，即一个发货人和一个收货人。这类组织方式包括门/门、门/场、场/门、场/场。

2）拼箱接，拆箱交（LCL/LCL）

这种方式是指多于一个以上的发货人将不足整箱的货物送至发货地的集装箱货运站（CFS）或内陆转运站。货运站负责装箱，然后交由承运人运输至发货地的 CFS 或内陆转运站，CFS 或内陆转运站负责拆箱，并将货物交付不同的收货人。货物的装箱和拆箱均由承运人负责。在这种模式下通常对应多笔贸易合同，即多个发货人和多个收货人。这类组织方式包括站/站。

3）拼箱接，整箱交（LCL/FCL）

这种方式是指多于一个以上的发货人将不足整箱的货物送至发货地 CFS，CFS 负责装箱，然后交由承运人运输至收货地。收货人在 CY 或 DOOR 提取整箱货，并在 DOOR 拆箱后，将空箱返还至 CY。承运人接收零散拼箱货，整箱交付，称为集运模式。这种模式通常对应多笔采购贸易合同，类似于一个收货人的自拼箱，即多个发货人和一个收货人。这类组织方式包括站/门、站/场。

4）整箱接，拆箱交（FCL/LCL）

这种方式是指发货人从 CY 提取空箱，并在发货地的 DOOR 装箱，然后在 DOOR 或 CY 将整箱货交付给承运人，承运人运输至收货地的 CFS，CFS 负责拆箱，并将货物交付给不同的收货人。承运人整箱接货，拆箱交付货物，称为分拨模式。通常对应多份分销贸易合同，即一个发货人和多个收货人。这类组织方式包括门/站、场/站。

 复习思考题

一、名词解释

细货　污货　整箱货　拼箱货

二、多项选择题

1. 以下可用集装箱装载的货物有（　　　）。

　　A. 纺织品　　　　　B. 水果　　　　　　C. 电视机　　　　　D. 废钢铁

2. 对集装箱的检查包括（　　　）。

　　A. 箱门应完好、风雨密性　　　　　　B. 箱子内部清洁、干燥

　　C. 附属件的强度满足需要　　　　　　D. 箱子本身设备应正常使用

3. 整箱交接方式有（　　　）。

A. CY/CY　　　　　B. CY/DOOR　　　　C. DOOR/CY　　　　D. DOOR/DOOR

三、判断题

1. 把许多种货物装在同一集装箱内时，如果有可能引起事故，就要避免混载。（　　）
2. 活的动植物一律禁止使用集装箱运输。（　　）
3. 集装箱内装载的每一票危险货物必须具备危险货物申报单。（　　）

四、简答题

1. 集装箱货物的分类。
2. 集装箱货物的交接方式有哪几种？
3. 集装箱装载货物的一般要求。

参考答案

二、多项选择题

1. ABC　　2. ABCD　　3. ABCD

三、判断题

1. T　2. F　3. T

 案例分析

福峡茶厂诉福州港务管理局马尾港务公司集装箱货物运输损害赔偿纠纷案

原告：福州市福峡茶厂。地址：福建省福州市城门乡龙江村。

法定代表人：张庆和，厂长。

被告：福州港务管理局马尾港务公司。地址：福州市马尾港口路6号。

法定代表人：林景清，经理。

第三人：交通部上海海运管理局。地址：上海市广东路20号。

法定代表人：蔡国华，局长。

1989年9月12日，原告与被告签订了经上海中转至青岛运输12 000 kg茉莉花茶的水路联合运输运单式合同，收货人是青岛市茶叶集团公司（简称茶叶公司）。该批茶叶为"春风""超特""特级"三种，价值361 630元，分装于第三人所有的5个国产集装箱，由原告自行检查箱体并装箱施封。被告代中国人民保险公司福州经济开发区支公司与原告办理了货物运输保险，原告投保金额为8万元，为不足额保险。

被告接收承运的货物后，原计划9月15日装船，由于台风影响，延滞于9月27日才得以启运。这期间，启运地受到3次台风袭击，连降暴雨和大雨。集装箱按规定和惯例始终露天置放，被告未采取任何防护措施。启运时，箱体完好，铅封完整。该批货物由第三人所属"鸿新"轮承运。"鸿新"轮装船时未提出异议。

"鸿新"轮于9月28日抵达上海港，次日在汇山码头作业区卸箱交由第三人所属"长力"轮承运。"长力"轮于10月3日抵达青岛港，次日卸箱。5日，收货人茶叶公司将集装箱提走，运至本公司仓库。5个集装箱仍然箱体完好，铅封完整，茶叶公司也未向终点承运人提出异议。至此，承运人已将集装箱"清洁"交付收货人，联合运输合同履行完毕。该批货物在上海汇山码头期间，天气为阴天，有时小雨，两船均将集装箱载于舱内；抵青岛港后运至收货人仓库期间，天气晴朗。

茶叶公司收货后，在仓库开箱时，发现5个集装箱底部均有不同高度的水湿，茶叶受潮霉变。于是电告原告，表示拒收货物。同时，为防止损失扩大，茶叶公司将茶叶全部卸箱，将5个集装箱放回青岛港区。原告接电后，在找保险人的同时，亦与被告交涉，要求被告派人同去青岛。在未得到被告正式答复的情况下，原告于10月8日同保险公司的一名人员赶赴青岛。中国人民保险公司青岛分公司受该批货物保险人的委托，派员抽检13箱茶叶，出具了"全部受潮，部分木箱有水渍痕迹"的查勘证明；茶叶公司也出具了"茶叶霉变"的证明。此后，茶叶全部运回原告本厂，重新烘干后降级出售。保险人根据受损情况，以8万元投保额，按47.125%的比例计算，赔付原告37 700元。

原告因保险赔款不足以弥补损失，遂向厦门海事法院提起诉讼称：委托被告承运的茶叶，价值362 000元。被告接收货物后，将装载货物的集装箱堆在露天货场18天，因淋雨致茶叶水湿霉变，损失210 126.40元。除保险公司赔偿37 700元外，尚损失172 426.40元。被告拒赔，故请求法院判令被告赔偿上述损失及其利息。

被告辩称：双方签订的是联合运输合同。根据《中华人民共和国经济合同法》第四十一条第四款和《水路货物运输规则》的有关规定，茶叶霉变即使是在承运中造成的，原告也应向终点承运人即青岛港务局索赔。现原告向起点承运人索赔，不符合法定索赔程序，要求法院变更诉讼主体。货物滞运，属受台风影响，系不可抗力所致。集装箱运输凭箱体完好和铅封完整交接，被告已将集装箱清洁交付上海海运局"鸿新"轮承运，其后环节甚多，原告指认茶叶在我港中受湿霉变证据不足。集装箱是上海海运局所有并提供的，被告只是代理该局与托运人办理租箱手续。如果是集装箱箱体问题，因集装箱渗入雨水造成货损，被告是没有责任的。故拒绝赔偿。

厦门海事法院受理案件后，认为本案的处理与集装箱所有人上海海运管理局有法律上的利害关系，决定追加其为第三人参加诉讼。上海海运管理局辩称：此次运输所用集装箱是其所有并委托被告代理租箱。本案运输方式是原告自行装箱的港至门集装箱运输。装箱前原告检查了箱体，认为适货。根据《水路货物运输规则》的有关规定，谁装箱谁负责，故本案货损应由原告自负。该批茶叶从发现霉变到重新加工处理，本局从未得到原告的通知。原告在未经商检部门做出残损检验的情况下，单方面处理残值，并以此索赔证据不足。因此，所有责任应由原告承担。

【审判】

厦门海事法院经审理认定：原告的茶叶在托运前，经茶叶质检站和茶叶公司技术人员检验合格，原价值361 630元。该批茶叶从青岛全部运回本厂后，剔除了100余斤已失去饮用价值的霉变茶叶，掺入本厂原有部分茶叶并进行加工，售给了湖南长沙茶厂。以卖给长沙茶厂的全部茶叶中最高价计算，推定差价损失为133 803.10元，扣除保险人的赔偿后，尚损失96 103.30元。对托运茶叶本身的质量和包装，被告和第三人均未能举出证明其有缺陷的确实证据。

厦门海事法院认为，集装箱运输凭箱体和铅封交接。本案5个集装箱运抵目的港并由收货人提离港区时，箱体完好，铅封完整，目的港未做货运记录，表明集装箱并未损坏，也未"灭失""短少"。这一事实与《中华人民共和国经济合同法》第四十一条第四款的终点阶段承运方赔偿的前提条件不符，故被告要求变更诉讼主体为青岛港务局的请求，不能采纳。该批茶叶霉变系水湿所致。因不能证明是装入集装箱前受水湿，故应推定水湿发生在装箱之后。

而集装箱离开被告堆场直至茶叶公司仓库，整个运输过程中，箱体均无受湿的可能，只有在被告滞运期间连降过暴雨。因此，应推定被告滞运期间雨水渗入集装箱，这是造成茶叶湿损的唯一原因。《水路货物运输规则》第六十条第一项规定，装箱施封的托运人对货物发生灭失、短少、变质、污染、损坏等 5 种后果自行处理，并未规定托运人对货物湿损负责。因此，本案茶叶水湿事实已超出托运人承担"装箱施封"责任的范围。第三人将风雨密性能不符合要求的集装箱投放使用，造成货物湿损，应承担赔偿责任，其主张"谁装箱谁负责"的理由，不能成立。被告对第三人投放的集装箱疏于验收，经交托运人检箱装载茶叶，在台风暴雨袭击的情况下，又未采取相应的防护措施，故应对本案货损承担保管不善的责任。原告在处理茶叶残值中亦有一定过错，也应承担部分责任。

由于认定事实清楚，区分责任适当，三方当事人在法院的主持下，自愿达成如下协议：①被告补偿原告货物损失 5 000 元；②第三人补偿原告货物损失 45 000 元；③上述款项在调解书生效之日起十日内交付，逾期按《中国人民银行结算办法》中延期付款的规定处理。据此，厦门海事法院于 1991 年 3 月 30 日制发了调解书。

思考题：本例中法院的判决是否恰当？

参考答案

本案在分清责任的基础上调解解决，是正确的。

本案的基本事实是：原告自行装箱施封，交被告承运后，一直到收货人收货运至其仓库，集装箱都是清洁交接，而集装箱内的茶叶却因水湿致发生霉变、货损。按照谁装箱谁负责的原则，本应由原告对货损自行负责。但是，按照本案应予适用的《水路货物运输规则》的规定，装箱施封的托运人只是对货物发生灭失、短少、变质、污染、损坏等 5 种后果自行处理，而不包括货物湿损这种情况。显然，对这个规定的正确理解，成了处理本案的关键。由于集装箱运输，是凭箱体和铅封交接，在箱体完好、铅封完整、清洁交接的情况下，箱内货物发生灭失、短少、变质、污染、损坏，只能是依据"谁装箱谁负责"的原则，推定由装箱人负责。但是，这不等于说，发生任何货损，都应按此原则处理。在装箱人有充分证据证明货损是他人过错造成的情况下，或者说已发生的事实能充分说明箱内货物货损是装箱人以外的人造成的，那么，就应根据过错原则处理。这才是公平合理的。所以，对所发生的货损，应当根据具体情况具体分析，不能一概而论。

经法院查明，本案茶叶霉变，系水湿所致。该批茶叶在装入集装箱前经检验合格，未受水湿。被告和第三人均举不出确实的证据来证明水湿系托运茶叶本身的质量问题。因此，只能推定湿损发生在装箱之后。而集装箱离开被告堆场直至收货人仓库期间，箱体均无受湿的可能。而在被告滞运期间，集装箱为露天堆放，其间有 3 次台风暴雨袭击，被告又未采取任何防护措施。因此，集装箱体受湿，只能推定发生在被告滞运期间。这说明，被告是有一定过错的，应承担一定责任。

在正常情况下，集装箱即使受雨淋，也不会发生渗漏。但是，如果集装箱风雨密性能不符合要求，在受水时就会发生渗漏致箱内货物水湿损坏。集装箱风雨密性能不符合要求属箱体本身潜在缺陷，是一般人用普通方法所不能发现的。因此，《水路货物运输管理规则（试行）》第四十八条第三项第 4 点规定，因箱体本身潜在缺陷，如透光检查无法发现渗漏等，造成货物湿损，由集装箱所属单位负责。本案集装箱内的货物水湿受损，因排除了托运人（装箱人）的原因，且又有受到雨淋的事实，只能说明是由集装箱的风雨密性能不符合要求所造成的。因此，根据该规定，本案不适用"谁装箱谁负责"的原则。由于集装箱属第三人所有，该货损就应由第三人负责。

本案认定第三人提供的集装箱风雨密性能不好，缺少直接检验证据。因为在诉前，案涉集装箱被放回港区周转使用，已经无法对其装载茶叶时的状况进行检验，只能运用排除法的逻辑推理进行推定。事实上，本案在认定案件的事实上，运用了逻辑推理的方法。这是在审判中较成功的尝试。这种根据已有事实推定未知事实的逻辑推理，反映了事物联系的必然性，在审判思维和判断上，是可以采用的。

开篇案例参考答案

1. 涉案货物在事故发生时未载入生效的《国际海运危险货物规则》，但托运人仍负有将货物妥善包装并装箱的义务。

按照《国际海运危险货物规则》，二氧化硫脲为白色至淡黄色结晶粉末，几乎无味。强还原剂，在 100 ℃以上时强烈放热分解，释放大量的氧化硫、氨、一氧化碳、二氧化碳、氧化氮和硫化氢气体。在 50 ℃以上时，水分可能使其明显分解。根据该规则，二氧化硫脲已被定为 4.2 类危险品，包装应当气密封口，积载时仅限舱面。《中华人民共和国海商法》第六十八条也对托运人托运危险货物规定了"应当依照有关海上危险货物运输的规定，妥善包装，做出危险品标志和标签，并将其正式名称和性质以及应当采取的预防危害措施书面通知承运人……"等要求。同时规定，托运人对承运人因运输此类货物所受到的损害，应当负赔偿责任。虽然在涉案事故发生时，二氧化硫脲尚未被载入生效的《国际海运危险货物规则》，托运人并不需要进行危险品货物的申报，承运人也无须将货物装载在舱面。但这并不能免除托运人对涉案货物仍应承担的妥善包装和装箱的义务。根据《中华人民共和国海商法》第六十六条的规定，托运人对托运的货物，应当妥善包装。由于包装不良，对承运人造成损失时，托运人应当负赔偿责任。涉案货物的自燃，经检验，是由于集装箱内货物本身的包装不良，在装入集装箱时又未尽职尽力，将货物与集装箱箱壁之间的缝隙用衬垫物固定，导致货物在运输过程中因振动等原因，包装破裂，货物暴露于空气中，与空气中的水分反应引起自燃。上海中衡咨询有限公司出具的检验报告注明第一次检验是在 1997 年 8 月 22 日进行的，当时在场的人员有东方公司、中化公司以及提单列明的收货人的代表。对这一情况，当事双方并没有提出异议，对该检验报告法院予以确认。而提单又注明是托运人装箱，承运人接收的是整箱货物，对集装箱的内部情况并不了解。故法院认定土畜产公司违反了《中华人民共和国海商法》关于托运人应将货物妥善包装、装箱的规定，属托运人的过失，对由此而引起的承运人的损失，托运人应当负责赔偿。

2. 承运人欲获得诉请支持，还须证明自己确实受到损失以及对外支付的必要性与合理性。

本案中承运人东方公司的诉请可分为损失、对外支付和赔偿、事故处理费用等几类。对于东方公司已完成举证责任的部分诉讼请求，法院已依法予以支持。但对于东方公司未能证明的损失和未能证明合理及必要的对外赔偿支付，法院未予支持。如东方公司在香港和新加坡为货物做检验均发生了大量的检验费用、法律服务费用、报告费用等，经香港和新加坡专家所做的检验报告确实证实了上海中衡咨询有限公司所做的检验报告的结论，但该两份检验报告均是由东方公司单方面委托的，又是在事发一年后才进行的，重复了前一份检验报告的结论。所以法院认为，东方公司未能证明检验的合理性和必要性，对该项费用未予支持。

同时，本案中东方公司大量费用的支出是在境外发生的，所提供的许多证据也是来源于境外。虽然本案不适用最高院证据规定，但在该证据规定出台以前，司法实践中一般就已经要求自境外提供证据应履行一定证明手续。在涉外海商事诉讼中，船舶周转于世界各个港口之间，某些证据在国外形成不可避免。如果证明案件事实的某些证据发生在国外、产生于国外，海事法院的司法权无法达到，对境外形成的证据的调查又存在着现实的诸多障碍，那么，在这种情况下，依据这些自境外提供的证据来判断案件事实自然多了一层误断的风险。因此，有必要对境外提供的证据本身施加若干程序或手续上的限制，以增强其真实性和合法性，尽力消除司法权的地域局限给涉外海商事诉讼带来的不利影响。本案中，在日本发生的检验费用、重新处理费用、对外赔偿支出等，都因原告未能对费用发生依据、支付账单等进行公证认证或履行其他相应的证明手续，而未获法院支持。

3. 托运人关于其与实际货主之间存在外贸代理关系，应由实际货主承担对外责任的抗辩不能对抗货物运输的相对方——承运人。

在国际贸易实践中，外贸代理比较常见，有或没有对外贸易经营权的公司、企业（委托人）都可以委托有对外贸易经营权的公司、企业（受托人）在批准的经营范围内，依照国家有关规定为其代理进出口业务。这时，受托人往往以自己的名义对外签订贸易合同，外贸代理关系不公开，所订贸易合同的权利义务由受托人而不是委托人承担。新的《中华人民共和国合同法》出台后，针对受托人不公开代理关系订立的合同，规定了受托人的披露义务、委托人的介入权、第三人主张权利的选择权等内容（第四百零三条）。在适用该条规定的情况下，委托人（实际货主）在受托人（外贸代理人）披露和第三人（贸易合同相对方）选择的情况下，可直接对第三人承担权利义务。但这是针对受托人与第三人签订的进出口贸易合同而言。对于独立于贸易合同之外的运输合同，即使按照新的《中华人民共和国合同法》规定，为订立贸易合同而确立的外贸代理关系亦不足以对抗运输合同中的承运人。首先，从运输合同关系而言，提单是海上货物运输合同的证明，根据涉案提单记载，承运人为原告，托运人为土畜产公司。中化公司仅是实际的货主，与承运人之间并无海上货物运输合同关系。托运人应对由于托运人的过失而造成的承运人的损失负赔偿责任。其次，从外贸代理关系而言，土畜产公司与中化公司之间的代理协议，无论是从订约目的，还是从协议内容，均是针对涉案货物的出口贸易，而非运输安排。土畜产公司仅是中化公司的外贸代理人，而非货运代理人。因此即使本案适用新的《中华人民共和国合同法》，第四百零三条规定的情况也不适用于本案。同时，虽然土畜产公司提供了外经贸部及山东省人民政府的有关外贸代理规定，但这些规定均主要规范委托人和受托人之间的权利义务，并没有解除受托人对外应当承担的义务和责任。综上，承运人仅能依据提单运输合同关系向托运人土畜产公司追偿受到的损失，而土畜产公司关于其与实际货主之间存在外贸代理关系，应由实际货主承担，对外责任的抗辩不能对抗承运人东方公司。

第4章

集装箱船舶及营运管理

本章要点

- 掌握国际集装箱三大干线，了解主要航线；
- 理解浮性、稳性、抗沉性、快速性、摇摆性和操作性等航行性能的含义；
- 理解船舶载重线标志的含义；
- 掌握集装箱船舶配载图的编制程序；
- 会识读船舶配载图。

开篇案例

船期表数字化时代的来临

运营船舶船期是集装箱航运业运作的核心。船期表标准化之前，每家航运企业都有自己的数据定义，这使得企业之间的协作非常困难。因为企业间必须交换船舶共享协议数据，还需要交换燃油、卡车服务等其他相关领域的数据。如果我们要提高运输效率，必须对这些数据进行数字化处理。运输基本流程的透明度和效率越高，利益相关方越能在降本增效、创新、更好的客户体验等方面受益。

有了标准之后，航运企业可以通过更为数字化的方式，发布船期表，其合作伙伴和服务提供商可以进行订阅，自动接收更新或根据需要进行检索。航运企业、共享船舶的合作伙伴和相关服务提供商之间，可以共同实施这一标准，以实现船期信息的共享，提高船期信息透明性，降本增效，简化运营商之间的协作。

2020 年 7 月 7 日，由九大航运企业组成的数字化集装箱航运联盟（digital container shipping association，DCSA），发布了运营船舶船期（operational vessel schedules，OVS）标准。OVS 标准包含一系列文档：OVS 船期定义和最新术语表的 DCSA 行业蓝图 2.0、DCSA 信息模型 2.0，以及专用于 OVS 1.0 的 DCSA 数据接口标准和相关阅读指南，这些文档均可以从 DCSA

官方网站上下载。

DCSA 自 2019 年 4 月份成立以来，已经发布了多个行业标准，以解决痛点问题。2020 年 1 月发布了首个标准——一套数据与接口标准（T&T），可供不同承运人、托运人和第三方操作使用，以进行跨承运人的货运追踪。3 月发布了船舶网络安全实施指南，旨在帮助全球航运业应对网络风险。6 月又发布了智能集装箱信息交换标准，以确保智能集装箱在不同设备上的互操作性。

目前，DCSA 共有九位成员，分别是马士基、地中海航运、达飞集团、赫伯罗特、海洋网联船务（ONE）、长荣海运、阳明海运、HMM 和以星航运。

来源：数字化集装箱航运联盟（DCSA）发布运营船舶船期（OVS）标准[EB/OL].（2020-7-9）[2021-1-20]. http://news.sol.com.cn/html/2020-07-09/AB154C9CDBDA22760.shtml.

思考题：面对数字化时代的来临，国际航运似乎已经别无选择，请谈谈船期表的数字化有哪些意义。

4.1　国际集装箱运输航线

4.1.1　国际集装箱运输航线划分

世界三大国际集装箱海运干线：①远东—北美航线；②北美—欧洲、地中海航线；③远东—欧洲、地中海航线。

从航线的区域位置又可详细划分为以下航线组。

1. 太平洋航线组

太平洋航线主要可分为以下航线组。

1）远东—北美西海岸各港航线

该航线指东南亚国家、中国、东北亚国家各港，沿大洋航线横渡北太平洋至美、加西岸各港。该航线随季节也有波动，一般夏季偏北、冬季南移，以避开太平洋的海雾和风暴。该航线是第二次世界大战以后货运量增长最快、货运量最大的航线之一。

该航线包括从中国、朝鲜、日本、俄罗斯远东海港到加拿大、美国、墨西哥等北美西海岸各港的贸易运输线。从我国的沿海各港出发，偏南的经大隅海峡出东海，偏北的经对马海峡穿日本海后，或经津轻海峡进入太平洋，或经宗谷海峡，穿过鄂霍次克海进入北太平洋。

2）远东—加勒比海、北美东海岸各港航线

该航线不仅要横渡北太平洋，还需越过巴拿马运河，因此一般偏南，横渡大洋的距离也较长，夏威夷群岛的火奴鲁鲁港是它们的航站，船舶在此添加燃料和补给品等，该航线也是太平洋货运量最大的航线之一。

该航线常经夏威夷群岛南北后顺巴拿马运河到达。从我国北方沿海港口出发的船只多半经大隅海峡或经琉球奄美大岛出东海。

3）远东—南美西海岸各港航线

该航线与上一航线相同的是都要横渡大洋、航线长，要经过太平洋中枢纽站；但不同的是不用过巴拿马运河。该航线也有先南行至南太平洋的枢纽港，后横渡南太平洋到达南美西岸的。

从我国北方沿海各港出发的船只多经琉球奄美大岛、硫黄列岛、威克岛、夏威夷群岛之南的莱恩群岛，穿越赤道进入南太平洋，至南美西海岸各港。

4）东亚—东南亚各港航线

该航线指日本、韩国、朝鲜、俄国远东及中国各港西南行至东南亚各国港口。该航线短，但往来频繁，地区间贸易兴旺，且发展迅速。

该航线是中、朝、日货船去东南亚各港，以及经马六甲海峡去印度洋、大西洋沿岸各港的主要航线。东海、台湾海峡、巴士海峡、南海是该航线船只的必经之路。

5）远东—澳、新及西南太平洋岛国各港航线

远东至澳大利亚东南海岸分两条航线。从中国北方沿海港口经朝、日到澳大利亚东海岸和新西兰港口的船只，需经琉球久米岛、加罗林群岛的雅浦岛进入所罗门海、珊瑚海；中澳之间的集装箱船需在香港加载或转船后经南海、苏拉威西海、班达海、阿拉弗拉海，后经托雷斯海峡进入珊瑚海。

中、日去澳大利亚西海岸的航线，从菲律宾的民都洛海峡、望加锡海峡以及龙目海峡进入印度洋。该航线不需要横跨太平洋，而在西太平洋南北航行，离陆地近，航线较短。但由于北部一些岛国（地区）工业发达而资源贫乏，而南部国家资源丰富，因而初级产品运输特别繁忙。

6）远东—北印度洋、地中海、西北欧航线

该航线大多经马六甲海峡往西，也有许多初级产品经龙目海峡与北印度洋国家间往来，如石油等。经苏伊士运河至地中海、西北欧的运输，分为远东—地中海和远东—欧洲两条航线。该航线是一条远程航线，多数采用大型高速集装箱船运营，航线货运也较繁忙。

7）东亚—东南非、西非、南美东海岸航线

该航线大多经东南亚过马六甲海峡或巽他海峡西南行至东南非各港，或再过好望角去西非国家各港，或横越南大西洋至南美东海岸国家各港，该航线也以运输资源型货物为主。

8）澳、新—北美西、东海岸航线

澳新至北美西海岸各港，一般都经过苏瓦和火奴鲁鲁等这些太平洋航运枢纽。至北美东海岸各港及加勒比海国家各港，需经巴拿马运河。

9）澳、新—南美西海岸国家各港航线

该航线需横跨南太平洋。由于两岸国家和人口均少，故贸易量最少，航船稀疏。

10）北美东、西海岸—南美西海岸航线

该航线在南北美洲大陆近洋航行，由于南美西岸国家、人口少，面积小，南北之间船舶往来较少。南北美西海岸至北美东海岸各港要经巴拿马运河。

2. 大西洋航线组

1）西北欧—北美东岸各港航线

该航线是西欧、北美两个世界工业最发达地区之间的原料、燃料和产品交换的运输线，航运贸易的历史悠久，船舶往来繁忙，客货运量大。该航区冬季风浪大，并有浓雾、冰山，对航行安全有威胁。

2）西北欧—地中海、中东、远东、澳新各港航线

西北欧至地中海航线主要是欧洲西北部与欧洲南部国家之间的连线，距离较短。但过苏伊士运河至中东、远东、澳新地区航线就大大增长，然而它们是西北欧与亚太地区、中东海湾间最便捷的航线，货运量也大，是西北欧地区第二大航线。

3）西北欧，北美东海岸—加勒比航线

该航线大多出英吉利海峡后横渡北大西洋。它同北美东海岸各港出发的船舶一起，一般都经莫纳、向风海峡进入加勒比海。除去加勒比海沿岸各港外，还可经巴拿马运河到达美洲太平洋沿岸港口。

4）欧洲—南美东海岸或非洲西海岸各港航线

该航线多经加纳利群岛或达喀尔港歇脚，是欧洲发达国家与南大西洋两岸发展中国家的贸易航线，欧洲国家输出的大多是工业品，输入的都以初级产品为多。

5）北美东岸—地中海、中东、亚太地区航线

该航线与西北欧—地中海、中东、远东航线相似，但航线更长，需横渡北大西洋。货物以石油、集装箱货为主。

6）北美东海岸—加勒比海沿岸各国港口航线

该航线较短，但航船往来频繁，不仅有这两个地区各国港口间往来的船只，还有过巴拿马运河至远东、南北美西海岸国家港口间往来的船只。

7）北美东海岸—南美东海岸港口航线

该航线是南北美洲之间工业品与农矿产品对流航线。

8）南、北美洲东岸—好望角航线—远东航线

北美东海岸港口经好望角至中东海湾是巨型油轮的运输线，20万t级以上油轮需经此，还有西北欧的巨型油轮也经此。佛得角群岛、加拿利群岛是过往船只停靠的主要航站。

南美洲东岸港口过好望角航线不仅有原油，还有铁矿石等初级产品。中国、日本、韩国等运输巴西的铁矿石经过此航线。该航线处在西风漂流海域，风浪较大。一般西航偏北行，东航偏南行。

3. 印度洋航线组

印度洋航线以石油运输线为主，此外有不少是大宗货物的过境运输。

1）中东海湾—远东各国港口航线

该航线东行都以石油为主，特别是往日本、韩国的石油运输，西行以工业品、食品为多。

2）中东海湾—欧洲、北美东海岸港口航线

该航线的超级油轮都经莫桑比克海峡、好望角绕行。由于苏伊士运河的不断开拓，通过运河的油轮日益增多，目前25万t级满载轮已能安全通过。

3）远东—苏伊士运河航线

该航线多半仅为通过，联结远东与欧洲、地中海两大贸易区各港，航船密度大，尤以集装箱船运输繁忙。

4）澳大利亚—苏伊士运河、中东海湾航线

该航线把澳大利亚、新西兰与西欧原有"宗主国"间传统贸易联结在一起，也把海湾的石油与澳新的农牧产品进行交换。

5）南非—远东航线

该航线用于将巴西、南非的矿产输往日本、韩国和中国，也把工业品回流。

6）南非—澳新航线

该南印度洋横渡航线在印度洋中航船最少。

4. 北冰洋航线组

北冰洋系欧、亚、北美三大洲的顶点，为联系三大洲的捷径。鉴于地理位置的特殊性，目前，北冰洋已开辟有从摩尔曼斯克经巴伦支海、喀拉海、拉普捷夫海、东西伯利亚海、楚科奇海、白令海峡至俄国远东港口的季节性航海线；以及从摩尔曼斯克直达斯瓦尔巴群岛、冰岛的雷克雅未克和英国的伦敦等航线。随着航海技术的进一步发展和北冰洋地区经济的开发，北冰洋航线也将会有更大的发展。

Alphaliner 公司 2019 年 1 月 6 日数据分析结果表明，整个航运市场结构大体呈现 6 个等级：极高寡占型（CR4>75%）、高集中寡占型（65%<CR4<75%）、中（上）集中寡占型（50%<CR4<65%）、中（下）集中寡占型（35%<CR4<50%）、低集中寡占型（30%<CR4<35%）、原子型（CR4<30%）。从航线集中度来看，欧洲—北美和远东—欧洲航线属于高集中寡占型，前三大班轮公司地中海航运、马士基航运以及中远海控在东西主干航线中规模优势明显；南北航线同样属于高集中寡占型，马士基航运凭借汉堡南美占据较强优势，澳新/大洋洲航线的领导者为达飞轮船。区域内市场表现分化，欧洲区域内航线属于中（上）集中寡占型，地中海航运相对优势明显，而亚洲区域内航线为低集中寡占型，市场参与者众多。表 4-1 为前十班轮公司各航线的市场份额。

表 4-1 前十大班轮公司分航线运力市场份额及集中度情况

排名	班轮公司	2019年运力份额	欧洲—北美	远东—北美	远东—欧洲	中东/印度次大陆相关	撒哈拉以南非洲相关	拉丁美洲相关	澳新/大洋洲相关	远东区域内	欧洲区域内
1	马士基航运	17.8%	12.3%	15.5%	18.6%	14.9%	28.4%	25.0%	18.0%	6.7%	12.1%
2	地中海航运	15.9%	27.9%	4.7%	19.5%	12.6%	20.4%	15.3%	15.3%	2.3%	30.9%
3	中远海控	12.4%	6.0%	16.1%	15.4%	15.1%	6.4%	7.1%	16.4%	18.6%	5.9%
4	达飞轮船	11.4%	5.3%	14.3%	11.4%	8.6%	15.5%	14.3%	23.3%	5.2%	10.4%
5	赫伯罗特	7.3%	23.7%	5.0%	9.1%	8.0%	1.8%	12.0%	5.6%	1.1%	5.0%
6	ONE	6.7%	9.7%	14.8%	9.4%	2.9%	3.4%	5.5%	3.5%	3.7%	1.6%
7	长荣海运	5.4%	1.2%	9.4%	8.0%	3.6%	1.3%	3.4%	1.4%	5.3%	1.2%
8	阳明海运	2.7%	1.9%	6.0%	4.3%	2.6%	0.0%	0.4%	1.4%	2.1%	1.3%
9	太平船务	1.7%	0.0%	1.5%	0.0%	2.0%	6.6%	1.5%	3.7%	1.0%	0.0%
10	现代商船	1.7%	0.0%	2.7%	0.0%	4.1%	0.0%	0.4%	0.8%	1.5%	0.0%

续表

排名	班轮公司	2019运力份额	欧洲—北美	远东—北美	远东—欧洲	中东/印度次大陆相关	撒哈拉以南非洲相关	拉丁美洲相关	澳新/大洋洲相关	远东区域内	欧洲区域内
CR4		57.5%	73.6%	60.5%	65.0%	51.2%	71.1%	66.7%	73.0%	35.9%	59.3%
CR10		83.0%	88.0%	89.9%	95.8%	74.4%	84.0%	84.9%	89.4%	47.6%	68.4%
集中度等级		中（上）集中寡占型	高集中寡占型	中（上）集中寡占型	高集中寡占型	中（上）集中寡占型	高集中寡占型	高集中寡占型	高集中寡占型	中（上）集中寡占型	中（上）集中寡占型

数据来源：Alphaliner（2019 年 12 月），上海国际航运研究中心整理。

国际集装箱运输市场 2019 年回顾与 2020 年展望[EB/OL].（2020−01−14）[2020−1−20]. https://www.sohu.com/a/366878414_624484.

4.1.2　我国始发的集装箱航线

（1）东亚航线（日本、韩国、附近岛屿）。

（2）南亚航线（新加坡、马来西亚、泰国、越南、缅甸等）。

（3）新西兰航线（新西兰、附近岛屿）。

（4）澳洲航线（澳大利亚、附近岛屿）。

（5）欧洲航线（法国、德国、英国、葡萄牙、荷兰、比利时等）。

（6）北欧航线（瑞典、芬兰、丹麦等）。

（7）美加航线（美国、加拿大、附近岛屿）。

（8）中南美航线（巴西、智利、阿根廷、墨西哥等）。

（9）西地中海航线（意大利、西班牙、摩洛哥、马耳他等）。

（10）东地中海航线（土耳其、埃及、黎巴嫩等）。

（11）非洲航线（南非、坦桑尼亚、肯尼亚、尼日利亚等）。

（12）中东航线（阿联酋、科威特、约旦、阿曼等）。

（13）印巴航线（印度、巴基斯坦、孟加拉国、也门、加蓬等）。

实践中，不同的船舶经营人对船舶的航行路线、挂靠港口的制定均不同，即使同一船舶经营人已确定了航线，运营中也会随着世界经济、政治变化等带来的货运市场的变化而随时做出调整。

4.2　集装箱船

4.2.1　集装箱船的分类

1. 按船功能分类

1）全集装箱船

全集装箱船（full container ship）指船的甲板和舱内结构都是专门为装运集装箱而设计的，不能装载其他货物，这种船也称为集装箱专用船。根据其装卸方式又可分为以下几类。

（1）吊装式全集装箱船（lift on /lift off，LO/LO）。这种集装箱船的装船、卸船采取吊进、吊出的操作方式，在这种集装箱船上一般不设起重设备，而是利用岸上专用的集装箱装卸桥进行装卸。舱内设有固定式或活动式的格栅结构，舱盖上和甲板上设置固定集装箱的系紧装置。吊装式全集装箱船的船型如图4-1所示。

图4-1 吊装式全集装箱船

吊装式全集装箱船结构特点如下。

①吊装箱船的机舱基本上设置在尾部或偏尾部。这样布置主要是为了使货舱尽可能地方整，以便更多地装载集装箱。

②集装箱船船体线型较尖瘦，外形狭长，船宽及甲板面积较大，以保证较高的航速和合理的甲板装载。为防止波浪对甲板上集装箱的直接冲击，设置较高的船舷或在船首部分设置挡浪壁。

③集装箱船为单甲板，上甲板平直，无舷弧和梁拱，一般不设置起货设备，在甲板上可堆放2～5层集装箱，直接堆装在舱口盖上，并有专用的紧固件和绑扎装置，以利于固定货箱。

④船体由水密横舱壁分隔为若干货舱，货舱口大，有的船呈双排并列。货舱口宽度等于货舱宽度，可达船宽的70%～90%，以便于集装箱的装卸和充分利用货舱容积。

⑤货舱内装有固定的格栅结构，以便于集装箱的装卸和防止船舶摇摆时箱子移动。格栅结构由角钢立柱、水平桁材和导箱轨组成。在装卸时，集装箱可通过导箱轨顶端的喇叭口形的导槽，顺着导箱轨顺利地出入货舱。装在舱内的集装箱被放置在格栅结构的箱格中，因此无须紧固。

⑥船体为双层结构，具有两重侧壁和双层底。一般在船体两侧和船底部不能装载集装箱的部位设置边舱和双层底舱，可装压载水以调整船舶的稳性。这种结构大大地增强了船舶的纵向强度。

（2）滚装式集装箱船（roll on /roll off，RO/RO）。滚装式集装箱船是指把装有集装箱及其他件杂货的半挂车或装有货物的带轮的托盘作为货运单元，由牵引车或叉车直接通过船侧、船首或船尾开口处的跳板进出货船装卸的船舶。装运汽车、卡车等机动车时，车辆可直接驶上驶下。如图4-2所示。

图 4-2　滚装式集装箱船

滚装船最大的特点就是车辆可以直接驶上、驶下，装卸效率很高，每小时可达 1 000～2 000 t，而且实现了从发货单位到收货单位的"门—门"直接运输，减少了运输过程中的货损和差错。此外，船与岸都不需要起重设备，减少了对码头设备的投资，装卸效率也不受港口设备条件的限制。因此，滚装船成为迅速发展的新船型。

滚装船的缺点也是显而易见的。滚装船甲板层数多，一般为 2～6 层。为使车辆在舱内通行无阻，货舱内不设横舱壁，舱内支柱也很少，因此，滚装船的结构强度较差。从性能上讲，它的稳定性、抗沉性和通风要求高，要采取一定措施才能满足要求。再次，滚装船装卸作业受跳板坡度的限制，舱内容积利用率低，空船重量大、造价高。

2）半集装箱船

半集装箱船（semi-container ship）是指在船体中部最适于装载集装箱的货舱安装格栅装置后，作为集装箱专用舱，其余船舱因形状不规则，若用于装载集装箱势必浪费舱容，故作为杂货舱。

由于集装箱与杂货混装于一船，有时既需停靠集装箱码头又要停靠杂货码头进行装卸作业，因此与全集装箱船相比，半集装箱船营运效率较低，也增加了港口使用费。但是，对于那些适箱货源不足而有大批钢材等重件货的航线，或因港口设施不能装卸全集装箱船的航线，半集装箱船有其独特的优越性。

在世界船队中，半集装箱船的比重逐年下降，仅在某些特殊航线中采用。

3）多用途船

多用途船（conventional ship）通用性强，使用范围广，一般是以某一干货为主，兼运其他干货。近年来建造的多用途船有以载运集装箱为主的，有以运输重大件、超长件为主的，有兼运集装箱及重货的，有的还可兼运散货，出现了各种类型的多用途船。

虽然多用途船运输某一类货物不如专用船效率高，成本低，但是，在航线货种多、变化大、货源不稳定的情况下，多用途船由于其适应性强，揽货能力高，并可减少回空及待泊，提高船舶的航行率，利用多用途船运输集装箱，既可节约船舶投资又可减少集装箱码头投资，所以多用途船仍得到较快发展。

4）载驳船

载驳船（barge carrier）是 20 世纪 50 年代初期发展起来的一种专门用于载运货驳的一种

运输船，又称子母船。首先将货物或集装箱装载在规格统一的驳船上，再把驳船装上载驳船，运抵目的港后，卸下货驳由推船分送内河各地，载驳船再装上等候在锚地的满载货驳驶向新的目的港。

载驳船的优点是不需要码头和堆场，装卸效率高，停泊时间短，便于河海联运。其缺点是造价高，需配备多套驳船以便周转，需要泊稳条件好的宽敞水域作业，且适宜于货源比较稳定的河海联运航线。根据装卸货驳的方式，载驳船分为下述三种。

（1）门式起重机式载驳船。门式起重机式载驳船，又称拉西式载驳船（lighter aboard ship，LASH），如图4-3所示。船的上甲板上沿两舷铺有轨道，并有沿轨道纵向移动的门式起重机，在船尾部有两个向后伸出的悬臂梁式构架，构架下面即为水面装卸区。推船将货驳推到水面装卸区，由起重机将货驳吊起送到货舱内。标准型的门式起重机式载驳船的货舱用垂直导轨分成驳船格，每格可装4层货驳，每舱可装40多艘货驳。载驳船两舷因不能堆放货驳，所以制成深舱装压载水或液体货。这种载驳船载运的货驳，每艘载重约375 t，全重约460 t。货驳呈长方形，为双层底，两端有防撞舱壁，主尺度是根据美洲和欧洲内河航道的标准尺度确定的。

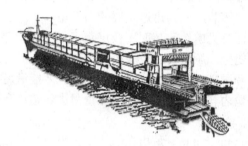

图4-3　拉西式载驳船

（2）升降机式载驳船。升降机式载驳船，又称海蜂式或西比式载驳船（see—bee carrier），如图4-4所示。船尾设有起重能力为2 000 t的升降平台。装卸时将平台降到水下一定深度，推船将两艘货驳推到平台上固定，平台上升到各层甲板高度，再用输送车将货驳送到相应位置安放。升降机式载驳船有三层甲板，船尾部敞开，由一个垂直滑门封住。下甲板装卸时，滑门升起。每层甲板都有承放货驳的支座以堆放货驳。需堆放在上甲板的货驳可穿过桥式驾驶台直抵艉楼后缘。升降机式载驳船可在船尾加装跳板而改成滚装船，还适用于装运大件货，在战时可装运重武器。

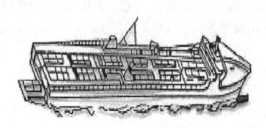

图4-4　西比式载驳船

（3）浮船坞式载驳船。这种载驳船能下沉到一定深度，然后将船首或尾部的门开启，让货驳浮进、浮出。这种船不需要笨重的起重设备，比前两种优越。德国使用这种载驳船航行于欧洲—西非航线，货驳可在莱茵河和尼日尔河的河口装卸。浮船坞式载驳船因吃水很深，一般港口不适用，所以在使用上受到限制。

2. 按载箱量分类

1）第一代集装箱船

第一代集装箱船出现于 20 世纪 60 年代，横穿太平洋、大西洋的 17 000～20 000 t 集装箱船可装载数为 700～1 000 TEU，航速为 23 节。

2）第二代集装箱船

第二代集装箱船出现于 20 世纪 70 年代，40 000～50 000 t 集装箱船可装载集装箱数增加到 1 800～2 000 TEU，航速提高到 26～27 节。

3）第三代集装箱船

在 1973 年爆发石油危机以后，由于第二代集装箱船航速过高不经济，因此出现第三代集装箱船，这代船的航速降低至 20～22 节，船体尺寸增大，装载集装箱数达到 3 000 TEU，因此第三代集装箱船是高效节能型船。

4）第四代集装箱船

第四代集装箱船出现于 20 世纪 80 年代后期，集装箱船的航速再次提高，集装箱船大型化的限度则以能通过巴拿马运河为准绳。第四代集装箱船可装载集装箱总数增加至 4 400 TEU。由于采用了高强度钢，船舶重量减轻了 25%；大功率柴油机的研制，大大降低了燃料费，又由于船舶自动化程度提高，船员人数减少，集装箱船的经济性进一步提高。

5）第五代集装箱船

作为第五代集装箱船的先锋，德国船厂建造的 5 艘 APLC-10 型集装箱船可装载集装箱数达 4 800 TEU，这种集装箱船的船长、船宽比为 7:8，使船舶的复原力增大，被称为第五代集装箱船。

6）第六代集装箱船

1996 年春季竣工的 Rehina Maersk 号集装箱船，最多可装载集装箱 8 000 TEU，这个级别的集装箱船拉开了第六代集装箱船的序幕。

7）第七代集装箱船

目前，国际上还没有通用的关于第七代集装箱船的标准，通常可装载集装箱 10 000 TEU 以上，以欧登赛船厂建成 13 640 TEU 的集装箱船并投入运营为代表。2011 年 2 月，马士基航运公司在韩国大宇造船订造了 10 艘单船箱位 18 000 TEU 的超大型集装箱船，世界上最大的集装箱船横空出世。世界集装箱船航运业也进入了 18 000 TEU 时代。

在 21 世纪的前 10 年时间里，从 8 000 TEU 到 13 000 TEU，再到马士基航运公司订造的 18 000 TEU，集装箱船大型化发展速度惊人。集装箱船大型化发展演变过程中典型船型基本参数如表 4-2 所示。

表 4-2　集装箱船大型化发展演变过程中典型船型基本参数

分级	载箱量/TEU	长度/m	宽度/m	吃水深度/m	航速/kn
第一代	700～1 000	约 180	约 25	约 9	20
第二代	>1 000～2 000	约 225	约 29	约 11.5	22

续表

分级	载箱量/TEU	长度/m	宽度/m	吃水深度/m	航速/kn
第三代	>2 000～3 000	约 275	约 32	约 12.5	26
第四代	>3 000～4 000	约 295	约 39	约 13.5	24
第五代	>4 000～6 000	约 325	约 41	约 14.1	24.5
第六代	>6 000～8 000	318～345	约 43	14.5	25.2
第七代	13 640	约 398	约 56	约 16	25.4
第八代（三星重工）	16 000	约 400	—	—	—
第九代（马六甲型）	18 000	470（450）	60	21（15.7）	—
超马六甲型	>18 000	399.67～445	58.6～61.3	约 17	22.5～25

值得说明的是，马士基航运公司所订造的 18 000 TEU 集装箱船被称为"3E"级船，即拥有规模经济、能源效率和环保绩效，属于集装箱船航运业的革新产品。该船总长 400 m，型宽 59 m，型深 73 m，比马士基航运公司第一艘配载 15 500 TEU 集装箱的万箱船"艾玛·马士基"号长度增加了 4 m，宽度增加了 3 m，运力却增加了 16%，载箱量增加了 2 500 TEU，排放量却减少了 20%。

3. 按航程与运营性质分类

按航程与运营性质的不同，集装箱船可以分为远洋大型集装箱船，沿海或短途国际运输的中、小型集装箱船，以及 1970 年出现的专为远洋大型集装箱船服务的所谓集装箱"支线船"。

1）小型支线集装箱船

这类船通常用于短途海上集装箱运输，其载箱量一般在 1 000 TEU 左右。

2）大型支线集装箱船

这类船一般载箱量为 3 000～4 000 TEU。这种支线船作为大船与港口之间的联系工具，既为大船"转运"集装箱，也为港口接运集装箱。

3）亚巴拿马型集装箱船

这类船载箱量为 4 000～4 500 TEU。该船型的主尺度（船长、船宽、吃水）都能达到巴拿马运河所能允许的极限值。这类船型最初出现于 20 世纪 70 年代初，作为第三代集装箱船。

4）超巴拿马型集装箱船（拓宽前）或巴拿马型（拓宽后）船

巴拿马运河拓宽之前，一般把装载量在 5 000～8 000 TEU 集装箱船称为超巴拿马型集装箱船。2016 年 6 月 26 日，新巴拿马运河正式通航，新建的船闸为满足"巴拿马型"货船，由 32.3 m 增至 54.9 m。最大能够通过 14 000 TEU 的集装箱船，18 万 t 的散货船和 15 万 t 的油船。

5）苏伊士型集装箱船［超大型集装箱船（ULCS）］

苏伊士运河长约 163 km，宽 80～135 m，没有船闸，苏伊士型集装箱船在设计上主要是基于通过苏伊士运河的尺度，宽度约为 50 m 或 57 m，相应最大吃水为 16.4 m 或 14.4 m，载箱量为 8 000～12 000 TEU。

6）马六甲型集装箱船

马六甲型集装箱船命名源于马六甲海峡，载箱量为 12 000～18 000 TEU。第一代超大型集装箱船载箱量为 11 000～12 000 TEU，新一代马六甲超大型 3E 级集装箱船能够并列 23 排，载箱量为 18 000 TEU，船体底部可以堆放 11 层集装箱，顶部最多可放 10 层。集装箱船全长 400 m，载箱宽 59 m，高 73 m，约 20 层楼高，主甲板可放下 3 个足球场，造价 1.85 亿美元。3E 级的集装箱船的螺旋桨，每个重达 70 t。船体设计成 U 形，使得甲板下方有更多的空间。船体的前进速度最大能达到每小时 41 km。总长为 500 km 的电缆为硕大的船体提供动力，连接着驾驶台和船体的关键系统。

7）超马六甲型集装箱船

班轮联盟和船舶大型化已是必然趋势，为了在干线站稳脚跟，各大公司被迫纷纷定制大型船舶。1.8 万 TEU 以上集装箱船的运力角逐基本在前七大班轮公司之间展开，相较于 2018 年，长荣海运、地中海航运、中远海运 1.8 万 TEU 以上集装箱船的运力占比分别提升了 11 个百分点、4 个百分点和 3 个百分点。万海航运和以星航运 10 000～15 100 TEU 船型运力占比分别提升了 8 个百分点和 11 个百分点。而太平船务、X–Press 和德翔海运等小型班轮公司增加了 3 000～5 100 TEU 集装箱船的数量，对区域内航线进行运力升级。

小贴士

3E 集装箱船名字来源于三个基本设计理念：

● 第一个 E 代表规模带来的经济性（economy），就是说一次就能运走 18 000 个集装箱；

● 第二个 E 是能效（efficiency），3E 级集装箱船比起目前船队里能效最高的船只能减少大约 20% 的能耗；

● 第三个 E 是环境（environment），由于减少了能耗，碳排放也相应减少了 20%。

4.2.2　集装箱船的技术性能

海洋环境复杂多变，风浪、浓雾、夜暗、水下的暗礁、漂浮的冰山、往来的船舶，都是潜在的危险。尤其在恶劣的海况下，狂风巨浪，船舶如果不具备优良的性能，是很难抗御的。全世界每年都会发生许多起海损海难事故，造成不同程度的生命、财产的损失。造成这些事故的原因除了海洋条件恶劣之外，船舶性能较差，强度不够，设备失灵，操作不当也是导致事故发生的重要原因。因此，设计和建造各类船舶，应使其具有良好的性能，以适应复杂的海洋环境，把航行的危险降到最低的程度。为了确保船舶在各种条件下的安全和正常航行，要求船舶具有良好的航行性能，这些航行性能包括浮性、稳性、抗沉性、快速性、摇摆性和操作性。

1. 船舶的航行性能

1）浮性

船舶在各种装载情况下保持一定浮态的性能，称为船舶的浮性（buoyancy）。船舶具有浮性是由于船舶具有浮力，浮力的大小等于船舶所排开同体积水的重量。

储备浮力的大小与船的用途、结构、航行季节和区域等因素有关。为了保证船舶具有一定的储备浮力，其吃水决不允许超过相应的装载水线。

2）船舶吃水

船舶吃水（draft）是指船底龙骨外缘到实际水线间的垂直距离。船舶吃水是一个变数，在不同的载重量情况下有不同的吃水，同时也反映了船舶一定的载重量。

船舶首部吃水量值称为首吃水（draft forward，dF），船舶尾部吃水量值称为尾吃水（draft aft，dA），船中部吃水量值称为船中吃水或平均吃水（dM）。船舶的平均吃水也可以用六面水尺求得。

3）船舶吃水差

当船体由于装载或其他原因产生船舶纵倾时，其首尾吃水就会不相等，产生的首尾吃水差额称为船舶吃水差（trim）。

4）稳性

稳性（stability）是指船舶在外力矩（如风、浪等）的作用下发生倾斜，当外力矩消除后能自行恢复到原来平衡位置的能力。

船舶稳性，按倾斜方向可分为横稳性和纵稳性；按倾斜角度大小可分为初稳性（倾角100°以下）和大倾角稳性；按外力矩性质可分为静稳性和动稳性。对于船舶来说，发生首尾方向倾覆的可能性极小，所以一般都着重讨论横稳性。

当船舶在平衡位置时，由于船舶的构造是左右对称的，船上重量分布也要求左右对称，所以重心（G）在船舶中线上。如前所述，重力（W）是从重心（G）垂直向下。船舶浮心（C）是船舶水下体积的几何中心，当船舶正浮时，也在船舶中心线上，浮力（B）是从浮心（C）垂直向上，如图4-5（a）所示。

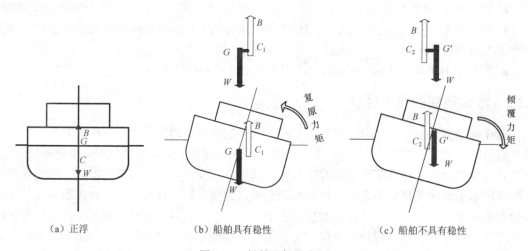

(a) 正浮　　　　　　　　(b) 船舶具有稳性　　　　　　　(c) 船舶不具有稳性

图4-5　船舶稳性状态图

当外力矩迫使船舶倾斜，若货物不移位，则重心位置不变。但由于水下体积形状发生变化，而浮心则由 C 点移到 C_1 点。此时重力和浮力组成一个反抗倾斜的力偶，如图4-5（b）所示。当外力矩消失后，船舶在上述力偶所产生的力矩作用下恢复到初始位置。此力矩称为复原力矩。当船舶处于稳定平衡状态时，称船舶具有稳性。

如果船舶的重心过高，或船宽较窄，当船舶受外力矩作用横倾时，由于船宽较窄的船舶浮心横移的距离较小，因而重力和浮力组成的力偶所产生的力矩，反而使船舶继续倾斜，以至于倾覆，此力矩称为倾覆力矩。当船舶处于不稳定平衡状态时，称船舶没有稳性，如图4-5（c）所示。

5）抗沉性

船舶遭受海损事故而使舱室进水，但仍能保持一定的浮性和稳性而不致沉没或倾覆的能力，称为船舶的抗沉性（insubmersibility）。

为了保证抗沉性，船舶除了具备足够的储备浮力外，一般有效的措施是设置双层底和一定数量的水密舱壁。一旦发生碰撞或搁浅等致使某一舱进水而失去其浮力时，水密舱壁可将进水尽量限制在较小的范围内，阻止进水向其他舱室漫延，而不致使浮力损失过多。这样，就能以储备浮力来补偿进水所失去的浮力，保证船舶不沉，也为堵漏施救创造了有利条件。

对于不同用途、不同大小和不同航区的船舶，抗沉性的要求不同。它分"一舱制"船、"二舱制"船、"三舱制"船等。"一舱制"船是指该船上任何一舱破损进水而不致造成沉没的船舶。一般远洋货船属于"一舱制"船。"二舱制"船是指该船任何相邻的两个舱破损进水而不致造成沉没的船舶。"三舱制"船以此类推。一般化学品船和液体散装船属于"二舱制"船或"三舱制"船。对"一舱制"船也不是在任何装载情况下一舱进水都不会沉没，因为按抗沉性原理设计舱室时是按照舱室在平均渗透率下的进水量来计算的。所谓渗透率是指某舱的进水容积与该舱的舱容的比值。所以满载钢材的杂货船，货舱进水时其进水量就会超过储备浮力很多，就不一定能保证船舶不沉。

还应指出，船舶在破损进水后是否会倾覆或沉没，在一定程度上还与船上人员采取的抗沉措施有关。船舶破损进水后的措施有很多，如抽水、灌水、堵漏、加固、抛弃船上载荷、移动载荷或调驳压载水等。抽水、灌水、堵漏、加固、抛弃船上载荷、移动载荷是为了保证船舶浮力，有时为了减少船舶倾斜、改善船舶浮性和稳性，常常通过采用灌水或调驳到相应的舱室的办法来达到。

6）快速性

船舶的快速性（speedability），是指船舶在主机输出功率一定的条件下，尽量提高船速的能力。快速性包含节能和速度两层意义，所以提高船舶快速性也应从这两方面入手，即尽量提高推进器的推力和减小船舶航行的阻力。

船舶阻力包括水阻力和空气阻力。由于水的密度比空气大 800 多倍，所以船舶在海上航行时，主要考虑船体水阻力。船体水阻力为摩擦阻力、涡流阻力（形状阻力）和兴波阻力三个部分。它们的总和就是船体的总的水阻力。即：

摩擦阻力是由水黏性引起的，船在水中运动时，总有一层水黏附在船体表面，并跟着船体一起运动。船舶运动带动水分子运动所消耗的能量，即为船舶克服摩擦阻力所消耗的能量。摩擦阻力的大小与船体浸水表面积、船体表面滑度、航速高低有关。因此，船舶定期进坞清除污底，是减少摩擦阻力的重要措施。

船体运动时除产生摩擦阻力之外，还同时产生涡流阻力，当船体向前运动时，产生一相对水流，由于水具有黏性，靠近船体表面处的相对水流速度就小，到达船尾时，断面扩大，流速很快下降，可达到零或者倒流，就造成船尾部的涡流运动，使船尾压力下降，对船舶就形成一个压力差阻力，即涡流阻力，或叫形状阻力。在船体弯曲度较大部分容易产生涡流，尾部横剖面作急剧收缩的船舶所引起的涡流阻力较为严重，而流线型船体就不产生涡流阻力或只产生极小的涡流阻力。因此，改善水下船体的线型，对船舶快速性影响很大。

兴波阻力是由于船舶航行中掀起的船行波，产生与船舶前进方向相反的阻力。船行波分船首波和船尾波，在船行波传播中，如果船首波与船尾波在船尾处互相迭加，兴波阻力就大；如果船首波和船尾波在船尾处互相抵消，兴波阻力就小。所以兴波阻力的大小主要与航速和船长有关。航速越快，兴波阻力越大，在一定的设计航速下，适当选择船长，可以减少兴波阻力。远洋船多采用球鼻船首型，就是为了调整船长，以达到减少兴波阻力的目的。

至于提高推进器推力，由于目前海船的推进器主要是采用螺旋桨，在主机输出功率和转速一定的条件下，正确设计或选择螺旋桨的几何形状，对产生推力大小有很大影响。因此营运中的船舶应采用可调螺距的螺旋桨，航行中保持螺旋桨在水下有足够的深度。

7）摇摆性

船舶摇摆性（yawing）是指船舶在外力的影响下，做周期性的横纵向摇摆和偏荡运动的性能。这是一种有害的性能，剧烈的摇荡会降低航速，造成货损，损坏船体和机器，使人晕船，影响船员生活和工作等。

船舶的摇摆，可以分为横摇、纵摇、立摇和垂直升降四种运动形式。横摇是船舶环绕纵轴的摇摆运动；纵摇是船舶环绕横轴的摇摆运动；立摇是船舶环绕垂直轴偏荡运动；垂直升降是船舶随波做上下升降运动。船舶在海上遇到风浪时，往往是以上四种摇摆的复合运动。由于横摇比较明显，影响也较大，所以这里仅介绍横摇，了解其规律性。

船舶横摇的剧烈程度从外部条件来讲，与风浪大小有关，但从船舶本身条件来讲，又与稳性大小有关。

船舶在外力作用下，离开原来平衡位置向一侧横倾，当外力停止后，由于船舶具有稳性，会产生复原力矩使船向原来平衡位置方向运动。当船回到平衡位置时，由于惯性的作用使船继续向另一侧横倾，当惯性力被相应的复原力矩相互抵消时，船舶又在复原力矩作用下，向原来平衡位置运动。船舶就按照这样的运动规律，左右反复地摇摆，只有当船舶所受的外力全部为水阻力耗尽后，船舶才可能停止在原来的平衡位置上，在静水中这种摇摆运动叫"自由摇摆"。船舶从倾斜一侧，经过左右完整的一次摇摆周期时，船舶摇摆就剧烈；当船舶自由摇摆周期长时，船舶摇摆就缓慢。而自由摇摆的长短，与船舶的稳性高度 GM 值有关，如果船舶的 GM 值太大，复原力矩很强。回复速度很快，摇摆周期就短，形成剧烈的摇摆；反之，摇摆周期长，船舶摇摆缓慢。当船舶在波浪中航行时，还要加波浪引起的强迫摇摆。波浪的波峰移动一个波长距离所需要的时间叫"波浪周期"。对于运动的船舶，当第一个波峰打到船上至第二个波峰打到船上所经历的时间叫"波浪视周期"。波浪视周期的大小，决定于波浪周期和船舶的航向、航速。

当船舶自由摇摆周期大于波浪视周期时，船舶在波浪中摇摆会减弱；当船舶自由摇摆周期小于波浪视周期时，船舶在波浪中摇摆会增强。如果船舶自由摇摆周期与波浪视周期相似，船舶摆幅会急剧增大，这种现象叫作"谐摇"。谐摇是一种对船舶有危险的现象，对船员、货物、船体结构和机器都会产生不良影响，严重时将会危及船舶的安全。

如果发现船舶处在谐摇状态，应当立即采取改变谐摇现象的措施。可改变航向和航速，使航向与波浪之间夹角发生变化或使波浪视运动速度改变，从而达到避免谐摇的目的。

为了减轻船舶横摇，一般船舶在船体外的舭部安装舭龙骨，其结构简单，不占船体内部位置，且有较明显的减摇效果。实践表明舭龙骨能减小摆幅 20%～25%，舭龙骨的缺点是增加水阻力，影响航速。大型客轮也有采用减摇水柜、减摇鳍、陀螺平衡减摇装置等来减小船舶在风浪中的摇摆。

8）操纵性

船舶操纵性（manouverability）是指船舶在航行中保持运动状态的能力（即航向稳定性），或者根据需要迅速改变运动状态的能力（即回转性）。

2. 船舶载重性能

船舶载重性能是通过船舶在各种状态下的总重量来反映的，通常有两种表示方法，一是排水量，二是载重量。

1）排水量

排水量是指船体入水部分所排开水的重量，它等于船舶当时的总重量。排水量分为空船排水量和满载排水量，此外还有实际排水量。

（1）空船排水量。空船排水量是指船舶装备齐全但无载重时的排水量。空船排水量等于空船时的重量，是船舶最小限度的重量。

（2）满载排水量。满载排水量是指船舶载重达到载重线时所排开水的重量。通常是指夏季满载吃水的排水量。

船舶常数是指船舶经过营运后，船上存有的残损器材和废品，污水沟、压载舱中残留的积水，船体粘连的附着物等的重量总和。它等于测定时的空船实际排水量减去出厂时的空船排水量。

（3）实际排水量。实际排水量是指船舶实际载重未达到载重线时所排开的水的重量。实际排水量可分为航次实际排水量和空船实际排水量。

航次实际排水量是指每个航次的实际载重所排开水的重量。

空船实际排水量是指空船的实际重量加上船舶常数所排开的水的重量。

2）载重量

载重量是指船舶在营运过程中所具有的载重能力。船舶载重量一般分为总载重量和净载重量。

（1）总载重量。总载重量是指在一定的水域和季节里，船舶所能装载最大限度的重量。总载重量等于满载排水量减去空船排水量，即装载客、货、燃料、淡水、备品、船员及其供应品和船舶常数后的重量，即：

$$总载重量=客、货+燃料+淡水+备品+船员及其供应品+船舶常数$$

（2）净载重量。净载重量是指在一定的水域和季节里，船舶所能装载最大限度的客、货重量。净载重量等于总载重量减去燃料、淡水、备品、船员及供应品和船舶常数，即：

$$净载重量=总载重量-储备品总重量-船舶常数排水量$$

3）船舶载重线标志

船舶载重线是指船舶满载时的最大吃水线。它是绘制在船舷左右两侧船舶中央的标志，指明船舶入水部分的限度。船级社或船舶检验局根据船舶的用材结构、船型、适航性和抗沉性等因素，以及船舶航行的区域及季节变化等制定船舶载重线标志。此举是为了保障航行的船舶、船上承载的财产和人身安全，它已得到各国政府的承认，违反者将受到法律的制裁。

载重线标志包括甲板线、载重线圆盘和与圆盘有关的各条载重线。图4-6中的各条载重线含义如下。

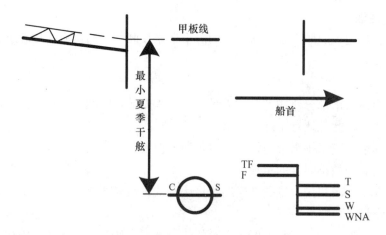

图4-6　船舶载重线标志

①TF（tropical fresh water load line）表示热带淡水载重线，即船舶航行于热带地区淡水中总载重量不得超过此线。

②F（fresh water load line）表示淡水载重线，即船舶在淡水中行驶时，总载重量不得超过此线。

③T（tropical load line）表示热带海水载重线，即船舶在热带地区航行时，总载重量不得超过此线。

④S（summer load line）表示夏季海水载重线，即船舶在夏季航行时，总载重量不得超过此线。

⑤W（winter load line）表示冬季海水载重线，即船舶在冬季航行时，总载重量不得超过此线。

⑥WNA（winter north atlantic load line）表示北大西洋冬季海水载重线，指船长为100.5 m以下的船舶，在冬季月份航行经过北大西洋（北纬36度以北）时，总载重量不得超过此线。

标有L的为木材载重线。

我国船舶检验局对上述各条载重线，分别以汉语拼音首字母为符号。即以"RQ""Q""R""X""D""BDD"代替"TF""F""T""S""W""WNA"。

3. 船舶的容积性能

1）集装箱船舶货舱容积

集装箱船因其货舱和甲板均装载集装箱，故以船舶标准箱容量来表示。

2）船舶登记吨位

登记吨位是指按吨位丈量规范所核定的吨位，它是为船舶注册登记而规定的一种以容积折算的专门吨位。

4. 与容积有关的装置和设备

1）箱格导柱

全集装箱船的船舱内均采用箱格结构，它是指利用角钢把船舱按集装箱的尺寸分隔成许多箱格。箱格从货舱底部到舱口垂直设置，集装箱装卸时角钢起导向柱作用，故称箱格导柱，同时对集装箱在舱内进行了定位，如图 4-7 所示。

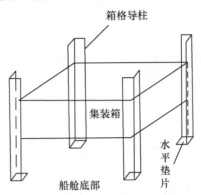

图 4-7　集装箱船的箱格导柱

箱格导柱的结构有两种，一种为组合型（composite type），另一种为专用型（individual type）。其角钢的尺寸一般为 101 mm×101 mm～152.4 mm×152.4 mm（4 in×4 in～6 in×6 in），焊接结构。在导柱根部的内底板上，装有 1 in 厚的水平垫板，以承受集装箱的重量。

箱格导柱与集装箱之间的空隙一般长度方向为 38.0 mm（1.5 in），宽度方向为 25.4 mm（1 in），超过了这一限度，集装箱就会受到较大的冲击力，是不利的。

有些船舶，为了减少集装箱的绑扎作业，在露天的甲板上还装有甲板箱格导柱。

2）箱格货舱

箱格货舱是指装有箱格导柱的集装箱专用舱。舱内设有箱格的目的，一方面是减少舱内的绑扎作业，另一方面是使舱内的上下层集装箱之间堆码整齐，不致造成偏码状态。集装箱在舱内堆码时，在舱底板上承受了集装箱四角的集中载荷，因此，位于承受集中载荷的这一部分双层底板的面积应做必要的加强。此外，由于集装箱船是大舱口船，因船体翘曲或扭曲极容易造成箱格导柱变形，变形量过大甚至会造成装卸困难，这一点必须引起注意。

3）箱格导口

由于箱格导柱与集装箱之间的空隙较小，为了便于集装箱进入箱格内，在箱格导柱的上端设有倾斜面的导向装置，称为"导口"。导口分固定式导口、铰接式导口和调节式导口三种形式。

（1）固定式导口（fixed type entry guide）。这是最常用的一种形式。从装卸集装箱所受的冲击来看，这是一种最安全的形式，缺点是造成箱与箱之间的空隙较大，如图 4-8（a）所示。

（2）铰接式导口（hinged type entry guide）。该导口设置在舱口围板上方，在装卸完毕时兼作搁舱口盖装置用，与固定式导口相比较，可以减少箱格导柱间的空隙，如图 4-8（b）所示。

（3）调节式导口（adjustable entry guide），又分翻转型和移动型两种。翻转型导口如果改变导口的方向，就能把集装箱引入与舱口围板相垂直的任何一列箱格中去。采用此种形式，可以缩小箱格导柱的横向间隙，如图4-8（c）所示。移动型导口和翻转型导口一样，在与舱口相垂直的箱格导柱上设有可移动的导口装置，使其横向移动，就能方便地把集装箱引入任何一列箱格中去。这种方式也可缩小箱格导柱的横向间隙，如图4-8（d）所示。

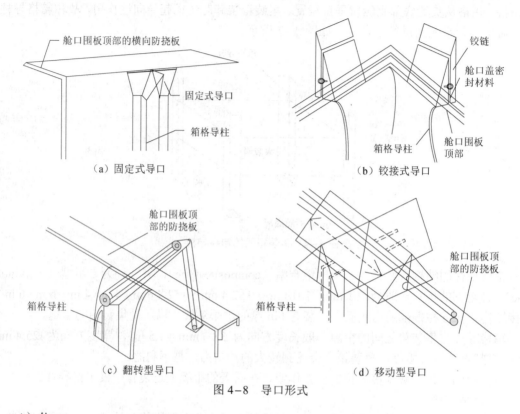

（a）固定式导口 （b）铰接式导口

（c）翻转型导口 （d）移动型导口

图4-8　导口形式

4）舱口

在研究集装箱船船舱和舱内箱格结构的同时，还必须研究舱口的布置。集装箱船的舱口有单列、双列和三列三种。

（1）单列舱口（one-row hatch）。此舱口的长度可覆盖一行集装箱，宽度方向可覆盖好几列集装箱（一般可盖住7列以内）。

（2）双列舱口（two-row hatch）。此舱口的长度可覆盖两行集装箱，宽度方向可覆盖两列集装箱。

（3）三列舱口（three-row hatch）。此舱口的长度可覆盖两行集装箱，宽度方向可覆盖三列集装箱。

单列舱口对于船体结构以及甲板上和舱内集装箱的装卸是十分有利的，但只限于装载7列6.1～7.3 m（20～24 ft）的集装箱，而且不能兼装1C型和1A型集装箱。

双列和三列舱口，有利于兼装1C型和1A型两种集装箱，但给甲板上集装箱的装卸带来了不利。

5）舱盖

为了能承受较大的集装箱载荷，集装箱船的舱盖一般采用钢质箱型舱盖，用集装箱装卸桥进行开闭，靠舱盖四周内侧的橡皮垫和舱口围板顶部的密封材料保持水密。舱盖端板和侧板的下面与舱口围板顶部相接触，把装在舱盖上面的集装箱重量和舱盖本身的重量传给舱口围板。

由于舱盖是利用集装箱装卸桥进行吊装的，因此，舱盖的重量应该与装卸桥的额定负荷相一致，有时要利用浮吊等特殊设备作为重大件来装卸。因此大型集装箱船的舱盖尺寸有时会受到限制，对大型舱盖的重量一般限制在 150 kg/cm² 左右。

集装箱堆放在舱盖上时，其载荷集中在集装箱四角的角件底部，由于这几个载荷承载点靠近舱盖的边板，因此在结构上是能够承受这些载荷的。但是，在装 1A 型箱船舱的舱盖上，若要堆装两行 1C 型箱，则舱盖中央部位承受的载荷相当大，这就要求在这一部位增加舱盖桁材和舱盖板的厚度，以提高这一部位舱盖的强度，但这会使甲板集装箱重心提高。

4.3　集装箱船舶配积载

为了船舶的航行安全，减少中途港的倒箱，缩短船舶在港停泊时间，保证班期和提高经济效益，必须事先对出港集装箱进行配积载。

集装箱船由于既要在舱内装载一定数量的集装箱，又要在甲板上堆放几层集装箱，载箱量较大。为了更好地对集装箱船进行管理，下面分几个部分对集装箱配积载问题进行论述。

4.3.1　集装箱船舶的箱位容量和箱位编号方法

1. 集装箱船舶的箱位容量

1）标准箱容量

标准箱容量是指集装箱船舶所能承载的最大的标准集装箱（即 20 ft 集装箱）的数量，如系 40 ft 集装箱，则换算成两个 20 ft 标准箱。标准箱容量是表示集装箱船舶规模大小的标志。

2）20 ft 集装箱容量

20 ft 集装箱容量是指集装箱船舶最多能装载 20 ft 集装箱的数量。在一般情况下，集装箱船舶最大的 20 ft 集装箱容量与集装箱船舶的标准箱容量相同。但是，在某些集装箱船舶上，由于船上的某些集装箱箱位是专为装载 40 ft 集装箱而设计的，不能装载 20 ft 集装箱，因此会有一个 20 ft 集装箱的最大箱容量问题。

3）40 ft 集装箱容量

40 ft 集装箱容量是指集装箱船舶最多能承载 40 ft 集装箱的数量，它并不等于船舶标准箱容量的一半。不论何种类型的集装箱船，由于船舶结构的原因，总有一些箱位只能装 20 ft 集装箱，如靠近船首或船尾的部分舱室，因船体下部瘦削，只能装 20 ft 集装箱。

集装箱箱位的配置应考虑 20 ft 和 40 ft 的集装箱是否可以兼容。由于集装箱船舶甲板上和舱内的箱格导轨结构与集装箱箱脚底座位置设计的不同，产生了在两个纵向 20 ft 集装箱之上能否堆装一个 40 ft 集装箱的问题，有以下三种情况。

（1）无论在甲板上还是在舱内，两个纵向 20 ft 集装箱上均可堆装一个 40 ft 集装箱。这是因为在箱脚底座位置设计时，考虑到两个纵向 20 ft 集装箱堆装后，两箱之间的间距为 76 mm，正好堆装一个 40 ft 集装箱。

（2）舱内两个纵向 20 ft 集装箱上可堆装一个 40 ft 集装箱，而甲板上则不能。这是因为在甲板上集装箱需绑扎，两箱之间的间距要供人作绑扎通道使用，往往大于 76 mm。

集装箱运输与多式联运

（3）舱内和甲板上两个纵向 20 ft 集装箱上均不能堆装 40 ft 集装箱。这是因为在舱内箱格导轨结构只能装 20 ft 集装箱，甲板上两个纵向 20 ft 集装箱堆装后，两箱的间距大于 76 mm。

综上所述，20 ft 和 40 ft 集装箱是否可以兼容，应分别就不同集装箱船舶情况予以确定。

4）特殊箱容量

集装箱船舶承运如危险货箱、冷藏箱、非标准箱、平台箱等特殊箱数量的最大限额。

集装箱船的危险货箱装载容量有一定限制。同一船舶常常有些货舱的设计决定了不允许它装载任何危险货箱，另一些货舱的设计则仅限于装载《国际海运危险货物规则》定义的几类危险货箱。因此，在为集装箱船选配大量仅限于舱内积载的危险货集装箱时，必须考虑船舶的这一限制条件。如"中河"轮的船舶资料规定，第 1、第 7 和第 8 舱不允许装载任何危险货箱，第 2 和第 3 舱（舱内没有灭火或降温的喷水装置）允许装载除第 5.2 类以外的危险货箱，其余货舱允许装载除第 1 类（不包括 1.4 类）和 5.2 类以外的危险货箱。

冷藏集装箱装船后多数需要船舶电站连续提供电源。受船舶电站容量和电源插座位置的限制，每一集装箱船所能承运的冷藏箱最大数量和装箱位置通常是确定的。如"中河"轮冷藏箱容量为 240 TEU，其中有 20 TEU 仅适合装 20 ft 的冷藏箱，20 TEU 仅适合装 40 ft 的冷藏箱，以及 180 TEU 既适合装 20 ft 又适合装 40 ft 的冷藏箱。

5）巴拿马运河箱容量

巴拿马运河当局对通过运河船舶的盲区有特殊的要求，根据这一规定，集装箱船舶中不少的船舶，在舱面前部许多箱位上不能承载集装箱，因此集装箱船舶除有一般箱数量外，还有一个通过巴拿马运河的标准箱容量。

2. 集装箱船的箱位编号方法

为准确地表示每一集装箱在船上的装箱位置，以便于计算机管理和有关人员正确辨认，集装箱船上每一装箱位置应按国际统一的代码编号方法表示。目前，集装箱船箱位代码编号采用 ISO/TC104 委员会规定的方法。它以集装箱在船上呈纵向布置为前提，每一箱位坐标用 6 位数字表示。其中最前边两位表示行号，中间两位表示列号，最后两位表示层号。

1）行号

行号（Bay No.）是指集装箱箱位的纵向坐标。自船首向船尾，装 20 ft 箱的箱位上依次以 01、03、05、07……奇数表示。当纵向两个连续 20 ft 箱位上被用于装载 40 ft 集装箱时，则该 40 ft 集装箱箱位的行号以介于所占的两个 20 ft 箱位奇数行号之间的一个偶数表示，如图 4-9 所示。

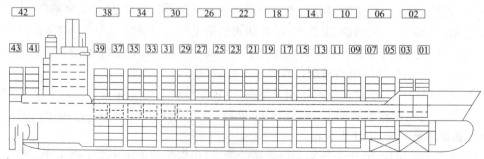

图 4-9　集装箱船的行号编号

2）列号

列号（row No.or slot No.）是指集装箱箱位的横向坐标。以船舶纵中剖面为基准，自船中向右舷以01、03、05、07……奇数表示，向左舷以 02、04、06、08……偶数表示，如图 4-10 所示。若船舶纵中剖面上存在一列，则该列列号取为 00。

3）层号

层号（tier No.）是指集装箱箱位的垂向坐标。舱内以全船舱内最底层作为起始层，自下而上以 02、04、06、08、10、12、14……偶数表示。舱面也以全船舱面最底层作为起始层，自下而上以 82、84、86、88、90……偶数表示，如图 4-10 所示。显然，

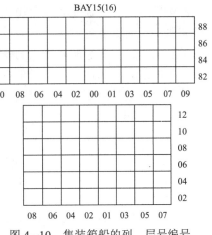

图 4-10 集装箱船的列、层号编号

全船每一装箱位置，都对应于唯一的以 6 位数字表示的箱位坐标；反之，一定范围内的某一箱位坐标，必定对应于船上一个特定而唯一的装箱位置。

4.3.2 集装箱船舶配载所需的资料和船图编制程序

1. 集装箱船舶配载所需的资料

1）集装箱船舶资料

（1）集装箱船舶箱位容量和箱位分布。集装箱船舶的箱位容量是配载必须掌握的极限数据，一般配载时不能超过这个数值。集装箱船舶箱位分布，主要是指集装箱船舶标准箱容量在甲板上和大舱内的分配量，即在甲板上和大舱内各有多少标准箱箱位，以及在甲板上和大舱内 20 ft 和 40 ft 集装箱箱位的分配情况。在掌握箱位容量的同时，还应了解船舶的箱位分布情况，这是因为在一些箱位上 20 ft 箱与 40 ft 箱是不能兼容的。

此外，还应了解船舶冷藏箱箱位的多少及其分布，船舶对危险货物装载的限制，以保证冷藏箱和危险货物箱的安全装运。

（2）船舶堆积负荷强度。船舶堆积负荷强度包括舱底和甲板所设集装箱底座所允许堆积的集装箱最大重量，它又分为 20 ft 箱和 40 ft 箱两种，配载时必须做到无论舱内还是舱面，每一列集装箱的总重量不能超过船舶规定的堆积负荷强度，尤其在一列内配有较多重箱或配有超重箱时更应引起注意。

（3）船舶的长度、宽度和吃水要求。船舶长度一般包括总长（LOA）和两柱间长（LBP）。船舶的总长是指船舶的最前端至最后端的水平距离，该参数不仅是船舶靠泊的依据，也是配载人员考虑装卸作业路数的依据。船舶的两柱间长是指从船舶首柱前缘至尾柱后缘的水平距离，该参数是配载后计算船舶吃水差必需的数据。

船舶宽度通常是指型宽，即船舶两舷之间的最大水平距离。它是配载人员考虑安排不同外伸距集装箱装卸桥的依据，也是计算船舶摇摆周期和确定船舶初稳性高度范围的必需数据。

船舶吃水通常是指满载吃水，它是配载人员必须掌握的极限吃水数据。此外，由于现代集装箱船舶的大型化，吃水较深，配载人员还应考虑本码头及其航道的水深状况，必要时应减少配箱，以保证船舶顺利出港。

（4）冷藏箱位和对危险货物箱的装载限制。集装箱船舶通常设有一定数量的冷藏箱位，

以供冷藏箱装运。这是配载冷藏箱的最大数值。同时，每艘集装箱船舶对危险货物都有一定的装载限制，尤其对危险货物装载要求更严格，因此，在配载危险货物集装箱时应严格按照船方的要求，以保证船舶和货物的安全。

（5）空船重量和常数。空船重量是指新船出厂或上坞修理后的船舶重量，等于空船排水量。这两个参数是配载后计算船舶稳性和吃水差的必需数据。

（6）稳性和吃水差计算。集装箱船舶建成出厂后，其尺寸、形状、结构已定。为了减少每次配载后的繁杂计算，可根据船舶既定的特点，事先计算出船舶在不同排水量情况下的各项数据，并用表格形式编制成稳性和吃水差计算。配载完成后，可根据船舶排水量直接查取所需的各项数据，从而可大大简化稳性和吃水差的计算，提高计算的准确性。

2）堆场集装箱资料

（1）集装箱装箱单。集装箱装箱单是详细记载箱内货物情况的单证，内容包括货名、重量、包装、件数等，同时装箱单还提供了配载必需的信息，包括箱号、铅封号、提单号、箱尺寸、箱型、箱总重量以及船名航次、装箱港、卸箱港等。装箱单是配载人员安排集装箱船舶箱位的必需单证。

（2）装货单。装货单是场站收据的第五联，是出口报关的必须单证，配载人员应验明装货单，只有加盖海关放行章的装货单，才能配载装运出口。

（3）特种箱清单。冷藏箱、开顶箱、框架箱、平台箱、罐状箱等特种集装箱，对配载有特殊的要求，配载人员可通过特种箱清单事先了解有哪些特种箱以及每种特种箱的数量，为配载做好充分考虑和准备。

（4）危险货物箱清单和危险品船申报。危险货物箱清单和危险品船申报向配载人员提供了危险货物箱的数量、箱型、尺寸，并提供箱内货物的名称、重量、国际危规类别等资料，配载人员可据此掌握这些危险货物箱的配载要求。集装箱码头凡进行危险品货物集装箱装船作业的，船舶代理必须递交危险品船申报或危险品船电子申报信息，否则不予配载装船。

（5）预配船图。预配船图是船公司或船代根据订舱资料并综合考虑航线挂港情况而编制的船图，它是集装箱码头配载人员在配载作业时应考虑的重要依据。

（6）集装箱的堆场位置。出口集装箱进入集装箱码头堆场后，每个集装箱都有一个相应的堆场箱位，掌握集装箱在堆场的具体位置，可以方便配载人员根据码头作业的特点进行配载，减少翻箱倒箱，提高装船作业效率。

2. 船图编制程序

在集装箱码头作业中，经常会用到集装箱船舶配载图（pre-stowage plan）、积载图（stowage plan）这类文件，制作和认识集装箱船舶配载图、积载图是集装箱码头操作人员应掌握的一项基本技能，特别是对于从事船舶策划、管理的职员，更应该好好掌握。

一般来讲，配载图指预先配载计划，是船公司对订舱单进行分类整理后编制而成的。积载图指积载计划，是在集装箱装上船之后，码头上或理货公司根据实际装箱编制而成的。在实务中，常称配、积载图为船图。集装箱船舶配、积载图主要用来表示所装货物的卸箱港、装箱港、重量、性质、状态以及装载位置等，分为预配图、实配图和最终积载图三种。其中集装箱预配图是集装箱船舶配积载中最重要、最关键的环节，集装箱预配图由字母、重量图、特殊箱图组成；集装箱实配图由两张封面图组成，一张是封面，另一张是每一行位（排位）的行箱位图，集装箱实配图是港口装卸公司收到预配图后，根据预配图和码头实际进箱情况编制而成的，因此它又叫集装箱码头配载图；最终积载图是根据集装箱预配图与集装箱实配图确定的，又称主积载图。

实配图和最终积载图都是以预配图为基础的，其编制过程如下。

（1）由船公司的集装箱配载中心或船上的大副，根据代理公司整理的订舱单，编制本航次集装箱预配图。

（2）航次集装箱预配图由船公司直接寄送给港口的集装箱装卸公司，或通过船舶代理用电报、电传、Email 或传真形式传给港口集装箱装卸公司。

（3）港口装卸公司收到预配图后，由码头船长（terminal captain）或码头集装箱配载员，根据预配图和码头实际进箱情况，在不违反预配图提出的积载原则的情况下，编制集装箱实配图。由于实配图由码头制作，它又叫码头配载图（container terminal bay plan）。

（4）待集装箱船舶靠泊后，码头配载员持实配图上船，交由大副审查，经船方同意后由船方签字认可。

（5）码头按大副签字认可的实配图装船。

（6）集装箱装船完毕后，由理货公司的理货员按船舶实际装箱情况，编制最终积载图。

4.3.3　预配图

集装箱船舶的预配图是集装箱船舶配载中最重要、最关键的环节，是制作集装箱船舶实配图的基础，不仅关系着船舶的安全航行，也关系着船公司的经济效益，只有正确、合理地制作好预配图，才能制作好实配图，从而保证集装箱船舶装卸作业高效率，保证班期和营运的经济性和安全性。

对于每一艘集装箱船，根据其大小、形状及舱位布置不同，船上所装载货物的情况也不一样，因而它们各自的船舶配、积载图也不相同。在实际操作中，应指出是哪艘船舶的配、积载图。但由于船舶配载图是按照一定规则绘制出来的，因而其图样形式、图示内容、符号特征等均有共同之处，只要掌握了某一艘船的船舶配载图，就可触类旁通，其他集装箱船的船舶配载图同样可以掌握。通常集装箱船舶配载图的绘制应遵守以下几个基本原则。

1. 预配原则

1）在保证集装箱船舶有足够稳性的条件下，充分利用船舶的箱位

由于集装箱船货舱容积利用率比较低，为了充分利用集装箱的装载能力，需要在甲板上堆装一定数量的集装箱，一般为总箱位数的 20%～50%，可堆装数层。当然，必须保证集装箱船舶稳性的要求，因而货舱内装箱量一般应大于全船装箱总重的 60% 左右。

充分利用集装箱船箱位容量的主要途径如下。

（1）在集装箱船预配时，当船舶某离港状态箱源数量接近船舶标准箱容量时，应当注意使该离港状态下订舱单上所列的 20 ft 箱数量和 40 ft 箱数量与船舶 20 ft 箱容量和 40 ft 箱容量相适应，以提高船舶的箱位利用率。

（2）为提高在中途港承载该港以后卸箱港的集装箱承载能力，减少或避免集装箱的倒箱数量，应尽量保持不同卸箱港集装箱垂向选配箱位和卸箱通道各自独立。

（3）在装箱港箱源充足的条件下，选配特殊箱箱位时，应当尽量减少承运这类货箱引起的箱位损失数量。例如，在条件许可时，可以将原安排于舱内占用两个箱位的超高集装箱，选配于舱面的顶层，以减少舱内箱位的损失。

（4）要考虑受到稳性和吃水差要求的制约。集装箱船一般艏部箱位较少，故在配载时极易产生过大的尾吃水，尾吃水过大就需要用压载水来调整，从而增加压载重量，减少集装箱的装载量。满载时重心高度较高，为保证航行时的稳性，需要在双层底上加一定数量的压载水，同样会增加压载重量，减少集装箱的装载量。因此，努力提高集装箱船配积载计划的编制水平，合理确定不同卸箱港轻重集装箱在舱内和舱面的配箱比例，减少用于降低船舶重心所需打入的压载水重量，是充分利用集装箱船载重能力的主要措施。

2）合理安排轻重箱的位置，以保持船舶良好的稳性和正浮

船舶的稳性是衡量船舶受外力作用时仍能保持正浮能力的一个主要指标。稳性越大，船舶侧倾后恢复到原来位置的能力越强，抵抗恶劣气象的能力也越强。但是稳性越大，其船舶的横摇周期越小，船舶摇摆频率越高，这对于船舶是不利的，尤其是集装箱船，因其堆码高度较高，摇摆周期越短意味着甲板上的集装箱加速度越大，可能会使集装箱的绑扎松动或箱体受损，后果不堪设想。因此在预配载时，对稳性高度值应控制在适当的范围，既保证船舶有足够的稳性，又能获得适当的横摇周期。一般来说，具有 12 列集装箱宽的集装箱船舶，稳性高度为 1.0 m 左右，其横摇周期约为 25 s 时较佳，而具有 8 列集装箱箱宽的小型集装箱船稳性高度值在 1.2 m 左右，其横摇周期为 15 s 时较佳。

在预配时应全面考虑上述情况，当集装箱船舶预配的集装箱箱量与船舶的集装箱容量相近时，集装箱重量大时，应将重箱配在下面，轻箱及结构强度高的箱配在上面，以满足稳性要求。如果重箱少，轻箱多，此时重箱不宜全部配在下面。整航次集装箱量不足时，则更不应在甲板上不配箱，必要时，甚至可将舱内一些箱位空着不配集装箱，而将集装箱较多的配于船舶的甲板上，以求降低初稳性高度，求得较佳的横摇周期。

集装箱合理的配载，除上下外，还有横向的左右问题，在预配时，应尽可能使集装箱重量在船舶横向方面左右对称。具体做法上，可将同卸箱港的同重量或近等重量的集装箱配在同行同层上，左右对称，这样不但可保持船舶的正浮，而且还可以减少船舶因左右不对称受力产生的扭转弯矩对船体结构的不利影响。

3）保持船舶良好的纵向强度

集装箱船大多是单甲板、大开口；再加上集装箱船舶大多数是尾机型船舶，机舱、油舱、淡水舱也集中在尾部，使集装箱船舶长期处于中拱状态，且纵向强度较差。因此在集装箱预配中要考虑集装箱船的这些特点，将一些比较重的集装箱堆码在中部，以抵消船舶的中拱变形。

在起始港预配时，也应充分考虑到途中挂港的装卸情况，预防在中途港装卸后，出现船舶中部集装箱箱量或重量过少，而影响船舶的纵向强度。如果可能，在起始港预配时，将目的港较重的集装箱配于船中。

4）保证船舶的局部强度

集装箱船舶积载时应注意堆积负荷，即集装箱船舶的舱底、甲板和舱盖上所允许堆积集装箱的最大重量，此数值可以从船舶资料中查取，要求在集装箱船舶的舱内、甲板和舱盖上，每列集装箱的重量均不应超过其允许的堆积负荷，否则将影响船舶的结构强度。近年来，集装箱装货后的总重量越来越大，容易出现超负荷现象，尤其在甲板和舱盖上更易超负荷。因此，必要时应减少集装箱的堆积层数，以防损伤船体结构。

5）保证船舶具有适当的吃水差

船舶是不允许有艏倾的，因为这会造成螺旋桨产生空泡；但也不宜有过大的艉倾，因为

这会增加船舶的吃水，减少装载量，而且还会影响航速。因此集装箱船应具有适当的吃水差，以保证具有良好的操纵性。在集装箱船舶积载时应注意集装箱重量在船舶纵向上的分配。在船首附近的箱位，由于船舶线型和驾驶视线良好的要求，应尽可能减少艏部甲板上的装箱层数，形成艏部箱位少的装载，加上集装箱船一般采用艉机型，艉部较重，为防止艉吃水过大，或避免用较多的压载水来调整吃水差，预配时应将较重的集装箱配置在船首的箱位上。

在预配船舶进出吃水受港口水深限制的货载时，更应注意集装箱的纵向分布，以减少使用压载水来调整吃水差的概率，从而减少船舶的总排水量和平均吃水，使船舶顺利进出吃水受限的港口。

比如，上海港是一个潮汐港，加上航道中的浅滩，使进出口的船舶吃水受到很大的限制。当出口船舶的集装箱箱量和箱重均很大时，预配时应使船舶近平吃水，且在不影响船舶稳性的前提下，尽可能少用压载水，以减少船舶的最大吃水，力求减少候潮出港的时间。另外，上海港的集装箱码头，均在近吴淞口的张华浜码头和军工路码头，而且集装箱船舶开航时间选在落潮或初涨时的情况较多，所以当集装箱箱量和重量均不很大时，预配时如有可能，应将船舶配载为平吃水，最大吃水时开船的情况要尽可能减少，争取不要候潮，趁潮时出港以争取船期。

6）避免中途港倒箱，提高装卸效率

集装箱船舶的中途挂港很多，中途挂港的装卸也较频繁，特别是跨洋和环球航行的集装箱班轮更是如此。为此，在预配时，应有全航线整体的观点，即应按集装箱船舶挂港的顺序和各挂港箱源的情况进行综合考虑，前面港口要为后面港口考虑，起始港要为全航线港打基础，不应产生后港集装箱压前港集装箱的现象，否则将产生倒箱，从而降低装卸速度，增加费用，造成损失。

7）避免同卸箱港的集装箱过分集中

集装箱装卸桥不可能并列在一起同时为集装箱船上两个相邻舱位上的集装箱起吊。为了加速船舶在港的装卸速度，保证集装箱船舶的班期，当遇到同一卸箱港的集装箱量超过一个舱的容量必须分舱时，不应在两个相邻的舱中配置同一卸箱港的集装箱，而应最少间隔一个舱来配置，使多台装卸桥同时作业成为可能，以提高集装箱船舶在港的作业速度，缩短在港的停泊时间。

8）满足特殊集装箱积载的特殊要求

这里特殊集装箱所指的范围较广，它不仅涉及集装箱的结构，更多的是涉及集装箱所装的货物，通常有下列几种：冷藏箱、危险货物箱、超重箱、超长箱、超宽箱、超高箱、"特殊"高箱、平台箱、选港箱等。现将这些箱在预配中应掌握的原则分别叙述如下。

（1）冷藏箱。冷藏箱由于需要船上提供外接电源插座和监控插座，所以它们在集装箱船舶上的位置是固定的。同时为了便于在运输中对冷藏箱进行检查，以及必要时对冷冻压缩机系统进行维修，通常集装箱船舶的冷藏箱电源插座和监控插座，大多数设置在驾驶室附近的甲板上。预配中，由于冷藏箱位置在船上是固定的，不能任意配置，故对冷藏箱应先在预配图上定位，再根据冷藏箱的卸箱港，在冷藏箱箱位的行里配载不会被冷藏箱压港的其他集装箱。在起始港制定集装箱预配图时，对于中途挂港可能加载冷藏箱应有充分的考虑，以便加载冷藏箱时，有适合的箱位可提供。

（2）危险货物箱。在预配时应首先了解清楚船舶本航次共配了多少危险货物箱，这些箱的国际危规级别，危险货物箱间的积载与隔离要求等，一定要严格按照国际危规的要求来配危险货物箱的箱位。在对中途挂港的加载，还应查看原配载图，了解船舶是否已装载危险货物箱，这些危险货物箱与加载的危险货物箱是否符合国际危规的积载隔离要求？若不符合，一定要加以调整。在预配时，还应考虑船舶建造规范的要求，因为有一些船舶规定，在某些箱位上不能配置危险货物箱。如"香河""玉河""银河""星河"等轮均有此种情况。按船舶规范上规定，"香河"轮的第一舱和第二舱舱内不能装载危险货物，因为在船舶设计时，该两舱没有按能装载危险货物的要求来设计。在预配时，这些舱是不能配载危险货物箱的。

（3）超重箱。超重箱用码头的装卸桥不能起吊，它在港口的装卸作业，必须雇用浮吊或陆上的其他起吊设备来进行。在预配时，其配位应便于所雇起吊设备在作业时的方便，且尽可能不妨碍码头装卸桥吊装集装箱的正常作业。譬如使用浮吊来装或卸超重箱时，此超重箱就不应配位于船首或船尾附近的箱位上，因为在这些部位，由于船体导流线形浮吊船并靠作业难以进行。

（4）超长和超宽箱。应充分考虑到这种类型集装箱的特点。一方面，这种类型的集装箱在船上积载时，当其超长的长度超过两行集装箱之间的间隙或超宽的宽度超过两列集装箱之间的间隙时，它将侵占相邻行或相邻列的集装箱箱位，造成箱位损失。另一方面，装超长货物或超宽货物使用的集装箱一般是用平台箱，也可能用台架式集装箱，如系平台箱，还应按平台箱预配的原则处理。在预配时对于超长和超宽集装箱的配位，应在不妨碍按卸箱港配位的前提下，相对集中、合理地安排箱位，以减少箱位过多的损失。

（5）超高箱。通常在积载中所说的超高箱，是指集装箱在装载货物后，货物的高度超过了集装箱顶部角件的高度，使该集装箱顶部不能再堆装其他的集装箱。所以超高箱的积载位置，不论在甲板上，还是在舱内，永远应配在该列所堆装的集装箱的最上面一层。如果在舱内配载超高箱，只要其超高的尺寸不大于该舱内舱盖和最高一层集装箱的间隙，则不必减少集装箱的堆积层数，如果其超高的尺寸超过间隙，则应减少集装箱的层数。

（6）"特殊"高箱。在我国使用的集装箱，通常箱高是 8.5 ft，但在运输中有时也会遇到一些比 8.5 ft 高的集装箱，有的箱箱高达 9.5 ft，如果将"特殊"高箱配于舱中，那么应根据舱内的净高，重新计算堆积层数。如果将"特殊"高箱配于甲板上，那么堆积高度不应妨碍驾驶室的视线。另外，应根据卸箱港将其集中配位，以利于集装箱的绑扎。

（7）平台箱。此种集装箱只能配于舱内或甲板上最高一层，它的上面不能再堆积任何集装箱。此种集装箱由于经常用于装大件设备，所以在配载时应掌握它装货后，包括货物在内的总长度、宽度和高度，当其总长度、宽度和高度超过常规集装箱的长度、宽度和高度（即 20 ft 集装箱尺寸超过：20 ft×8 ft×8.5 ft；40 ft 集装箱尺寸超过：40 ft×8 ft×8.5 ft 时，除了考虑是平台箱外，还应按超长、超宽或超高箱进行配位。

（8）选港箱。指可以自由选择卸箱港的集装箱，这类箱应配在可能选择的卸箱港都能自由卸下的位置。配载时常将此类集装箱配于集装箱船舶的后甲板平台的箱位上，或被选择卸箱港中的最后一港集装箱的箱位上。选港集装箱箱位的上面，除了被选择可配在第一港卸箱港及其前面卸箱港的集装箱外，其他卸箱港集装箱不能配在选港箱的上面。

2. 集装箱船舶预配图的编制

预配图的制定是整个集装箱船舶积载中的第一步，也是最关键的一个步骤。它关系到船舶航行安全和货运质量，关系到船舶装载能力的充分利用，关系到运输效率和经济效益。为了保证集装箱预配的科学和合理，应按上述配积载基本要求和原则编制集装箱预配图。

预配图是由船公司（或其代理人）编制的，是依据船舶积载能力和航行条件等，按不同卸箱港顺序以及集装箱装货清单上拟配的集装箱数量编制而成的全船行箱位总图。图 4-11、图 4-12 和图 4-13 所示为集装箱基本预配图。

　　1）订舱单的分类整理

　　这是制定预配图的第一步，由船舶代理或船舶的调度将集装箱船该航次在一个装箱港的订舱单，按集装箱的不同卸箱港、不同重量、不同箱型尺寸分类整理，如遇特殊箱还应加以必要的说明，然后送交或用电传传送给船公司的集装箱配载中心或船舶。集装箱配载中心或船舶的大副，根据分类整理后的订舱单，进行预配。

　　2）集装箱船舶预配图的组成

　　集装箱船舶预配图由字母图（letter plan）、重量图（weight plan）、冷藏箱/危险货物箱图（reefer/dangerous plan）组成。

　　（1）字母图。字母图是指集装箱的目的港用字母在图中进行表示（通常为目的港英文名称的首写字母），如 K 代表神户港（Kobe），L 代表长滩港（Longbeach），N 代表纽约港（New York），H 代表休斯敦港（Houston），C 代表查尔斯顿（Charleston）等，一般在预配图中都有标注。这样从字母图中就很容易了解到达各个港口的集装箱的数量、装载位置、作业顺序。除了字母图外，也有用彩色标绘的情况，即各个目的港分别用不同的颜色表示，各个目的港的标色在图上给予说明。

　　图 4-11 为某集装箱船的一张字母图，从图上可以看到，第 05 行舱内配有 36 个去纽约港的箱位，甲板上配有 1 个去休斯敦的箱位，到神户的集装箱安排在 13 行（有 19 个）、27 行（甲板上 27 个、舱内 24 个）和 25 行（甲板上 27 个、舱内 20 个）。第 37 行甲板上配有 23 个去长滩（Longbeach）的箱位，舱内配有 36 个去长滩的箱位，去休斯敦的有 8 个箱位。

　　（2）重量图。重量图用来表示每个集装箱的总重量，图中每个小方格代表 1 个 20 ft 集装箱，小方格中所标的数字是以 t 表示的集装箱总重。从图 4-12 中可见，第 27 行舱内共装 24 个集装箱，其中总重为 17 t 的集装箱有 8 个，总重为 20 t 的集装箱有 16 个。第 25 行舱内共装有 20 个箱，其中总重为 18 t 的集装箱有 3 个，总重为 20 t 的集装箱有 17 个。

　　有时为了便于区分，20 ft 集装箱通常只在小方格中涂一半颜色◪。40 ft 集装箱用相邻在同一舱的前后两个小方格表示，集装箱的总重和卸箱港的着色均标绘在前一小方格上，将小方格全部着色■，后一小方格用⊠表示此箱位已被 40 ft 集装箱占用。

　　（3）冷藏箱/危险货物箱图。如图 4-13 所示。冷藏箱和危险货物箱图也叫特殊箱图，用于反映特殊集装箱的情况，该图上所配的集装箱均为冷藏箱和危险货物箱，冷藏箱在图上的小方格上用字母"R"表示，空箱在小方格上标注"E"。图 4-13 中，第 33 行甲板上最底层装有 6 个冷藏箱。这 6 个冷藏箱的卸箱港，从图 4-11 中可见是 N（纽约港），其重量从图 4-12 中可见为 21 t/箱。

　　危险货箱用"O"圈在所配箱位的小方格上，旁边用"D"加上数字表示在《国际海运危险货物规则》中的类别等级，如"D6.1"表示该箱装的是《国际海运危险货物规则》6.1 类危险品。有的不用"O"，而用深颜色标绘，也有的不用"D"，而用"H"或用"IMO"或"IMCO"表示危险货物箱，但在其后仍需注上危险货物的《国际海运危险货物规则》类别等级。如图 4-13 中第 05 行舱内 08、10、12 层共装有 5 个 1.4 级危险货物箱，第 17 行舱内 12 层装有 1 个 6.1 级危险货物箱。这 6 个危险货物箱从图 4-11 可见，卸箱港为 N（纽约港），其重量从图 4-12 查得，5 个 1.4 级危险货物箱，每箱重为 19 t，1 个 6.1 级危险货物箱，其重量为 8 t。

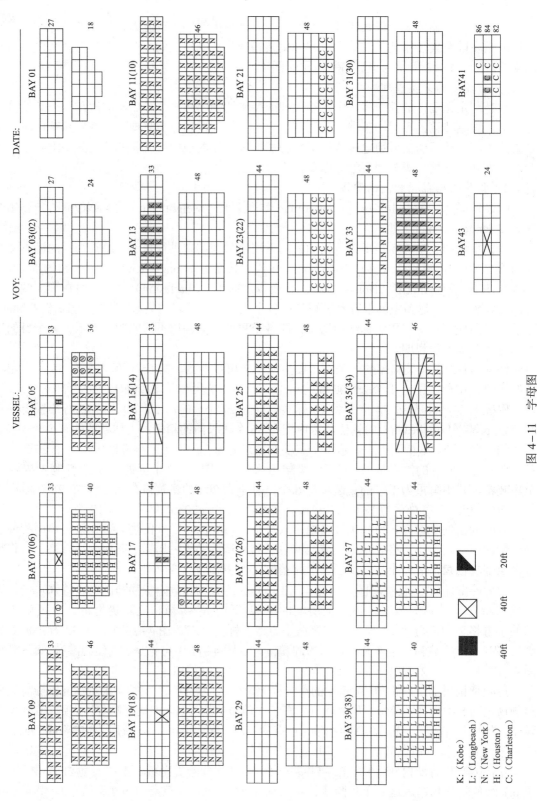

图 4-11 字母图

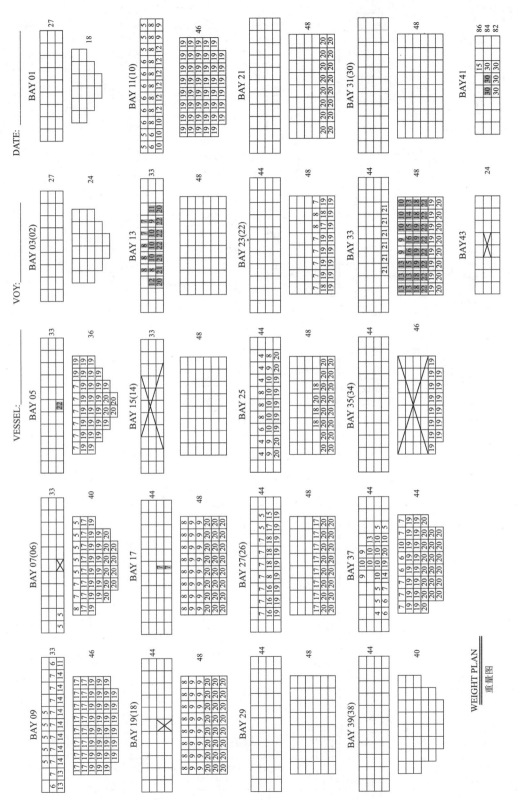

图 4-12　重量图

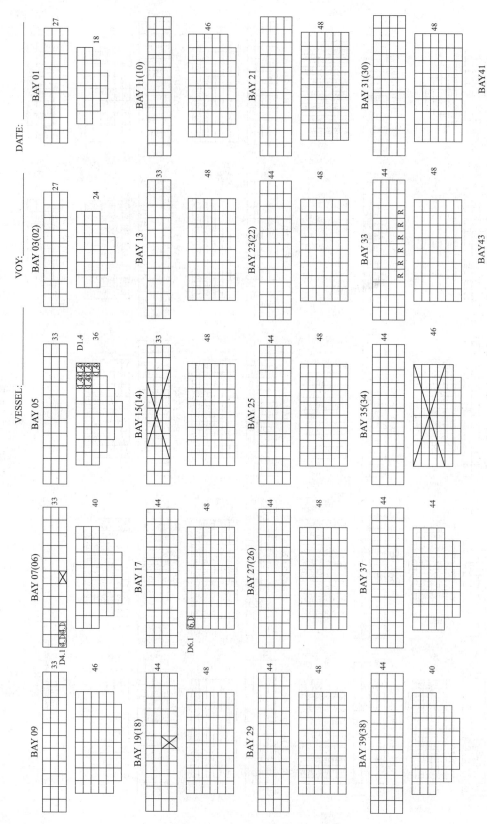

图 4-13　冷藏箱/危险货物箱图

（4）对其他特殊集装箱，应加以标注或用文字说明。如超高箱可在箱位小方格上方加"∧"作为超高标记，并加注超高尺寸；超宽箱则用"＜"或"∧"作为超宽标记，标记旁还可加注超宽尺寸。选卸箱港箱，可在箱位旁加注所选择的卸箱港港名，如汉堡、伦敦为卸箱港，则在箱位旁加注"HAM/LON"或"H/L"。

3）预配图的审核

对绘制好的预配图，不论是哪一种形式的预配图，都必须进行认真的审核，审核的内容如下。

（1）集装箱每个卸箱港的数量与集装箱订舱单是否符合？

（2）核对每列集装箱的堆积负荷是否超过船舶允许的负荷？如果超过，应设法进行调整，使其符合。

（3）核对冷藏箱、危险货物箱、超高箱、超宽箱等特殊的配位是否适当？如不适当，应予调整。

（4）审查集装箱各卸箱港的箱位安排是否合理，下一挂港加载是否方便，后面挂港卸箱时是否会产生倒箱。

（5）对预配图进行稳性、吃水差和纵向强度的校核，以保证船舶的适航。

如审核无误，则可将集装箱预配图发出。

其实这些规定都是人为的，各个集装箱码头均有自己的习惯和规定，其目的就是用简单的符号表示不同的意义，使图面整洁、美观、明了。在实际工作中，只要了解一下码头制作船舶配载图的习惯和规定，即可看懂船舶配载图，亦可制作船舶配载图。

4.3.4　实配图

4.3.3 节所讲的预配图只是对待装集装箱在船上的装载位置按不同卸箱港做了一个初步的分配，如图 4-11 所示，09 行位（BAY 09）所配载的为到纽约港的集装箱，其中甲板上装27 个箱，舱内装 46 个箱，共装 73 个箱。但是，具体每个装箱位置上装哪个号码的箱，该箱的箱主是谁，箱内货种是什么，等等问题，预配图则没有明确规定。此外，预配图也没有考虑到船舶稳性、船舶结构、装卸工艺以及可能存在的不合理配置等原因。在实配图上，不仅规定了不同卸箱港的集装箱的装载位置，而且对到同一卸箱港的各个集装箱的具体装载位置（箱位）也有明确规定，所以，实配图是码头现场操作的指导性文件，是码头装卸作业的依据。

集装箱装卸公司收到预配图后，按照预配图的要求，根据码头上集装箱的实际进箱量及在码头上的堆放情况，着手编制集装箱实配图（container terminal bay plan）。

集装箱实配图由全船行箱位总图（封面图）和每行一张的行箱位图（bay plan 或 hatch print）组成，如图 4-14 和图 4-16 所示。封面图又叫总图（master plan），表明集装箱纵向积载情况；行箱位图是船舶某一装 20 ft 箱的行箱位横剖面图，表明集装箱的横向积载情况。它是对集装箱船行箱位总图上某一行箱位横剖面的放大。在该图上可以标注和查取某一特定行所装每一集装箱的详细数据。

1. 封面图

封面图是一份反映集装箱船舶整体装卸计划的图纸，分装箱图和卸箱图两种。一份完整的封面图，至少应反映以下内容。

（1）装卸所用的装卸桥数量，即同时采用几个班组对该船进行装卸作业。

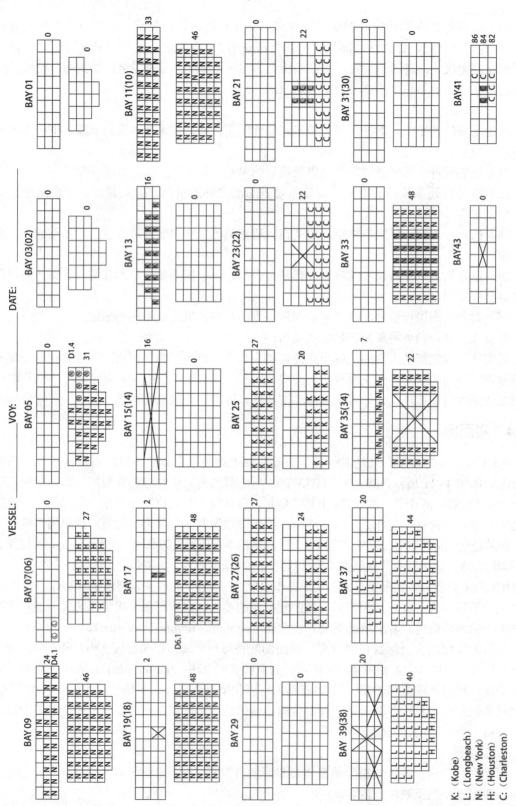

图 4-14 实配封面图

K: （Kobe）
L: （Longbeach）
N: （New York）
H: （Houston）
C: （Charleston）

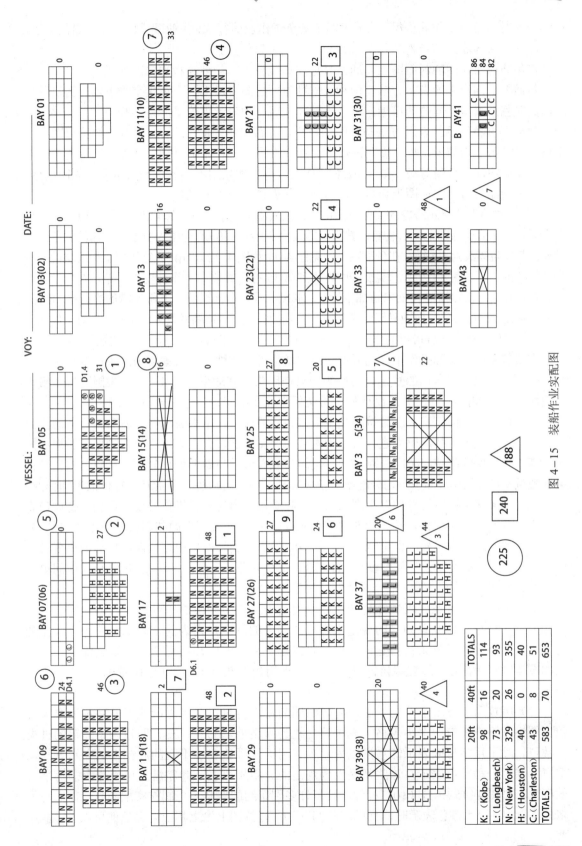

图 4-15　装船作业实配图

（2）对于每一个作业班组，图上表明了其负责作业的行位、作业顺序以及作业量的大小。

（3）反映各集装箱货物的种类、卸箱港以及装载位置。

在集装箱实配图的封面图上，通常只标注集装箱的卸箱港和特殊箱的标记。

封面图上卸箱港的表示方法有两种：一种与预配图一样用一个英文字母表示，另一种用不同的颜色来表示不同的卸箱港。两者比较起来后一种表示更简单清楚一些。

封面图上特殊箱的表示方法与预配图一样，冷藏箱用"R"表示，危险货物箱因图上的箱格内又表示了卸箱港，故一般在该箱格上画一圆圈"O"，圈中再标上代表卸箱港的英文字母，并在旁边注明危险等级，如"D1.4""D6.1"等。如果用不同颜色来表示不同的卸箱港，则可将危险品等级注明在图上箱格内，再涂上代表该卸箱港的颜色。

图4–14为某集装箱班轮的实配封面图，该图采用英文字母表示卸箱港，图中第07行甲板上底层有2个到长滩的危险货物箱，其危险等级为4.1级，第05行舱内有5个到纽约的危险货物箱，其危险等级为1.4级。在预配图中（见图4–11和图4–12），第33行甲板上最底层的6个冷藏集装箱，在如图4–14所示实配图中转移到第35行，并增加1个，变为7个。在图上箱位中的表示方法是在卸箱港N的右边加下标R，即N_R，以表示该箱是一个到N港的冷藏箱。但是，我们也看到，这份实配封面图只反映了集装箱货物的种类、卸箱港以及装载位置，而对于作业班组的安排、作业顺序、各班组的作业量等则没有反映，操作性不强，这是该图的缺陷。

在集装箱码头实际操作中，为方便作业，增强可操作性，各个集装箱码头在编制实配图时，大都会加上一些自己的规定，这些规定只在码头内部适用。图4–15为某国际集装箱码头船舶策划（ship planning）所制作的一份装船作业实配图，该图有以下几个特点。

（1）〇、◇、□、▽、△等符号是不同装卸桥的代号，用来表示符号所在的行位的作业是由该符号所代表的装卸桥来进行。因为集装箱船舶较长，分有许多行位，为保证船期和快速装卸，必须用几部装卸桥同时对其进行装卸作业。通常在做船舶计划时，会将总的集装箱装卸数量（即总的作业量）平均分配给每部装卸桥，每部装卸桥各负责几个行位的装卸作业，于是实配图上使用这些符号加以区别，以免实际操作时出现盲目操作的混乱局面。譬如〇表示位于船首附近的装卸桥，称为"头更（Gang）"，担任"头更"的装卸桥号码不一定是01号，可能是03号、06号，也可能是09号、04号等，具体编排根据船舶所停靠的位置及靠泊方向来决定。从"头更"到"尾更"的符号可依次为〇（头更）、◇（二更）、□（中间更）、▽（四更）、△（尾更）等，根据具体情况来确定。

符号中的数字并不代表装卸桥的号码，而是表示该装卸桥的作业顺序，每一部装卸桥的作业都严格按照作业系列号的规定来进行。符号的规定是人为的，为了方便作业，完全可以用决然不同的符号来代替它们，但一旦确定下来，就应该相互统一，以免混淆不清。比如图4–14中采用三部装卸桥同时作业，分别用〇（头更）、□（中间更）、△（尾更）表示。

（2）用首写字母表示不同的卸箱港，在图的左下角对每个字母所代表的卸箱港做了说明。图中左下方还有一个小表格，表中第一栏为卸箱港，第二、三、四栏为集装箱的种类和数量。除了用字母来表示卸箱港以外，也有用不同颜色表示不同的卸箱港的表示方法，即每一港用一种颜色表示，这些都是人为规定的。用颜色表示卸箱港，可以减少书写字母的麻烦，如图4–15中11（10）行位，装有许多到纽约的集装箱，制作实配图时，需书写很多的字母N，而用颜色表示时，就只需在11（10）行位图上涂上相应的颜色便可以了，非常方便。

（3）每个集装箱行位旁边标注装箱数量或卸箱数量。

（4）图中还注明了每个作业班组的总的作业量，如〇所代表的班，其总的作业量为装载集装箱 225 个；□所代表的班，其总的作业量为装载集装箱 240 个；△班为 188 个。

2. 行箱位图

实配图的封面图只是集装箱船舶装卸作业的总体安排，而具体到每一个行位的装卸怎样进行，则没有说明。譬如图 4-14 中的 09 行位，从图上可以看出，其甲板上和舱内均装载有到纽约港的货物，但就每一个箱位来说，该箱位上装载哪一个集装箱，该集装箱的种类、重量以及该集装箱在码头堆场的位置等，则都没有说明。所以，需要专门绘制行箱位图来加以说明。行箱位图就是一份反映该行位的具体装箱情况的图纸，是码头现场作业的指导文件，行箱位为每个行位一张。图 4-16 为图 4-14 中第 33 行的行箱位图。在行箱位图中应标有如下内容。

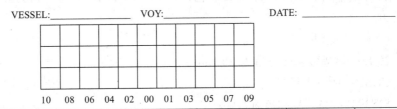

VESSEL:_____ VOY:_____ DATE: _____

10　08　06　04　02　00　01　03　05　07　09

NYK 19.50 COSU5000154 G2901	NYK 19.35 COSU8131754 G2902	NYK 19.35 COSU8129037 G2904	NYK 19.69 ICSU3355394 G2904	NYK20.42 COSU5000160 G3801	NYK20.27 COSU8154385 G3802	NYK 19.87 COSU8231615 G3903	NYK20.06 COSU8201254 G3904
NYK 20.27 COSU8156958 G3905	NYK 19.21 ICSU3787649 G3906	NYK 19.43 ICSU4157217 G3907	NYK 19.67 COSU8178664 G3908	NYK 18.69 HTMU8039953 G3909	NYK 18.72 COSU8013469 G3910	NYK 20.33 COSU0117550 G3911	NYK 20.06 COSU8075650 G3912
NYK 20.19 COSU8023169 G3913	NYK 20.05 COSU8035973 G3914	NYK 20.24 COSU8175069 G3915	NYK 19.96 HTMU8038319 G3916	NYK 18.69 HTMU8047780 G3909	NYK 20.15 COSU8183932 G3918	NYK 19.92 IEAU2353700 G3919	NYK19.95 GSTU4557788 G3920
NYK 19.48 HTMU8058207 T2501	NYK 17.60 COSU8210621 T2502	NYK19.53 TOLU2722771 T2503	NYK19.91 COSU8028833 T2504	NYK17.18 COSU8011419 T2505	NYK19.32 COSU8157511 T2506	NYK19.30 COSU5022908 T2507	NYK19.91 CTIU3404773 T2508
NYK19.62 COSU3116770 T2509	NYK19.51 COSU8092869 T2510	NYK17.12 COSU8233191 T2511	NYK18.51 COSU8101739 T2512	NYK19.18 COSU8190540 T2513	NYK19.12 COSU8199883 T2514	NYK18.09 COSU5037641 T2515	NYK19.35 COSU8139164 T2508
NYK19.70 ICSU4395750 T2517	NYK19.34 COSU5034025 T2518	NYK19.43 COSU5021199 T2519	NYK18.86 COSU8219906 T2520	NYK18.90 COSU8143483 T2521	NYK19.61 COSU8208922 T2522	NYK19.51 COSU8095683 T2523	NYK19.52 COSU8230757 T2524

08　　06　　04　　02　　01　　03　　05　　07

图 4-16　行箱位图

1）集装箱的卸箱港和装箱港

表示方法一般为卸箱港在前，装箱港在后，中间用"×"（符号）隔开，例如NYK×SHA。也有的只标注卸箱港，不标注装箱港。卸箱港和装箱港用3个英文字母代号表示（但有的港口却只标两个英文字母），此代号表示方法借用国际航空港标准代码，不另订标准，如上海港以"SHA"标注。

2）集装箱总重

集装箱总重包括货物重量和空箱重量，单位"t"通常省略。例如19.32。

3）集装箱箱号

集装箱箱号由所有者代号、系列号和核对数字等共11位代码组成。例如COSU2001373。

4）集装箱在堆场上的箱位号

堆场箱位号表示该集装箱在堆场上的位置，实际装船时，理货员按照行箱位图的指示，告诉拖车司机到什么位置去取箱。例如，图4–16中的"340308"箱位，其集装箱的情况为：

NYK：卸箱港纽约；

20.15：该集装箱的总重为20.15 t；

COSU：所有者代号；

8183932：系列号和核对数字；

G3918：堆场上的箱位号。

5）特殊箱的标注

（1）危险货物箱：应在箱位小方格内，标注危险货物的国际危规等级。标注的方法目前尚未统一，如国际危规3.1级的危险货物，有的港口标为"IMDG3.1"，有的港口标为"D3.1"；有的港口标为"H3.1"；有的港口标为"IMC03.1"。

（2）冷藏箱。应在箱位小方格内，标注该箱的特征代码和温度要求。通常有两种标法：一种是以英文字母R后跟随温度要求，如"R–18"表示该冷藏箱的运输温度，应不高于零下18摄氏度，"R+2+4"表示该冷藏箱的运输温度，应保持在2～4℃之间；另一种是以英文字母T后跟温度要求。

（3）超宽箱。应根据超宽的部位，在箱位小方格的左边或右边或两边标注超宽的符号"＞""＜"，并在符号旁加注超宽的尺寸。

（4）超高箱。在箱位小方格的上方标注超高符号"∧"，并在符号旁加注超高的尺寸。如图4–17所示。

（a）超高表示方法　　　（b）左超宽表示方法　　　（c）右超宽表示方法

图4–17　超限箱表示

（5）选港箱。在箱位小方格内标注上所选港的港名代码。

（6）空箱。没有装货的集装箱，应在箱位小方格内注上英文字母 E 或 EM。

3. 实配图的审核

集装箱船舶的船长和大副了解航线状况、本船航次油水的配置与消耗、船舶的装载特性、途中各挂靠港的作业特点等细节内容，并对船舶和集装箱的运输安全负责。因此，集装箱实配图编制完毕后，在装船前应送给船长或大副做全面审核。经船方审核确认后，方可通知装卸工班，按实配图进行集装箱的装船作业。如船长和大副对实配图有修改，则应按修改后的实配图进行装船作业。

实配图的审核内容，和预配图相同，这里不再赘述。

4.3.5　最终积载图

集装箱船实配积载计划在装箱过程中会根据需要做一些修改。当集装箱装船结束后，由船舶的理货员根据船舶实际装载的集装箱，以及每只集装箱在船舶上的箱位，编制出集装箱积载图。大副负责进行实际装载条件下船舶稳性、船体受力、吃水和吃水差的核算。为了与预配图和实配图相区别，通常称这种积载图为最终积载图（final bay plan）或主积载图（master plan）。

最终积载图反映集装箱船舶实际装卸情况的最终结果，是下一挂靠港集装箱卸船和加载集装箱配载的根据，也是计算集装箱船舶的稳性、吃水差和强度的依据。

集装箱船最终配积载图通常包括集装箱最终封面图、最终行箱位图、稳性及吃水差计算表及集装箱装船统计表等内容。

1. 最终封面图和最终行箱位图

最终封面图和最终行箱位图标注格式及内容与实配封面图、实配行箱位图基本相同，只是实配行箱位图中堆场箱位号改为装船后集装箱箱位号（见图 4-18）。最终配积载文件中行箱位总图和各行箱位图应当由船舶代理通过某种通信手段送交船舶各有关的挂靠港，它是港口有关部门编制船舶中途卸箱或加载计划的主要依据。

2. 装船统计表

集装箱装船统计表用于统计实船装载的不同装箱港和卸箱港、不同箱状态（重箱、空箱、冷藏箱和危险货物箱）、不同箱型（20 ft 和 40 ft 箱）的数量和重量，以及各卸箱港和航次装船集装箱的合计数量和重量，如表 4-3 所示。统计表中包括下列内容。

（1）装箱港、卸箱港和选港箱。

（2）集装箱状态：分重箱、空箱、冷藏箱、危险货物箱以及其他特种箱。

（3）箱型：分 20 ft 和 40 ft。

（4）数量和重量的小计和总计。

VESSEL:________ VOY:________ DATE:________

351088	350888	350688	350488	350288	350088	350188	350388	350588	350788	350988
351086	350886	COSU8134157 19.7 350686	COSU8231500 19.1 350486	COSU8226870 12.4 350286	COSU8237638 12.7 350086	TOLU2886287 10.4 350186	ICSU3063290 14.5 350386	HTMU8057089 9.5 350586	CTIU0341780 12.7 350786	UFCU3962201 25 350986
ICSU4223047 19.5 351084	ICSU4020857 19.2 350884	COSU8236930 20.0 350684	HTMU5006278 19.6 350484	COSU8212049 20.0 350284	CTIU2291923 16.9 350084	ICSU3725204 20.0 350184	IEAU2166680 19.2 350384	TOLU2623275 19.2 350584	ICSU3336250 20.9 350784	TOLU2786272 17.4 350984
COSU8225431 17.3 351082	CTIU1518777 19.6 350882	IETU2016838 19.1 350682	COSU8232359 18.9 350482	COSU8195548 19.4 350282	TOLU2662292 20.0 350082	COSU8237155 15.8 350182	COSU8226280 17.0 350382	ICSU4009919 19.4 350582	COSU8089124 19.60 350782	COSU8239158 15.8 350982

CHS/KOB	COSU8151621 19.4 350812	HTMO8055960 19.1 350612	COSU8149835 19.4 350412	350212
CHS/KOB	COSU8097541 19.2 350810	TOLU2624348 17.9 350610	ICSU3843260 20.0 350416	350210
CHS/KOB	ICSU3170111 19.4 350808	COSU8089802 19.3 350608	UFCU3757275 19.3 350408	350208
CHS/KOB	COSU8072667 18.4 350806	COSU8018882 18.5 350606	COSU8028345 18.5 350406	350206
CHS/SHA	COSU8173678 6.5 350804	COSU8215916 6.3 350604	COSU5023102 15.7 350404	ICSU3897097 18.2 350204
CHS/SHA		COSU8229550 12.1 350602	ICSU9053992 19.9 350402	HTMU8048739 20.4 350202

	350112	350312	350512	350712
	350110	350310	350510	350710
CHS/KOB	350108	COSU5028280 19.3 350308	UFCU3770317 19.3 350508	COSU8236879 19.3 350708
CHS/KOB	350106	ICSU4013924 18.6 350306	UFCU3990836 19.6 350506	COSU2830510 17.2 350706
CHS/SHA	UFCU3602997 15.6 350104	COSU8195511 11.9 350304	TOLU8430450 10.6 350504	TOLU8451160 16.7 350704
CHS/SHA	COSU8236415 19.6 350102	TOLU2818750 19.9 350302	COSU8087034 13.9 350502	

DEST	No.OF CONT
88	
86	136.0
84	211.9
82	201.9
12	57.9
10	57.1
08	115.9
06	110.8
04	101.5
02	105.8
TOTAL	1098.8

图 4-18 最终行箱位图

表 4-3　某轮某航次装船统计表

船名：×××　　　　　　　　　　航次：×××　　　　　　　　日期：×年×月×日

装箱港	集装箱类别、箱量及重量		卸货（箱）港								TOTAL		OPTION
			LONG BEACH		NEW YORK		CHARLESTON		HOUSTON				
			20 ft	40 ft	20 ft	40 ft	20 ft	40 ft	20 ft	40 ft	20 ft	40 ft	40 ft
SHANGHAI	FULL 重箱	箱量 个	35	4	105	29	28	5	36	2	204	40	
		重量 t	582.1	66.4	1 980	410.6	419.8	92.3	584.8	15.6	3 566.7	584.9	
	REEFER 冷藏箱	箱量 个	4								4		
		重量 t	68.7								68.7		
	DANGEROUS 危险货物箱	箱量 个			12		3				15		
		重量 t			186.5		39.7				226.2		
	EMPTY 空箱	箱量 个			12	8					12	8	22
		重量 t			27.6	28.8					27.6	28.8	76.8
KOBE	FULL 重箱	箱量 个	145	76	329	138	58	55	21	19	553	288	
		重量 t	2 239	1 212	5 468	1 964	1 017	753	379	221.4	9 103	4 150.4	
	REEFER 冷藏箱	箱量 个											
		重量 t											
	DANGEROUS 危险货物箱	箱量 个	1		12	1	3		2		18	1	
		重量 t	20.4		215.5	20.2	57.6		30.9		324.4	20.2	
	EMPTY 空箱	箱量 个											
		重量 t											
TOTAL 总计	CONTAINER 箱量/个		185	80	470	176	92	60	59	21	806	337	22
	WEIGHT 重量/t		2 910.2	1 278.4	7 877.6	2 423.6	1 534.1	845.3	994.7	237	13 316.6	4 784.3	76.8
GROSS TOTAL 总重量/t			4 188.6		10 301.2		2 379.4		1 231.7		18 100.9		76.8

举例说明：

（1）从表 4-3 中可见，由上海装船到各港的重箱，20 ft 有 204 个，重量总计 3 566.7 t，40 ft 有 40 个，重量总计 584.9 t；冷藏箱 20 ft 有 4 个，重量总计 68.7 t；危险货物箱 20 ft 有 15 个，重量总计 226.2 t；空箱 20 ft 有 12 个，重量总计 27.6 t，40 ft 有 8 个，重量总计 28.8 t。

（2）由神户装船到各港的重箱，20 ft 有 553 个，重量总计 9 103 t；40 ft 有 288 T，重量总计 4 150.4 t。危险货物箱 20 ft 有 18 个，重量总计 324.4 t；40 ft 有 1 个，重量总计 20.2 t。

（3）此表是在神户港装船完毕后编制的，上海到神户的集装箱在神户港已卸下，因此表中已扣除。

（4）船上装载的总箱量：20 ft 有 806 个，总重量为 13 316.6 t，40 ft 有 337 个，总重量为 4 784.3 t，合计为 18 100.9 t。此外尚有 22 个 40 ft 选港箱，总重量为 76.8 t。

3. 稳性和吃水差的计算

1）稳性的计算

船舶稳性的计算公式为：

$$GM = KM - KG \qquad (4-1)$$

式中：GM——船舶初稳性高度（m）；

　　　KM——船舶稳心高度（m）；

　　　KG——船舶重心高度（m）。

式中的 KM 可根据配载后船舶的排水量在稳性计算书中直接查取，而 KG 则需要根据配载的实际情况计算。集装箱船舶的重量包括空船重量、常数、燃油重量、压载水及淡水重量、船员粮食重量以及所装运的集装箱重量，前面几项重量通常由船方给出，而集装箱重量由于每次配载装运不同需要重新计算。在计算出上述各项重量后，可根据船舶资料计算出全船总的垂向力矩，继而计算全船的重心高度即 KG，最后按稳性计算公式求出 GM。

2）吃水差的计算

船舶的吃水通常计算三个数据，即吃水差（TRIM）、首吃水（F.DRAFT）和尾吃水（A.DRAFT）。

（1）吃水差（TRIM）的计算。

公式为：

$$TRIM = \frac{(DISP \times LCB - LMT)}{MTC} \qquad (4-2)$$

式中：DISP——船舶排水量（t），即船方给出的各项重量与所配的集装箱重量之和，由配载人员计算；

　　　LCB——船舶浮心距尾柱的水平位置（m），根据排水量查取；

　　　LMT——船舶总的纵向力矩（t·m），根据船舶各项重量包括集装箱重量在船舶的前后分布，由配载人员计算；

　　　MTC——船舶每米纵倾力矩（t·m/m），根据排水量查取。

（2）艏吃水（F.DRAFT）的计算。

公式为：

$$F.DRAFT = DRAFT + \frac{TRIM \times LCF}{LBP} - TRIM \qquad (4-3)$$

式中：DRAFT——船舶平均吃水（m），根据排水量查取；

　　　LCF——船舶漂心距尾柱的水平距离（m），根据排水量查取；

　　　LBP——船舶两柱间长（m），由船舶资料给出。

（3）艉吃水（A.DRAFT）的计算。

公式为：

$$A.DRAFT = DRAFT + \frac{TRIM \times LCF}{LBP} \tag{4-4}$$

3）稳性和吃水差计算举例

下面以 MILD UNIN VOY 0226E 航次为例，说明稳性和吃水差的计算。在手工计算方式下，通常列表计算。

（1）GM 的计算。根据表 4-4 的计算，该航次的排水量 DISP=9 904.56 t，垂向力矩 V-MT=68 506.8 t·m，查该船的稳性吃水差计算书得稳心高度：

$$KM = 7.52 \ (m)$$

根据合力矩定律，该船的重心高度

$$KG = \frac{V\text{-}MT}{DISP} = \frac{68\,506.8}{9\,904.56} \approx 6.92 \ (m)$$

所以，GM=KM−KG=7.52−6.92=0.60（m）

该船的自由液面力矩 I_p =990.456（t·m）

所以，$GG_0 = I_p / DISP$ =990.456 / 9 904.56=0.10（m）

所以，该船经自由液面修正后的初稳性高度：

$$G_0M = GM - GG_0 = 0.60 - 0.10 = 0.50 \ (m)$$

（2）吃水差的计算。

该船两柱间长 LBP=106.28 m，根据该船的排水量 DISP=9 904.56 t，查该船的稳性、吃水差计算书得：

每米纵倾力矩 MTC=10 251（t·m）

浮心距 LCB=54.75（m）

漂心距 LCF=52.56（m）

平均吃水 DRAFT=6.86（m）

① 吃水差 $TRIM = \dfrac{DISP \times LCB - L\text{-}MT}{MTC}$

$$= \frac{9\,904.5 \times 54.75 - 528\,065.16}{10\,251}$$

$$= 1.39 \ (m)$$

② 艏吃水 $F.DRAFT = DRAFT + \dfrac{TRIM \times LCF}{LBP} - TRIM$

$$= 6.86 + \frac{1.39 \times 52.56}{106.28} - 1.39$$

$$= 6.16 \ (m)$$

③ 艉吃水 A.DRAFT=DRAFT+$\dfrac{\text{TRIM}\times\text{LCF}}{\text{LBP}}$

$$=6.86+\dfrac{1.39\times52.56}{106.28}$$

$$=7.55 \text{ (m)}$$

表 4-4　稳性吃水差计算表

MILD UNIN VOY 0226E 稳性吃水差计算表

BAY	WEIGHT	CARGO	MOMENTS	
		V-MT	LCG	L-MT
1	158	1 900.979 9	92.23	14 572.34
2	144.56	1 452.02	89.16	12 888.97
3	232	2 214.9	86.09	19 972.88
5	24	392.839	79.51	1 908.24
6	402	3 662.011	76.44	30 728.88
7	55	441.33	73.37	4 035.35
9	102	754.61	67.14	6 848.28
10	182	3 488.33	60.91	11 085.62
11	234	691.89	57.85	13 536.90
13	171	1 456.872	54.77	9 365.67
14	156	1 418.598	48.19	7 517.64
15	216	1 195.6	45.11	9 743.76
17	181	1 213.52	42.05	7 611.05
18	147	1 609.55	35.47	5 214.09
19	292	1 505.240 1	32.40	9 460.80
21	105	123.675	29.34	3 080.70
22	0	1 159.875	2.097	0
23	73	96.63	−0.10	−7.3
25	6	1 131.57	−3.16	−18.96
CARGO	2 880.56	27 082.59		167 544.91

MILD UNIN VOY 0226E 稳性吃水差计算表

BAY	WEIGHT	CARGO MOMENTS			
		V-MT	LCG	L-MT	
LIGHT SHIP CONSTANT	3 763 227	28 551 2 927		184 297 3 870	I_p
TOTAL	3 990.0	31 478.0		188 149.00	
TANK	3 034.0	9 946.21		172 371.25	990.456
C.TOTAL	9 904.56	68 506.8		528 065.16	990.456

4.3.6　集装箱船舶的倒箱

装或卸一个集装箱各需要一个起吊动作，若是倒箱操作，则需要一次卸下和一次装上两个动作。翻倒箱由于直接增加了机械设备和人工操作的工作量，成为影响集装箱作业效率的一个重要因素。

1. 什么是倒箱

倒箱是船舶配载必须解决的问题，倒箱产生的原因与集装箱船的结构、多港挂靠的要求及船舶的稳性要求等有关。在某行位中的一个垂直的列中，集装箱只能从该列的垂直方向存取。如果需要卸载以当前港为目的港的一个集装箱，而该集装箱上面堆放有以后续港为目的港的箱子，那么就必须先卸下后面港口的集装箱，才能将当前港的集装箱取出，然后再把刚才卸下的后面港的集装箱装在船上，这就是所谓的倒箱，倒箱也可以称为揭箱或倒柜。

倒箱操作使岸边重设备不得不增加工作时间来完成集装箱的顺利装卸，这就导致船舶在港口的停泊时间变长，增加靠泊费用。如果停靠时间太长还可能导致延误班期，增加延期费用。虽然倒箱一定程度不可避免，但如果配载方案好的话，可以最大限度地减少倒箱量。因此，如何有效地减少倒箱越来越受到各集装箱堆场和码头的关注。

2. 倒箱产生的原因

导致倒箱的主要原因有以下几点。①大型集装箱船舶载箱量大，航行沿线挂靠港口多，频繁在沿线港口装卸箱，倒箱难以避免。②在中间挂靠港，每个码头配载人员为了最大限度地减少倒箱量，会根据经验确定发箱顺序，对一些集装箱的位置进行调整，但大多数时候缺乏对整个装船作业的全局考虑，只减少了当前港的倒箱操作，没能从根本上减少整个航线上的倒箱操作，不合理的落箱位置可能造成后续港口的二次倒箱，甚至多次倒箱。③为满足船舶稳性、强度与吃水等要求产生的倒箱。一般情况下，集装箱船舶配载引起的倒箱是不可避免的，但有效的配载计划可以减少倒箱的数量，使配载计划不产生倒箱操作，是配载员在配载过程中主要考虑的问题之一。

3. 关于倒箱的操作

倒箱作业增加了集装箱运输成本，延长了船舶在港时间。如果倒箱发生在甲板下，则代价更大，因为要卸下甲板上部分集装箱，并打开舱盖才能取到要卸的箱子。如图 4-19 所示，假设某航次有三个挂靠港 W、Y、Z，只有一个行位装卸集装箱，W 作为始发港，将要发到 Y 港和 Z 港的箱子都装在这一个行位里，因为考虑到船舶稳性，到 Y 港的箱子都是重箱，而到 Z 港的箱子数量多而且重量轻，所以在装船的时候将几个 Y 港的箱子装载到比较低的层位，在 Z 港箱子之下，当该船到达 Y 港时卸下到 Y 港的集装箱，在 Z 港箱子下的几个 Y 港箱子也需要被卸载，这时就需要将压在上面的 Z 港箱子先卸下，等 Y 港箱子卸载完后再同其他要装载的箱子一并装回行位中，这就是倒箱的一种情况。

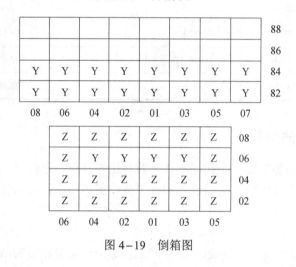

图 4-19　倒箱图

4.3.7　重大件货物的积载

重大件货物指重量或尺寸超过最大集装箱标准的货物。它的特点是重量大或体积大，或两者兼而有之。由于这类货物不能先装上集装箱，然后通过装卸桥再将其装船，故集装箱船舶在运输这些重大件货物时，要根据这些货物的特性、重量、体积和形状等来合理地积载，为保证船舶积载的科学合理，应考虑下列几种情况。

1. 位置的选择

集装箱船舶承运重大件货物时，应首先考虑其安全，其次在积载配位时应尽量少占箱位。

重大件货物的积载，应先根据货物的要求，确定其配在舱内还是配在甲板上。如果配于舱内，为了减少箱位的损失，通常不会直接配于舱内的底部，而是在舱内其他集装箱的上部加上一只或数只平台箱或台架箱，再将重大件货物吊装到平台箱或台架箱上。如果配于甲板上，可根据需要，将重大件货物直接配于甲板上，也可以在甲板上或其他集装箱上先放一只或数只平台箱或台架箱，然后再将重大件货物吊装到平台箱或台架箱上。

为了配好重大件货物的位置，可根据集装箱船舶的总布置图，按重大件货物的特性、体积、重量和形状（必要时可按总布置图的比例，将重大件货物的平面图剪成纸型）在图上找出最佳的装载位置。

位置确定后，应考虑在此位置上是否要用平台箱或台架箱；如果用，需要用多少只。

2. 局部强度和堆积负荷

如果将重大件货物直接配于甲板上，应计算是否能保证受力部分的局部强度。如果能保证，应将重大件货物的受力点，尽可能地选择在集装箱底角件的甲板底座上，因为集装箱底角件甲板底座是船体的结构加强部分。

当重大件货物通过平台箱或台架箱，装于其他集装箱上面时，首先，应确定这些平台箱或台架箱的负荷能否承载重大件货物，其次，应核算每列的堆积负荷是否在允许的范围之内。

3. 装卸重大件货物的起吊点

集装箱船舶在承运重大件货物时，应确定重大件货物能不能使用码头上的集装箱装卸桥或船上的起吊设备来进行装卸，应想方设法使用装卸桥或船吊来装卸重大货物，如果重大件货物的重量超过装卸桥或船吊的负荷，应通过与货主协商，将重大件货物适当地分解，使其重量能使用装卸桥或船吊来进行装卸。这样不仅可减少租用其他装卸设备的大量费用，而且还能保证装卸作业的安全性和连续性，减少装卸作业的时间。

不论使用何种设备来装卸重大件货物，均应要求货主在重大件货物上提供足够安全的起吊点，并要求货主在这些起吊点上，按照国际规定进行标注，对一些重大件货物根据装卸的需要，必要时还要求货主提供专用的吊架。

4. 重大件货物的绑扎

集装箱船舶由于现代化程度高，船员少，加上集装箱堆积高度高，集装箱之间的空隙小，因此在航行中对重大件货物的检查和绑扎加固比较困难。因此在装船时，对重大件货物的绑扎，应非常认真和符合要求。在绑扎过程中，应严格检查，千万不能疏忽。否则，后果不堪设想。

4.3.8　最后一港的集装箱预配

前面讲述了集装箱船舶积载的全过程，但在实践中，集装箱船舶航次装箱港中，前面几港的积载较易掌握和调整，出现问题后，调整和弥补的余地也较大，而最后一个装箱港则必须把好关，特别是当船舶预计的装箱量和箱重量接近船舶的额定箱位或控制重量时，更应该严格把关。否则可能造成装船后，船舶稳性不足不适航，或满足了稳性而出现吃水差或强度不佳的状态。通常最后一港的积载应注意以下几点。

1. 剩余箱位的预配审核

最后一港代理如果能较早地提供订舱的箱量和各箱的箱重，这是最好处理的情况。只要在最后第二港的实配图编出后，在其剩余的箱位上，按卸箱港将最后一港的订舱箱配上，并填好箱重。随即可进行稳性、吃水差和强度等的校核，调整。根据校核情况如要减少订舱箱量或还有剩余箱位，均可通知最后一港代理，以便其控制订舱量。

2. 剩余箱位的总重量限制

如果最后一港的代理只能提前提供一个订舱的箱量和一个经验平均箱重量，再加上这些箱量和箱重量已接近或超过本船的箱量和载重量的控制数，在最后第二港的实配图编出来后，可在这张图的剩余箱位上将最后一港的订舱箱配上，然后用代理提供的经验平均箱重量，或少于平均箱重的重量，或多于平均箱重的重量，求得一个能满足船舶安全适航的平均箱重量，从而得出最后一港的限制总重量。在船舶抵最后一港装箱前，将代理提供的箱量和箱的总重量和预配求得的限制总重量比较，即可判断出能否接受或须再进一步校核。

3. 分层重量限制

当留给最后一港的剩余箱位和控制重量均不大时，为充分满足最后一港集装箱订舱的需要，可在最后第二港的实配图剩余箱位上给予分层，用不同层不同重量的方法，求得一个船舱安全适航的允许分层重量。例如：

82 层　余箱位 50 TEU　可配重量 750 t

84 层　余箱位 50 TEU　可配重量 650 t

86 层　余箱位 90 TEU　可配重量 950 t

通知最后一港代理，以便其在接受订舱时有选择地接受要求订舱的集装箱。

4.4　集装箱船舶运行组织

由于集装箱运输投资大，固定成本高，市场竞争激烈，投资风险大，因此船公司组织集装箱船舶运行时，应做好集装箱船舶运行组织工作，进行投资风险分析，做好市场预测，做到精心组织、科学调配船舶和管理，以提高船舶运输效率和企业经济效益。

集装箱船舶运行组织主要内容包括航线配箱、航线配船、确定基本港和编制船期表等。由于航线配箱的内容在其他章节介绍，本节主要介绍以下三方面的内容。

4.4.1　航线配船

航线配船就是研究集装箱船舶在各航线上的合理配置问题，即在集装箱运输航线上如何最合理地配置船型、船舶规模及其数量，使其不仅满足每条航线的技术、营运方面的要求，而且能使船公司获得良好的经济效益。

1. 航线配船的影响因素

影响集装箱班轮航线配船的因素包括运输需求量、航线距离、船舶航速等。

1）运输需求量

运输需求量指每条航线上港口间所产生的货量。相邻两港间需要承运的箱量包括前序所有港口运往该港口及后续港口产生的所有箱量。例如，对于一个有 m 个港口的班轮航线，当船正向行驶时，第 i、第 $i+1$ 个港口（标号 i，$i+1$）之间的承运箱量为该航段之前港口（标号 1，…，i）分别到该航段之后港口（标号 $i+1$，…，m）的集装箱数量之和。数量关系式如下：

$$Q_{i,i+1}=q_{1,i+1}+\cdots+q_{1,m}+q_{2,i+1}+\cdots+q_{2,m}+\cdots+q_{i,i+1}+\cdots+q_{i,m} \qquad (4-5)$$

假如 $m=5$，$i=3$，则有：$Q_{34}=q_{14}+q_{15}+q_{24}+q_{25}+q_{34}+q_{35}$

式中：$Q_{i,i+1}$——船舶在航段 i，$i+1$ 段间需要承载的货量；

$q_{1,i+1}$、$q_{1,m}$、$q_{2,i+1}$、$q_{2,m}$、$q_{i,i+1}$、$q_{i,m}$——从前面的港口到后面港口的集装箱运输需求量。

另外，航段上的集装箱需求量影响不同航线上所配备的船型。当航线上集装箱需求量大时，需要配备大型的船舶；相对小型的船舶则应该配备在运量较少的航线上，从而保证船舶的高载箱率。在解决实际问题时，可以根据该理论初步预测各航段的运量，并依据航段的加权平均运量或者最大运量筛选出各航线应配备的船型。

2）航线距离

实际业务中应根据船舶状况，航行地区的气象、水文地理及航行任务等因素拟订具体航线。航线距离指的是航迹线的长度，是决定航行时间的因素之一。例如航海气象状况恶劣、航线较长，则配备船舶的性能应较高，一般只有配备大型船只才能满足此种状况的要求。另外，为了保障船公司服务质量，长距离航线应投入较多数量的船舶。

3）船舶航速

根据造船方要求，设计集装箱船时依据船型的条件，选取特定功率的主机可以使出厂船舶有设计航速。船舶投入运营后，为达到最佳营运状态，在航行中使用不同航速，但始终介于最低航速与最高航速之间。主机保持稳定转速下的最低航速和主机额定功率所能达到的最大速度分别指最低航速和最高航速，最低航速通常是最高航速的30%。

集装箱班轮航线配船问题在两个方面受船舶航速的影响。第一，在某条航线上船舶航行速度越快，航次往返时间和船舶在航线上的周转时间越短。这样，减少航线上配备的船舶数量也能满足该航线上的货运需求，保证服务质量。另外，船速提高导致船舶燃油消耗量增加，船舶航速与其燃油消耗量之间的关系是：燃油消耗量随着航速的增加而呈现指数增长；燃油消耗量在航速超过一定范围后急剧增加。船舶营运成本中燃油成本所占的比重由于轻重油价差的增大和国际燃油价格的不断攀升而不断增大，甚至能占到船舶营运成本的50%左右。由此可知，船速的提高虽然能够加快发班频率，缩短航次时间，但运营成本也随之增加，所以船舶在航线上运营必定存在最优航速。对于单只船舶，在特定航线上保持最优航速航行才能实现其经济性，并且为使班轮公司效益最大，应该对整个船队的收益进行整体优化。

2. 航线配船应遵循的基本原则

1）船舶与货源状况相适应

所配备的集装箱船舶的技术性能和营运性能应与航线上的货源种类、流向、流量相适应。因此，在进行航线配船之前，船公司应对与航线有关的情况进行经济调查和运输市场分析，了解和掌握适箱货源及市场竞争情况。

2）船舶与港口条件相适应

集装箱船舶的尺度性能要适应航道水深、泊位水深；集装箱船舶的结构性能、装卸性能及船舶设备等应满足港口装卸条件的要求等。

3）船舶与航行条件相适应

船舶的尺度性能应与航线水深、船闸尺度、桥梁或过江电线净空高度等相适应；船舶的航行性能应与航线航行条件相适应。

4）遵循"大线配大船"的原则

在适箱货源充足，且港口现代化水平高的集装箱航线上，配置大吨位全集装箱船是最经济合理的；而在集装箱箱管现代化程度不高，集装箱货源较少，或处于集装箱运输发展初期的航线上，则宜使用中小型半集装箱船或多用途船。

5）处理好船舶规模、船舶数量与航行班次、航线货运量、挂靠港数目以及船舶航速之间的关系

在货运量一定的情况下，发船间隔越大，航行班次越少，船舶数越少，船舶规模则越大；在发船间隔或航行班次一定的情况下，船舶规模与货运量成正比，即货运量越大，船舶规模也越大；在货运量和发船间隔一定的情况下，船舶规模与往返航次的时间和船舶数有关，即船舶规模与往返航次时间成正比，与船舶数量成反比；当船舶数量和挂靠港数目不变时，航线上船舶航速越高，往返航次时间越短，船舶规模越小。

在以上各种因素中，船舶航速、航行班次、挂靠港数目以及航线货运量是自变量，船舶规模与船舶数量是因变量，二者之间呈函数关系，这就存在着一定条件下满足航线运输需求的各种最低限度的数量组合。在航行条件一定的情况下，通过改变船舶航速及船舶数量，都

可具有相同的运输能力，完成相同的货运量。应该看到，由于船舶航速的提高，可以减少船舶数量，从而减少船舶投资。但是，由于船舶航速的提高，船舶航行燃料费用必然大大增加，这将明显提高船舶运输成本，从而影响企业经济效益。所以，应通过航线经济论证后，确定最佳的船舶航速及船舶数量。

应该指出，以上的分析是在假定其他条件不变的情况下，船舶数量与航速之间的函数关系，如果条件变化，情况就更复杂了。当船舶载箱量增加时，则船舶单位运输成本降低，这必须在航线适箱货源充足及港口装卸效率能满足的条件下才能实现。否则，增加船舶载箱量，造成箱位利用率大幅度降低，其结果反而使单位运输成本提高。可见，在航线配船时，应经过综合分析论证。

对于规模较小的班轮公司来讲，航线、船型比较单一，基本上无须考虑运用系统分析模型进行航线运行组织优化。然而，如果班轮公司经营的航线较多，船队规模也较大，航线决策所需考虑的因素较多，也较复杂，就需要借助系统分析模型进行优化决策，这是因为在航线和船型较多的情况下，作为配选的可行方案数量很多，欲确定最佳方案比较困难，通过优化模型则可在复杂情况下获得正确的结论。

4.4.2　确定基本港

集装箱航线基本港的选择和确定，是集装箱船舶运行组织的重要问题。所谓基本港指班轮定期挂靠，港口设备现代化程度较高，进出口贸易量及海运需求较大，具有相当规模的港口。对于不同的班轮公司及航线，其基本港的确定也不同。

航线挂港数的确定指基本港的确定，基本港的数量关系到承揽航线港口货运量的多少及船舶往返航次时间的长短。对于货源充足的航线，船舶规模越大，挂靠港数目应越少；对于货源不是很充足的航线，为了提高船舶载箱量利用率，也可适当增加挂靠港口，以提高船公司经济效益。通常情况下，考虑到运输成本和航线的竞争力，在确定基本港时，应考虑以下因素。

1. 地理因素

基本港的地理位置应处于集装箱航线上或离航线不远处。同时，为了便于开展支线运输，还应考虑基本港与其附近港口之间的地理位置，以及是否便于与内陆运输相连接，有利于开展国际集装箱多式联运。

2. 货源因素

运输货当先，货源是否充足和稳定，是选择和确定航线基本港的前提条件和重要因素。因此，航线基本港理所当然地设置在货源较集中的港口，这样可减少集装箱的转运成本，提高发船密度，有利于加速船舶周转，提高运输效率。同时，基本港要有大城市作依托，应优先考虑货源集中的沿海大城市作为基本港。

3. 港口因素

港口因素主要是指港口的自然条件、装卸设施及装卸效率、港口的集疏运条件等。港口的自然条件是一个极其重要的因素。港口必须具备和满足大型集装箱船舶靠泊及装卸作业的要求。应具备船舶吃水所必需的泊位水深、船舶靠泊所需的泊位长度，应具备集装箱船舶所必需的进港航道的水深和尺度，应具备足够的陆域等。

港口装卸设施及装卸效率应能满足集装箱船舶装卸作业的要求，应具有高效率的集装箱装卸工艺系统和装卸机械，应具有满足集装箱进、出口需要堆存的堆场容量和堆存能力。

港口的集疏运条件主要是指支线和内陆的集疏运能力。一个良好功能的基本港，应拥有多渠道的集疏运系统，包括铁路、公路和水路，依靠这些集疏运系统，可与内陆广大腹地相连，实现集装箱集疏运的高速化，有效地解决港口堵塞，加速车、船、箱的周转，提高集装箱运输系统的综合效率和经济效益。

4. 其他因素

一个良好的基本港应具有高度发达的金融、保险、服务设施等行业和部门，以满足集装箱运输的要求。

根据以上各个基本因素，经综合分析和论证后确定航线基本港。

4.4.3 编制船期表

制定集装箱班轮船期表是集装箱运输营运组织工作的又一项重要内容。

1. 船期表的作用

公司制定并公布船期表有多方面的作用。首先，利于船公司及其代理揽货，便于货主了解货运市场及服务，提高运输服务水平；其次，有利于船舶、港口和货物及时衔接，缩短船舶挂港时间，提高港口作业效率；最后，利于支线船舶的经营，提高航运服务水平。

船期表通常以月作为发布周期，本月底发布下一个月的船期表。

集装箱班轮船期表的主要内容包括：航线编号、船舶名称、航次编号、挂靠港名（始发港、中途港、终点港）、到达和驶离各港时间；其他有关的注意事项等（如表 4-5 所示）。各集装箱运输公司根据具体情况，编制公布的船期表略有差异。

表 4-5 上海到鹿特丹航线船期表

ID	航线	船名	航次	截关时间	装箱港	预计离港时间	卸箱港	预计抵达时间	可提货时间	在途时间
1	HPSX	HANJIN PARIS	0091E	Jan 12, 2020 09:00	Shanghai	Feb 15, 2020	Long Beach	Feb 26, 2020	Mar 10, 2020	23
2	AWE2	HS BERLIOZ	017E	Jan 17, 2020 05:00	Shanghai	Jan 19, 2020	New York	Feb 14, 2020	Feb 16, 2020	26
3	PSW4	YM PLUM	072E	Jan 17, 2020 17:00	Shanghai	Jan 20, 2020	Los Angeles	Feb 02, 2020	Feb 13, 2020	24
4	PSW4	YM PLUM	072E	Jan 17, 2020 17:00	Shanghai	Jan 20, 2020	Tacoma	Feb 01, 2020	Feb 10, 2020	21
5	PNW	HANJIN LISBON	0043E	Jan 18, 2020 12:00	Shanghai	Jan 21, 2020	Seattle	Feb 07, 2020	Feb 17, 2020	27

拟制船期表除了考虑上述因素外，还应考虑船舶数量、船舶规模、航速、挂靠港数量、港口工班工作制度以及与其他运输方式运行时刻表的衔接配合等因素。

一般来说，集装箱班轮航线的发船密度比传统杂货班轮要大。航次的增加，在相当程度上意味着船公司竞争能力的提高和运输服务质量的提高，同时也是防止与其他船公司在同一航线、相同挂靠港之间竞争的一种有效手段，这些都有利于提高船公司的营运经济效益。

2. 船期表参数计算

集装箱船船期表的班期、航线配船数和发船间隔可按以下公式计算确定。

1）集装箱航线班期计算公式

确定班期即拟定往返航次周转时间，此时间应满足定班运行组织的要求。

$$t_{往返} = t_{航} + t_{港装卸} + t_{港其他} \tag{4-6}$$

式中：$t_{往返}$——往返航次时间（d）；

$t_{航}$——往返航行时间（d）；

$t_{港装卸}$——航线往返航次各港总装卸时间（d）；

$t_{港其他}$——航线往返航次船舶在各港其他停泊时间（d）。

$$t_{航} = \frac{L_{往返}}{24 \cdot V} \tag{4-7}$$

$L_{往返}$——往返航次运距（nmile）；

V——平均航速（h）。

$$t_{港装卸} = \frac{Q}{24 \cdot M} \tag{4-8}$$

Q——航线往返航次各港装卸总量（TEU）；

M——航线往返航次各港装卸总效率（TEU/h）。

2）集装箱航线配船数计算公式

$$N = \frac{t_{往返} \cdot Q_{max}}{f \cdot D_{定} \cdot T_{营}} \tag{4-9}$$

式中：N——集装箱航线配船数（艘）；

$t_{往返}$——往返航次时间（d）；

Q_{max}——航线两端之间年最大发运量（TEU）；

f——船舶载箱量利用率（%）；

$D_{定}$——船舶定额载箱量（TEU）；

$T_{营}$——船舶年营运时间（d）。

3）集装箱航线发船间隔计算公式

$$t_{间} = \frac{t_{往返}}{N} = \frac{f \cdot D_{定} \cdot T_{营}}{Q_{max}} \tag{4-10}$$

式中：$t_{间}$——发船间隔（d）。

3. 编制船期表注意事项

1）船舶的往返航次时间应是发船间隔时间的整倍数

因为船舶往返航次时间与发船间隔时间之比应等于航线配船数，而航线上投入的船舶艘数不能为小数。在实际中，按航线参数及船舶技术参数计算得到的往返航次时间往往不能达到这项要求，需要对其进行调整，多数情况下采取延长实际往返航次时间的办法，人为地使其成为倍数关系。

2）船舶到达和驶离港口的时间要恰当

船舶应避免在非工作时间（周末、节假日、夜间）到达港口，以减少船舶在港口的非工作停泊，加速船舶的周转。

3）船期表要有一定的弹性

船期表制定出的各项船舶运行时间应留有余地，以适应外界条件变化带来的影响。例如，船舶的航行时间是根据航线距离除以船舶速度定额得到的。由于海上风浪、水流对航速的影响较为复杂，所以在船期表制订过程中，应按照统计资料或经验数据，对航行时间加以调整。港口停泊时间的计算也应根据具体情况，如码头装卸效率的不稳定、潮水的变化规律等，预先给出一定的机动时间。

【例 4-1】某集装箱班轮航线航次集装箱装卸总量为 4 680 TEU，港口装卸效率为 65 TEU/h，往返航次总航行距离为 7 200 n mile，平均航速 23 节，船舶在港其他停泊时间为 3 d。航线端点港 A 年集装箱发运量 1.9×10^5 TEU，另一端点港 B 年集装箱发运量 2.6×10^5 TEU，航线配置集装箱船箱位容量为 4 800 TEU，假设箱位利用率为 78%，年营运时间为 320 d，试求船公司在该航线上需配备的集装箱船舶数量和航班发船间隔。

解：1）求往返航次时间 $t_{往返}$：

$$t_{航} = \frac{L_{往返}}{24 \cdot V} = \frac{7\,200}{24 \times 23} = 13 \ （d）$$

$$t_{港装卸} = \frac{Q}{24 \cdot M} = \frac{4\,680}{24 \times 65} = 3 \ （d）$$

$$t_{港其他} = 3 \ （d）$$

$$t_{往返} = t_{航} + t_{港装卸} + t_{港其他} = 13 + 3 + 3 = 19 \ （d）$$

2）求集装箱航线配船数 N：

$$N = \frac{t_{往返} \cdot Q_{max}}{f \cdot D_{定} \cdot T_{营}}$$

$$= \frac{19 \times 2.6 \times 10^5}{0.78 \times 4\,800 \times 320}$$

$$= 4.12 = 5 \ （艘）$$

3）求集装箱航线发船间隔 $t_{间}$：

$$t_{间} = \frac{t_{往返}}{N} = \frac{19}{5} = 4 \ （d）$$

 复习思考题

一、名词解释

标准箱容量　　20 ft 集装箱容量　　40 ft 集装箱容量　　集装箱船舶箱位分布

二、多项选择题

1. 世界三大国际集装箱海运干线有（　　　）。

　　A. 远东—北美航线　　　　　　　　B. 北美—欧洲、地中海航线

　　C. 中东海湾—欧洲、北美　　　　　D. 欧洲、地中海—远东航线

2. 按照航线的区域位置可以将航线划分为下列几组航线组（　　　）。

A. 太平洋航线组　　B. 大西洋航线组　　　C. 印度洋航线组　　D. 北冰洋航线组

3. 全集装箱船按照其装卸方式可分为（　　　）。

    A. 半集装箱船　　　　　　　　　　B. 吊装式全集装箱船

    C. 载驳船　　　　　　　　　　　　D. 滚装式集装箱船

4. 吊装式全集装箱船的结构特点有（　　　）。

    A. 尾机型　　　　　B. 船体瘦长　　　　C. 多层甲板　　　　D. 单甲板大开口

5. 船舶在水中航行时船体所受的水阻力分为（　　　）。

    A. 摩擦阻力　　　　B. 空气阻力　　　　C. 涡流阻力　　　　D. 兴波阻力

6. 集装箱船图表示所装货物的卸箱港、装港、重量、性质、状态以及装载位置等，一般包括（　　　）。

    A. 预配图　　　　　B. 实配图　　　　　C. 最终积载图　　　D. 行箱位图

三、判断题

1. 船舶的摇摆性是一种对行船有利的性能。　　　　　　　　　　　　　　　　（　　　）

2. 20 ft 集装箱容量是表示集装箱船舶规模大小的标志。　　　　　　　　　　（　　　）

3. 40 ft 集装箱的量可以等于船舶标准箱容量的一半。　　　　　　　　　　　（　　　）

4. 集装箱预配图由字母图、重量图、特殊箱图组成。　　　　　　　　　　　（　　　）

5. 集装箱船舶的初稳性越大越好。　　　　　　　　　　　　　　　　　　　（　　　）

6. 为保持船舶良好的纵向强度，预配时应将一些比较重的集装箱堆码在船舶中部，以抵消船舶的中拱变形。　　　　　　　　　　　　　　　　　　　　　　　　　（　　　）

7. 从船舶线型和保证良好的驾驶视线等方面考虑，预配时应将适量较重的集装箱配置在船首的箱位上。　　　　　　　　　　　　　　　　　　　　　　　　　　（　　　）

8. 船舶在受到外力时发生倾斜，当外力消除后能自行恢复平衡的能力是船舶的稳性。　　　　　　　　　　　　　　　　　　　　　　　　　　　　　　　　（　　　）

四、简答题

1. 集装箱船舶预配的原则有哪些？

2. 预配图审核的内容有哪些？

3. 什么是实配图，有何作用？

4. 试述实配图的行箱位图与封面图的区别。

5. 实配图由哪几张图组成，各有何作用？

6. 制作预配图或实配图习惯上有哪些规定？

7. 最终积载图由哪几张图组成，各有何作用？

8. 航线配船应遵循的基本原则有哪些？

五、计算题

    某集装箱班轮航线各船全年投入营运，航线货源较多的一端的年待运量为 100 000 TEU，船舶载箱量 2 500 TEU，发航装载率 90%，每往返航次时间 73 d。求：航线配船数及发船间隔时间。

六、识图题

    图 4-20 是某轮某航次预配图及实配封面图的一部分。

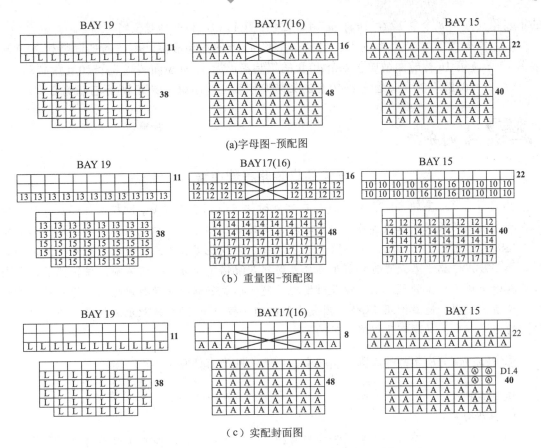

(a)字母图-预配图

(b) 重量图-预配图

（c）实配封面图

A—Antwerp；G—Glasgow；B—Bremen；H—Helsinki；L—Liverpool

图 4-20　配载图

思考题：描述该轮预配图中配载货物的情况，并说明在实配图中有哪些调整？"160382"表示实配封面图中某位置的积载情况，说明符号的含义。

参考答案

二、多项选择题

1. ABD　2. ABCD　3. BD　4. ABD　5. ACD　6. ABC

三、判断题

1. F　2. F　3. F　4. T　5. F　6. T　7. T　8. T

五、计算题

该航线配船数是 9，发船间隔时间为 8 d。

六、识图题

（1）第 15 行舱面装有 16 个重 10 t 的 20 ft 集装箱，目的地是安特卫普，舱内装载有 40 个 20 ft 的集装箱（其中 8 个重 12 t，16 个重 14 t，16 个重 17 t），目的地是安特卫普。（19 行略）

第 16 行装有 6 个重 16 t 的 40 ft 的集装箱，目的地是安特卫普。

第 17 行舱面装有 16 个重 12 t 的 20 ft 集装箱，目的地是安特卫普，舱内装载有 48 个 20 ft

的集装箱（其中 8 个重 12 t，16 个重 14 t，24 个重 17 t），目的地是安特卫普。

（2）实配图中第 15 行舱内有 4 个危险等级为 1.4 的危险货箱，第 15 行舱面装载 20 ft 集装箱 12 个，第 16 行舱面增加了 4 个 40 ft 的集装箱，第 17 行舱面装载 8 个 20 ft 集装箱。

（3）"160382" 的含义是一个 40 ft 的集装箱积载在舱面第一层第 16 行右舷第 2 列。

 **案例分析**

危险品集装箱积载错误

2004 年春天，某轮 0012E 航次停靠在比利时的安特卫普港装货，欧控操作部负责公司船舶在欧洲地区的集装箱配载工作。做预配时，欧控操作部德籍配载员将五个八类危险品小柜配在 39BAY 舱内，根据该轮《危险品适装证书》记载规定，第五货舱内不允许积载危险品箱，而 39BAY 属于第五货舱的前半部分，显然是配错了地方。在装货前，该轮船长、大副未认真检查码头提供的预配图，没及时发现问题。船航行到下一港西班牙的瓦伦西亚，被港口当局检查发现，造成倒箱 73 个，损失两天船期，被迫出具 10 万欧元的担保，给公司造成很大的经济损失，并损害了中海集运的声誉。

思考题：请分析事故的原因及实践中如何防止此类事件发生。

参考答案

1. 事故分析：

（1）通过欧控操作部的事故报告和当时的工作记录分析，欧控操作部德籍配载员没有认真研究分析该轮的《危险品适装证书》记载规定，没有掌握船舶的货舱结构，集装箱配载位置是由 BAY 加以区分的，《危险品适装证书》记载的是货舱位置，没有弄清楚两者间的关系，是导致事故发生的直接原因。

（2）码头公司集装箱配载员没有对危险品配载引起高度重视，没有审核船舶的《危险品适装证书》，而完全按照预配方案实际配载集装箱，未能发觉所配危险品的位置是错误的。

（3）该船船长、大副没有把好集装箱装载的最后一关，根据公司（SMS）文件和危险品装载的相关规定，船舶船长、大副必须严格审核危险品的装载计划，按照《国际危规》和《危险品适装证书》的记载规定，确定危险品的装载，文件明确船舶船长对危险品的装载有最后的决定权。

2. 防范措施

（1）集装箱的积载一直是航运界高度重视的问题，每个环节对处理危险货物的重视程度将直接影响船货的安全，因此中海集运预配中心、海外配载部门、航线部门、安技部和船工各部及所属船舶应按照公司（SMS）文件《危险品集装箱运输管理规定》（ZJ-CZ0701—42）的各项要求，严格遵守危险货物集装箱运输管理制度，各负其责，确保一方平安。

（2）预配中心和海外配载部门的配载员必须按照《国际海运危险货物规则》的各项隔离要求和船舶《危险品适装证书》及相关法规的规定来安排指定危险品的积载位置，各口岸现场代理要督促和协调好港方优先安排落实危险品箱的积载，若发现配载不合理，应及时向配载员提出并通知港方按要求调整。

（3）装载危险货物的集装箱船舶船长、大副必须认真审核码头危险货物集装箱装船计划，尤其是危险品品名、类别、联合国编号、位置和隔离等是否符合相关证书及法规的规定，检查危险货物集装箱装船的一切手续和证明是否符合装船要求，在满足各项规则、规定、证书等各项要求的基础上，方能签字同意装船，认真仔细把好危险品运输最重要的一关。在审定预配计划时，有权对危险货物集装箱的配载位置提出修改意见，同时需核对《国际海运危险货物规则》及船存危险货物集装箱的实际情况，重新制定危险货物集装箱装载计划并及时联系中海集运预配中心或中海集运海外操作部门配载人员协调解决。

（4）船舶在装载危险品货箱时，当值驾驶员应亲临现场进行监装，认真核对箱号、箱位是否与预配图一致。核实危险品箱是否按规定贴妥相应的 IMO 危险品标志，甲板、梯口是否悬挂了严禁吸烟或严禁明火作业的警示牌，并在开航前仔细检查和落实危险品箱的绑扎情况。

（5）对于危险品的操作必须加强工作责任心，落实岗位责任制，按照"安全工作重如泰山"的指示，纵向到底、横向到边、一查到底，不留死角，认真学习公司（SMS）文件和相关制度规定，时刻牢记《国际海运危险货物规则》和船舶《危险品适装证书》及港口国的特殊规定要求，切实做好装船前的审核和航行途中的保管照料工作，确保危险货物的安全运输。

开篇案例参考答案

数字化时代也是船企竞争非常激烈的时代，组建各种形式的联盟、提高竞争力是未来发展的必然趋势，从 2018 年年初到 2019 年 4 月，国际航运业出现了区别于传统航运联盟的 3 个行业新联盟，分别是马士基联合 IBM 推出的基于区块链技术的数字行业平台 TradeLens，中远海运联手九大船公司、码头及技术公司成立的全球航运商业网络（global shipping business network，GSBN）以及由全球四大集装箱班轮公司，马士基与地中海航运、赫伯罗特和 Ocean Network Express（ONE）公司发起成立的数字集装箱航运协会（digital container shipping association，DCSA）。

GSBN 包括中远海运集运、东方海外、达飞轮船、上港集团、和记港口集团等在内的多家国际知名港航企业；DCSA 由四大集装箱班轮公司发起成立，如今达飞轮船、长荣海运、现代商船、阳明海运和以星航运都已加入该联盟。至此，DCSA 拥有全球接近 70% 的运力。

几大联盟主要是航运创新技术方面的联盟，和传统的班轮联盟不一样。GSBN 联盟的宗旨是聚焦于国际航运业，推动航运业数字化标准的制定，提升行业协作水平，推动行业内传统流程的变革和创新。DCSA 成立的宗旨是制定集装箱行业通用信息技术标准，规范数字化发展，为集装箱航运业的数字化、信息技术标准化和互通性铺平道路。这两个联盟不约而同地将目光投向传统航运业务之外，举各方之力，专注于供应链环节和航运新技术、新标准。谁能制定航运数字化技术的标准和建立区块链，就抢占了国际航运业未来规则和标准的制高点，班轮公司成立新联盟，就是在争取未来行业内的最强话语权。

在航运业，区块链技术的潜力不容否认，它可以通过航运公司、港口和海关之间的数据连接，节省数十亿美元。

随着 TradeLens 的不断壮大，将提供全球海运集装箱货物接近一半的数据。迄今为止，TradeLens 平台上已有 100 多个参与方，记录了超过 1 000 万次航运事件，并每周处理成千上万的单证文件，为发货人、航运公司、货代、海关官员、港口机构、内陆运输供应商等成员提供建立信任的交易共享视图。对数据所有权和对数据访问权限的承诺有助于确保隐私和信息的机密性，同时使参与者能够更有效地协作，以实时访问运输数据。

DCSA 与其他两个联盟有所不同，该联盟为非营利性组织，它不打算开发或者运营数字化平台，商业化事宜不在其讨论范围。DCSA 的首批项目之一就是建立行业标准，以克服技术接口和数据缺乏共同基础的困难。除此之外，该协会还将着重打造标准化流程的行业蓝图。

结合以上三大联盟成立的宗旨和近来动向，同学们可以围绕数据传输与信息发布、船期表的发布、订阅和信息查询，信息及时更新，业务拓展、方便揽货与订舱等角度谈谈自己的想法，同时也了解一下三大联盟的基本情况。

特别提醒注意，三大联盟与"2M+现代""OCEAN Alliance""THE Alliance"三大航运联盟可不是一回事。

第 5 章

集装箱运输节点管理

本章要点

- 掌握集装箱码头的布局和组织；
- 掌握集装箱装卸工艺方案；
- 掌握集装箱货运站的管理；
- 掌握公路、铁路集装箱运输节点管理。

 开篇案例

上海一家公司（以下称发货人）出口 30 万美元的皮鞋，委托集装箱货运站装箱出运，发货人在合同规定的装运期内将皮鞋送货运站，并由货运站在卸车记录上签收后出具仓库收据。该批货出口提单记载 CY/CY 运输条款、SLAC（由货主装载并计数）、FOB 价、由国外收货人买保险。国外收货人在提箱时箱子外表状况良好，关封完整，但打开箱门后一双皮鞋也没有。也许有人会提出，皮鞋没有装箱，怎么会出具装箱单？海关是如何验货放行的？提单又是怎样缮制与签发的？船公司又是怎样装载出运的？收货人向谁提出赔偿要求呢？

思考题： 谁应该对本案中的损失承担责任？

5.1　集装箱码头

集装箱码头是水陆联运的枢纽站，是集装箱货物在转换运输方式时的缓冲地，也是货物的交接点，因此，集装箱码头在整个集装箱运输过程中占有重要地位。做好集装箱码头工作，对于加速车船和集装箱的周转，提高集装箱运输效益和降低运输成本有着十分重要的意义。

集装箱码头的主要业务是组织各种装卸机械在各个不同的运输环节中迅速有效地进行集装箱装卸和换装作业，以及负责集装箱和箱内货物的交接或保管。由于集装箱运输是一种高效率大规模的生产方式，加上集装箱船舶日益大型化，作业量大且集中。因此，集装箱码

头不仅需要配备各种现代化设备，还需要有一套十分严密的组织管理办法，才能确保集装箱码头以最少的人力、物力，安全迅速地完成任务。

1. 集装箱码头的功能

1）集装箱码头是海运与陆运的连接点，是海陆多式联运的枢纽

现代运输中，海运占有75%以上的份额，国际集装箱运输都是以海运为中心，通过码头这一连接点，将海运与两岸大陆的陆运连接起来，并通过内陆运输，实现货物从发货人直至收货人的运输过程。

2）集装箱码头是换装转运的中心

随着集装箱船舶的大型化，国际集装箱海运格局发生了根本的变化，从原来单一的港—港运输转变为干线与支线相结合、以枢纽港中转为中心的运输，形成了"中心—辐射"的新运输格局。在这一新运输格局中，集装箱码头，尤其是处于重要地位的大型国际集装箱码头，成为不同区域的国际货物转运中心，通过集装箱码头的装卸转运，把干线与支线有机地结合起来，从而实现大型集装箱船舶的规模效益，实现货物从始发港到目的港的快速运输。

3）集装箱码头是物流链中的重要环节

现代物流把运输和与运输相关的作业构成一个从生产起点到消费终点的物流链，在这个物流链中，力求在全球寻求最佳的结合点，使综合成本最低、流通时间最短、服务质量最高。由于集装箱码头不可替代的重要地位和作用，它已成为现代物流中重要的环节，并为物流的运作提供了一个良好的平台。现代国内外的大型港口纷纷进军现代物流业，说明了现代物流赋予了集装箱码头新的功能，也为现代集装箱码头提供了更大的发展空间。

2. 集装箱码头的特点

1）码头作业的机械化、高效化

一艘3 000～4 000 TEU的集装箱船，可以当天到港、当天离港。目前，国际先进的集装箱码头装卸桥的作业效率已超过60 TEU/h，随着装卸机械和装卸工艺的不断改进，集装箱码头的装卸效率仍可进一步提高。

2）码头生产管理的计算机化、信息化

3）码头设施的大型化、深水化

3. 集装箱码头的基本条件

（1）具备保证大型集装箱船舶可以靠离的泊位、岸壁和水深，确保船舶的安全；泊位水深应能满足挂靠的最大集装箱船的吃水要求。

（2）具有一定数量技术性能良好的集装箱专用机械设备。

（3）具有宽敞的堆场和必要的堆场设施，能适应大量集装箱的妥善分类、保管、交换和修理的需要。

（4）具有必要的装拆箱设备和能力。

目前，我国集装箱运输中绝大部分采用CY/CY交接方式，但CFS/CFS交接方式仍不断出现，集装箱码头仍应保留必要的装拆箱的设施和能力，以满足集装箱运输市场的要求。

（5）具有完善的计算机生产管理系统。

（6）具有通畅的集疏运条件。

（7）具有现代化集装箱运输专业人才。

4. 集装箱码头的布局和基本组织

集装箱码头是以高度机械化和大规模生产方式作业的,要求有很高的生产作业效率,因此,集装箱码头的布局与传统的件杂货码头布局有着根本的不同。集装箱码头要以船舶作业为核心进行布局,将码头与船舶连接成一个有机整体,从而实现高效的、有条不紊的连续作业。集装箱码头的标准平面布局如图5-1所示。

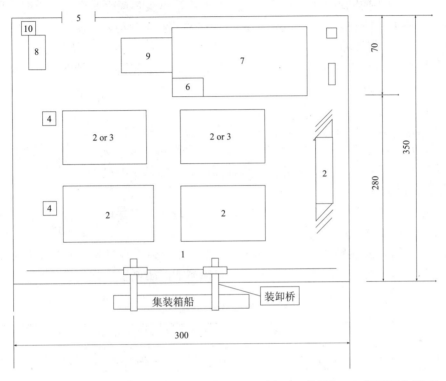

1—码头前沿;2—前方堆场;3—后方堆场;4—调头区;5—大门;6—控制塔;7—集装箱码头货运站;
8—维修车间;9—码头办公楼;10—集装箱清洗场

图 5-1　集装箱码头的标准平面布局图

1)码头前沿

码头前沿是指泊位岸线至堆场的这部分区域,主要用于布置集装箱装卸桥和集装箱牵引车通道。

2)堆场

堆场是集装箱码头堆放集装箱的场地,为提高码头作业效率,堆场又可分为前方堆场和后方堆场两个部分。

(1)前方堆场。前方堆场位于码头前沿与后方堆场之间,主要用于出口集装箱或进口集装箱的临时堆放。

(2)后方堆场。后方堆场紧靠前方堆场,是码头堆放集装箱的主要部分,用于堆放和保管各种重箱和空箱。

3)调头区

调头区设置在集装箱堆场周围,供集装箱运输车辆及作业机械调头使用。

4）大门

大门是进出口集装箱和各种运输机械的出入口，是区分码头内外责任和交接集装箱相关资料的地点。在我国，有的港口称为检查桥，有的称为闸口，是公路集装箱进出码头的必经之处，也是划分交接双方对集装箱责任的分界点。

5）控制塔

控制塔又称中心控制室，简称"中控"，是集装箱码头各项生产作业的中枢，集组织、指挥、监督、协调、控制于一体，是集装箱码头重要的业务部门。

6）集装箱码头货运站

集装箱码头货运站的主要工作是装箱和拆箱，作为集装箱码头的辅助功能，集装箱货运站通常设于码头的后方。

7）维修车间

维修车间是对集装箱及其专用机械进行检查、修理和保养的场所。

8）码头办公楼

码头办公楼是行使经营管理集装箱码头各项设施职能的中枢机构。

9）集装箱清洗场

集装箱清洗场是对集装箱污物进行清扫、冲洗的场所，以保证空箱符合使用要求。

5. 集装箱码头的类型

根据我国《港口集装箱码头分级标准》，集装箱专用码头按照其所能接卸集装箱船舶的船型，划分为 A 型，B 型、C 型、D 型、E 型五种类型，如表 5-1 所示。

表 5-1　集装箱码头分级标准

		A 型	B 型	C 型	D 型	E 型
适用船舶规模		500 TEU	1 000 TEU	3 000 TEU	5 000 TEU	6 000 TEU
进港航道	宽度下限	80 m	99 m	150 m	165 m	189 m
	水深下限	7 m	8.5 m	12.5 m	13.5 m	14.6 m
泊位长度下限	单一泊位	140 m	170 m	301 m	353 m	360 m
	连片式	130 m	155 m	270 m	320 m	330 m
码头前沿纵深下限		30 m	30 m	35 m	35 m	45 m
泊位水深下限		7 m	8.5 m	12 m	13 m	14 m
装卸桥	每百米岸线配备数量下限	0.6 台	0.7 台	0.8 台	0.9 台	1 台
	单一泊位配备数量下限	1 台	1 台	2 台	3 台	4 台
	外伸距下限	22 m	22 m	35 m	35 m	43 m
	台时效率下限	20 箱/h	20 箱/h	25 箱/h	40 箱/h	50 箱/h
单一泊位对应设备	地面箱位数下限	400 个	800 个	1 900 个	2 600 个	4 000 个
	龙门起重机	2 台	5 台	8 台	10 台	12 台
	其他设备	牵引车挂车、集装箱叉车、正面吊等	牵引车挂车、集装箱叉车、正面吊等	堆高机、正面吊等	轨道龙门起重机、堆高机、正面吊等	轨道龙门起重机、堆高机、正面吊等

	A 型	B 型	C 型	D 型	E 型
	4	4	6	6	8
大门车道数及要求	—		—		进、出码头大门分开
	—		—		进口大门必须配备集装箱卡车重载磅秤
	—		—		码头管理信息系统和 EDI 系统、RFID

5.2 集装箱码头装卸系统

5.2.1 集装箱码头装卸作业的基本机型

1. 岸壁集装箱装卸桥

1）岸壁集装箱装卸桥的构造

岸壁集装箱装卸桥是目前常用的集装箱装卸设备，是一种设置在码头岸边的高架可移动式的大型起重机，临海（水）侧有外伸的悬臂，用以装卸船；在陆侧有后伸臂，上面设有平衡装置，以保持装卸桥的平衡与稳定；外伸臂是活动式的，平时吊起，放下后即可进行作业，装卸桥可以在轨道上自由行走，这样能方便地进行装卸作业。

通常岸壁集装箱装卸桥依其外表结构型式的特点，可分为 A 型框架式和 H 型框架式，有时也会出现 A 型和 H 型的混合型，还有一种折叠式装卸桥，其装卸桥的悬臂可以折叠，这样即使在悬臂仰起时，装卸桥的总高度也不会因此而增加。

装卸桥设计时要求在 16 m/s 以内的风速下可以正常使用，并要求在 50 m/s 风速下保持稳定。

岸壁集装箱装卸桥结构装置如下：

（1）门架上部结构和载重小车架；

（2）俯仰悬臂；

（3）载重小车车架；

（4）驾驶室；

（5）机房；

（6）起升装置；

（7）横行装置；

（8）俯仰装置；

（9）换绳装置；

（10）行走装置。

2）岸壁集装箱装卸桥主要性能参数的确定

（1）起重量。岸壁集装箱装卸桥的起重量是依据该装卸桥的额定起重量和采用吊具的重量之和所决定的。

$$Q = Q_e + W \tag{5-1}$$

式中：Q——集装箱装卸桥的起重量（t）；

Q_e——集装箱装卸桥的额定起重量（t），根据所吊集装箱的自重加上所装货物允许的最大重量而定；

W——吊具自重（t）。

（2）外伸距。指集装箱装卸桥外侧轨道中心线向外至吊具铅垂中心线之间的最大水平距离。系根据船宽并考虑在甲板上堆放四层 8 ft 6 in 高的集装箱，在船舶横倾向外倾斜 3° 时，仍能起吊外舷侧最上层的集装箱。通常大于 30 m。

（3）内伸距。指集装箱装卸桥内侧轨道中心线向内至吊具铅垂中心线之间的最大水平距离。内伸距在作业时能起到缓冲作用，船舶的舱盖板及平衡机体都可在此范围内解决。通常内伸距大于 10 m。

（4）轨距。指装卸桥两行走轨道中心线之间的水平距离。轨距的大小对装卸桥的稳性有很大的影响，同时轨距的变化还会使装卸桥的轮压产生相应的变化；确定此值时，要考虑到码头前沿的接运方式，如现在通常用的 16 m 轨距，就是考虑了在轨距范围内能设置三股接运车的通道。

（5）基距。指同一轨道上两个主支承轴的中心线间的距离。为保证 40 ft 长的集装箱在此距离内通过，并考虑到作业时集装箱可能产生的摆动，以及大型舱盖板（14 m×14 m）能通过，此基距应取在 14 m 以上。

（6）起升高度。这里指全起升高度，又称全扬程。集装箱装卸桥进行装卸时从岸壁基准面（一般按轨道面算）起放下的距离叫轨下扬程，而从基准面往上吊起的距离叫轨上扬程，这两个扬程合计谓之全扬程。

这一高度主要根据船舶型深、吃水、潮差及集装箱的装载状况而定。一般应保证在轻载高水位时，能使装卸作业顺利进行；在满载低水位（通常能堆高到四层）时，能起吊舱底最下一层集装箱；同时，还应注意到船舶有 1 m 左右的纵倾或 3° 的横倾时可能增加的高度。一般全起升高度大于 35 m。

（7）净空高度。指门架的净空高度。此高度主要取决于门架下所要通过的流动搬运机械的外形高度，通过堆码两层的跨运车，净空高度应在 8 m 以上；如通过堆码三层的跨运车，则净空高度应在 9 m 以上。

（8）腿距。指两支腿腿柱内侧之有效间距。

（9）升降速度。升降速度包括起吊额定重量时吊具匀速上升或下降的速度和空载时吊具匀速上升或下降的速度。一般要求空载升降速度应高于满载升降速度的一倍以上（空载时升降速度为 72～120 m/min，满载时升降速度为 36～50 m/min）。

（10）大车运行速度。指装卸桥起吊额定重量运行时的速度。此速度要求不能过高，通常在 45 m/min。但要求有较好的调速和制动性能。

（11）小车运行速度。指起重小车横向匀速运行时的速度。一般情况下，小车运行时间约占整个工作循环时间的 1/4。因此，如何提高小车运行速度，是提高装卸效率的重要一环，但小车高速运行时会产生摇摆，使用一种防摇装置后小车运行速度可相对提高。

（12）俯仰速度。指装卸桥的悬臂梁起升的速度，以悬臂梁从水平位置移动到最高位置时所需的时间来表示，通常在 8 min 左右。

（13）生产率。集装箱装卸桥的生产率，是指在一定的作业条件下进行连续的装卸船作业，在单位时间内所能装卸的集装箱数量，多以"箱/h"来表示。

$$Q_s = 3\,600/t \tag{5-2}$$

式中：Q_s——集装箱装卸桥的生产率（箱/h）；

　　　t——装卸作业每次循环时间（s）；

　　　　　$t = t_g + t_x + t_s + t_d + t_j + t_k + \cdots$

　　　t_g——起升时间（s）；

　　　t_x——小车行走时间（s）；

　　　t_s——下降时间（s）；

　　　t_d——吊具对位时间（s）；

　　　t_j——旋锁锁紧时间（s）；

　　　t_k——旋锁脱开时间（s）；

以上计算的是理论生产率。装卸桥的生产率有理论生产率和实际生产率之分。理论生产率反映的是平均水平，而实际生产率则反映了在特定的条件下所能达到的实际水平。就装卸作业循环时间来说，是按照假定的平均装载作业路线来进行计算的。在实际工作中，这种循环路线往往是不同的，典型的循环有单程操作循环、往复操作循环等几种形式。

3）集装箱装卸桥装船与卸船的作业过程

集装箱装卸桥是沿着与码头岸线平行的轨道行走，完成集装箱船舶的装船与卸船作业的。通常集装箱装卸桥装卸作业的一个工作循环耗时 120 s 左右。

（1）卸船作业步骤。

①船靠码头前，将集装箱装卸桥运行至码头岸线的大致作业位置。

②船靠码头后，将集装箱装卸桥移至具体的作业位置。

③按照装卸顺序，将小车移至船上待卸箱的正上方，放下吊具。

④吊具上的扭锁装置将集装箱锁定后，吊起船上的集装箱。

⑤小车沿悬臂向陆侧方向移动，将集装箱吊至码头前沿等待着的水平运输机械上。

⑥松开扭锁装置，吊具与集装箱分离。

⑦吊具起升，小车向海侧方向移动，进入下一个操作。

（2）装船作业步骤。

①船靠码头前，将集装箱装卸桥运行至码头岸线的大致作业位置。

②船靠码头后，将集装箱装卸桥移至具体的作业位置。

③按照装卸顺序，将小车移至水平运输机械上待装箱的正上方，放下吊具。

④待吊具上的扭锁装置将集装箱锁定后，吊起水平运输机械上的集装箱。

⑤小车沿悬臂向海侧方向移动，将集装箱吊至船上的指定位置。

⑥松开扭锁装置，吊具与集装箱分离。

⑦吊具起升，小车向陆侧方向移动，进入下一个操作。

2. 跨运车

集装箱跨运车是目前在码头上常见的一种短途装运机械和堆高机械。它是以门形车架跨在集装箱上，由装有集装箱吊具的液压升降系统吊起集装箱进行搬运、堆高作业的。此外，它还能装卸集装箱底盘车。

跨运车的最大特点是机动性好，既能单独进行搬运及装卸作业，又能与其他机械（如龙门起重机和底盘车）配合使用。

跨运车水平运输时速度一般为 23 km/h，最高可达 32 km/h。

跨运车的传动方式主要有两种：一是机械传动，二是液力传动。

跨运车的升降系统，一般是由升降油缸、链条链轮组和吊具组成，并分为四个油缸或两个油缸驱动。

跨运车所使用的吊具有固定式吊具和伸缩式吊具两种，固定式吊具的构造为组合式，由主吊具和辅助吊具两部分组成。主吊具用于 20 ft 集装箱的起吊，而起吊 40 ft 集装箱时，则需将辅助吊具悬挂在主吊具下面，两者采用旋锁机构连接起来。伸缩式吊具能通过调整伸缩架的长度来起吊不同规格的集装箱。

跨运车的悬挂装置采用螺旋弹簧的弹性独立悬挂，以缓和冲击载荷。悬挂装置可分为驱动悬挂装置和从动悬挂装置，并且只有一对主动行走轮，其他均为从动行走轮。

跨运车的选型主要考虑以下指标。

1）起吊能力

跨运车起吊能力的确定基本同集装箱装卸桥，所不同的是要考虑货物在箱内所造成的偏心载荷。

2）堆码和通过集装箱的层数（高度）

跨运车的堆码和通过集装箱的层数（高度）与整个集装箱码头的堆存面积、堆存能力和作业条件等因素有密切的关系。确定时既要做到技术可行，又要保证经济上是合理的。

3）装卸搬运效率

跨运车的装卸搬运效率应与码头前沿集装箱装卸场的生产率相适应，还应注意配置的台数及装卸搬运工作循环时间。

4）宽度尺寸

这一尺寸包括跨运车的内部宽度和外形宽度两个方面。这一尺寸的大小不仅影响跨运车的作业，而且还影响堆场的总体布置。

5）转弯半径

衡量跨运车性能的好坏，转弯半径的大小是一个重要技术指标。它不仅反映跨运车的机动性高低，而且关系到码头堆场面积是否能合理使用。

6）稳定性

在选型时，稳定性对跨运车来说，显得尤为重要，这不单单要考虑其横向稳定性，还应注意其纵向稳定性。

跨运车的特点是机动灵活，回转半径小，缺点是视野不良，稳定性差。随着集装箱运输的发展，码头上的装卸机械要求不断更新换代，就跨运车来说，在改善其性能方面大致要求如下。

（1）能堆装三层以上的高度；

（2）具有更高的机动性和快速性；

（3）要尽量地改善驾驶员的视野；

（4）要大大地降低故障时间；

（5）结构设计更为简单，以便于维修保养。

上述几点中，（3）、（4）两点最为主要。因为这两方面的好坏，直接影响到集装箱码头的工作效率和营运经济性。

3. 集装箱叉车

集装箱叉车是从普通叉车逐步发展而来的一种专用叉车，用它可以在码头堆场等场合进行装卸、堆码和短距离的搬运作业，并能参与装卸船和装拆箱等作业。

集装箱叉车一般具有如下特点。

（1）起重量要与各种箱型的最大总重量相适应。

（2）根据其使用场合的集装箱堆码层数来确定起升高度。

（3）负荷中心一般取集装箱宽度的 1/2。

（4）通过将司机室位置升高，装设在车体一侧等方法来改善操作视野。

（5）为了方便装卸集装箱，一般采用标准货叉，同时备有顶部起吊和侧向起吊的专用吊具。

（6）叉车货架具有侧移和左右摆动的性能。

4. 龙门起重机

集装箱龙门起重机，是一种装卸集装箱用的桥式桁架结构的起重机。它主要运用于集装箱码头堆场上集装箱的堆装作业和对各种车辆的换装作业。

龙门起重机一般采用焊接的箱型结构，这种结构的优点在于：重量轻、强度大、刚性好。

龙门起重机大多自备内燃发电机，由它供给起重机所需的动力，转向装置常常采用油压机构操纵。为了方便地进行转场作业，起重机可作 90° 直角转向。

龙门起重机一般可堆高至 3～5 层，横间可跨 2～6 列集装箱和一条车辆作业线，跨距可达 11～22.5 m，最大可为 61 m。

常见的龙门起重机，按其行走方式的不同可分为两种形式，即轮胎式龙门起重机和轨道式龙门起重机。

轮胎式龙门起重机是由前后两片门柜和底梁组成的门架，支承在橡皮充气轮胎上，在堆场上行走。装有集装箱吊具的行走小车沿着门框横梁上的轨道行走，用以装卸底盘车和进行堆装作业。

轨道式龙门起重机由两片双悬臂的门架组成，两侧门腿用下横梁连接，支承在行走轮胎上，可在轨道上行走。轨道式龙门起重机的装卸、堆装作业也是靠载重小车来完成的。

轮胎式龙门起重机最显著的特点是：机动灵活、通用性好，但单位面积的堆装能力不高，结构也较为复杂，不易维修、保养。

轨道式龙门起重机最显著的特点是：堆场面积的利用度高，提高了堆场的堆存能力。内部结构较为简单，因此操作较容易，维修方便，并且有利于实现单机自动化控制，在自动化集装箱码头上使用是一种比较理想的机种。

5.2.2 集装箱装卸工艺方案

1. 底盘车装卸工艺方案

底盘车装卸工艺方案首先为美国海陆航运公司所采用，故又称为海陆方式。其工艺流程如下。

卸船时，集装箱装卸桥将船上卸下的集装箱直接装在挂车上，然后由牵引车拉至堆场按顺序存放。存放期间，集装箱与挂车不脱离；装船的过程相反，用牵引车将堆场上装有集装箱的挂车拖至码头前沿，再由集装箱装卸桥将集装箱装到集装箱船上。

采用底盘车装卸工艺方案，提高集装箱装卸桥的装卸效率和解决集装箱装卸桥与挂车的快速对位，是提高整个工艺方案效率的关键。

1）底盘车系统的主要优点

（1）集装箱在港的操作次数减少，装卸效率高，损坏率小。

（2）工作组织简单，对装卸工人和管理人员的技术要求不高。

2）底盘车系统的主要缺点

（1）底盘车的需求量大，投资大，在运量高峰期可能会出现因底盘车不足而间断作业的现象。

（2）不易实现自动化。

2. 跨运车系统

码头前沿采用岸边集装箱装卸桥承担船舶的装卸作业，跨运车承担码头前沿与堆场之间的水平运输，以及堆场的堆码和进出场车辆的装卸作业。即"船到场"作业是由装卸桥将集装箱从船上卸到码头前沿，再由跨运车将集装箱搬运至码头堆场的指定箱位；"场到场""场到集装箱拖运车""场到货运站"等作业均由跨运车承担。

1）跨运车系统的主要优点

（1）跨运车一机完成多种作业（包括自取、搬运、堆垛、装卸车辆等），减少码头的机种和数量，便于组织管理。

（2）跨运车机动灵活、对位快，岸边装卸桥只需将集装箱卸在码头前沿，无须准确对位，跨运车自行抓取运走，充分发挥岸边集装箱装卸桥的效率。

（3）机动性强，既能搬运又能堆码，减少作业环节。

（4）堆场的利用率较高，所需的场地面积较小。

2）跨运车系统的主要缺点

（1）跨运车机械结构复杂，液压部件多，故障率高，对维修人员的技术要求高，且造价昂贵。

（2）跨运车的车体较大，司机室位置高、视野差，操作时需配备助手。

（3）对司机的操作水平要求较高，若司机对位不准，容易造成集装箱损坏。

3）跨运车系统适用的码头

该系统适用于进口重箱量大、出口重箱量小的集装箱码头。

采用跨运车装卸工艺方案，跨运车的搬运效率应与集装箱装卸桥的效率相适应。理论上讲，跨运车的搬运效率约为普通型集装箱装卸桥效率的1/2。在采用全跨运车方式的集装箱专用码头，跨运车的典型的搬运过程可分为单程操作和往复操作两种情况。

（1）单程操作循环。跨运车从码头前沿搬运重箱至堆场，由堆场空车返回码头前沿。

（2）往复操作循环。跨运车从码头前沿搬运重箱至后方堆场，由后方堆场空车行驶至前方堆场，并从前方堆场搬运重箱至码头前沿。

3. 轮胎式龙门起重机系统

轮胎式龙门起重机系统的码头前沿采用岸边集装箱装卸桥承担船舶的装卸作业，轮胎式龙门起重机承担码头堆场的装卸和堆码作业，从码头前沿至堆场、堆场内箱区间的水平运输由集卡完成。轮胎式龙门起重机一般可跨6列和1列集卡车道，堆高为3至5层集装箱。轮胎式龙门起重机设有转向装置，能从一个箱区移至另一个箱区进行作业。轮胎式龙门起重机系统适用于陆地面积较小的码头。我国大部分集装箱码头采用这种工艺系统。

该工艺流程为：卸船时，集装箱装卸桥将船上卸下的集装箱装在拖挂车上，运至堆场，再用轮胎式龙门起重机进行卸车和码垛作业；装船时，在堆场由轮胎式龙门起重机将集装箱装上拖挂车，运往码头前沿，等待装卸桥装船。

该方案的特点是集装箱拖挂车只做水平运输，轮胎式集装箱龙门起重机担任堆场拆垛作业，从而将集装箱拖挂车快速疏运和轮胎式集装箱龙门起重机堆码层数较多的特点结合起来，达到提高集装箱码头装卸效率的目的。

4. 轨道式龙门起重机系统

轨道式龙门起重机系统与轮胎式龙门起重机系统相比，堆场机械的跨距更大，堆高能力更强。轨道式龙门起重机可堆积 4～5 层集装箱，可跨 14 列甚至更多列集装箱。轨道式龙门起重机系统适用于场地面积有限，集装箱吞吐量较大的水陆联运码头。

该工艺流程包括两种类型。

一种是卸船时用集装箱装卸桥将集装箱从船上卸到码头前沿的集装箱拖挂车上，然后拖到堆场，采用轨道式集装箱龙门起重机进行堆码；装船时相反，在堆场上用轨道式集装箱龙门起重机将集装箱装到集装箱拖挂车上，然后拖到码头前沿，用装卸桥将集装箱装船。

另一种则是在船与堆场之间不使用水平搬运机械，而是由集装箱装卸桥与轨道式集装箱龙门起重机直接转运。轨道式集装箱龙门起重机将悬臂伸至集装箱装卸桥的内伸距的下方，接力式地将集装箱转送至堆场或进行铁路装卸。

5. 集装箱正面吊运机工艺方案

与叉车相比较，集装箱正面吊运机具有机动性强、稳性好、轮压低、堆码层数高，堆场利用率高等优点，集装箱正面吊运机的装卸作业特点主要有：吊具可以伸缩以及旋转，能带载变幅和行走，能堆码多层集装箱以及跨箱作业，可以采用吊爪作业，有点动对位功能，可以进行其他货种的装卸作业等。

采用集装箱正面吊运机工艺方案，其工艺流程有以下几种。

1）码头前沿至堆场堆箱作业

用集装箱正面吊从码头前沿吊起重箱，运至堆场堆箱，空载返回码头前沿进行第二次循环作业。

2）堆场至半挂车的装箱作业

用集装箱正面吊从堆场吊起重箱，运至半挂车上放下，由半挂车运走，然后空载返回堆场准备第二次循环作业。

3）操作循环作业

正面吊从码头前沿吊运重箱至堆场堆箱，然后从堆场吊运空箱回码头前沿放下，再吊运重箱做第二次循环。

6. 集装箱滚装装卸工艺方案

集装箱滚装装卸工艺方案就是采用滚装船运箱的港口装卸工艺方案。滚装工艺所采用的船型为滚装船。

集装箱滚装装卸工艺方案中，集装箱拖挂车或其他用于搬运集装箱的搬运机、装载了货物的卡车以及其他车辆通过滚装船船侧或船尾的舷门直接驶入滚装船舱内，停在舱内预定的位置，这种作业方式称为滚装方式，也称为滚上滚下方式或开上开下方式。由于其货物的装卸方式是在水平方向移动，所以又称为水平作业方式。

5.3　集装箱货运站管理

5.3.1　集装箱货运站概述

集装箱货运站（container freight station，CFS）是集装箱公路运输系统的重要环节，起着独特的重要作用。在集装箱运输中，以 FCL 方式运输的，需要装箱和拆箱两个作业环节；以 LCL 方式运输的，在发货地需要把不同发货人的货物拼装入一个集装箱，或在收货地把同一集装箱不同收货人的货物拆箱分拨。集装箱货运站就是以装箱、拆箱、集拼和分拨为主要业务的运输服务机构，同时提供集装箱公路运输、箱务管理、报关报验、洗箱修箱等其他集装箱运输的相关服务。通过集装箱货运站，可形成一个有机的深入内陆的运输网络，有效地进行集装箱货物的集合和疏运，实现集装箱的"门到门"运输。

1. 集装箱货运站的种类

目前，集装箱货运站主要有以下三种类型。

1）设在集装箱码头内的货运站

它是整个集装箱码头的有机组成部分。它所处的位置，实际工作和业务隶属关系都与集装箱码头无法分割。我国大多数集装箱专用码头均属于这种类型。其主要任务是承担收货、交货、拆箱和装箱作业，并对货物进行分类保管。

2）设在集装箱码头附近的货运站

这种货运站设置在靠近集装箱码头的地区，处于集装箱码头外面。它不是码头的一个组成部分，但在实际工作中与集装箱码头的联系十分密切，业务往来也很多，它承担的业务与上述货运站相同。

3）内陆货运站

集装箱内陆货运站的主要特点是设置于运输经济腹地，深入内陆主要城市及外贸进出口货物较多的地方。主要承担将货物预先集中，进行装箱，装箱完毕后，再通过内陆运输将集装箱运至码头堆场，具有集装箱货运站与集装箱码头堆场的双重功能。它既接受托运人交付托运的整箱货与拼箱货，也负责办理空箱的发放与回收。如托运人以整箱货托运出口，则可向内陆货运站提取空箱，如整箱进口，收货人也可以在自己的工厂或仓库卸空集装箱后，随即将空箱送回内陆货运站，它还办理集装箱拆装箱业务及代办有关海关手续等业务。

2. 集装箱货运站的作用

1）货运站是联系经济腹地的纽带和桥梁

货运站作为集装箱货物的集散点，起到了与内陆联系的纽带和桥梁的作用。同时，随着改革开放的不断深入和商品经济的发展，我国内陆地区开展中外合资、合作，引进外资、引进先进技术和设备，使进出口贸易有了很大发展，外贸进出口货物的种类和数量也越来越多，通过内陆货运站，可以迅速集中和疏运进出口货源，加强进出口货物在内陆地区的流转，并为集装箱运输提供稳定可靠的货源。

2）货运站可加强箱务管理，加快集装箱的周转

由于种种原因造成集装箱在内陆地区积压甚至流失，重箱卸完后空箱无人管，有的单位有空箱而无外贸货，只得将空箱运回港口；而有出口货源的单位又无空箱，影响外贸出口。通过集装箱内陆货运站，则可对发往内陆地区的集装箱进行跟踪、查询，实行有效管理和调节使用，不仅可以解决空箱在内陆地区长期积压、缩短集装箱在内陆的周转时间，而且还可以提高空箱利用率和运输经济效益、促进集装箱运输的发展，为国际集装箱多式联运创造条件。

3. 集装箱货运站的主要任务

（1）集装箱货物的承运、验收、保管与交付。

（2）拼箱货的装箱和拆箱作业。

（3）整箱货的中转。

（4）重箱和空箱的堆存与保管。

（5）货运单证的处理，运费、堆存费的结算。

（6）集装箱及集装箱车辆的维修、保养。

（7）其他。如为办理海关手续提供条件，代办海关业务等。

集装箱内陆货运站除了具备上述码头货运站的基本功能以外，还须负责接收托运人托运的整箱货及其暂存、装车并集中组织向码头堆场的运输；或集中组织港口码头向该站的疏运、暂存及交付；受各类箱主的委托承担集装箱代理人业务，对集装箱及集装箱设备的使用、租用、调运保管、回收、交接等行使管理权。

4. 集装箱货运站的设备和设施

大型集装箱货运站为了有效地开展工作，需要有完成上述工作的机械和设施。

（1）办理集装箱货物交接和其他手续的门房及营业办公用房。

（2）接收、发放和堆存拼箱货物及进行装拆箱作业的场地、库房与相应的机械设备。

（3）集装箱堆存及堆场作业的机械设备。

用于拆、装的机械，主要有小型叉车；用于堆场的机械主要有集装箱叉车、汽车吊等。

（4）开展集装箱检验、修理、清洗等业务的车间和条件。

（5）拖挂车和汽车停车场及装卸汽车的场地和机械设备。

（6）能与港口码头、铁路车站及业务所涉及的各货主、运输经营人等方便、快速、准确地进行信息、数据、单证等的传输、交换的条件与设备。

（7）为海关派员及办理海关手续所需的各种条件及设施等。

5. 集装箱货运站管理

集装箱货运站的经营人是指对货运站进行投资建设、经营管理的机构。一般来说可以是海上运输的集装箱公司、铁路或公路运输经营人，也可以是开展集装箱多式联运的多式联运经营人、无船承运人和较有实力的货运代理人。从我国集装箱运输的发展来看，一些港口企业、地方主管机构也在其本地和内陆腹地采用独资或合作方式建立和经营码头货运站或内陆货运站。

集装箱货运站负责集装箱的中转、储存保管、拆装箱等业务，有的还兼营集装箱的清洗和修理等，涉及的单位很多，它既要配合船公司、港口做好出口集装箱货物到站装箱、拼箱工作，又要协助港口做好进口拼箱货的保管和交付工作。为了提高集装箱货运站的服务质量，

加速集装箱的周转，必须对各项业务进行科学管理，使各项进出口业务顺利进行。

5.3.2 集装箱货运站业务

1. 拆箱提货业务

1）拆箱

按 CFS 交接条款由码头拆箱的，或 CY 条款由于收货人无整箱提运能力或其他原因要求码头拆箱的，由码头控制室根据拆箱计划，安排机械将要拆箱的进口重箱移入码头 CFS 拆箱区。拆箱前，码头 CFS 人员和外理人员应先共同核对箱号、检验箱体和封志，再由码头人员拆箱、外理人员理货。

2）库存

拆箱的货物应及时入库，根据货物的票数、重量、尺寸、包装等特性，选定合适的仓库货位，进行合理堆码。为便于保管和发货，通常还按票制作桩脚牌置于该票货物正面明显之处。货物入库后，应及时将货物信息输入计算机，保证货物账货相符。

3）受理

收货人办妥进口报关报验手续后，凭提货单到码头受理台办理提货手续。受理台审核提货单无误、收取码头有关费用后，开具提货凭证交收货人，并将提货作业计划按票输入计算机，通知码头 CFS 仓库做好发货准备。

4）提货

收货人提货的方式主要为公路运输，此外还包括内河水运和铁路运输，因此集装箱码头受理提货申请后，根据提运方式的不同，分别编制车提、落驳和装火车的作业计划，以按不同出库去向操作。

2. 装箱出口业务

1）受理

发货人根据所托运的船名、航次的船期，完成备货和出口清关后，向码头受理台申请货物进库，受理台人员审核装货单并收取有关费用后，开具入库凭证交发货人，并将作业计划输入计算机，由计算机通知 CFS 仓库做好入库准备。

2）入库

码头 CFS 仓库人员根据入库作业计划，做好货位安排准备。发货人将货物散件送仓库，仓库人员核对入库计划与入库凭证，双方当面清点、检验、交接货物，按不同特性对货物进行合理堆码并做好桩脚牌。入库工作结束后，仓库人员应及时将货物信息输入计算机，做到账货一致。

3）装箱

码头集装箱货运站人员根据装箱计划核对桩脚牌，并根据货物的不同特性，选定合适的集装箱箱型和尺寸，按照装箱的技术规范合理装箱。装箱时由外理人员负责理货，双方对装入集装箱的货物进行清点、检验，如有异常应由外理人员做好记录，以区分装箱前后的责任。装箱完成后，由码头人员如实填制集装箱装箱单，并在海关监管下施封。需要注意的是，对于 CFS 条款装箱的，应注意避免各票货物之间因物理化学性能造成货损，同时各票货物不仅为同一船名航次，而且应为同一目的港。出库装箱完成后，仓库人员应及时将作业信息输入计算机，以保持仓库的货物与记录一致。

4）出运

装箱完成后，码头安排将重箱及时移入出口箱区，配载人员完成船舶配载后，按船名、航次和船期组织装船出运。

5.4　集装箱公路运输节点

5.4.1　集装箱公路运输节点在联运中的作用

在国际集装箱由海上向内陆延伸的运输系统中，集装箱公路运输节点的作业是一个重要环节。集装箱公路运输中转站既是内陆的一个口岸，又是国际集装箱承、托、运等各方进行交易和提供服务的中介场所，为海上国际集装箱向内陆延伸的运输提供后勤保障作业。同时集装箱公路运输中转站的设立可在一定程度上改善内陆地区的投资环境，从而促进内陆地区经济的发展，随之又可带动国际集装箱运输在内陆的推广和应用。

1. 集装箱公路运输中转站是国际集装箱运输在内陆集散和交换的重要场所

随着外向型经济和国际贸易的发展，内陆地区外贸商品的进出口频率和数量显著增多。内陆中转站的建立，可对现有腹地集中出口货物，按流向进行合理分配积载并拼装成箱，再根据运输要求及时向港口发运。具备"一关三检"的中转站，货物还可就地通关。这样的运输组织形式可以显著地提高进出口货物的集装化程度，有效地减少货损货差、缩短集装箱周转时间、提高集装箱的利用率。

2. 集装箱公路运输中转站是港口向内陆腹地延伸的后方库场

通过集装箱公路运输中转站堆存、仓储和中转等功能的发挥，可使进口国际集装箱货物能够快速有效地从港口运往内地及时交付收货人。出口国际集装箱货物可根据货物的流量、流向、品类及船期安排，有计划、有准备地按期起运，进港上船。内陆公路中转站的设立，等于将港口的后方库场延伸到了内陆腹地，大大缩短了船、箱、货的在港停留时间。

3. 集装箱公路运输中转站是海上国际集装箱向内陆延伸运输系统的后勤保障作业基地

集装箱公路运输中转站的设立起到海上国际集装箱向内陆延伸运输系统的后勤保障作业基地的作用。因为集装箱在使用寿命期间，为了保证不危及人身安全并及时消除其存在的缺陷，集装箱经营人都要通过合同方式委托集装箱堆场经营人按照《国际集装箱安全公约》对集装箱定期进行检验和修理。而集装箱公路运输中转站一般均具备上述作业所需的软硬件条件。

4. 集装箱公路运输中转站既是内陆的一个口岸，又是国际集装箱承、托、运等各方进行交易和提供服务的中介场所

集装箱公路运输中转站的设立是国际集装箱港口向内陆腹地延伸运输系统中的一个重要窗口。它既是内地办理国际集装箱进出口业务的一个口岸，又是国际集装箱货主、货代、船公司、集装箱管理部门、公路运输企业以及与之有关的"一关三检"等各方面进行交易和为之监管服务的中介场所。由于集装箱公路运输中转站完善的设施和规范有效的运作，从而能保证国际集装箱在内陆延伸系统中的顺利进行。

5. 集装箱公路运输中转站的设立可改善内陆地区的投资环境，从而促进外向型经济的快速发展，随之又带动国际集装箱运输在内陆的推广和应用

随着内陆外向型经济的快速发展，对国际集装箱运输的需求将更加迫切。这既是中国经济发展的需要，也是与国际贸易接轨的要求。而内陆集装箱公路运输中转站的建立将促进内陆集装箱运输的发展。由于国际集装箱运输的发展将进一步优化内陆招商引资环境、提高国际贸易管理水平、增强出口产品的竞争力，从而大大推动内陆外向型经济的快速发展。

5.4.2 集装箱公路运输中转站的分类

按我国国家标准《集装箱公路中转站级别划分、设备配备及建设要求》（GB/T 12419—2005），集装箱公路运输中转站有两种分类方法。

1. 按所运箱的类型

按所运的类型，可分为国际集装箱中转站和国内集装箱中转站。对同时经营国际集装箱和国内集装箱的中转站，其国际集装箱年箱运量达到年总箱运量的70%以上者，视为国际集装箱中转站。

2. 按集装箱公路运输中转站年箱运量、年堆存量及其所在地理位置分类

按该标准可划分成四级，即一级站、二级站、三级站。其划分标准如表5-2所示。

表5-2　集装箱公路中转站站级划分

一级站	①位于沿海地区，年箱运量在 30×10^3 TEU 以上或年堆存量在 9×10^3 TEU 以上的集装箱中转站
	②位于内陆地区，年箱运量在 20×10^3 TEU 以上或年堆存量在 6×10^3 TEU 以上的集装箱中转站
二级站	①位于沿海地区，年箱运量在 $16 \times 10^3 \sim 30 \times 10^3$ TEU 或年堆存量在 $6.5 \times 10^3 \sim 9 \times 10^3$ TEU 的集装箱中转站
	②位于内陆地区，年箱运量在 $10 \times 10^3 \sim 20 \times 10^3$ TEU 或年堆存量在 $4 \times 10^3 \sim 6 \times 10^3$ TEU 的集装箱中转站
三级站	①位于沿海地区，年箱运量在 $6 \times 10^3 \sim 16 \times 10^3$ TEU 或年堆存量在 $3 \times 10^3 \sim 6.5 \times 10^3$ TEU 的集装箱中转站
	②位于内陆地区，年箱运量在 $4 \times 10^3 \sim 10 \times 10^3$ TEU 或年堆存量在 $2.5 \times 10^3 \sim 4 \times 10^3$ TEU 的集装箱中转站

5.4.3 集装箱公路中转站的组成

根据集装箱公路中转站的作业功能和业务经营范围，集装箱公路中转站一般包括运输车辆、集装箱装卸堆场、拆装箱作业场、货物仓库、车辆和集装箱的检测维修车间、管理信息系统、"一关三检"机构、生产调度和企业管理部门、动力供给、生产辅助设施以及生活保障设施等。各单项工程的建筑物、构筑物需用面积和车辆设备的品种及配备数量要根据企业的生产规划和中转站的规模而定。站内一般划分为5个区域。

（1）集装箱堆存、拆装、仓储作业区，包括空重箱堆场、拆装箱作业场、拆装箱仓库、海关监管仓库等。

（2）车辆、箱体的检测、维修、清洁作业区，包括车辆机械检测维修车间、集装箱修理和清洁间、材料配件库、工具库等。

（3）辅助生产作业区，包括加油站、洗车检车台、变电室、水泵房、锅炉房、污水处理、消防设施、停车场等。

（4）生产业务管理区，包括由"一关三检"、货运代理、生产调度、管理信息系统、企业管理、银行保险等部门组成的综合业务楼、中转站大门、验箱桥、地秤房等。

（5）生活供应区，包括食堂、浴室、候工室、职工宿舍和对社会服务的生活福利设施等。根据中转站所承担的生产业务范围，各作业区域可分别组成若干个基层单位，如运输车队、装卸车间、拆装箱作业间、集装箱修理间、车辆机械检测维修中心、生产调度室、信息中心等。

5.4.4　集装箱公路中转站应具备的主要作业功能

1. 内陆集装箱堆场和集装箱货运站业务功能

根据货主在国际贸易中所签订的运输条款和箱货交接方式，在多式联运过程中需要停留、中转和交付的进出口国际集装箱重箱、空箱或拼箱货物，都可在中转站进行整箱或拼箱货物的交接，并划分其风险责任。

2. 集装箱货物的集散、仓储、换装和拆装箱作业功能

对出口的集装箱货物，可提供集货、理货、装箱、拼箱，并向港区码头转运装船等服务；对进口的国际集装箱货物，可提供拆箱、卸货、理货、分发及上门送货等服务；对拆箱后、装箱前以及需要换装的各种进出口货物，包括需要长期保存、周转的免税、保税商品，海关暂扣物资，进出口国际集装箱等，都可进入中转站的专门仓库进行储存和保管。

3. 内陆口岸功能

根据区域经济和对外贸易发展的需要，在内地建立的某些中转站，经政府主管部门批准，可设置海关、商检、动植物检疫、卫检等口岸监管服务机构及其专业设施，以供各类集装箱货物及其他交通工具办理入境手续，是出入境口岸业务由沿海港口延伸到内陆的中转站。

4. 集装箱公路箱管站功能

集装箱公路中转站经船公司集装箱运输管理中心认可并签订协议后，可作为船公司及其代理人调度、交接、集中、保管和堆存空集装箱的场所，并且通过 EDI 系统负责集装箱的动态跟踪，还可按规定的标准、工艺对集装箱进行定期的检验、修理、整新、清洁以及维护等作业。

5. 信息处理、传输功能

国际集装箱运输的实物流动是与相关的信息流伴随而行的。按照船方、货方、港口、中转站、海关以及检验等协作单位对集装箱和集装箱运输进行管理的需要，中转站必须建立起管理信息系统，主要包括对集装箱进行动态跟踪和管理；对集装箱货物和车辆的运输作业、调度计划以及单证的流转、票务结算等进行统计并制表；处理在运输中涉及的单证；在与其他相关单位连接的管理信息系统网络上，传递交流各类信息。

6. 国际货运代理功能

受国内外货主或承运人委托，办理托运或组织货源，代办接货、发运业务，办理货物经由公路、铁路、水路、航空的转运业务，缮制各种运输单证，签发提单，代办运输全过程的投保、结汇、支付运费、缴纳各种税费等业务。

7. 其他配套服务功能

其他配套服务功能为国际集装箱运输生产业务配套的服务，包括对车辆机械的技术监测与维修，车辆的清洗、加油和停放，对各类货物进行装卸、包装、分拣以及物流增值服务等，引入海关、检验、银行、保险公司、公安、税务等部门，以便为客户提供一条龙服务。

5.5　集装箱铁路运输节点站

集装箱铁路运输节点，是具体办理集装箱业务的基层单位。大的节点对外业务往往是通过集装箱营业所或铁路运输站段办理的，小的节点不论是对外与收、发货人或运输公司的有关业务，还是对内与行车等部门的有关业务，均由车站办理。

5.5.1　集装箱铁路运输节点必须具备的条件

（1）有一定数量且稳定的集装箱货源，这是开展集装箱运输的先决条件。因此，铁路方面要认真调查和掌握货源。货运来源不清，数量不准，即使开办了集装箱运输业务。也会因运量少、货运量不均衡给运力带来亏损。

（2）装卸、搬运集装箱的机械设备以及硬化场地是开办集装箱运输节点的物质条件，没有硬化面的场地，集装箱直接放在地面上，装卸机械也不能很好地进行作业。

（3）有办理集装箱业务的专业人员，而专业人员是提高工作效率和保证质量的根本。

（4）有与其他运输方式相衔接的条件。

集装箱铁路运输节点的开办与停办，由铁路局根据以上基本条件进行审查，报交通运输部批准和公布。另外，自备大型集装箱运输专用线的开办和停办，可由铁路局根据专用线的场地、机械和取送车条件进行审查和批准，并报交通运输部公布。

5.5.2　集装箱铁路运输节点的类型

凡办理集装箱运输的铁路车站均称为集装箱铁路运输节点，按其业务性质与办理范围的不同可分为两种。

1. 基地站

基地站是指定期直达列车始发端到终点端的办理站，一般规模较大，处理集装箱运量较多，装卸集装箱与处理集装箱的设施较齐全。

2. 办理站

办理站指仅办理集装箱运输业务、运量较少的车站口。

5.5.3　集装箱铁路运输节点的职能

从目前所有的集装箱铁路运输节点来看，一般都具有两种职能。即商务职能和技术职能。

1. 商务职能

（1）受理集装箱货物的托运申请。

（2）办理装、卸箱业务。

（3）编制用车计划。

（4）向到达站发出到达预报通知。

（5）编制有关单证。

（6）核收有关费用。

（7）装箱、拆箱以及加封等。

2. 技术职能

（1）提供适合装货、运输的集装箱（空箱）。

（2）安排集装箱装卸、搬运的机械。

（3）联系其他运输方式。

（4）联系铁路之间的联运等。

5.5.4 集装箱铁路的中转

集装箱铁路中转站的主要任务是把来自不同车站的集装箱货物，通过有计划地组织重新接运到站装车，将集装箱货物以最快速度运至到站。

目前，在进行集装箱中转时，有时会发现集装箱箱体损坏或封印丢失、失效的情况，一旦发现，中转站要立即会同有关部门清点货物，编制详细记录说明情况，补封后继续运送。当箱体损坏危及货物运输质量时，要对箱内货物进行换箱。

中转站的中转作业分以下过程完成。

1. 编制中转配装计划

1）详细核对中转计划表

主要内容有方向、主要到站、存箱数、已开始作业和待运站的存箱数。

2）确定中转车的去向

审核到达货票，并根据到达待送车的货票统计中转集装箱去向，确定重车卸后的新去向。

3）做集配计划

集配计划是按去向、主要到达站分别统计得出的，内容包括停留在堆场的集装箱、各到达车装载的集装箱以及各货车之间相互过车的箱数。

4）确定中转车作业顺序

根据集配计划，结合送来顺序，确定货车送入后的中转车作业顺序。

5）传达中转作业计划

货运员和装卸工组进行复查核对，做好作业前的准备。在复查中不但要对数字进行复查，还要检查箱体、铅封状态、标签、箱号是否与箱票记载一致。

2. 中转作业

（1）集装箱中转作业顺序一般是在货车送到后，根据中转作业计划，首先卸下落地箱，再将过车箱装载到应过的车上，最后整理剩在车上的其他货箱。在进行车内整理作业时，要检查留于车内的集装箱的可见箱体和铅封的状态，以便划分责任。

（2）进行装载。

（3）中转作业完毕后对货车进行加封。

3. 中转作业后的整理工作

中转后的整理工作，既是对中转作业结束后对中转工作质量的检查，也是下一次作业的开始。主要包括货运票据的整理、报表填记、复查中转作业完成的质量。

 复习思考题

一、名词解释

集装箱货运站　　集装箱公路运输节点　　集装箱铁路运输节点

二、多项选择题

1. 属于集装箱装卸工艺方案的包括（　　）。

    A. 底盘车装卸系统　　　　　　　　B. 跨运车系统

    C. 龙门起重机系统　　　　　　　　D. 滚装装卸方案

2. 集装箱铁路运输节点的类型（　　）。

    A. 基地站　　　　B. 办理站　　　　C. 国际中转站　　　D. 国际中转站

三、判断题

1. 跨运车系统适用于进口重箱量大、出口重箱量小的集装箱码头。（　　）

2. 跨运车工艺流程可分为：船—桥吊—码头前沿—跨运车—堆场。（　　）

3. 集装箱装卸桥的生产率根据作业路线的不同而不同。（　　）

4. 集装箱中转时若发生封印丢失情况就无法划分责任。（　　）

四、简答题

1. 集装箱码头的机械设备可分为哪几类？各包括哪些运输装卸设备？

2. 集装箱码头装卸工艺分为哪几类？试比较各类装卸工艺的特点。

3. 集装箱公路中转站需具备的主要功能有哪些？

4. 试述集装箱铁路运输节点的职能。

参考答案

二、多项选择题

1. ABCD　　2. AB

三、判断题

1. T　　2. T　　3. T　　4. F

 **案例分析**

原告：深圳赤湾港航股份有限公司。住所地：广东省深圳市蛇口工业区赤湾。

法定代表人：王某某，该公司董事长。

委托代理人：雷某某，广东海信现代律师事务所律师。

被告：山东省烟台国际海运公司。住所地：山东省烟台市芝罘区环海路2号。

法定代表人：陶某某，该公司总经理。

委托代理人：姜某某，男，汉族，1980年6月24日出生，住山东省烟台市芝罘区环海路2号。

原告深圳赤湾港航股份有限公司与被告山东省烟台国际海运公司港口作业合同纠纷一案，本院于2008年9月25日受理后，依法由审判员詹某某、邓某某，代理审判员邬某某组成合议庭。在审理过程中，合议庭成员由代理审判员邬某某改为代理审判员李某某。本案于2008年11月24日召集双方当事人进行庭前证据交换，并公开开庭进行审理。原告委托代理人雷某某到庭参加诉讼，被告经本院合法传票传唤无正当理由拒不到庭。本案现已审理终结。

原告诉称：2006年12月31日，原、被告签订《集装箱堆存、维修合同》，约定原告为被告提供集装箱空箱的堆存维修服务，被告按约定的维修费标准支付维修费、材料费，并于账单确认后 45 日内支付给原告。自 2007 年 7 月开始，被告开始拖欠原告修理费，至 2008 年 8 月底，共欠原告维修费 651 536.05 元、堆存费 856 800 元（自 2008 年 8 月 21 日起计至 2008 年 10 月 21 日）、堆场转堆吊柜费按每柜 200 元为 85 600 元、逾期付款利息暂计至 2008 年 9 月 30 日为 21 898.17 元，合计 1 615 834.22 元。2008 年 8 月 21 日，被告指示原告停止向任何人放柜，导致为被告修理的 428 个空箱滞留在原告修箱场内。请求法院判令：①被告支付原告以上修箱费、堆存费、吊柜费及其从 2008 年 8 月 21 日起按照一年期流动资金贷款利率计算的利息（暂计至 2008 年 9 月 30 日）共计 1 615 834.22 元；②原告对被告存放于原告修箱场内的集装箱享有留置权，留置权数额与第一项请求金额一致；③被告承担本案全部诉讼费用和财产保全费用。

原告在举证期限内提供了以下证据：①《集装箱堆存、维修合同》；②指示停止放柜的电子邮件；③原告向被告发出的欠付维修费以及应付堆存费、吊柜费的通知；④被告欠款总额表；⑤被告欠款的维修费估价单、确认邮件函；⑥赤湾集装箱有限公司与被告签订的关于装卸、堆存费和吊柜费的《港口操作费用协议》。原告另外补充提供了 30 份《来往港澳小型船舶进出口货物舱单》以及被告滞留的集装箱堆存时间表。

被告辩称：被告确认欠付原告集装箱维修费 651 536.05 元，但对原告主张的堆存费和吊柜费不予认同，理由有三点。①根据原、被告签订的《集装箱堆存、维修合同》，被告的集装箱，包括自有箱、租箱以及被告控制的货主箱，在原告的堆场内是免费堆存的，同时没有约定被告需要向原告支付吊柜费。双方在合作过程中也从未收取过上述费用。②原告没有提供证据证明被告曾经将 428 个集装箱放在原告的修箱场内，其收取堆存费和吊柜费是没有依据的。③原、被告签订的是"车架维修协议"，被告的集装箱修理后会立即提走，不会堆放在原告的修箱场内。

被告在举证期限内没有提供证据。

被告经本院合法传唤，无正当理由拒不到庭，应视为其放弃质证的权利。原告提供的证据 1《集装箱堆存、维修合同》、证据 6《港口操作费用协议》经与原件核对无异，真实性应予认定。对于原告提供的其他证据，包括停止放柜、欠费通知、维修费估价和确认的电子邮件以及 30 份舱单等证据，在被告没有提供反驳证据的情况下予以确认。根据原告的证据及其庭审陈述，合议庭认定事实如下。

2006 年 12 月 31 日，原、被告双方签订《集装箱堆存、维修合同》，约定被告将其自有箱、租箱以及其控制下的货主箱，在原告的堆场内视作空箱堆存、修理，并依据该合同条款支付原告相关的费用，原告依照该合同条款向被告提供修理、堆存等有关服务；原告以电子邮件方式在每日 09:00 以前将被告在场坏箱盘存日报报给被告；原告同意在每天 10:00 时前将前一日被告集装箱的进场日报、出场日报及盘存日报发送给被告；所有与堆场有关的往来账单，被告收到账单并书面确认费用后在 45d 内支付；合同自 2007 年 1 月 1 日起生效，至 2007 年 12 月 31 日截止，在履行中如有异议可通过友好协商进行修改或补充，双方如无异议并无特别声明，合同自动无限延期。

被告通过电子邮箱对经过原告修理的集装箱费用分别予以确认。2007 年 7 月份，被告向原告确认产生费用 3 375.26 美元，折合人民币 25 381.95 元；2007 年 9 月份，被告确认产生费用 5 097.65 美元，折合人民币 38 334.33 元；2007 年 10 月份，被告确认产生费用 5 479.8 美元，折合人民币 41 208.09 元；2007 年 11 月份，被告确认产生费用 5 682.44 美元，折合人民币 42 050.06 元；2007 年 12 月份，被告确认产生费用 6 794.21 美元，折合人民币 49 597.73 元；2008 年 1 月份，被告确认产生费用 7 385.02 美元，折合人民币 53 098.29 元；2008 年 2 月份，被告确认产生费用 7 572.58 美元，折合人民币 54 046.12 元；2008 年 3 月份，被告确认产生费用 7 348.89 美元，折合人民币 51 589.21 元；2008 年 4 月份，被告确认产生费用 7 442 美元，折合人民币 52 094 元；2008 年 5 月份，被告确认产生费用 7 434.06 美元，折合人民币 51 666.72 元；2008 年 6 月份，被告确认产生费用 7 652.01 美元，折合人民币 52 416.27 元；2008 年 7 月 25 日，被告确认产生费用 7 403.69 美元，原告对其中重复计算的 6 项费用予以扣除，实际费用为 7 285.79 美元；2008 年 8 月 26 日，被告确认产生费用 11 287.45 美元，并于 8 月 28 日就原告发送的费用共 2 128.89 美元的清单表示由原告一同开具发票，不对各费用逐一确认，8 月份共产生的费用折合人民币 90 072.76 元。以上集装箱修理费用合计 651 536.05 元人民币，其中 2007 年 7 月至 2008 年 6 月产生的修理费用合计 511 482.77 元人民币，2008 年 7 月产生的修理费折合人民币为 49 980.52 元，2008 年 8 月产生的修理费折合人民币分别为 75 780.12 元、14 292.64 元。被告没有向原告支付以上集装箱修理费。

2008 年 8 月 21 日，被告通过电子邮件通知原告从即日起停止发放其空箱给客户。8 月 29 日，原告通过电子邮件发函给被告称：鉴于被告在场箱量较大，滞留时间较长，对其堆场资源占用较大，原告从即日起开始每天每个标准箱征收 20 元堆存费。9 月 5 日，原告通过电子邮件告知被告其欠款情况，其中包括 2007 年 7 月至 2008 年 8 月被告确认欠款 651 536.05 元，截至 2008 年 9 月 5 日的 428 个箱的堆存费（算作 714 个箱）共 114 240 元，预计 428 个箱的吊柜费每个 200 元共计 85 600 元。

原告在庭审中称，由于 428 个集装箱占用其码头堆场，需要转到码头外的堆场，应参照被告与赤湾港航股份有限公司签订的《港口操作费用协议》中的翻舱与搬运费条款，对每个集装箱收取 200 元的吊柜费。

另查，被告与赤湾港航股份有限公司签订了《港口操作费用协议》，有效期从 2008 年 7 月 1 日至 2008 年 12 月 31 日，在堆存费条款中约定每天每个标准箱收费 25 元，40 ft 的集装箱算作两个标准箱，在翻舱与搬运费条款中约定对卸至码头后装上同一只船的集装箱每个收费 300 元。

根据原告提供的进出口货物舱单记载，付款人为代号"SYMS"的被告的集装箱从香港运至赤湾港，进堆场时间分别从 2008 年 6 月 28 日至 8 月 16 日。以上集装箱在赤湾港滞留共 428 个，其中 40 ft 有 286 个，20 ft 有 142 个。

2008 年 9 月 2 日，本院做出（2008）广海法保字第 126-2 号民事裁定，准许原告的诉前财产保全申请，查封被告位于原告堆场的 367 个集装箱。原告缴交了财产保全申请费 5 000 元。经原告申请，本院于 2008 年 9 月 25 日裁定解除对其中 172 个集装箱的查封，其余 195 个集装箱继续由本院查封。在继续查封的集装箱中，40 ft 集装箱有 131 个，20 ft 集装箱有 64 个。

2008 年 9 月 25 日，本院做出（2008）广海法保字第 136-2 号民事裁定书，准许深圳赤湾轮船运输有限公司的诉前财产保全申请，查封被告位于原告堆场的 79 个集装箱，其中 40 ft 有 1 个，20 ft 有 78 个。

2008 年 10 月 8 日，本院做出（2008）广海法初字第 475-2 号民事裁定，准许深圳赤湾港集装箱有限公司的财产保全申请，查封被告位于深圳赤湾港集装箱有限公司堆场的 154 个集装箱，该批集装箱均为 40 ft。

以上被查封的集装箱共 428 个。位于原告堆场的集装箱分别有 195 个和 79 个，共 274 个，其中 40 ft 和 20 ft 的分别有 132 个、142 个。位于深圳赤湾港集装箱有限公司堆场的 40 ft 集装箱有 154 个。

思考题：对于本案例中集装箱所涉及的所有费用中各应该由谁承担？

参考答案

本案是港口作业合同纠纷。原、被告签订《集装箱堆存、维修合同》，约定被告将其集装箱在原告堆场内交由原告进行堆存、修理，并按合同条款支付原告相关费用。由于双方没有提交终止合同的特别声明，按照约定视为已对合同自动进行延期。合同中有关堆存的条款属于保管合同条款，有关维修的条款属于承揽合同条款。原告对被告的集装箱进行堆存和修理，是双方的真实意思表示，原、被告之间成立的由保管合同和承揽合同组成的港口作业合同合法有效，对双方均具有法律约束力。

关于修理费问题，原告已经为被告提供了集装箱修理服务，被告对原告的修理行为及产生的修理费总额 651 536.05 元人民币也予以确认。但被告没有按照约定的期限向原告支付修理费，根据《中华人民共和国合同法》第一百零七条的规定，除了支付修理费本金外，还应承担向原告赔偿利息损失的违约责任。按照合同约定，被告收到账单并书面确认费用后在 45 d 内付款。对于 2007 年 7 月至 2008 年 6 月产生的修理费用合计人民币 511 482.77 元，原告提出从 2008 年 8 月 21 日起算利息损失的诉讼请求，由于请求的起算日期距离确认费用之日已届满 45 d，应予以支持。对于 2008 年 7、8 月份产生的修理费，由于计至 2008 年 8 月 21 日，45 d 的付款期尚未届满，原告提出从 2008 年 8 月 21 日起算利息损失，本院不予支持。2008 年 7、8 月份产生的修理费的利息损失，应分别从被告确认费用之日届满 45 d 后起算。被告对其中最后一笔费用虽然没有通过电子邮件予以确认，但在 2008 年 8 月 28 日表示可以对该费用开具发票，另在其提交的答辩状中对包括该费用在内的所有修理费拖欠总额予以确认，应视为其在 2008 年 8 月 28 日已经确认该笔费用。所以 2008 年 7 月 25 日确认的修理费 49 980.52 元从 2008 年 9 月 8 日起算利息损失，8 月 26 日确认的修理费 75 780.12 元从 2008 年 10 月 10 日起算利息损失，8 月 28 日确认的修理费 14 292.64 元从 2008 年 10 月 12 日起算利息损失。

原告请求修理费的利息损失按照中国人民银行一年期流动资金贷款利率计算，由于没有相应的按照一年期流动资金贷款利率计算利息的法律依据，利息应按中国人民银行同期流动资金贷款利率计算。

关于吊柜费问题。原告主张参照适用被告与深圳赤湾港集装箱有限公司签订的《港口操作费用协议》中的翻舱与搬运费条款。由于该条款使用于将集装箱卸至码头后又装船的情况，原告所称的只是转移集装箱的堆场，不需要装船，本案不适用该条款。且原告没有进一步提供证据证明均对 428 个集装箱进行堆场转移工作，原告对其收取吊柜费用的主张未能提供充分依据，证明其收费符合约定或者交易习惯。对该吊柜费的诉讼请求，不予支持。

关于留置权问题。原告主张对被告存放于原告修箱场内的集装箱享有留置权，留置权数额与其请求债权金额一致。原、被告双方对集装箱的修理、堆存的约定分别属于承揽、保管合同条款。《中华人民共和国合同法》第二百六十四条规定，定做人未向承揽人支付报酬或者材料费等价款的，承揽人对完成的工作成果享有留置权，但当事人另有约定的除外。《中华人民共和国担保法》第八十四条第一款规定，因保管合同、运输合同、加工承揽合同发生的债权，债务人不履行债务的，债权人有留置权。鉴于原告已为被告提供了集装箱修理、堆存服务，而被告没有支付修理、堆存费用，且没有提供相反的证据，关于原告提出的对经过其修理或者保管的集装箱享有留置权的诉讼请求，应予以支持。本案中由于被告在原告堆场的集装箱只有274个，另154个集装箱不在原告堆场，故原告根据本案被认定的债权金额，对存放于其堆场的274个集装箱享有留置权。

开篇案例参考答案

1. 收货人向发货人提出赔偿要求

由于出口提单记载"由货主装载并计数"，收货人根据提单记载向发货人索赔，但发货人拒赔，其理由："尽管提单记载由货主装载并计数，但事实上皮鞋并非由货主自行装载，在皮鞋送货运站后，货运站不仅在卸车记录上签收，而且又出具了仓库收据。仓库收据的出具表明货运站已收到皮鞋，对皮鞋的责任已开始，同时也表明货主责任即告终止。因此，提单记载是没有任何意义的，不具有任何法律效力。此外，提单记载 CY/CY 运输条款并不能说明整箱交接，因为该批皮鞋由货运站装箱。而且，装载皮鞋的集装箱装船后，船公司已出具提单，更为主要的是集装箱货物交接下买卖双方风险以货交第一承运人前后划分，由于集装箱运输下承运人的责任是从"接受货开始"，因而随着货交承运人，其贸易风险也转移给了买方。

2. 收货人向承运人提出赔偿要求

当收货人向承运人提出赔偿时，承运人认为："提单记载的运输条款是 CY/CY"，即整箱交接，提单的反面条款也规定："整箱货交接下，承运人在箱子外表状况良好下，关封完整下接货、交货。"既然收货人在提箱时没有提出异议，则表面承运人已完整交货。承运人进一步说："至于提单上记载由货主装载并计数，因为对承运人来说是货运站接受的已装载皮鞋的整箱货，事实上并非知道箱内是否装载皮鞋。"提单正面条款内容对提单签发人、提单持有人具有法律效力。

3. 收货人向保险人提赔

当收货人向保险人提出索赔时，保险人也拒赔，并提出："此种赔偿归属于集装箱整箱货运输下的'隐藏损害'，即无法确定皮鞋灭失区段和责任方。"如收货人向保险人提出索赔，收货人应向保险人举证说明皮鞋灭失区段、责任方，这样才可保证在保险人赔付后可行使追偿权，即进行"背对背"赔偿。保险人进一步说："整箱货隐藏损害同时应具备以下三个条件：

①货物灭失或损害发生在保险人责任期限内；

②货物灭失或损害属保险人承保范围的内容；

③箱内货名称、数量、标志等装载必须与保单内容记载一致。"

第6章

集装箱海运提单

本章要点

- 掌握主要货运单证；
- 掌握提单的概念、种类、作用；
- 掌握《海牙规则》的主要内容；
- 掌握《海牙/维斯比规则》和《汉堡规则》的主要内容；
- 掌握集装箱提单的正面内容；
- 掌握集装箱提单的主要条款。

 开篇案例

无船承运人取消审批制和保证金是否利于促进市场规范化

2019 年 4 月，国务院发布了《关于取消和下放一批行政许可事项的决定》，无船承运业务取消审批，改为备案。

通知指出：交通运输部将于近期集中办理无船承运保证金退还工作，各无船承运业务企业及时关注交通运输部无船承运保证金退还工作的相关通知，按规定申报退还无船承运保证金。

同时，"无船承运业务"备案业务办理，可在"港航管理系统"完成，备案信息包括公司名称、注册地、法人代表和联系方式。此外，无船承运企业还应按相关要求，在中华航运网进行运价备案，相关备案操作和要求不变。

据了解，目前保证金已经可以办理退还，而保证金责任保险这一险种也已经"下线"。此次，无船承运业务从审批改为备案，同时取消了保证金及保险，无疑减轻了无船承运企业的资金负担。

无船承运人在实际业务中只是契约承运人，而实际完成运输的承运人是实际承运人。那

么，审批改备案，取消保证金及保证金保险制度，给无船承运企业减负的同时，是否给货主带来新的风险？是否利于促进市场的规范化？

来源：无船承运业务取消审批、退还保证金！货主的担忧谁来解？[EB/OL].（2019-04-12）[2021-1-22]. https://www.sohu.com/a/307398693_151241.

讨论： 对于国家的这一改革你有什么看法呢？请查阅相关资料，谈谈你的看法。

6.1　主要货运单证

在国际海上货物运输过程中，从托运人向承运人办理货物托运手续开始到承运人接收货物、装船、配载、卸货……直至货物交付的整个过程的每一个环节，船方、港方、货方都需要伴随各种单证。这些单证的主要作用包括：货方（包括托运人、收货人或其代理人）与船方之间办理货物交接的证明；货方、船方和港方联系货物装卸工作的凭证；货方、港方、船方之间分清责任并处理各自业务的依据。

6.1.1　装箱港常用货运单证

出口货运单证，主要是在装箱港编制和使用的单证，主要包括托运单、装货单、收货单、提单、装货清单、载货清单、载货运费清单、危险货物清单、货物积载图、积载检验报等。

1. 托运单

托运单（booking note，B/N），又称订舱单，是指托运人根据买卖合同和信用证条款的内容填制的，向承运人或其装港代理人办理货物运输的书面凭证。经承运人或其代理人对该单证进行签认，即视为已经接受托收，承运人与托运人之间的货物运输关系即告成立。实践做法是托运人以口头或订舱函电向承运人或其代理人预订舱位，然后再以书面形式提交详细记载有关货物情况及对运输要求的托运单，船公司或其代理人接受承运后，便在托运单上编号并指定船名，将托运单留下，副本退还托运人，备查。

托运单的主要内容包括：托运人名称，收货人名称，货物的名称、重量、尺码、件数、包装形式、标志及号码，目的港，装船期限，信用证有效期，能否分批装运，对运输的要求及对签发提单的要求等。海运托运单的格式见表6-1。

2. 装货单（shipping order，S/O）

装货单（俗称"下货纸"）是指由托运人按照托运单的内容填制交船公司或其代理人审核并签章后，凭以报关和要求船长将货物装船承运的凭证。

托运人拿到船公司或其代理人签章后的装货单，首先必须先到海关办理货物装船出口的报关手续，经海关查验后，加盖海关放行章，然后才能要求船长将货物装船。故此时的装货单习惯上称为"关单"。对于货价较高的货物或其他特种货物，通常以不同颜色（如红色）的装货单与一般装货单相区别，并提醒船方装船时引起注意。

装货单是国际上航运中通用的单证，多数由三联组成，称为"装货联单"。第一联是留底联（counterfoil），用于缮制其他货运单证；第二联是装货单；第三联是收货单（mate's receipt）。除了这三联外，根据业务的需要，还可增加若干份副本（copy），如外代留底联、运费计算联等。

装货单的流转程序是：船公司或其代理人接受货物托收后，将确定的载运船舶的船名及编号填入托运单，然后将装货联单发给托运人填写，填妥后交回船公司的代理人，经审核无误后留下留底联，将装货单和收货单交给托运人前往海关办理出口报关手续，经海关审核准予出口，在装货单上加盖放行章后，便可持此单证要求船长装船。

装货单的内容包括托运人名称、承运船舶、卸箱港，有关货物的名称、标志、件数、重量等详细情况，装船的时间及装舱的位置，理货人员签名等。装货单格式见表 6–2。

3. 收货单（mate's receipt，M/R）

收货单是货物装船后，由承运船舶的大副签署的，表明已收到货物并已将货物装船的货物收据，因此习惯上称为"大副收据"。收货单是装货三联单中的一联，其记载内容与装货单相同，但是增加了大副签署一栏。为了便于识别装货单常用淡红色或淡蓝色制成并在左侧纵向增加一较宽的线条。

收货单的作用表现在如下几方面。一是划分船、货双方责任的重要依据。因为承运人对货物承担责任是在货物装船后开始的，因此当货物装船时，大副必须认真核对装船货物的实际情况是否与装货单上记载的情况相符合。如有不符，应将货物实收情况（如外表状态是否良好，有无标志不清、数量不足、货物是否有损坏等）明确而详尽地记载于收货单，即所谓大副批注。有了大副批注的收货单称为"不清洁的收货单"（foul receipt）；反之称为"清洁收货单"（clean receipt）。二是据以换取已装船提单的单证。货物装船后，经大副签字的收货单由理货公司转交给托运人或其代理人，然后托运人或其代理人持收货单到船公司或其代理人处付清有关费用，换取已装船提单。如果收货单上附有大副批注，除非经承运人同意，凭托运人提交的保函换取清洁提单外，承运人应如实地将大副批注转批到提单上，使之成为"不清洁提单"。

由于收货单具有上述重要作用，因此大副在收货单上批注时，应注意批注的准确性。批注的内容要符合事实，既不应扩大，也不要缩小；批注用词切忌含糊不清，并应注意防止两种倾向：其一是不管货物是否良好，件数是否正确，一律不加批注，而使承运人负担本来不需承担的责任；其二是不问有否损坏或残缺，为减轻承运人的责任，吹毛求疵地一概加以批注，致使货主无法结汇，影响双方的关系。另外对价值不同的货物，批注的宽严程度应有所区别，贵重货物应从严掌握，反之适当宽松些。注意不重复提单中已有的免责内容，更不能与提单条款相矛盾。不应加注一些毫无实际意义的内容，如"新箱""勿用手钩""货物清洁装船"等。收货单格式见表 6–3。

表 6–1 海运出口托运单
SHIPPERS LETTER OF INSTRUCTION

托运人
Shipper_____

编号   船名
No._____ S/S_____

目的港
For_____

标 记 及 号 码 Marks & Nos.	件 数 Quantity	货 名 Description of Goods	重 量 千 克 Weight Kilos	
			净 Net	毛 Gross
			运费付款方式	

共计件数（大写）
Total Number of Packages in Writing

运费计算		尺 码 Measurement	
备注			

抬头	ORDER OF	可否 转船		可否 分批	
通知		装期		效期	提单 张数
		金额			
收货人		银行 编号		信用 证号	

制单   月   日

表 6-2　装货单
SHIPPING ORDER

S/O No. _____

船　名　　　　　　　　　　航　次　　　　　　　　目的港

Vessel Name _____ Voyage. _____ Destination _____

托运人

Shipper _____

受货人

Consignee _____

通　知

Notify _____

兹将下列完好状况之货物装船后希签署收货单

Receive on board the under mentioned goods apparent in good order and condition and sign the accompanying receipt for the same.

标 记 及 号 码 Marks & Nos.	件 数 Quantity	货 名 Description of Goods	毛重量千克 Gross Weight in kilos	尺 码 Measurement 立方米 Cu.M.

共 计 件 数（大写）
Total Number of Packages in Writing

日　期　　　　　　　　　　　　　时间

Date _____ Time _____

装入何舱

Stowed _____

实　收

Received _____

理货员签名　　　　　　　　　　经办员

Tallied By _____ Approved By _____

表6-3 收货单
MATES RECEIPT

S/O No.＿＿＿＿＿＿＿＿

| 船　名 Vessel Name ＿＿＿＿＿＿＿ | 航　次 Voyage. ＿＿＿＿＿＿ | 目的港 Destination ＿＿＿＿＿＿＿ |

托运人
Shipper ＿＿＿＿＿＿＿＿＿＿＿＿＿＿＿＿＿＿＿＿＿＿＿＿＿＿＿＿＿＿

受货人
Consignee＿＿＿＿＿＿＿＿＿＿＿＿＿＿＿＿＿＿＿＿＿＿＿＿＿＿＿＿

通　知
Notify ＿＿＿＿＿＿＿＿＿＿＿＿＿＿＿＿＿＿＿＿＿＿＿＿＿＿＿＿＿＿

兹将下列完好状况之货物装船后希签署收货单

Receive on board the under mentioned goods apparent in good order and condition and sign the accompanying receipt for the same.

标 记 及 号 码 Marks & Nos.	件 数 Quantity	货 名 Description of Goods	毛重量千克 Gross Weight in kilos	尺 码 Measurement 立方米 Cu.M.

共 计 件 数（大写）
Total Number of Packages in Writing

日　期
Date ＿＿＿＿＿＿＿＿＿＿＿＿＿＿ 时间 Time ＿＿＿＿＿＿＿＿＿＿＿＿＿＿

装入何舱
Stowed ＿＿＿＿＿＿＿＿＿＿＿＿＿＿＿＿＿＿＿＿＿＿＿＿＿＿＿＿＿

实　收
Received ＿＿＿＿＿＿＿＿＿＿＿＿＿＿＿＿＿＿＿＿＿＿＿＿＿＿＿＿

理货员签名
Tallied By ＿＿＿＿＿＿＿＿＿＿＿＿ 大　副 Chief Officer ＿＿＿＿＿＿＿＿

4. 提单（bill of lading，B/L）

提单是船公司或其代理人签发给托运人，"用以证明海上货物运输合同和货物已经由承运人接收或者装船，以及承运人保证据以交付货物的单证"。

5. 装货清单（loading list，L/L，cargo list）

装货清单是船公司或其代理人根据装货单留底联，将全船待装货物按卸箱港和货物的性质归类，依航次挂靠顺序排列编制的装货单的汇总单证。

装货清单的主要内容包括：装货单号码、货名、件数及包数、重量、尺码及特种货物对运输的要求等。

装货清单是承运船舶的大副编制配载计划的重要依据，因此这个单据的内容是否正确，对能否正确、合理地编制配载计划具有十分重要的影响。同时它还是供现场理货人员进行理货，港方安排驳运、进出库场以及掌握托运人备货及货物集中情况等的业务单据。

如果有增加或取消货载的情况，船公司或其代理人须及时填制加载清单（additional cargo list）或撤载清单（cancelled cargo list），并及时通知船上。装货清单格式见表 6-4。

表 6-4　装货清单
LOADING LIST

船名_____　页数

m.v._____　Sheet No. _____

关单号码 S/O No.	件数及包装 No. of pkgs	货　名 Description of goods	重量千克 Weight in kilos	估计立方米 Estimated Space In Cu.M.	备　注 Remarks

6. 载货清单（manifest，M/F）

载货清单又称舱单，是按卸箱港顺序逐票罗列全船实际载运货物的汇总清单。它是在货物装船后，由船公司或其在装港的代理人根据提单编制的，编妥后再送交船长签认。

记载的事项包括：装船货物的详细情况（如提单号、标志和号数、件数及包装、货名、重量、收货人等），装箱港，卸箱港，船名，航次，托运人，开航日期等。

载货清单的主要作用如下。

（1）办理船舶出（进）口报关手续的单证。载货清单是国际上通用的一份十分重要的单证。船舶装货完毕开航以前，应将由船公司或代理编制的经船长签认的载货清单送海关办理出口报关手续。海关凭此验货放行。如果船上载有的货物未在载货清单上列明，海关可按走私论处。

（2）作为船舶载运所列货物的证明。载货清单须随船带走，所以船舶离港前，船长应向船代索取若干份以备中途挂靠港口或到达卸箱港时办理进口报关手续时使用。同时还可作为计收运费和代理费的依据。

载货清单可分为"出口载货清单"（export M/F）、"进口载货清单"（import M/F）和过境货物载货清单（through cargo M/F）。即使是空船进出港，也须提交记有"无装卸货物"（loading/discharging cargo bill）或"压载"（in ballast）字样的载货清单。出口载货清单格式见表6-5。

表6-5　出口载货清单
EXPORT MANIFEST

船名 m.v.＿＿＿＿＿　航次 Voyage.＿＿＿＿＿　船长 Caption＿＿＿＿＿　从 From＿＿＿＿＿　到 to＿＿＿＿＿

开航日期 Sailed＿＿＿＿＿＿＿＿＿＿＿＿＿＿　页　数 Sheet No.＿＿＿＿＿

提单号码 B/L No.	标记及号码 Marks & Nos.	件数及包装 No. of pkgs	货　名 Description of goods	重　量 Weight 千　克 Kilos	收货人 Consignees	备　注 Remarks

7. 载货运费清单（freight manifest，F/M）

载货运费清单又称运费清单或运费舱单。它是由船公司在装箱港的代理人按卸箱港及提单顺序号逐票列明的所载货物应收运费的汇总清单。

载货运费清单是船公司营运业务的主要资料之一，既是船代向船公司结算代收运费明细情况的单证，又可以直接寄往卸箱港船代处供收取到付运费和联系其他业务之用。

载货运费清单的内容除了包括载货清单上记载的内容之外，还增加了计费吨、运费率、预付或到付运费额等项内容。出口载货运费清单格式见表6-6。

表6-6　出口载货运费清单
EXPORT　FREIGHT　MANIFEST

船名 m.v.＿＿＿＿＿　航次 Voyage.＿＿＿＿＿　船长 Caption＿＿＿＿＿　从 From＿＿＿＿＿　到 to＿＿＿＿＿

开航日期 Sailed＿＿＿＿＿＿＿＿＿＿　页　数 Sheet No.＿＿＿＿＿

提单号码 B/L No.	标记及号码 Marks & Nos.	件数及包装 No. of pkgs	货　名 Description of goods	重量 Weight 千克 Kilos	发货人 Shipper	收货人 Consignees	运费吨 Scale Tons		运费 Freight		备注 Remarks
							立方米 Cu.M.	公　吨 Metric Tons	运费率 Rate	预付 Prepaid	

8. 危险货物清单（dangerous cargo list）

危险货物清单是专门列出船舶所载运的全部危险货物的汇总清单。其记载的内容除了装货清单、载货清单所应记载的内容外，还增加了危险货物的性能及装舱位置两项。

为了确保船、货、港及装卸、运输的安全，国际上许多国家的港口都做出规定，凡载运危险货物的都必须另外再单独编制危险货物清单。该单证常用红色并附加特别标志制成，以便于识别。而且港口一般都规定，船舶装运危险货物时，船方应向有关部门申请监督装卸。装船完毕后，由监装部门签发一份"危险货物安全装载证书"（Dangerous Cargo Safe Stowage Certificate），这是船舶载运危险货物时必备的单证之一。危险货物清单格式见表6-7。

表 6-7　危险货物清单
DANGEROUS　CARGO　LIST

船名 m.v.____	航次 Voyage.____	从 From____	到 to____	页　数 Sheet No.____

提单号码 B/L No.	件数及包装 No. of pkgs	货　名 Description of goods	重量（千克） Weight（Kilos）	货物性能 Nature of good	船舶位置 Where Stowed	备注 Remarks

9. 配载图和积载图

货物配载图（cargo plan）是承运船舶的大副在开始装货前，根据装货清单，按船舶结构、货舱容积、货物性质、货物重量、货物尺码以及货物到港顺序，绘制的标明货物装舱位置的汇总单证。

配载图主要用于向港口理货人员和装卸工人指明所装货物的计划装舱位置，以使装货作业有条不紊地进行。

在实际装船过程中，往往因种种客观原因，无法按计划装载，使实际装载的情况与配载计划不符，因此当全部货物装完后，应按照实际装载情况，重新绘制积载图（stowage plan）。积载图是船舶运输、保管和卸载货物时必需的资料，也是卸箱港安排卸货作业和进行现场理货的主要依据。

6.1.2　卸箱港常用单证

船舶抵达卸箱港准备卸货之前，船公司在卸箱港的代理人会根据装港代理人寄来的单证或随船带来的单证，预先安排船舶报关、卸货、理货等工作。此外在卸箱港卸货和交付货物的过程中，为了明确交接责任，也要签发一些相关的单证。

1. 过驳清单和卸货报告（outturn report）

过驳清单（boat note，B/N）是在卸箱港过驳卸船时，用以证明货物交接和所交接货物情况的单证。过驳清单是根据卸货时的理货单证编制的，主要内容包括：驳船名、货物标志、号码、件数、品名、舱口号、卸箱港、卸货日期、过驳清单编号等，此外还记载所卸货物的残损情况和程度。多用于日本及欧洲的一些港口，在一些不使用过驳清单的港口，则使用卸货报告。货物过驳清单格式见表6-8。

表6-8　货物过驳清单

No.

船　名 ＿＿＿＿＿＿　　　　　　　　　　航　次 ＿＿＿＿＿＿

卸箱港 ＿＿＿＿＿＿　　　　　　　　　　到港日期 ＿＿＿＿＿＿

舱口号 ＿＿＿＿＿＿　　　　　　　　　　卸货日期 ＿＿＿＿＿＿

驳船号 ＿＿＿＿＿＿

标　志	件数及包装	包 装 形 式	货　名	批　注

大副签字＿＿＿＿＿＿＿＿＿＿　　　　　　　　　理货组长签字＿＿＿＿＿＿＿＿＿

收货人签字＿＿＿＿＿＿＿＿＿

卸货报告是按照起运港编制的出口载货清单和在卸箱港卸下的全部货物重新按票汇总的一份详细进口载货清单，比起运港的出口载货清单增加了如下内容：卸货方式、实交数量、溢短数量、残损情况和备注。对货物外表状况、溢短等可在备注栏内批注，并经收货人和大副共同签字。

2. 货物溢短单和货物残损单

我国的卸货交接单据是货物溢短单和货物残损单。

货物溢短单（overlanded/shortlanded cargo list）是当卸下的每票货物的数量与载货清单上记载的数量不符时，由理货长待全部卸货完毕，理清数字后编制的表明货物溢出或短缺情况的证明。货物溢短单格式见表6-9。

表 6-9 货物溢短单

OVERLANDED/SHORTLANDED CARGO LIST　　　　编号：

No:

船名：　　　　船次：　　　　泊位：　　　国籍：

Vessel:　　　Voyage.　　　Berth:　　　Nationnality:

开工日期：　　年　月　日　　　　制单日期：　　年　月　日

Tally Commenced on:　　　　　　　　Date of list:

提 单 B/L No.	标 准 Marks	货 名 Description	舱单记载件数和包装 pkgs. & packing on manifest	溢卸件数和包装 pkgs. & packing overlanded	短卸件数和包装 pkgs. & packing shortlanded
		总计 Total			

理货组长：　　　　　　　　　　　　　　船长/大副：

Chief Tally:　　　　　　　　　　　　　Master/Chief Officer:

货物残损单（damaged cargo list）是在货物卸完后，由现场理货人员根据卸货过程中发现的货物破损、水湿、水渍、油渍等情况汇总编制的表明货物残损状况的单证。货物残损单格式见表 6-10。

表 6-10 货物残损单

DAMAGED CARGO LIST　　　　编号：

No:

船名：　　　　船次：　　　　泊位：　　　国籍：

Vessel:　　　Voyage.　　　Berth:　　　Nationnality:

开工日期：　　年　月　日　　　　制单日期：　　年　月　日

Tally Commenced on:　　　　　　　　Date of list:

提单号 B/L No.	标 志 Marks	货 名 Description	货损件数及包装 pkgs. & packing Damage	货 损 情 况 Condition of damage

理货组长：　　　　　　　　　　　　　　船长/大副：

Chief Tally:　　　　　　　　　　　　　Master/Chief Officer:

货物残损单和溢短单是日后收货人向船公司提出损害赔偿要求的证明材料之一，也是船公司理赔的原始材料和依据之一，且须经船方（船长或大副）的签认才有效。所以船方在签字时应认真核对，情况属实才给予签认。即使存在不同意见，最好能根据当时情况，与理货人员、装卸工人协商，尽可能取得一致的意见。协商不成的，也应该在单证上做适当的保留批注。

3. 提货单

提货单（delivery order，D/O）是船公司或其卸箱港代理人，根据收货人或提单持有人提交的提单，签发给收货人或提单持有人的凭以在仓库或船边提取货物的凭证。

船公司或其代理人在签发提单时，要在详细地对照提单和其他装船单据的基础上，详细地将船名、货物名称、件数、重量、标志、提单号、收货人姓名等记载在提货单上，并由船公司或其代理人签字。由于提货单的性质不同于提单，只不过是船公司或其代理人指令码头仓库或装卸公司向收货人交付货物的凭证而已，不具备流通作用，所以为慎重起见，提货单上记有"禁止流通"（non negotiable）的字样。签发提货单时应注意以下几点。

（1）只有凭合法提单持有人的正本提单或副本提单随同有效的担保才能签发提货单。

（2）提单上的非清洁批注应转至提货单。

（3）当发生溢短残缺情况时，收货人有权向承运人或其代理人获取相应的凭证。

（4）运费未付或到付时，在收货人付清运费及有关费用后，才能签发提货单。

一般提货单共有五联：

第一联：提货单——是收货人向装卸区或货运站提货的凭证。

第二联：费用账单——由收货人结费留存。

第三联：费用账单——由港方供货留存。

第四联：交货记录——由港方留存。

第五联：交货记录——由港方退给船代。提货单格式见表6-11。

表6-11　提货单

进口货物（现提/出库）凭单　　　　　　No.

进口船名		航次	起运港		填单日期		年 月 日	到船日期		年 月 日
收货人	名　称（全名）		货物流向		出货日期		年 月 日	进仓日期		年 月 日
	地址电话		开户银行账　号		出货工具			停泊	码头浮筒 第　　号	仓库堆场
运输标志	提单或运单号码	标志	货名	件数	包装	重量吨		体积吨		工作过程	附　注
						公吨	千克	公吨	千克		
	共　　计										

4. 货物查询单（cargo tracer）

货物查询单是指当货物发生短卸时，船公司或其代理人向航次中船舶装箱港、挂靠港发出的调查函。

货物查询单的内容包括：短卸货物的名称、标志、件数或包数、提单号或舱单号、船名、航次、被查询的单位名称等。货物查询单一般分为查询联（tracer A）和答复联（tracer B）。船公司或其在卸箱港的代理人将两联一并寄交被查询的单位，并在查询联中载明要求调查的情况。被查询结果填入答复联，并将此联寄回发函查询的单位。

除前述单证外，船舶在装卸两港装卸货物时，常常请理货人员现场理货、点数，并相应地出具一些理货单证。常见的有理货计数单、理货日报表、现场记录、理货人员待时记录等。

理货计数单（tally sheet）是现场理货的最基本的一种单据，是舱口理货员登记每吊货物实际数字的原始记录。理货计数单是填写装货单、收货单实装数字的来源，也是提单及载货清单数字的唯一原始依据，同时又是编制货物溢短单的依据。因此常常是日后收货人提出溢短索赔和船公司处理赔偿案件最原始的证据。理货计数单格式见表 6-12。

表 6-12　理货计数单（进港/出港）
TALLY　SHEET（inward/outward）　　　　编号：
　　　　　　　　　　　　　　　　　　　　　　　　No.

船名：　　　　　泊位：　　　　舱口号：
Vessel:　　　　 Berth:　　　　 Hatch No.
仓库/堆场/车辆/驳船号：
Warehouse / Stake yard / Wagon / Lighter No.
工作时间从　　时至　　时　　　　年　　月　　日
Working time from Hrs, to　　Hrs

提单或装货单号 B/L or O/L No.	标志 Mark	件数 Packing	理 货 Tally										总 计 Total
			1	2	3	4	5	6	7	8	9	10	

Working time from Hrs，to　　Hrs　　，20
批注：　　　　　　　　　　　　　　　　　　　　总计件数：_____
Remarks　　　　　　　　　　　　　　　　　　　Total　Pkgs._____
星期日或节假日
Sunday or holiday
夜班
Night shift
无货舱
Non-cargo hold
靠泊
Anchorage
融化、冻结、凝固或粘连货物
Multed、frozen、solidified or stuck cargo
打捞的货物
Salvaged cargo
翻舱/出舱
Shifting within / outside the hold
分标志
Marks-assorting
待时
Stand-by time

理货员：　　　　　　　　　　　　　　　　　　　复核
Tally Clerk:　　　　　　　　　　　　　　　　　 Counterpart

日报单（daily tally sheet）是理货组长每日根据每舱口的理货计数单编制的船舶每日装卸作业进度小结的报表。记载了船舶各舱口及全船当天装/卸货物的数量（件数、吨数）及包括当天在内已经完成的装/卸数量。日报单格式见表6-13。

表6-13　日报单（进口/出口）
DAILY　REPORT（inward/outward）

编号：
No.

| 船名：
Vessel： | 泊位：
Berth： | 工作时间从　时至　时　年　月　日
Working time from Hrs, to　Hrs　, 20 | | | | | | | |

货　名 Description	1舱 Hatch No.1	2舱 Hatch No.2	3舱 Hatch No.3	4舱 Hatch No.4	5舱 Hatch No.5			总　计
	件数 Pkgs 吨数 tons	件数 Pkgs 吨数 tons	件数 Pkgs 吨数 tons	件数 Pkgs 吨数 tons	件数 Pkgs 吨数 tons	件数 Pkgs 吨数 tons	件数 Pkgs 吨数 tons	件数 Pkgs 吨数 tons
本日合计 Today's total								
以前合计 Previous total								
累　　计 Grand total								

备　注
Remarks

（以上吨数仅供参考）　　　　　　　　　　　　　　　　　　理货组长：
（The above No. of tons for reference only）　　　　　　　Chief Tally：

现场记录（record on the spot）是用来记载进出口货物原残、混装和各种现场情况的原始记录，是编制货物残损单的主要依据。其特点是随时发现，随时记录，随时签认，就地解决，以避免日后可能发生的争执。现场记录格式见表6-14。

表6-14 现场记录
ON THE SPOT RECORD
编号:
No.

船名: 泊位: 舱口号:
Vessel: Berth: Hatch No.

工作时间从 时至 时 年 月 日
Working time from Hrs, to Hrs , 20

兹证明装/卸你船时,于舱内发现了下列货物状况。

This record is hereby made out to certify that the following condition of cargo has been found in holds in the process of loading and/ or unloading your Vessel.

提单或装货单号 B/L or O/L No.	标 志 Mark	货 名 Description	件数和包装 Pkgs & Packing	货物状况 Condition

理货员: 责任人:
Tally Clerk: Duty officer:

待时记录(stand-by time record)用来记载由于船方原因,如起货机故障、电源中断等致使理货员停工待时而做出的记录。经船方签认后,以便向船方收取待时费。其内容包括:舱口号、人数、起讫时间、待时时间、原因等。待时记录格式见表6-15。

表6-15 待时记录
STAND BY TIME RECORD
编号:
No.

船名: 泊位: 制单日期: 年 月 日
Vessel: Berth: Date of list: , 20

兹证明装/卸你船时,由于船方原因,而造成理货员待时。

This record is hereby made out to certify that the stand-by time of our tally clerks was caused by the ship in the process of loading and/ or unloading your vessel.

舱口号 Hatch No.	人 数 No. of persons	时 间 Time		总时间 Time totaled	原因 Cause
		从 From	至 To		

理货组长: 责任人:
Chief Tally: Duty officer:

6.1.3　主要货运单证的流转

主要货运单证的流转程序：班轮运输中，货物由发货人托运开始至收货人提取货物为止，各种主要货运单证的流转程序大致如下。

（1）托运人向船公司在装箱港的代理人（也可直接向船公司或其营业所）提出货物装运申请，递交托运单（booking note），填写装货联单（S/O）。

（2）船公司在装箱港的代理人同意承运后，指定船名，核对 S/O 与托运单上的内容无误后，签发 S/O，将留底联留下后退还给托运人，要求托运人将货物及时送至指定的码头仓库。

（3）托运人持 S/O 及有关单证向海关办理货物出口报关、验货放行手续，海关在 S/O 上加盖放行图章后，货物准予装船出口。

（4）船公司在装箱港的代理人根据留底联编制装货清单（L/L）送船舶及理货公司、装卸公司。

（5）大副根据 L/L 编制货物积载计划（cargo plan）交代理人分送理货、装卸公司等按计划装船。

（6）托运人将经过检验及检量的货物送至指定的码头仓库准备装船。

（7）货物装船后，理货长将 S/O 交大副，大副核实无误后留下 S/O 并签发收货单（M/R）。

（8）理货长将大副签发的 M/R 转交给托运人。

（9）托运人持 M/R 到船公司在装箱港的代理人处付清运费（预付运费情况下）换取正本已装船提单（B/L）。

（10）船公司在装箱港的代理人审核无误后，留下 M/R 签发 B/L 给托运人。

（11）托运人持 B/L 及有关单证到议付银行结汇，取得货款，议付银行将 B/L 及有关单证寄给开证银行。

（12）货物装船完毕后，船公司在装箱港的代理人编制出口载货清单（M/F）送船长签字后向海关办理船舶出口手续，并将 M/F 交船随带，船舶启航。

（13）船公司在装箱港的代理人根据 B/L 副本（或 M/R）编制出口载货运费清单（F/M）连同 B/L 副本、M/R 送交船公司结算代收运费，并将卸箱港需要的单证寄给船公司在卸箱港的代理人。

（14）船公司在卸箱港的代理人接到船舶抵港电报后，通知收货人船舶到港日期，做好提货准备。

（15）收货人到开证银行付清货款，取回 B/L。

（16）卸箱港船公司的代理人根据装箱港船公司的代理人寄来的货运单证，编制进口载货清单及有关船舶进口报关和卸货所需的单证，约定装卸公司、理货公司联系安排泊位，做好接船及卸货准备工作。

（17）船舶抵港后，船公司在卸箱港的代理人随即办理船舶进口报关的各项手续，船舶靠泊后即开始卸货。

（18）收货人向海关办理货物进口手续，支付进口关税。

（19）收货人持正本 B/L 向船公司在卸箱港的代理人处办理提货手续，付清应付的费用后，换取代理人签发的提货单（D/O）。

（20）收货人持 D/O 到码头仓库或船边提取货物。

主要货运单证流转示意图如图 6-1 所示。

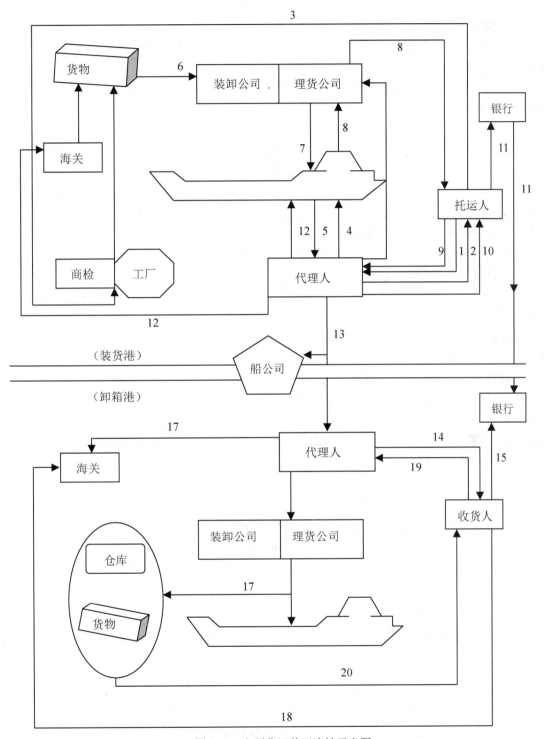

图 6-1　主要货运单证流转示意图

6.1.4 提单的流转

提单的流转程序如下。

①出口商与进口商订立贸易货物进出口合同，合同中写明采用 CIF 贸易条件，以信用证方式付款。

②进口商按照合同规定向当地银行提出申请，填写申请书，并提供若干押金或其他担保，要求银行（开证行）向出口方开出信用证。

③开证行开出信用证，并送交通知行。

④通知行负责通知出口商办理信用证提取相关手续。

⑤收到通知行转来的信用证后，根据贸易合同中规定的交货时间、交货地点、货物数量向班轮公司预订舱位，并与之订立运输合同。出口商在运输合同约定的时间、地点将货物交付给承运人。承运人在接货前，船公司应安排好该批货物的报关、装船，并由船上的大副签发大副收据，托运人凭借大副收据向承运人换取"已装船提单"。

⑥出口商持已装船提单及信用证规定的其他单据到议付行议付或转让提单。

⑦议付行替进口商垫付货款给出口商。

⑧议付行将汇票、货运单据等寄给开证行。开证行在确认所有单证满足信用证有关要求后支付货款给议付行并取得提单。

⑨开证行在办理转账或汇款给议付行的同时，通知进口商单证已到，要求进口商履行货款支付协议。

⑩进口商在支付货款后取得提单

⑪进口商凭正本提单去船公司换取提货单，与此同时，货物已由承运人运抵目的港，承运人或其代理人向进口商发出到货通知。进口商凭所持提货单按承运人的指示在指定时间、地点提取货物。承运人将货物交给进口商，同时收回正本提单，提单的整个流转过程完成。

示意图如图 6-2 所示。

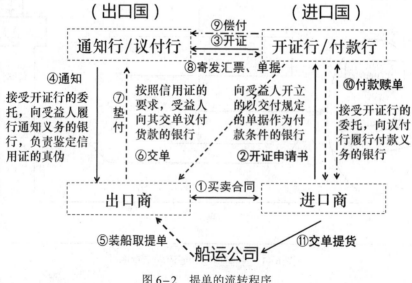

图 6-2 提单的流转程序

6.2　海运提单

6.2.1　提单的含义与作用

1. 提单的含义

传统上认为提单就是由承担海上货物运输任务的承运人或其代理人签发的表明货物已交付运输，并承诺在目的地应提单合法持有人的请求交付货物的单证。我国的《海商法》借鉴《汉堡规则》将提单定义为："提单，是指用以证明海上货物运输合同和货物已经由承运人接收或者装船，以及承运人保证据以交付货物的单证。"（中国《海商法》第七十一条，《汉堡规则》第一条）

业务中，提单所涉的关系方主要有承运人、托运人、收货人、提单持有人等。其中提单的托运人、收货人、持有人在许多班轮公司标准提单格式条款中又被定义为货方。所谓承运人，是与托运人签订货物运输合同，承接运输任务的航运公司。托运人，是与承运人签订货物运输合同，送交所运送货物的人，经常是国际贸易中的卖方或出口商；收货人是有权提货的人，在国际贸易中常常是买方或进口商；提单持有人是提单的合法持有者，他可以是托运人，也可以是提单流通转让过程中的提单受让人。如果提单持有人去提取货物就又成了收货人。以上各方之间权利、义务关系就构成了提单关系的主要内容。

2. 提单的作用

提单具有以下作用。

（1）提单是海上货物运输已经订立的证明。提单是在承托双方就货物运输事宜和运费支付等事项达成协议后，承运人对货物已接管或装船后，由承运人或其授权的人签发给托运人的载明了承托双方权利、义务和责任的单证，但它不是海上货物运输合同，原因如下。

①提单是海上货物运输合同成立后才签发的，早在承托双方就海上运输事宜和运费支付等达成口头或书面协议时，海上货物运输合同就成立了。

②根据国际航运惯例，当提单条款与海上运输合同条款相冲突时，承托双方权利义务和责任应依据海上货物运输合同确定。

③提单条款是承运人根据自身利益需要单方面制定的，并且是由承运人单方面签发的，而海上货物运输合同是由承托双方共同协议或签字的。因此，提单不是海上货物运输合同，而是海上货物运输合同成立的证明。

（2）提单是承运人给托运人签发的货物收据。提单是承运人收到托运人的货物经核查验收后签发给托运人的表明承运人已按提单中所载内容收到货物，因此，承运人或收货人或提单持有人可以凭此收据在目的港向承运人提取货物。但是，提单作为货物收据的作用，视其在托运人或受让人手中而有所不同，提单对托运人来说，是承运人按照提单所列内容收到货物的初步证据，如果事实上承运人收到的货物与提单的记载不符，则可提出确切证据，对抗托运人，只要承运人举证充分，就可以否定提单的效力；但是，对善意接受提单的受让人来说，提单则是最终证据，承运人不得提出相反的证据否定提单所载的内容。

（3）提单是货物所有权的凭证。提单代表着提单项下的货物，谁持有提单，谁就拥有货物的所有权。

6.2.2　海运提单的种类

按不同的分类标准，提单可以划分为许多种类，如下所述。

1. 按提单收货人的抬头划分

1）记名提单（straight B/L）

记名提单又称收货人抬头提单，是指提单上的收货人栏中已具体填写收货人名称的提单。提单所记载的货物只能由提单上特定的收货人提取，或者说承运人在卸箱港只能把货物交给提单上所指定的收货人。如果承运人将货物交给提单指定的以外的人，即使该人占有提单，承运人也应该负责。这种提单失去了代表货物可转让流通的便利，但同时也可以避免在转让过程中可能带来的风险。

使用记名提单，如果货物的交付不涉及贸易合同下的义务，则可不通过银行而由托运人将其邮寄收货人，或由船长随船带交。这样，提单就可以及时送达收货人，而不致延误。因此，记名提单一般只适用于运输展览品或贵重物品，特别是在短途运输中使用较有优势，而在国际贸易中较少使用。

2）指示提单（order B/L）

指示提单是指在提单正面"收货人"一栏内填上"凭指示"（to order）或"凭某人指示"（order of...）字样的提单。这种提单按照表示指示人的方法不同，指示提单又分为托运人指示提单、记名指示人提单和选择指示人提单。如果在收货人栏内只填记"指示"字样，则称为托运人指示提单。这种提单在托运人未指定收货人或受让人之前，货物所有权仍属于卖方，在跟单信用证支付方式下，托运人就是以议付银行或收货人为受让人，通过转让提单而取得议付货款的。如果收货人栏内填记"某某指示"，则称为记名指示提单，如果在收货人栏内填记"某某或指示"，则称为选择指示人提单。记名指示提单或选择指示人提单中指明的"某某"既可以是银行的名称，也可以是托运人。

指示提单是一种可转让提单。提单的持有人可以通过背书的方式把它转让给第三者，而不须经过承运人认可，所以这种提单为买方所欢迎。而不记名指示（托运人指示）提单与记名指示提单不同，它没有经提单指定的人背书才能转让的限制，所以其流通性更大。指示提单在国际海运业务中使用较广泛。

3）不记名提单（bearer B/L，or open B/L，or blank B/L）

不记名提单是指提单上收货人一栏内没有指明任何收货人，而注明"提单持有人"（bearer）字样或将这一栏空白，不填写任何人的名称的提单。这种提单不需要任何背书手续即可转让，或提取货物，极为简便。承运人应将货物交给提单持有人，谁持有提单，谁就可以提货，承运人交付货物只凭单，不认人。这种提单丢失或被窃，风险极大，若转入善意的第三者手中，极易引起纠纷，故国际上较少使用这种提单。另外，根据有些班轮公会的规定，凡使用不记名提单。在给大副的提单副本中必须注明卸箱港通知人的名称和地址。

《海商法》第七十九条规定："记名提单：不得转让；指示提单：经过记名背书或者空白背书转让；不记名提单：无须背书，即可转让。"记名提单虽然安全，不能转让，对贸易各方的交易不便，用得不多。一般认为：由于记名提单不能通过背书转让，因此从国际贸易的角度看，记名提单不具有物权凭证的性质。不记名提单无须背书即可转让，任何人持有提单便可要求承运人放货，对贸易各方不够安全，风险较大，很少采用。指示提单可以通过背书转让，适应了正常贸易需要，所以在实践中被广泛应用。背书分为记名背书（special endorsement）和空白背书（endorsement in blank）。前者是指背书人（指示人）在提单背面写上被背书人的名称，并由背书人签名。后者是指背书人在提单背面不写明被背书人的名称。在记名背书的场合，承运人应将货物交给被背书人。反之，则只需将货物交给提单持有人。

2. 按货物是否已装船划分

1）已装船提单（shipped B/L，or on board B/L）

已装船提单是指货物装船后由承运人或其授权代理人根据大副收据签发给托运人的提单。如果承运人签发了已装船提单，就是确认他已将货物装在船上。这种提单除载明一般事项外，通常还必须注明装载货物的船舶名称和装船日期，即提单项下货物的装船日期。

由于已装船提单对于收货人及时收到货物有保障，所以在国际货物买卖合同中一般都要求卖方提供已装船提单。根据国际商会 1990 年修订的《国际贸易术语解释通则》的规定，凡以 CIF 或 CFR 条件成立的货物买卖合同，卖方应提供已装船提单。在以跟单信用证为付款方式的国际贸易中，更是要求卖方必须提供已装船提单。国际商会 1993 年重新修订的《跟单信用证统一惯例》规定，当信用证要求海运提单作为运输单据时，银行将接受注明货物已装船或已装指定船只的提单。

2）收货待运提单（received for shipment B/L）

收货待运提单又称备运提单、待装提单，或简称待运提单。它是承运人在收到托运人交来的货物但还没有装船时，应托运人的要求而签发的提单。签发这种提单时，说明承运人确认货物已由承运人保管并存在其所控制的仓库或场地，但还未装船。所以，这种提单未载明所装船名和装船时间，在跟单信用证支付方式下，银行一般都不肯接受这种提单。但当货物装船，承运人在这种提单上加注装运船名和装船日期并签字盖章后，待运提单即成为已装船提单。同样，托运人也可以用待运提单向承运人换取已装船提单。我国《海商法》第七十四条对此做了明确的规定。

这种待运提单于 19 世纪晚期首先出现于美国，其优点在于：对托运人来说，他可以在货物交承运人保管之后至装船前的期间，尽快地从承运人手中取得可转让提单，以便融通资金，加速交易进程。而对于承运人来说，则有利于招揽生意，拓宽货源。但这种提单同时也存在一定的缺陷，第一，因待运提单没有装船日期，很可能因到货不及时而使货主遭受损失；第二，待运提单上没有肯定的装货船名，致使提单持有人在承运人违约时难以向法院申请扣押船；第三，待运提单签发后和货物装船前发生的货损、货差由谁承担也是提单所适用的法律和提单条款本身通常不能明确规定的问题，实践中引起的责任纠纷也难以解决。基于上述原因，在贸易实践中，买方一般不愿意接受这种提单。

随着集装箱运输的发展，承运人在内陆收货越来越多，而货运站不能签发已装船提单，货物装入集装箱后没有特殊情况，一般货物质量不会受到影响。港口收到集装箱货物后，向托运人签发"场站收据"，托运人可持"场站收据"向海上承运人换取"待运提单"，这里的待运提单实质上是"收货待运提单"。由于在集装箱运输中，承运人的责任期间已向两端延伸，所以根据《联合国国际货物多式联运公约》和《跟单信用证统一惯例》的规定，在集装箱运输中银行还是可以接受以这种提单办理货款的结汇。

我国《海商法》第七十四条规定："货物装船前，承运人已经应托运人的要求签发收货待运提单或者其他单证的，货物装船完毕，托运人可以将收货待运提单或者其他单证退还承运人，以换取已装船提单，承运人也可以在收货待运提单上加注承运船舶的船名和装船日期，加注后的收货待运提单视为已装船提单。"

由此可见，从承运人的责任来看，集装箱的"收货待运提单"与"已装船提单"是相同的。因为集装箱货物的责任期间是从港口收货时开始的，与非集装箱装运货物从装船时开始不同。现在跟单信用证惯例也允许接受集装箱的"收货待运"提单。但是在目前国际贸易的信用证通常仍规定海运提单必须是"已装船提单"，使开证者放心。

3. 按提单上有无批注划分

1）清洁提单（clean B/L）

清洁提单是指在装船时，货物外表状况良好，承运人在签发提单时，未在提单上加注任何有关货物残损、包装不良、件数、重量和体积，或其他妨碍结汇的批注的提单。

使用清洁提单在国际贸易实践中非常重要，买方要想收到完好无损的货物，首先必须要求卖方在装船时保持货物外观良好，并要求卖方提供清洁提单。根据国际商会《跟单信用证统一惯例》第三十四条规定："清洁运输单据，是指货运单据上并无明显地声明货物及/或包装有缺陷的附加条文或批注者；银行对有该类附加条文或批注的运输单据，除信用证明确规定接受外，当拒绝接受。"可见，在以跟单信用证为付款方式的贸易中，通常卖方只有向银行提交清洁提单才能取得货款。清洁提单是收货人转让提单时必须具备的条件，同时也是履行货物买卖合同规定的交货义务的必要条件。

我国《海商法》第七十六条规定："承运人或者代其签发提单的人未在提单上批注货物表面状况的，视为货物的表面状况良好。"

由此可见，承运人一旦签发了清洁提单，货物在卸箱港卸下后，如果发现有残损，除非是由于承运人可以免责的原因所致，承运人必须负责赔偿。

2）不清洁提单（unclean B/L or foul B/L）

不清洁提单是指在货物装船时，承运人若发现货物包装不牢、破残、渗漏、玷污、标志不清等现象时，大副将在收货单上对此加以批注，并将此批注转移到提单上。我国《海商法》第七十五条规定："承运人或者代其签发提单的人，知道或者有合理的根据怀疑提单记载的货物品名、标志、包数或者件数、重量或者体积与实际接收的货物不符，在签发已装船提单的情况下怀疑与已装船的货物不符，或者没有适当的方法核对提单记载的，可以在提单上批注，说明不符之处，怀疑的根据或者说明无法核对。"

实践中承运人接受货物时，如果货物外表状况不良，一般先在大副收据上做出记载，在正式签发提单时，再把这种记载转移到提单上。在国际贸易的实践中，银行是拒绝出口商以不清洁提单办理结汇的。为此，托运人应把损坏或外表状况有缺陷的货物进行修补或更换。习惯上的变通办法是由托运人出具保函（letter of guarantee），要求承运人不要将大副收据上所作的有关货物外表状况不良的批注转批到提单上，而根据保函签发清洁提单，以使出口商能顺利完成结汇。但是，承运人因未将大副收据上的批注转移提单上，承运人可能承担对收货人的赔偿责任，承运人因此遭受损失，应由托运人赔偿。那么，托运人是否能够赔偿，在向托运人追偿时，往往难以得到法律的保护，而承担很大的风险。承运人与收货人之间的权利义务是提单条款的规定，而不是保函的保证。所以，承运人不能凭保函拒赔，保函对收货人是无效的，如果承、托双方的做法损害了第三者收货人的利益，有违民事活动的诚实信用的基本原则，容易构成与托运人的串通，对收货人进行欺诈行为。

由于保函换取提单的做法，有时确实能起到变通的作用，故在实践中难以完全拒绝，我国最高人民法院在《关于保函是否具有法律效力问题的批复》中指出："海上货物运输的托运人为换取清洁提单而向承运人出具的保函，对收货人不具有约束力。不论保函如何约定，都不影响收货人向承运人或托运人索赔；对托运人和承运人出于善意而由一方出具另一方接受的保函，双方均有履行之义务。"承运人应当清楚自己在接受保函后所处的地位，切不可掉以轻心。

4. 按运输方式的不同划分

1）直达提单（direct B/L）

直达提单，又称直运提单，是指货物从装箱港装船后，中途不经转船，直接运至目的港卸船交与收货人的提单。直达提单上不得有"转船"或"在某港转船"的批注。凡信用证规定不准转船者，必须使用这种直达提单。如果提单背面条款印有承运人有权转船的"自由转船"条款者，则不影响该提单成为直达提单的性质。

使用直达提单，货物由同一船舶直运目的港，对买方来说比中途转船有利得多，它既可以节省费用、减少风险，又可以节省时间，及早到货。因此，通常买方只有在无直达船时才同意转船。在贸易实务中，如信用证规定不准转船，则买方必须取得直达提单才能结汇。

2）转船提单（trans-shipment B/L）

转船提单是指货物从起运港装载的船舶不直接驶往目的港，需要在中途港口换装其他船舶转运至目的港卸货，承运人所签发的提单。在提单上注明"转运"或者在"某某港转船"字样，转船提单往往由第一程船的承运人签发。由于货物中途转船，增加了转船费用和风险，并影响到货时间，故一般信用证内均规定不允许转船，但直达船少或没有直达船的港口，买方也只好同意可以转船。

按照海牙规则，如果船舶不能直达货物目的港，非中转不可，一定要事先征得托运人同意。船舶承运转船货物，主要是为了扩大营业、获取运费。转运的货物，一般均属零星杂货，如果是大宗货物，托运人可以租船直航目的港，也就不发生转船问题。转运货物船方的责任可分下列三种情况。

（1）第一航程与第二航程的承运人对货物的责任各自负责，互不牵连。

（2）第一航程的承运人在货物转运后承担费用，但不负责任。

（3）第一航程的承运人对货物负责到底。

上述三项不同责任，需根据转运的过程和措施不同而定。

3）联运提单（through B/L）

联运提单是指货物运输需经两段或两段以上的运输方式来完成，如海陆、海空或海海等联合运输所使用的提单。船船（海海）联运在航运界也称为转运，包括海船将货物送到一个港口后再由驳船从港口经内河运往内河目的港。

联运的范围超过了海上运输界限，货物由船舶运送经水域运到一个港口，再经其他运输工具将货物送至目的港，先海运后陆运或空运，或者先空运、陆运后海运。当船舶承运由陆路或飞机运来的货物继续运至目的港时，货方一般选择使用船方所签发的联运提单。

4）多式联运提单（multimodal transport B/L or intermodal transport B/L）

多式联运提单主要用于集装箱运输，是指一批货物需要经过两种以上不同运输方式，其中一种是海上运输方式，由一个承运人负责全程运输，负责将货物从接收地运至目的地交付收货人，并收取全程运费所签发的提单。提单内的项目不仅包括起运港和目的港，而且列明一程二程等运输路线，以及收货地和交货地。

（1）多式联运是由两种或两种以上不同运输方式组成的，多式联运提单是参与运输的两种或两种以上运输工具协同完成所签发的提单。

（2）组成多式联运的运输方式中其中一种必须是国际海上运输。

（3）多式联运提单如果贸易双方同意，并在信用证中明确规定，可由承担海上区段运输的船公司、其他运输区段的承运人、多式联运经营人（combined transport operator）或无船承运人（non-vessel operating common carrier）签发。

（4）我国《海商法》第四章"海上货物运输合同"中的第八节"多式联运合同的特别规定"以及《联合国国际货物多式联运公约》制约着多式联运。

5. 按提单内容的简繁划分

1）全式提单（long form B/L）

全式提单是指提单除正面印就的提单格式所记载的事项，背面列有关于承运人与托运人及收货人之间权利、义务等详细条款的提单。由于条款繁多，所以又称繁式提单。在海运的实际业务中大量使用的是这种全式提单。

2）简式提单（short form B/L，or simple B/L）

简式提单，又称短式提单、略式提单，是相对于全式提单而言的，是指提单背面没有关于承运人与托运人及收货人之间的权利义务等详细条款的提单。这种提单一般在正面印有"简式"（short form）字样，以示区别。简式提单中通常列有如下条款："本提单货物的收受、保管、运输和运费等事项，均按本提单全式提单的正面、背面的铅印、手写、印章和打字等书面条款和例外条款办理，该全式提单存于本公司及其分支机构或代理处，可供托运人随时查阅。"

简式提单通常包括租船合同项下的提单和非租船合同项下的提单。

（1）租船合同项下的提单。在以航次租船的方式运输大宗货物时，船货双方为了明确双方的权利、义务首先要订立航次租船合同，在货物装船后承租人要求船方或其代理人签发提单，作为已经收到有关货物的收据，这种提单就是"租船合同项下的提单"。因为这种提单中注有"所有条件均根据某年某月某日签订的租船合同"（All terms and conditions as per charter party dated...）；或者注有"根据……租船合同开立"字样，所以，它要受租船合同的约束。因为银行不愿意承担可能发生的额外风险，所以当出口商以这种提单交银行议付时，银行一般不愿接受。只有在开证行授权可接受租船合同项下的提单时，议付银行才会同意，但往往同时要求出口商提供租船合同副本。国际商会《跟单信用证统一惯例》规定，除非信用证另有规定，银行将拒收租船合同项下的提单。

根据租船合同签发的提单所规定的承运人责任，一般应和租船合同中所规定的船东责任相一致。如果提单所规定的责任大于租船合同所规定的责任，在承租人与船东之间仍以租船合同为准。

（2）非租船合同项下的简式提单。为了简化提单缮制工作，有些船公司实际上只签发给托运人一种简式提单，而将全式提单留存，以备托运人查阅。这种简式提单上一般印有"各项条款及例外条款以本公司正规的全式提单所印的条款为准"等内容。按照国际贸易惯例，银行可以接受这种简式提单。这种简式提单与全式提单在法律上具有同等效力。

6. 按签发提单的时间划分

1）倒签提单（anti-dated B/L）

倒签提单是指承运人或其代理人应托运人的要求，在货物装船完毕后，以早于货物实际装船日期为签发日期的提单。当货物实际装船日期晚于信用证规定的装船日期时，若仍按实际装船日期签发提单，托运人就无法结汇。为了使签发提单的日期与信用证规定的装运日期相符，以利结汇，承运人应托运人的要求，在提单上仍以信用证的装运日期填写签发日期，以免违约。

签发这种提单，尤其当倒签时间过长时，有可能推断承运人没有使船舶尽快速遣，因而承担货物运输延误的责任。特别是市场上货价下跌时，收货人可以以"伪造提单"为借口拒绝收货，并向法院起诉要求赔偿。承运人签发这种提单是要承担一定风险的。但是为了贸易需要，在一定条件下，比如在该票货物已装船完毕，但签日期时船舶已抵港并开始装货，而所签提单的这票货尚未装船，是尚未装船的某一天；或签单的货物是零星货物而不是数量很大的大宗货；或倒签的时间与实际装船完毕时间的间隔不长等情况下，取得了托运人保证承担一切责任的保函后，才可以考虑签发。

2）预借提单（advanced B/L）

预借提单是指货物尚未装船或尚未装船完毕的情况下，信用证规定的结汇期（即信用证的有效期）即将届满，托运人为了能及时结汇，而要求承运人或其代理人提前签发的已装船清洁提单，即托运人为了能及时结汇而从承运人那里借用的已装船清洁提单。

这种提单往往是当托运人未能及时备妥货物或船期延误，船舶不能按时到港接受货载，估计货物装船完毕的时间可能超过信用证规定的结汇期时，托运人采用从承运人那里借出提单用以结汇，当然必须出具保函。签发这种提单承运人要承担更大的风险，可能构成承、托双方合谋对善意的第三者收货人进行欺诈。签发这种提单的后果如下。

（1）因为货物尚未装船而签发提单，即货物未经大副检验而签发清洁提单，有可能增加承运人的赔偿责任。

（2）因签发提单后，可能因种种原因改变原定的装运船舶，或发生货物灭失、损坏或退关，这样就会很容易地使收货人掌握预借提单的事实，以欺诈为由拒绝收货，并向承运人提出索赔要求，甚至诉讼。

（3）不少国家的法律规定和判例表明，在签发预借提单的情况下，承运人不但要承担货损赔偿责任，而且会丧失享受责任限制和援引免责条款的权利，即使该票货物是因免责事项原因受损的，承运人也必须赔偿货物的全部损失。

签发倒签或预借提单，对承运人的风险很大，由此引起的责任承运人必须承担，尽管托运人往往向承运人出具保函，但这种保函同样不能约束收货人。比较而言，签发预借提单比签发倒签提单对承运人的风险更大，因为预借提单是承运人在货物尚未装船，或者装船还未完毕时签发的。我国法院对承运人签发预借提单的判例，不但由承运人承担了由此而引起的一切后果，赔偿货款损失和利息损失，还赔偿了包括收货人向第三人赔付的其他各项损失。

3）过期提单（stale B/L）

过期提单有两种含义，一是指出口商在装船后延滞过久才交到银行议付的提单。按国际商会 500 号出版物《跟单信用证统一惯例》1993 年修订本第四十二条规定："如信用证无特殊规定，银行将拒收在运输单据签发日期后超过 21 天才提交的单据。在任何情况下，交单不得晚于信用证到期日。" 2007 年《跟单信用证统一惯例（UCP 600）》修订后没有提到此款内容；二是指提单晚于货物到达目的港的提单，近洋国家的贸易合同一般都规定有"过期提单也可接受"的条款（stale B/L is acceptance）。

7. 按收费方式划分

1）运费预付提单（freight prepaid B/L）

运费预付提单是指成交 CIF、CFR 价格条件为运费预付，按规定货物托运时，必须预付运费。在运费预付情况下出具的提单。这种提单正面载明"运费预付"字样，运费预付后才能取得提单；付费后，若货物灭失，运费不退。

2）运费到付提单（freight to collect B/L）

运费到付提单是指以 FOB 条件成交的货物，不论是买方订舱还是买方委托卖方订舱，运费均为到付（freight payable at destination），并在提单上载明"运费到付"字样。货物运到目的港后，只有付清运费，收货人才能提货。

3）最低运费提单（minimum B/L）

最低运费提单是指对每一提单上的货物按起码收费标准收取运费所签发的提单。如果托运人托运的货物批量过少，按其数量计算的运费额低于运价表规定的起码收费标准时，承运人均按起码收费标准收取运费，为这批货物所签发的提单就是最低运费提单，也可称为起码收费提单。

8. 其他各种特殊提单

1）运输代理行提单（house B/L）

运输代理行提单是指由运输代理人签发的提单。在航运实践中，为了节省费用、简化手续，有时运输代理行将不同托运人发运的零星货物集中在一套提单上托运，而由承运人签发给运输代理行成组提单，由于提单只有一套，各个托运人不能分别取得提单，只好由运输代理人向各托运人签发运输代理人（行）的提单。由于集装箱运输的发展，运输代理人组织的拼箱货使用这种提单有利于提高效率，所以这种提单的使用正在扩展。

一般情况下，运输代理行提单不具有提单的法律地位，它只是运输代理人收到托运货物的收据，而不是一种可以转让的物权凭证，故不能凭此向承运人提货。根据国际商会《跟单信用证统一惯例》1993 年修订本的规定，除非提单表明运输行作为承运人（包括无船承运人）或承运人的代理人出具的提单，或国际商会批准的"国际货运代理协会联合会"的运输提单可以被银行接收外，银行将拒收这种提单。

2）合并提单（omnibus B/L）

合并提单是指根据托运人的要求，将同一船舶装运的同一装箱港、同一卸箱港、同一收货人的两批或两批以上相同或不同的货物合并签发一份提单。托运人或收货人为了节省运费，常要求承运人将本应属于最低运费提单的货物与其他另行签发提单的货物合并在一起只签发一份提单。

3）并装提单（combined B/L）

并装提单是指将两批或两批以上品种、质量、装箱港和卸箱港相同，但分属于不同收货人的液体散装货物并装于同一液体货舱内，而分别为每批货物的收货人签发一份提单时，其上加盖有"并装条款"印章的提单。在签发并装提单的情况下，应在几个收货人中确定一个主要收货人（通常是其中批量最大的收货人），并由这个主要收货人负责分摊各个收货人应分担的货物自然损耗和底脚损耗。

4）分提单（separate B/L）

分提单是指承运人依照托运人的要求，将本来属于同一装货单上其标志、货种、等级均相同的同一批货物，托运人为了目的港的收货人提货方便，分开签多份提单，分属于几个收货人的提单。只有标志、货种、等级均相同的同一批货物才能签发分提单，否则，会因在卸箱港理货，增加承运人理货、分标志费用的负担。分提单一般除了散装油类最多不超过 5 套外，其他货物并无限制。

5）交换提单（switch B/L）

交换提单是指在直达运输的条件下，应托运人的要求，承运人承诺，在某一约定的中途港凭在启运港签发的提单另换发一套以该中途港为启运港，但仍以原来的托运人为托运人的提单，并注明"在中途港收回本提单，另换发以该中途港为启运港的提单"或"switch B/L"字样的提单。

当贸易合同规定以某一特定港口为装箱港，而作为托运人的卖方因备货原因，不得不在这一特定港口以外的其他港口装货时，为了符合贸易合同和信用证关于装箱港的要求，常采用这种变通的办法，要求承运人签发这种交换提单。

签发交换提单的货物，一般由同一艘船进行直达运输，中途港并不换装，只不过由承运人在中途港的代理人收回原本在启运港签发的提单，另外签发以中途港为货物启运港的提单而已。

6）舱面货提单（on deck B/L）

舱面货提单又称甲板货提单。这是指货物装于露天甲板上承运时，并于提单注明"装于舱面"（on deck）字样的提单。

在贸易实践中，有些体积庞大的货物以及某些有毒货物和危险物品不宜装于舱内，只能装在船舶甲板上。货物积载于甲板承运，遭受灭失或损坏的可能性很大，除了商业习惯允许装于舱面的货物如木材，法律或有关法规规定必须装于舱面的货物，承运人和托运人之间协商同意装于舱面的货物外，承运人或船长不得随意将其他任何货物积载于舱面承运。如果承运人擅自将货物装于舱面，一旦灭失或损坏，承运人不但要承担赔偿责任，而且还将失去享受的赔偿责任限制的权利。但是，如果签发的是表明承、托双方协商同意的，注有"装于舱面"字样的舱面提单，而且实际上也是将货物积载于舱面，那么，只要货物的灭失或损坏不是承运人的故意行为造成的，承运人仍可免责。否则即使货物装在甲板上而没有批注，承运人对此要像装舱内货一样负责。

为了减轻风险，买方一般不愿意把普通货物装在舱面上，有时甚至在合同和信用证中明确规定，不接受舱面货提单。银行为了维护开证人的利益，对这种提单一般也予以拒绝。

7）包裹提单（parcel receipt B/L）

包裹提单是指以包裹形式托运的货物而签发的提单。这是承运人根据贸易上的特殊需要而设定的一种提单。它只适用于少量货物或行李，以及样品和礼品的运输。对于这种提单，承运人一般都对货物的重量、体积和价值规定了限制条件，比如重量不得超过 45 kg（或 100 lb）；体积不超过 $0.15\ m^3$（或 5 立方英尺）；价值在 10 英镑以下等。对于包裹提单的货物，收取较低的运费，小量样品甚至可免费运送。这种提单不能转让，对货物的灭失，承运人也不承担赔偿责任。

8）集装箱提单（container B/L）

集装箱提单是集装箱货物运输下主要的货运单据，是指负责集装箱运输的经营人或其代理人，在收到集装箱货物后而签发给托运人的提单。它与普通货物提单的作用和法律效力基本相同，但也具有以下特点。

（1）由于集装箱货物的交接地点不同，一般情况下，由集装箱堆场或货运站在收到集装箱货物后签发场站收据，托运人以此换取集装箱提单结汇。

（2）集装箱提单的承运人责任有两种：一是在运输的全过程中，各段承运人仅对自己承担的运输区间所发生的货损负责；二是多式联运经营人对整个运输承担责任。

（3）集装箱内所装货物，必须在条款中说明。因为有时由发货人装箱，承运人不可能知道内装何物，一般都有"said to contain"条款，否则损坏或灭失时整个集装箱按一件赔偿。

（4）提单内说明箱内货物数量、件数，铅封是由托运人来完成的，承运人对箱内所载货物的灭失或损坏不予负责，以保护承运人的利益。

（5）在提单上不出现"on deck"字样。

（6）集装箱提单上没有"装船"字样，提单上没有"收讫待运"字样。

另外，提单按船舶经营性质可划分为班轮提单和租船提单，按提单使用有效性可划分为正本提单和副本提单，按货物运输形式可划分为件杂货提单和集装箱运输提单；按货物进出口可划分为进口货运提单和出口货运提单，等等。

6.3　有关提单的国际公约

由于提单的利害关系人常分属于不同国籍，提单的签发地或起运港和目的港又分处于不同的国家，而提单又是由各船公司根据本国有关法规自行制定的，其格式、内容和词句并不完全相同，一旦发生争议或涉及诉讼，就会产生提单的法律效力和适用法规的问题，因此，统一各国有关提单的法规，当前已经生效，在统一各国有关提单的法规方面起着重要作用或有关国际货物运输的国际公约有以下三个。

1. 海牙规则

《海牙规则》（*Hague Rules*）是关于提单的第一部国际公约，是 1924 年《统一提单若干法律规定的国际公约》（*International Convention for the Unification of Certain Rules of Law Relating to Bills of Lading*，1924）的简称。1924 年 8 月 25 日由 26 个国家在比利时首都布鲁塞尔签订，1931 年 6 月 2 日生效。公约草案于 1921 年在海牙通过，因此定名为《海牙规则》。截至 1997 年 2 月，共有 88 个国家和地区加入。

2. 维斯比规则

《维斯比规则》是《修改统一提单若干法律规定的国际公约议定书》（*Protocol to Amend the International Convention for the Unification of Certain Rules of Law Relating to Bills of lading*）的简称，因该议定书的准备工作在瑞典的维斯比完成而得名。1968 年 6 月 23 日，该议定书在布鲁塞尔外交会议上通过，因此也简称为《1968 年布鲁塞尔议定书》（*The 1968 Brussels Protocol*），自 1977 年 6 月 23 日生效。截至 2006 年，参加该规则的国家共有 30 个，其中包括英、法、德、荷、西、挪、瑞典、瑞士、意、日等主要航运国家。《维斯比规则》是《海牙规则》的修改和补充，故常与《海牙规则》一起，称为《海牙/维斯比规则》。

3. 汉堡规则

《汉堡规则》是《联合国海上货物运输公约》（*United Nations Convention on the Carriage of Goods by Sea*，1978）的简称。1976 年由联合国贸易法律委员会草拟，于 1978 年 3 月 6 日至 31 日在德国汉堡举行由联合国主持的由 78 国代表参加的海上货物运输大会讨论通过，于 1992 年 11 月 1 日生效。

6.3.1 海牙规则

1.《海牙规则》产生的背景

提单的使用由来已久。早期的提单，无论是内容还是格式，都比较简单，而且其作用也较为单一，仅作为货物的交接凭证，是表明货物已经装船的收据。随着国际贸易和海上货物运输的逐步发展，提单的性质、作用和内容特别是其中的背面条款都发生了巨大变化。

按照当时海上航运最为发达的英国普通法（common law），对公共承运人（common carrier）的要求比较严格，公共承运人除了因天灾（act of god）、公敌行为（queens enemies）、货物的内在瑕疵及托运人的过失所造成的损失可以免除责任之外，对于货物在运输途中的一切损害及灭失都要承担责任。但与此同时，英国法律允许承运人按照"契约自由"原则，在提单上列入各种免责条款，来解脱他们在海运过程中对货物的责任，这就为减轻承运人的责任大开方便之门，承运人在提单上列入对货物灭失或损失免责的条款，强加给货主的各种不公平的条件和不应承担的风险越来越多。这种免责条款从 18 世纪开始出现，到 19 世纪中期的后半期，便发展到不可收拾的地步。有的承运人在提单上加列的免责条款多达六、七十条之多，似乎承运人除了收取运费之外，什么责任都可以不承担。承运人滥用契约自由，无限扩大免责范围的做法使当时的国际贸易和运输秩序陷入极度的混乱，其直接结果不但使货方正当权益失去了起码的保障，而且还出现了保险公司不敢承保，银行不肯汇兑，甚至提单在市场上难以转让流通的不良局面。因为提单不仅是一纸运输合同，而且还是一种有价证券，可以流通转让，如果承运人可以在提单上任意列入免除其对货物损害、灭失责任的条款，那么与提单业务有关的货主、银行和保险公司的利益就没有保障，提单的流通也会受到影响，严重阻碍航运业的发展。

在以英国为代表的船东国在提单上滥用免责条款的时期，以美国为代表的货主国利益受到极大的损害。为了保护本国商人的利益，美国于 1893 年制定了《哈特法》（*Harter Act*），即《关于船舶航行、提单，以及财产运输有关的某些义务、职责和权利的法案》。该法规定，在美国国内港口之间以及美国港口与外国港口之间进行货物运输的承运人，不得在提单上加入由于自己的过失而造成货物灭失或损害而不负责任的条款，同时还规定承运人应谨慎处理使船舶适航，船长船员对货物应谨慎装载、管理和交付。该法规定，凡违反这些规定的提单条款，将以违反美国"公共秩序"为由宣告无效。

《哈特法》最大的特点就在于对免责的限制，它对以后的国际航运立法产生了巨大的影响。澳大利亚于 1904 年制定了《海上货物运输法》；新西兰于 1908 年制定了《航运及海员法》；加拿大于 1910 年制定了《水上货物运输法》。这些立法都采纳了《哈特法》确定的基本原则，根据《哈特法》的有关规定对提单的内容进行了调整。但是，少数国家的努力难以解决承运人无边际免责的实质问题。而且各国立法不一，各轮船公司制定的提单条款也不相同，极大地妨碍了海上货物运输合同的签订，不利于国际贸易的发展。国际海上货物运输不可能按某一国的法律处理，因此，制定统一的国际海上货物运输公约来制约提单已势在必行。

第一次世界大战的爆发虽然延缓了制定国际统一规则的进程，但同时又给制定国际统一规则带来了生机。第一次世界大战后由于全球性的经济危机，货主、银行、保险界与船东的矛盾更加激化。在这种情况下，以往对限制合同自由、修正不合理免责条款问题一直不感兴趣的英国，为了和其殖民地在经济上、政治上采取妥协态度，也主动与其他航运国家和组织一起寻求对上述问题的有效解决方法，也主张制定国际公约，以维护英国航运业的竞争能力，保持英国世界航运大国的地位。为此，国际法协会所属海洋法委员会（Maritime Law Committee）于 1921 年 5 月 17 日至 20 日在荷兰首都海牙召开会议，制定了一个提单规则，定名为《海牙规则》，供合同当事人自愿采纳。以此为基础，1922 年 10 月 9 日至 11 日在英国伦敦召开会议，对《海牙规则》进行若干修改，同年 10 月 17 日至 26 日，于比利时布鲁塞尔举行的讨论海事法律的外交会议上，与会代表做出决议，建议各国政府采纳这个规则，在稍作修改后使之国内法化。1923 年 10 月，又在布鲁塞尔召开海商法国际会议，由海商法国际会议指派委员会对这个规则继续做了一些修改，完成《海牙规则》的制定工作。随后，1923 年 11 月英国帝国经济会议通过决议，一方面建议各成员国政府和议会采纳这个修订后的规则使之国内法化；另一方面率先通过国内立法，使之国内法化，由此而产生了《1924 年英国海上货物运输法》（Carriage of Goods by Sea Act 1924，COGSA）。这个法律在 1924 年 8 月获英皇批准。1924 年 8 月 25 日，各国政府的代表也在布鲁塞尔通过了简称《海牙规则》的《1924 年统一提单若干法律规定的国际公约》。

2.《海牙规则》的主要内容

《海牙规则》共十六条，其中第一至第十条是实质性条款，第十一至第十六条主要是有关公约的批准、加入和修改等程序性条款，实质性条款主要包括以下内容。

1）承运人最低限度义务

所谓承运人最低限度义务，是指承运人必须履行的基本义务。《海牙规则》规定的承运人的责任是最低限度的，仅包括两项强制性的义务：一是保证船舶适航的义务，二是管货的义务。

（1）承运人提供适航船舶的义务。《海牙规则》第三条第一款规定了承运人提供适航船舶的义务："承运人必须在开航前和开航当时，谨慎处理，使船舶处于适航状态，妥善配备合格船员，装备船舶和配备供应品；使货舱、冷藏舱和该船其他载货处所能适当而安全地接受、载运和保管货物。"

《海牙规则》把普通法中承运人默示的绝对适航的责任，降低为谨慎处理使船舶适航。它意味着承运人须在合同货物装船开始至船舶开航当时这一期间内，运用通常要求的知识与技能，采取各种为航次的特定情况所合理要求的措施使船舶适航，而不能有过错。否则，承运人应对由于船舶不适航所造成的货物灭失或损坏负赔偿责任。但是，如果承运人在装货港已经谨慎行事，仍不能发现船舶的潜在缺陷而致使船舶不适航，或者承运人在船舶航行期间或货物中途港停靠期间未能谨慎处理保持船舶的适航性，均不视为承运人违反适航义务。

《海牙规则》中，船舶适航的含义有狭义和广义之分。上述"使船舶适航"规定中的"适航"是指狭义的船舶适航，即承运人应使船舶的强度、结构和性能等方面能适应预定航线中一般可预见的风险。

关于承运人保证船舶适航的责任需要说明的是：《海牙规则》在规定承运人保证船舶适

航责任时，只规定要在"开航前和开航时"使船舶适航，而并没有要求承运人保证船舶从启运港到目的港的整个航程中都要适航。

所谓开航前的适航，是指使船舶具有能克服停泊中通常发生的海上危险的能力；而所谓开航时的适航，是指船舶在装货港开航的当时，具有能克服航海中通常所预见的海上危险的条件。因为货物开始装船，就有可能遭遇海上危险，所以从开始载货，就要求应使船舶适航，即保证船舶具备装载货物所必需的各种设备和人员，使船舶适于安全收受、运送和保管货物是很必要的。又因海上危险多种多样、瞬息万变，航海中许多危险难以预料，因此只要求在开航当时使船舶适航，具有能克服航海中通常所能预见的海上危险的条件是合理的。不仅如此，虽然规则要求承运人应该在开航当时使船舶适航，但对于开航当时的措施，即具备可克服危险的能力，则可认为船舶已具有适航能力。

此外，在开航前与开航时使船舶适航还意味着不能把开航后因海上危险而造成的不适航包括在适航责任中。不过，这绝不意味着承运人有在不适航状态下继续航行的权利。如果有恢复适航能力的机会，因承运人不能免责的过失而未予恢复，并继续航行，从承运人违反管货责任中应担负的安全运输的义务上看，对因此而造成的货物损失，承运人还是要负责赔偿的。

广义的船舶适航还包括承运人应妥善地配备船员、装备船舶和配备供应品，并应使船舶"适货"。

具体地说，承运人应根据实际情况配备一定数量的船员。所有船员，特别是高级船员必须处于健康良好的身体状况，具有相应有效的资格证书，并且能在其职务范围内勤勉工作。

承运人应适当地装备和供应船舶。为了确保海上航行安全，船舶必须按规定装备通信信号灯、救生信号装置、雷达、无线电测向仪、回声测深仪等航行设备，以及可靠齐全的海图、航路指南、航海图书资料等。不仅如此，承运人还应采取一切合理的措施，使各种设备处于有效良好的状态。

在船舶供应方面，承运人应提供充足的燃料、物料、淡水和食品，其中燃料的供应尤为重要。

承运人应使船舶"适货"。即承运人应在航次开航前和开航时谨慎处理，使货舱、冷藏舱、冷气舱和其他载货处所适于安全收受、载运和保管货物。它要求船上的一切设置适合货物的装卸；船上的冷冻机正常工作，能保证货舱所需的温度；货舱应因货而异地保持清洁；此外，船上的通风设备、污水管道等也必须能正常工作。如果船舶缺乏这种适货能力，就是不适航。

（2）承运人在海上货物运输中管理货物的义务。《海牙规则》第三条第二款规定："承运人应妥善和谨慎地装载、操作、积载、运送、保管、照料与卸载。"即提供适航船舶，妥善管理货物，否则将承担赔偿责任。

这里所谓的"货物"包括货物、制品、商品和任何种类的物品，但活动物和在运输合同中载明装载于舱面，并且已经这样装运的货物除外。

这里所谓的"适当"包含着技术上的含义，是指从装货到卸货每个作业环节中，承运人应体现出一定的技艺，包括操作水平和操作设备；"谨慎"则注重承运人的工作态度和责任心，主要指承运人应用通常合理的方法处理货物。承运人在海上货物运输中，无论哪一个环节未能尽其应尽的管理货物的义务，致使货物发生损失，承运人都必须就此损失负赔偿责任。

（3）签发提单的义务。《海牙规则》第三条第三款明确规定：承运人或船长或承运人的代理人，在接管货物后，应依照托运人的请求，发给托运人提单。

（4）不做不合理绕航的义务。合理绕航指救助或企图救助海上遇险人员、财产或有其他正当理由（如避免船舶碰撞或其他海上危险）而发生的绕航。

海牙规则第四条第四款规定："为救助或企图救助海上人命或财产而发生的绕航，或者任何合理绕航，都不得被认为是对本规则或运输契约的破坏或违反，承运人对由此引起的任何灭失或损害，都不负责任。"言外之意，不合理绕航应作为"破坏或违反本公约或运输合同"的行为（即"根本违约"），货方可因此而解除合同，并以遭受的损失向承运人提出索赔。合同既然被解除，承运人就不能享受合同中赋予的各项权利：法定免责，单位责任限制，诉讼时效的保护及有关合同名下的各种其他权益。可见，海牙规则对不合理绕航的制裁是很严厉的。

在海牙规则出台之前，对不合理绕航的制裁也是很严厉的。根据普通法，绕航只在两种情况下是合理的：①拯救人命；②为航行安全。普通法禁止船舶不合理绕航，其理由基于两个原因。一是海上风险大，货物在海上多停留一天，货主就多担心一天，这对货主不公平。更重要的是，过去的海上保险单规定，船舶一经不合理绕航其保险单就作废，这会使货主蒙受更大的损失。1906年英国海上保险法第四十一条第1款规定："凡船舶无合理理由绕离保险契约所规定的航线者，自绕航时起，保险人得免除责任，并不因为损失发生前船舶已经恢复原定航线而有所区别。"根据此项规定，绕航和灭失之间无须存在因果关系。虽然货物发生灭失或损害可能与绕航无关，但承运人被剥夺了抗辩的权利。

例如，某货轮承运一批从印度起航运往阿姆斯特丹的小麦，为搭载船长在科威特的私人物品，该轮离开印度后先进入波斯湾，然后沿正常航线从红海经苏伊士运河及地中海进入大西洋，最后到达阿姆斯特丹，但到港日比预订日期晚了20 d，而货物市场价格在15日前一落千丈，使货主蒙受巨大损失，承运人是否应当赔偿货主损失？上述货轮若在正常航线上遭遇暴风雨，由于运送的货物是小麦，船长为避免小麦受潮绕道100海里，避开雨区，造成到港迟延 3 d，承运人是否应当承担由此给货主造成的损失前者答案是承运人应当赔偿货主损失，因为搭载私人物品绕道属于不合理绕航；后者是不承担此给货主造成的损失，因为这属于合理绕航。

2）承运人运输货物的责任期间

所谓承运人运输货物的责任期间，是指承运人对货物运送负责的期限。按照《海牙规则》第一条"货物运输"的定义，货物运输的期间为从货物装上船起至卸完船为止的期间。所谓"装上船起至卸完船止"可分为两种情况。一是在使用船上吊杆装卸货物时，装货时货物挂上船舶吊杆的吊钩时起至卸货时货物脱离吊钩时为止，即"钩至钩"期间。二是使用岸上起重机装卸，则以货物越过船舷为界，即"舷至舷"期间承运人应对货物负责。至于货物装船以前，即承运人在码头仓库接管货物至装上船这一段期间，以及货物卸船后到向收货人交付货物这一段时间，按《海牙规则》第七条规定，可由承运人与托运人就承运人在上述两个期间发生的货物灭失或损坏所应承担的责任和义务订立任何协议、规定、条件、保留或免责条款。

《海牙规则》这一规定对承运人是有利的，因为承运人在码头接货以后，到装船以前还有一段时间，同时承运人在目的港卸货以后，到交货给收货人以前，也还有一段时间，这两段时间没有人承担责任，或者说承运人根据《海牙规则》是不承担责任的。如德国某公司租用中国天津远洋运输公司货轮装载袋装化肥从汉堡运至上海，货物于签订航次租船合同的当天运抵汉堡港码头仓库，准备第二天装船。但是船未能如期到港。当天夜里码头仓库失火，全部货物烧毁。该德国公司向承运人天津远洋运输公司索赔，承运人认为其承担的是"钩至钩"责任，本案货物尚未装船，承运人的责任还未开始，因此，承运人对在码头上发生的货物损失不承担赔偿责任。"钩至钩"是《海牙规则》规定承运人应履行其管货义务的责任期限：从货物装上船时起至货物卸离船时止的整个期间。《海牙规则》第一条第五款规定："货物运输，包括自货物装上船舶开始至卸离船舶为止的一段时间。"本案中如果适用的法律是《海牙规则》，由于货物尚未装船，承运人的责任还未开始，因此，承运人对在码头上发生的货物损失不承担赔偿责任。本案中如果合同规定适用的法律是《汉堡规则》，则承运人应对在码头上发生的货物损失承担责任。

3）承运人的赔偿责任限额

承运人的赔偿责任限额是指对承运人不能免责的原因造成的货物灭失或损坏，通过规定单位最高赔偿额的方式，将其赔偿责任限制在一定的范围内。即责任限额是承运人对每一货物数量单位的最高赔偿限额。如中远和中外运均规定每件或每一计费单位不超过 700 元。这一制度实际上是对承运人造成货物灭失或损害的赔偿责任的部分免除，充分体现了对承运人利益的维护。《海牙规则》第四条第五款规定："不论承运人或船舶，在任何情况下，对货物或与货物有关的灭失或损坏，每件或每单位超过 100 英镑或与其等值的其他货币时，任意情况下都不负责；但托运人于装货前已就该项货物的性质和价值提出声明，并已在提单中注明的，不在此限。"

4）承运人的免责

《海牙规则》采用的是"不完全过失责任制"。第四条第二款对承运人的免责做了 17 项具体规定，列举如下：①船长、船员、引水员或承运人的雇用人在驾驶或管理船舶中的行为、疏忽或不履行职责；②火灾，但由于承运人实际过失或者私谋所造成的除外；③海上或其他通航水域的风险、危险或者是意外事故；④天灾；⑤战争行为；⑥公敌行为；⑦君主、统治者或人民的扣留或拘禁或依法扣押；⑧检疫限制；⑨货物托运人或货主、其代理人或代表的行为或不行为；⑩不论由于何种原因引起的局部或全面的罢工、关厂、停工或劳动力受到限制；⑪暴乱和民变；⑫救助或企图救助海上人命或财产；⑬由于货物的固有瑕疵、性质或缺陷所造成的容积或者重量的损失，或者任何其他灭失或损害；⑭包装不当；⑮标志不清或不当；⑯谨慎处理，克尽职责所不能发现的潜在缺陷；⑰不是由于承运人的实际过失或私谋，或是承运人的代理人或受雇人员的过失或疏忽所引起的任何其他原因。

《海牙规则》同时又规定承运人只有履行了适航义务才能享受豁免权利。这 17 项规定可以分为两类：一类是过失免责；另一类是无过失免责。

（1）过失免责。国际海上货物运输中争论最大的问题是《海牙规则》的过失免责条款，《海牙规则》第四条第二款第一项规定："由于船长、船员、引航员或承运人的雇用人在航行或管理船舶中的行为、疏忽或过失所引起的货物灭失或损坏，承运人可以免除赔偿责任。"这种过失免责条款是其他运输方式责任制度中所没有的。很明显，《海牙规则》偏袒了船方的利益。根据该项规定，对海上货物运输途中因航行或管理船舶的过失或疏忽所造成的货损，承运人是可以免责的。所谓航行过失，是指船长及船员在海上航行中有驾驶船舶方面的疏忽或过失。对这种过失，承运人无须负责。而所谓管船过失，是指在航行过程中，船长、船员对船舶缺少应有的注意和管理。管船过失往往会涉及管货问题，因为承运人对管船过失可以免责，而对管货过失则须负责。但是两者的界限非常模糊，很难完全分开。管船业务一般指主要影响船舶及船上设施的作业，偶尔会影响货物，但并非直接针对货物；管货业务一般只影响或主要影响货物，间接使用船上的设备对船舶产生影响。区分二者的关键是要弄清行为的直接目的，即原始动机是什么。

（2）无过失免责。

①不可抗力或承运人无法控制的免责有八项：海上或其他通航水域的灾难、危险或意外事故；天灾；战争行为；公敌行为；君主、当权者或人民的扣留或拘禁，或依法扣押；检疫限制；不论由于任何原因所引起的局部或全面罢工、关厂、停工或劳动力受到限制；暴力和骚乱。

②货方的行为或过失免责有四项：货物托运人或货主、其代理人或代表的行为；由于货物的固有缺点、质量或缺陷所造成的容积或重量的损失，或任何其他灭失或损害；包装不固；标志不清或不当。

③特殊免责条款有三项：一是火灾，即使是承运人和雇用人的过失，承运人也不负责，只有承运人本人的实际过失或私谋所造成者才不能免责；二是在海上救助人命或财产，这一点是对船舶的特殊要求；三是谨慎处理，克尽职责所不能发现的潜在缺陷。

④承运人免责条款的第十六项："不是由于承运人的实际过失或私谋，或是承运人的代理人或雇用人员的过失或疏忽所引起的其他任何原因。"这是一项概括性条款，既不像前述十六项那样具体，又不是对它们的衬托，而是对它们之外的其他原因规定的一般条件，被称为"疏忽条款"。

这里所谓"没有过失和私谋"不仅指承运人本人，而且也包括承运人的代理人或雇用人没有过失和私谋。援引这一条款要求享有此项免责利益的人应当负举证义务，即要求证明货物的灭失或损坏既非由于自己的实际过失或私谋，也非他的代理人或雇用人的过失或私谋所导致。

5）索赔与诉讼时效

索赔通知是收货人在接收货物时，就货物的短少或残损状况向承运人提出的通知，它是索赔的程序之一。收货人向承运人提交索赔通知，意味着收货人有可能就货物短损向承运人索赔。《海牙规则》第三条第六款规定：承运人将货物交付给收货人时，如果收货人未将索赔通知用书面形式提交承运人或其代理人，则这种交付应视为承运人已按提单规定交付货物的初步证据。如果货物的灭失和损坏不明显，则收货人应在收到货物之日起3日内将索赔通知提交承运人。

《海牙规则》有关诉讼时效的规定："除非从货物交付之日或应交付之日起一年内提起诉讼，承运人和船舶，在任何情况下，都应免除对灭失或损坏所负的一切责任。"

综上，可以简单归纳如下。

（1）索赔通知。收货人提货时如果发现短卸或残损，应立即向承运人提出索赔。如果残损不明显，则在3日内提出索赔。如果3日内未提出，就是交货时货物表面状况良好的初步证据。

（2）诉讼时效。货方对承运人提起索赔的诉讼时效为1年，自货物交付时起算，在货物灭失的情况下，自货物应交付之日起算。

6）托运人的义务和责任

（1）保证货物说明正确的义务。

《海牙规则》第三条第五款规定，托运人应向承运人保证他在货物装船时所提供的标志、号码、数量和重量的正确性，并对由于这种资料不正确所引起或造成的一切灭失、损害和费用，给予承运人赔偿。

（2）不得擅自装运危险品的义务。

《海牙规则》第四条第六款规定，如果托运人未经承运人同意而托运属于易燃、易爆或其他危险性货物，应对因此直接或间接地引起的一切损害和费用负责。

（3）损害赔偿责任。

根据《海牙规则》第四条第三款规定，托运人对他本人或其代理人或受雇人因过错给承运人或船舶造成的损害，承担赔偿责任。可见，托运人承担赔偿责任是完全过失责任原则。

7）运输合同无效条款

根据《海牙规则》第三条第八款规定，运输合同中的任何条款或协议，凡是解除承运人按该规则规定的责任或义务，或以不同于该规则的规定减轻这种责任或义务的，一律无效。有利于承运人的保险利益或类似的条款，应视为属于免除承运人责任的条款。

8）适用范围

《海牙规则》第五条第二款规定，本公约的规定，不适用于租船合同，但如果提单是根据租船合同签发的，则它们应符合公约的规定。同时该规则第十条规定：本公约的各项规定，应适用于在任何缔约国内所签发的一切提单。

结合本规则"运输契约"定义的规定，可以得出以下结论。

（1）根据租船合同或在船舶出租情况下签发的提单，如果提单在非承运人的第三者手中，即该提单用来调整承运人与提单持有人的关系时，《海牙规则》仍然适用。

（2）不在《海牙规则》缔约国签发的提单，虽然不属于《海牙规则》的强制适用范围，但如果提单上订有适用《海牙规则》的首要条款，则《海牙规则》作为当事人协议适用的法律，亦适用于该提单。

9）承运人对不知情危险品的处理及免责

承运人、船长或承运人的代理人对于事先不知其性质而装载的具有易燃、爆炸或危险性的货物，可在卸货前的任何时候将其卸在任何地点，或将其销毁，或使之无害，而不予赔偿。该项货物的托运人，应对由于装载该项货物而直接或间接引起的一切损坏或费用负责。如果承运人知道该项货物的性质，并已同意装载，则在该项货物对船舶或货物发生危险时，亦得同样将该项货物卸在任何地点，或将其销毁，或使之无害，而不负赔偿责任，但如有共同海损，不在此限。

这一款规定了承运人对已装船的危险品的处理。该项前半部分与后半部分的差异在于，在承运人不知情的情况下，可以任意处置危险品而不负责任，且可以向托运人索赔；但在承运人知情的情况下，虽然承运人也可以任意处置危险品而不负责任，却不能再向托运人追偿。

共同海损，指在同一海上航程中，船舶、货物和其他财产遭遇共同危险，为了共同安全，有意地、合理地采取措施所造成的特殊牺牲、支付的特殊费用。共同海损分摊原则：由受益方按照各自分摊价值的比例分摊。

3.《海牙规则》存在的主要问题

（1）驾驶管船过失免责，不适应技术发展的现实，较多地维护了承运人的利益，在免责条款和最高赔偿责任限额上表现尤为明显，造成在风险分担上的不均衡。

（2）责任期间不合理，不能适应集装箱运输带来的新问题。

（3）责任期间的规定欠周密，出现装船前和卸货后两个实际无人负责的空白期间，不利于维护货方的合法权益。

（4）单位赔偿限额太低，诉讼时效期间过短，适用范围过窄。

（5）对某些条款的解释仍未统一，如"管理船舶"与"管理货物"的差异；与货物有关的灭失或损坏的含义；作为赔偿责任限制的计算单位的解释等，因没有统一解释而容易引起争议。用语含糊，如"恪尽职责""谨慎"等。

4.《海牙规则》的影响

《海牙规则》于1931年6月2日正式生效。欧美许多国家都加入了这个公约。有的国家仿效英国的做法，通过国内立法使之国内法化；有的国家根据这一公约的基本精神，另行制定相应的国内法，例如，美国1936年以《海牙规则》作为国内立法的基础，制定了1936年《美国海上货物运输法》。还有些国家虽然没有加入这一公约，但他们的一些船公司的提单条款也采用了这一公约的精神。比如我国虽然没有加入该公约，但1981年承认该公约，把它作为制定中国《海商法》的重要参考依据，中国不少船公司的提单条款也采纳了这一公约的精神。所以，《海牙规则》堪称现今海上货物运输方面最重要的国际公约。

《海牙规则》使得海上货物运输中有关提单的法律得以统一，在促进海运事业发展，推动国际贸易发展方面发挥了积极作用，是最重要的和目前仍被普遍使用的国际公约。

6.3.2 维斯比规则

1.《维斯比规则》产生的历史背景

《海牙规则》规定了承运人最低限度义务、17项免责事项、索赔和诉讼、责任限制和适用范围以及程序性等几个方面。17项免责事项，尤其是航行和管船过失亦免责，奠定了《海牙规则》关于承运人的不完全过失责任制的基础。总体看来，《海牙规则》较多地维护了承运人的利益，在风险分担上很不均衡，对货主的保护相对较少。

《海牙规则》自1931年生效实施后，被国际航运界普遍接受，它的历史作用在于使国际海上货物运输有法可依，统一了海上货物运输中的提单条款，对提单的规范化起到了积极作用，基本上缓和了当时承运方和托运方之间的矛盾，促进了国际贸易和海上运输事业的发展。

但随着国际政治、经济形势的变化，以及航海、造船技术日新月异的进步，使海上运输方式发生了重大变革，特别是集装箱运输方式的出现和迅猛发展，《海牙规则》的内容已不适应新形势发展的需要。尤其关于承运人的大量免责条款明显偏袒船方利益，通货膨胀的现实使100英镑的赔偿限额明显过低等原因，引起了作为主要货主国的第三世界国家的不满，纷纷要求修改《海牙规则》，建立航运新秩序。到了20世纪50年代，要求修改《海牙规则》的呼声日渐强烈，国际海事委员会于1959年在南斯拉夫的里吉卡举行第二十四届大会，会上决定成立小组委员会负责修改《海牙规则》。但是如何修改却形成了两种相反的意见。一是代表货主利益的广大第三世界发展中国家，要求必须对《海牙规则》关于承运人的责任基础做出根本的修改；二是代表承运人利益的航运发达国家，认为只需对《海牙规则》作技术上的修改即可，不能急于求成，以免引起混乱，主张折中各方意见，只对《海牙规则》中明显不合理或不明确的条款作局部的修订和补充。

根据各国代表对修改《海牙规则》的建议，1963 年小组委员会草拟了修改《海牙规则》的议定书草案，提交给 1967 年、1968 年召开的海事法会议审议，经会议审议通过后，于 1968 年 2 月 23 日在比利时的布鲁塞尔召开的、由 53 个国家或地区代表参加的第十二届海洋法外交会议上通过，定名为《关于修订统一提单若干法律规定的国际公约议定书》（*Protocol to Amend the International Convention for the Unification of Certain Rules of Law Relating to Bill of Lading*），并简称为《1968 年布鲁塞尔议定书》（*The 1968 Brussels Protocol*）。由于该议定书草案在斯德哥尔摩讨论通过，其间参加会议的成员访问了哥特兰岛的海运古城——维斯比，为了借用中世纪《维斯比海法》的名声，故将议定书简称为《维斯比规则》（*Visby Rules*），航运界常将其与《海牙规则》合称为《海牙/维斯比规则》（*Hague-Visby Rules*）。该议定书于 1977 年 6 月 23 日生效。

2.《维斯比规则》的修改内容

《维斯比规则》共十七条，其主要修改内容如下。

1）扩大了规则的适用范围

《海牙规则》的各条规定仅适用于缔约国所签发的提单。《维斯比规则》扩大了其适用范围，其中的第五条第三款规定：本公约的各项规定，应适用于在两个不同国家港口之间运输货物的每一提单，如果提单是在一个缔约国签发，或者货物是从一个缔约国港口起运，或者提单中所载或为提单所证明的契约规定，本契约需要受本公约各项规定或者给予这些规定以法律效力的任一国家立法的约束，而不论船舶、承运人、托运人、收货人或任何其他关系人的国籍如何。即以下三种情况均适用：① 在缔约国签发的提单；②货物在一个缔约国的港口起运；③提单载明或运输合同约定适用《维斯比规则》的情况。因此，公约的适用范围进一步扩大了。

2）明确了提单的最终证据效力

《海牙规则》第三条第四款规定，提单上载明的货物主要标志、件数或重量和表面状况应作为承运人按其上所载内容收到货物的初步证据。至于提单转让至第三人的证据效力，未做进一步的规定。《维斯比规则》为了弥补上述的缺陷，在第一条第一款则补充规定："……但是，当提单转让至善意的第三人时，与此相反的证据将不能接受。"这表明对于善意行事的提单受让人来说，提单载明的内容具有最终证据效力。所谓"善意行事"是指提单受让人在接受提单时并不知道装运的货物与提单的内容有何不符之处，而是出于善意完全相信提单记载的内容。这就是说，《维斯比规则》确立了一项在法律上禁止翻供的原则，即当提单背书转让给第三者后，该提单就是货物已按上面记载的状况装船的最终证据。承运人不得借口在签发清洁提单前货物就已存在缺陷或包装不当来对抗提单持有人。

这一补充规定，有利于进一步保护提单的流通与转让，也有利于维持提单受让人或收货人的合法权益。一旦收货人发现货物与提单记载不符，承运人只能负责赔偿，不得提出任何抗辩的理由。

3）强调了承运人及其受雇人员的责任限制

《维斯比规则》第三条规定："本公约规定的抗辩和责任限制，应适用于就运输合同涉及的有关货物的灭失或损坏对承运人提出的任何诉讼，不论该诉讼是以合同为根据还是以侵权行为为根据。""如果诉讼是对承运人的受雇人员或代理人（该受雇人员或代理人不是独立订约人）提起的，该受雇人员或代理人也有权援引《海牙规则》规定的承运人的各项抗辩和责任限制。""向承运人及其受雇人员或代理人索赔的数额，在任何情况下都不得超过本公约规定的赔偿限额。"根据以上规定，使得合同之诉和侵权之诉处于相同的地位：承运人的受雇人员或代理人也享有责任限制的权利。

4）提高了承运人对货物损害赔偿的限额

《海牙规则》规定承运人对每件或每单位的货物损失的赔偿限额为 100 英镑，而《维斯比规则》第二条则规定，每件或每单位的赔偿限额提高到 10 000 金法郎，同时还增加一项以受损货物毛重为标准的计算方法，即每千克为 30 金法郎，以两者中较高者为准。采用的金法郎仍以金本位为基础，目的在于防止日后法郎纸币的贬值，一个金法郎是含金纯度为 900‰ 的黄金 65.5 毫克的单位。一旦法郎贬值，仍以上述的黄金含量为计算基础，在《维斯比规则》通过时，10 000 金法郎大约等于 431 英镑，与《海牙规则》规定的 100 英镑相比，这一赔偿限额显然是大大提高了。

这一规定不但提高了赔偿限额，而且创造了一项新的双重限额制度，不但维护了货主的利益，而且这种制度也为以后《汉堡规则》和我国《海商法》所接受。

另外，该规则还规定了丧失赔偿责任限制权利的条件，即如经证实损失是由于承运人蓄意造成，或者知道很可能会造成这一损害而毫不在意的行为或不行为所引起，则承运人无权享受责任限制的权利。

5）增加了"集装箱条款"

《海牙规则》没有关于集装箱运输的规定。《维斯比规则》增加了"集装箱条款"，以适应国际集装箱运输发展的需要。该规则第二条第三款规定："如果货物是用集装箱、托盘或类似的装运器具集装时，则提单中所载明的装在这种装运器具中的包数或件数，应视为本款中所述的包或件数；如果不在提单上注明件数，则以整个集装箱或托盘为一件计算。"该条款的意思是，如果提单上具体载明在集装箱内的货物包数或件数，计算责任限制的单位就按提单上所列的件数为准；否则，则将一个集装箱或一个托盘视为一件货物。

6）诉讼时效的延长

《海牙规则》规定，货物灭失或损害的诉讼时效为一年，从交付货物或应当交付货物之日起算。《维斯比规则》第一条第二款、第三款则补充规定，诉讼事由发生后，只要双方当事人同意，这一期限可以延长，明确了诉讼时效可经双方当事人协议延长的规定。对于追偿时效则规定，即使在规定的一年期满之后，只要是在受法院法律准许期间之内，便可向第三方提起索赔诉讼。但是准许的时间自提起诉讼的人已经解决索赔案件，或向其本人送达起诉状之日起算，不得少于三个月。

3. 1979 年修订《海牙/维斯比规则》的议定书

《维斯比规则》规定的承运人责任限制金额计算单位为法郎，并以黄金作为定值标准。由于黄金本身的价格是根据市场供求关系自由涨落的，所以以金法郎责任限制计算单位的实际价值也不能保持稳定。针对这一情况，1979 年在布鲁塞尔召开有 37 国代表出席的外交会议上，通过了修订《海牙/维斯比规则》（*The 1979 Protocol to the Hague Rules*）议定书。议定书将承运人责任限制的计算单位，由金法郎改为特别提款权（special drawing right，SDR），按 15 金法郎折合 1 SDR。议定书规定承运人的责任限制金额为每件或每单位 666.67 SDR，或按货物毛重计算每千克 2 SDR，两者中以较高者为准。但国内法规定不能使用特别提款权的缔约国，仍可以金法郎作为计算单位，该议定书于 1984 年 4 月开始生效。

特别提款权是国际货币基金组织于 1969 年创设的，作为国际储备的货币单位。自 1981 年 1 月 1 日起，特别提款权由 5 种世界上贸易出口额最高国家的货币，即美元、德国马克、日元、法国法郎和英镑按每 5 年调整一次的比例构成。2016 年 10 月 1 日人民币被正式纳入特别提款权货币篮子，权重为 10.92%，美元、欧元、日元和英镑的权重分别为 41.73%、30.93%、8.33%和 8.09%。特别提款权既为一种账面资产，又为一种联合货币，只是不在市场上流通、兑换。其价格计算方法：首先将其构成中所含其他 4 种货币金额，按照当日伦敦外汇市场汇价分别折算为等值美元，然后把所有美元值相加，即得出 1 单位特别提款权美元值。此特别提款权价格由世界银行逐日挂牌公布。

6.3.3 汉堡规则

《汉堡规则》（*Hamburg Rules*）全称《联合国海上货物运输公约》。联合国国际贸易法委员会受联合国贸易和发展会议的委托，对《海牙规则》和《维斯比规则》做全面的实质性修改，1978 年在汉堡通过。该公约分为七章三十四条，废除了《海牙规则》的不合理条款，较为合理地规定了承运人、托运人双方对货物运输所承担的责任和义务。对货物装载、联合运输、承运人的责任、担保以及索赔、诉讼时效、仲裁等均有规定。按《汉堡规则》的规定，需要 20 个国家提交本国政府批准书一年后，规则才能生效。

1.《汉堡规则》产生的历史背景

《维斯比规则》对《海牙规则》的修改很不彻底，只是做了一些细枝末节的修改，并未涉及其实质问题，特别是对原来就准备修改的承运人免责范围问题没有任何修改，国际上主要货主国对此极为不满。同时鉴于第三世界国家关于建立国际航运新秩序的强烈要求，1968 年，联合国贸易和发展会议设立了一个由 33 个国家组成的"国际航运立法工作组"，着手研究国际海商法，并提出了取消现行的有关海上货物运输法中不明确的法律条款，以及将风险在货主和承运人之间公平分担的修改方针。1971 年后，《海牙规则》的修改工作交由联合国国际贸易法委员会下设的新的航运立法工作组负责进行。该工作组先后召开了 6 次会议，制定了《联合国海上货物运输公约》草案。终于在 1978 年 3 月由联合国在汉堡主持召开了海上货物运输会议，通过了以上述草案为基础的 1978 年《联合国海上货物运输公约》（*United Nations Convention on the Carriage of Good by Sea*，1978）简称《汉堡规则》（*Hamburg Rules*）。

《汉堡规则》可以说是在第三世界国家的反复斗争下，经过各国代表多次磋商，并在某些方面做出妥协后通过的。《汉堡规则》全面修改了《海牙规则》，其内容在较大程度上加重了承运人的责任，保护了货方的利益，代表了第三世界发展中国家意愿。

根据《汉堡规则》的生效条件规定："本公约自第二十份批准书、接受书、认可书或加入书交存之日起满一年后的次月第一日生效。"《汉堡规则》自 1978 年 3 月 31 日获得通过，直至埃及递交了批准书后满足生效条件，于 1992 年 11 月 1 日起正式生效。批准和加入《汉堡规则》的国家现有 34 个，绝大多数为发展中国家（奥地利、埃及、智利、肯尼亚、摩洛哥、尼日利亚、突尼斯、乌干达、赞比亚等），占全球外贸或船舶吨位数 90% 的国家都未承认该规则，尚缺乏国际普遍接受性，但它对货方和承运人的权益做了较为公平合理的调整。

2.《汉堡规则》的主要内容

《汉堡规则》全文共分七章三十四条条文，在《汉堡规则》的制定中，除保留了《海牙/维斯比规则》对《海牙规则》修改的内容外，对《海牙规则》进行了根本性的修改，是一个较为完备的国际海上货物运输公约，明显地扩大了承运人的责任。其主要内容如下。

1）承运人的责任原则

《海牙规则》规定承运人的责任基础是不完全过失责任制，它一方面规定承运人必须对自己的过失负责，另一方面又规定了承运人对航行过失及管船过失的免责条款。而《汉堡规则》确定了推定过失与举证责任相结合的完全过失责任制。规定凡是在承运人掌管货物期间发生货损，除非承运人能证明承运人已为避免事故的发生及其后果采取了一切可能的措施，否则便推定：损失系由承运人的过失所造成，承运人应承担赔偿责任，很明显，《汉堡规则》较《海牙规则》扩大了承运人的责任。

2）承运人的责任期间

《汉堡规则》第四条第一款规定："承运人对货物的责任期间包括在装货港、在运输途中以及在卸货港，货物在承运人掌管的全部期间。"即承运人的责任期间从承运人接管货物时起到交付货物时止。与《海牙规则》的"钩至钩"或"舷至舷"相比，其责任期间扩展到"港到港"。解决了货物从交货到装船和从卸船到收货人提货这两段没有人负责的空间，明显地延长了承运人的责任期间。

3）承运人赔偿责任限额

《汉堡规则》第六条第一款规定："承运人对货物灭失或损坏的赔偿，以每件或其他装运单位的灭失或损坏相当于 835 特别提款权（special drawing right，SDR）或毛重每千克 2.5 特别提款权的金额为限，两者之中以其较高者为准。承运人对延迟交付的赔偿责任，以相当于该延迟交付货物应支付运费的 2.5 倍的数额为限，但不得超过海上货物运输合同规定的应付运费总额；承运人的总赔偿责任，在任何情况下都不得超过对货物全部灭失引起的赔偿责任所规定的限额。"

4）对延迟交付货物的责任

延迟交付货物的责任在《海牙规则》和《维斯比规则》中都没有规定，《汉堡规则》第五条第二款则规定："如果货物未能在明确议定的时间内，或虽无此项议定，但未能在考虑到实际情况对一个勤勉的承运人所能合理要求时间内，在海上运输合同所规定的卸货港交货，即为延迟交付。"对此，承运人应对因延迟交付货物所造成的损失承担赔偿责任。而且在第三款还进一步规定，如果货物在第二款规定的交货时间满后连续六十天内仍未能交付，有权对货物灭失提出索赔的人可以认为货物已经灭失。《汉堡规则》第六条第一款还规定："承运人对延迟交付的赔偿责任，以相当于延迟交付货物应支付运费的 2.5 倍的数额为限，但不得超过海上货物运输合同规定的应付运费总额。"

5）承运人和实际承运人的赔偿责任

《汉堡规则》中增加了实际承运人的概念。当承运人将全部或部分货物委托给实际承运人办理时，承运人仍需按公约规定对全部运输负责。如果实际承运人及其雇用人或代理人的疏忽或过失造成的货物损害，承运人和实际承运人均需负责的话，则在其应负责的范围内，承担连带责任。这种连带责任托运人既可向实际承运人索赔，也可向承运人索赔，并且不因此妨碍承运人和实际承运人之间的追偿权利。

6）托运人的责任

《汉堡规则》第十二条规定："托运人对于承运人或实际承运人所遭受的损失或船舶遭受的损坏不负赔偿责任。除非这种损失或损坏是由于托运人、托运人的雇用人或代理人的过失或疏忽所造成的。"这意味着托运人的责任也是过失责任。但需指出的是托运人的责任与承运人的责任不同之处在于承运人的责任中举证由承运人负责，而托运人的责任中，托运人不负举证责任，这是因为货物在承运人掌管之下，所以也同样需要承运人负举证责任。《汉堡规则》的这一规定，被我国海商法所接受。

7）保函的法律地位

《海牙规则》和《维斯比规则》没有关于保函的规定，而《汉堡规则》第十七条对保函的法律效力做出了明确的规定，托运人为了换取清洁提单，可以向承运人出具承担赔偿责任的保函，该保函在承、托人之间有效，对包括受让人、收货人在内的第三方一概无效。但是，如果承运人有意欺诈，对托运人也属无效，而且承运人也不再享受责任限制的权利。

8）索赔通知及诉讼时效

《海牙规则》要求索赔通知必须由收货人在收到货物之前或收到货物当时提交。如果货物损失不明显，则这种通知限于收货后三日内提交。《汉堡规则》延长了上述通知时间，规定收货人可在收到货物后的第一个工作日将货物索赔通知送交承运人或其代理人，当货物灭失或损害不明显时，收货人可在收到货物后的十五天内送交通知。同时还规定，对货物迟延交付造成损失，收货人应在收货后的六十天内提交书面通知。

关于诉讼时效，《汉堡规则》第二十条第一款和第四款分别规定："按照本公约有关运输货物的任何诉讼，如果在两年内没有提出司法或仲裁程序，即失去时效。""被要求赔偿的人，可以在时效期限内任何时间，向索赔人提出书面声明，延长时效期限，还可以再一次或多次声明再度延长该期限。"可见，《汉堡规则》与《海牙规则》和《维斯比规则》的有关规定相比，索赔和诉讼时效期间既做了延长，又体现了其更为灵活的特点。

9）管辖权和仲裁的规定

《海牙规则》《维斯比规则》均无管辖权的规定，只是在提单背面条款上订有由船公司所在地法院管辖的规定，这一规定显然对托运人、收货人极为不利。《汉堡规则》第二十一条规定，原告可在下列法院选择其一提起诉讼：①被告的主要营业所所在地，无主要营业所时，则为其通常住所所在地；②合同订立地，而合同是通过被告在该地的营业所、分支或代理机构订立；③装货港或卸货港；④海上运输合同规定的其他地点。

除此之外，海上货物运输合同当事人一方向另一方提出索赔之后，双方就诉讼地点达成的协议仍有效，协议中规定的法院对争议具有管辖权。

《汉堡规则》第二十二条规定，争议双方可达成书面仲裁协议，由索赔人决定在下列地点之一提起：①被告的主要营业所所在地，如无主要营业所，则为通常住所所在地；②合同订立地，而合同是通过被告在该地的营业所、分支或代理机构订立；③装货港或卸货港。此外，双方也可在仲裁协议中规定仲裁地点。仲裁员或仲裁庭应按该规则的规定来处理争议。

10）规则的适用范围

该规则适用于两个不同国家之间的所有海上货物运输合同，并且海上货物运输合同中规定的装货港或卸货港位于其一缔约国之内，或备选的卸货港之一为实际卸货港并位于某一缔约国内；或者提单作为海上货物运输合同证明的其他单证在某缔约国签发；或者提单或作为海上货物运输合同证明的其他单证规定，合同受该规则各项规定或者使其生效的任何国家立法的管辖。

同《海牙规则》一样，《汉堡规则》不适用于租船合同，但如提单根据租船合同签发，并调整出租人与承租人以外的提单持有人之间的关系，则适用该规则的规定。

11）扩大了货物的范围

《海牙规则》和《维斯比规则》适用的货物不包括活动物和舱面货。

《汉堡规则》规定：①活动物，如果由于其固有的特殊风险造成的损失，承运人可免责，但承运人需证明已按托运人的特别指示办理了与货物有关的事宜；②舱面货，如果货物被合法地（根据法律、惯例或当事人协议）装在舱面，对由于此种装载的特殊风险造成的货物灭失或损坏，承运人不负赔偿责任。承运人如果违反与托运人将货物装舱内的约定而将货物装在舱面上，不能享受责任限制。

例如，甲公司委托乙海运公司运送一批食品和一台大型设备到欧洲，并约定设备可装载于舱面；甲公司要求乙海运公司即日启航，乙海运公司告知：可以启航，但来不及进行适航检查，随即便启航出海。乙海运公司应对本次航行中产生的哪一项损失承担责任？

A.因遭受暴风雨致使装载于舱面的大型设备跌落大海；B.因途中救助人命耽误了航行，迟延交货致使甲公司受损；C.因船舱螺丝松动，在遭遇暴风雨时货舱进水淹没了2/3的食品。答案应该是C。因为A属于舱面货固有风险所致不负责；B属于免责事由；C属于承运人未尽到合理谨慎确保船舶适航。

再如A公司委托B海运公司运送一批货物，B公司在责任期间对下列哪些损失无须承担赔偿责任？

A.因B公司过失迟延交货而造成A公司在商业上的经济损失；B.因船长在驾驶船舶中的过失致使货物损坏；C.船舶在正常航线上发生意外致使货物灭失；D.船舶航行中为救助他船而使货物部分损毁。答案应该是B、C、D。

6.3.4 三个国际公约的比较

从《海牙规则》到《汉堡规则》有关提单的国际公约在内容上发生了质的变化，对当事各方利益的保护更加合理，也适应了不断发展的航运技术的要求。总的来讲，这三个国际公约实质上的区别主要在以下几个方面。

1. 承运人的责任基础不同

《海牙规则》由于在当时的历史背景下，船东的强大势力和航运技术条件的限制决定了《海牙规则》对承运人的要求不会十分严格，因此《海牙规则》对承运人责任基础采用了"不完全过失原则"。《维斯比规则》对这点没加任何修订。《汉堡规则》则将其改为了"推定的完全过失原则"。

所谓"过失原则"是指有过失即负责，无过失即不负责，一般国家的民法多以这一原则为基础。《海牙规则》总的规定也是要求承运人对自己的过失承担责任，但同时又规定"船长、船员、引航员或承运人的雇用人员在驾驶或管理船舶上的行为、疏忽或不履行契约"可以要求免责也是《海牙规则》遭非议最多的条款，即有过失也无须负责，因此，《海牙规则》

被认为采用的是不完全过失原则。比起过失原则，这种责任制度虽然对承运人网开一面，但在当时的历史条件下还是有着明显的进步意义的。

《汉堡规则》的立场则严格得多，它不仅以是否存在过失来决定承运人是否负责，而且规定举证责任也要由承运人承担，即第五条规定的"除非承运人证明他本人，其受雇人或代理人为避免该事故发生及其后果已采取了一切所能合理要求的措施，否则承运人应对货物灭失或损坏或延迟交货所造成的损失负赔偿责任……。"这样承运人的责任大大加重了。

2. 承运人的最高责任赔偿限额不同

首先，从《海牙规则》到《汉堡规则》依次提高了对每单位货物的最高赔偿金额。《海牙规则》规定船东或承运人对货物或与货物有关的灭失或损坏的赔偿金额不超过每件或每单位 100 英镑或相当于 100 英镑的等值货币。《维斯比规则》将最高赔偿金额提高为每件或每单位 10 000 金法郎或按灭失或受损货物毛重计算，每千克 30 金法郎，两者以较高金额的为准。同时明确一个金法郎是一个含有纯度为 900‰ 的 66.5 毫克黄金单位。《汉堡规则》再次将承运人的最高赔偿责任增加至每件或每货运单位 835 特别提款权或称记账单位或每千克 2.5 特别提款权，两者以金额高的为准。

其次，对灭失或损害货物的计量方法越来越合理。《海牙规则》是以每件或每单位来计量货物。随着托盘、集装箱等成组化运输方式的发展，这种计量方式的弊端逐渐显现。因而，《维斯比规则》和《海牙规则》都规定如果以集装箱或托盘或类似集装运输工具运送货物，当提单内载明运输工具内货物的包数或件数时，以集装箱或托盘所载货物的每一小件为单位，逐件赔偿；当提单内未载明货物具体件数时，则以一个集装箱或一个托盘作为一件货物进行赔偿。

3. 对货物的定义不同

《海牙规则》对货物定义的范围较窄，将活动物、甲板货都排除在外。《汉堡规则》扩大了货物的定义，不仅把活动物、甲板货列入货物范畴，而且包括集装箱和托盘等包装运输工具，"凡货物拼装在集装箱、托盘或类似运输器具内，或者货物是包装的，而这种运输器具或包装是由托运人提供的，则'货物'包括它们在内"。

4. 公约适用范围不同

《海牙规则》只适用于缔约国所签发的提单。这样，如果当事各方没有事先约定，那么对同一航运公司所经营的同一航线上来往不同的货物，可能会出现有的适用《海牙规则》，有的不能适用《海牙规则》的奇怪现象。《汉堡规则》则避免了这一缺憾。它不仅规定公约适用于两个不同缔约国间的所有海上运输合同，而且规定①被告所在地；②提单签发地；③装货港；④卸货港；⑤运输合同指定地点，五个地点之中任何一个在缔约国的都可以适用《汉堡规则》。

5. 承运人的责任期间不同

《海牙规则》规定承运人的责任期间是"……自货物装上船舶开始至卸离船舶为止的一段时间……"，有人称之为"钩至钩"。《汉堡规则》则将责任期间扩大为承运人或其代理人从托运人或托运人的代理人手中接管货物时起，至承运人将货物交付收货人或收货人的代理人时止，包括装货港、运输途中、卸货港、集装箱堆场或集装箱货运站在内的承运人掌管的全部期间，简称为"港到港"。

6. 诉讼时效不同

《海牙规则》的诉讼时效为一年。一年后"……在任何情况下承运人和船舶都被解除其对灭失或损害的一切责任……"。一年时间对远洋运输的当事人，特别是对要经过复杂索赔、理赔程序，而后向承运人追偿的保险人来讲，无疑过短。《维斯比规则》规定诉讼时效经当事各方同意可以延长。并且在"……一年期满之后，只要是在受诉讼法院的法律准许期间之内，便可向第三方提起索赔诉讼……"，但时间必须在三个月以内。这样部分缓解了时效时间过短在实践中造成的困难。到《汉堡规则》一方面直接将诉讼时效延长至两年，另一方面仍旧保留了《维斯比规则》90 天追赔诉讼时效的规定。

7. 对承运人延迟交货责任的规定不同

由于历史条件的限制，《海牙/维斯比规则》对延迟交货未做任何规定。《汉堡规则》则在第二条规定："如果货物未能在明确议定的时间内，或虽无此项议定，但未能在考虑到实际情况对一个勤勉的承运人所能合理要求的时间内，在海上运输合同所规定的卸货港交货，即为延迟交付。"承运人要对延迟交付承担赔偿责任。赔偿范围包括：①行市损失；②利息损失；③停工、停产损失。赔偿金额最多为延迟交付货物所应支付运费的 2.5 倍，且不应超过合同运费的总额。

除以上各条外，《汉堡规则》还在海上运输合同的定义、举证责任等多方面有别于《海牙/维斯比规则》，加大了承运人的责任范围。

各种规则比较如表 6-16 所示。

表 6-16　《海牙规则》《维斯比规则》《汉堡规则》《海商法》之比较

	海牙规则（Hague Rules）	维斯比规则（Visby Rules）	汉堡规则（Hamburg Rules）	中华人民共和国海商法
适用范围	任何缔约国所签发的一切提单	两个国家港口之间有关的货物运输的每一份提单	两个国家之间的所有海上货物运输合同	不适用于中华人民共和国港口之间的海上货物运输；而由《中华人民共和国民法典》适用
适用货物	不包括舱面货/集装箱货物/活动物	未修改	协议/习惯/法规舱面货与活动物	包括活动物和由托运人提供的用于集装货物的集装箱、托盘或者类似的装运器具
提单证据力	承运人签发的提单是初步证据，但承运人有权提出反证	当提单已经转给善意第三人时，反证不予接受，提单是最终证据	承运人或代签人确知或有合理怀疑，须在提单上做出保留，否则视为良好	
责任主体	承运人	承运人；雇员、代理人；（喜马拉雅条款）	承运人；承运人的代理人、雇员；实际承运人	承运人；实际承运人；实际承运人的代理人、雇员
承运人责任时间期限	钩至钩、舷至舷	未修改	自承运人接管货物时起至货交收货人止，货物在承运人掌管的整个期间	集装箱：自承运人接管货物时起至货交收货人止（接到交）；非集装箱：货物装上船到卸下船（装到卸）
延迟交货赔偿	无	无	该延迟交付货物应付运费的 2.5 倍为限，不超过应付总运费	所延迟交付的货物的运费数额
承运人赔偿责任基础	不完全过失责任	未修改	推定完全过失责任；承运人与实际承运人的连带责任	不完全过失责任

续表

	海牙规则 （Hague Rules）	维斯比规则 （Visby Rules）	汉堡规则 （Hamburg Rules）	中华人民共和国海商法
赔偿金额限制	每件货每一计费单位是 100 英镑，除非提单中注明了更高价值	每件或每单位 10 000 金法郎/毛重每千克 30 金法郎，较高为限；拼装货计算	提高赔偿金额。每件/每一货运单位 835 计账单位；或毛重每千克 2.5 计账单位，以较高者为限	每件/每单位 666.67 特别提款权；或毛重每千克 2 特别提款权，较高者为限；申报载明或约定更高的除外
保函	无	无	保函合法化	汉堡规则
管辖权	无	无	增加法院地选择	
诉讼时效	1 年 自货物交付或应付之日起算	1 年 经双方同意可以延长。1 年期满，承运人有不少于 3 个月时间向第三者追偿	2 年 经接到索赔要求人的声明，可以多次延长	
对我国的适用	未加入	未加入	未加入	借鉴三公约内容
货物定义	不含		含活动物、甲板货、集装箱、托盘等运输工具	

6.4　提单的内容与条款

6.4.1　海运提单的内容与条款

1. 提单的内容

提单的正面大多记载与货物和货物运输有关的事项，主要内容如下。

1）托运人提供并填写的部分

托运人提供并填写的部分如托运人、收货人、通知方的名称，货物名称、标志和号码、件数、毛重、尺码等。各国海商法和国际公约大都明确规定，托运人应该对所填写资料的正确性负责，如填写错误，则托运人要赔偿因此给承运人造成的一切损失和增加的费用。

2）承运人填写的部分

承运人填写的部分主要是船名，装、卸货港，签单时间、地点等。承运人也要对所填写内容的正确性负责。此外，如果承运人需要对货物表面状况加批注或船货双方有特别约定，尤其是缩小承运人责任的约定也要在提单上注明，否则这些约定对提单的善意受让人无效。

3）提单印就的文字条款

提单印就的文字条款如下。

（1）外表状况良好条款。说明外表状况良好的货物已装在相应船上，并应在相应卸货港或该船所能安全到达并保持浮泊的附近地点卸货。

（2）内容不知条款。说明货物重量、尺码、标志、号数、品质、内容和价值是托运人提供的，承运人在装船时并未核对。

（3）承认接受条款。说明托运人、收货人和本提单的持有人接受并同意提单和提单背面所记载的一切印刷、书写或打印的规定、免费事项和条件。

1993 年 7 月 1 日颁布实施的《中华人民共和国海商法》第七十三条对提单正面法定应记载的事项规定有以下几项。

①货物的品名（description of goods）、标志（marks and numbers）、包数或者件数（numbers and kind of packages）、重量或者体积（gross weight or measurement），以及运输危险货物时对危险性质的说明；

②承运人的名称和主管业所；

- 船舶名称；
- 托运人的名称（shipper）；
- 收货人的名称（consignee）；
- 装货港（port of loading）和在装货港接收货物的日期；
- 卸货港（port of discharge）；
- 多式联运提单增列接收货物地点和交付货物地点；
- 提单的签发日期、地点和份数；
- 运费的支付；
- 承运人或者其代表的签字。

该条款还规定："提单缺少本款规定一项或者几项的，不影响提单的性质……"

2. 提单背面条款

提单背面条款都是印就的条款，主要规定了承运人和货方之间的权利、义务和责任豁免。这些规定在双方出现争议时将成为重要的法律依据。多数航运公司提单的背面都包括以下条款。

1）定义条款（definition）

该条款对提单中所使用的关键词语，如"承运人""托运人"的含义加以定义。外运公司在提单的定义条款中就规定"……托运人也指受货人、收货人、提单和货物的所有人"（...shipper shall be deemed also receiver, consignee, holder, of this bill of lading and owner of the goods）而承运人一般指与托运人订有运输合同的船舶所有人或租船人。

2）首要条款（paramount clause）或管辖权条款（jurisdiction）

首要条款是承运人按照自己意志，规定提单所适用的法律，即规定该提单以什么法律为准据法，发生纠纷时根据哪一国法律解决争议。

由于种种原因，不同国家的法律往往对同一问题有不同的看法。对一国法律是否熟悉也常常会导致当事人采取截然不同的措施，对其利益产生巨大影响，而国际公约由于有自己的适用范围，对许多情况下签发的提单无法适用，所以多数航运公司都会在提单中明确规定，以公司所在国的法律为准据法或者规定适用《海牙规则》等国际公约，以避免面对自己所不熟悉的异国法律，保护自身切身利益。中国的航运公司也不例外，一般都在提单中注明凡出自该提单或与该提单有关的一切争议都应依照中国法律在中国法院解决。

3）承运人的责任和豁免条款（carrie's responsibilities and immunities）

承运人的责任和豁免条款是规定承运人所承担的责任及所享受的免责事项的条款。一般都以所依据的法律或公约而概括加以规定。多数班轮公司都在这条规定承运人的权利、义务以及赔偿责任与豁免都以《海牙规则》的规定为准。

4）承运人责任期间条款（duration of liability）

承运人责任期间条款规定承运人对货物灭失或损害承担赔偿责任的期间，很多提单根据《海牙规则》规定责任期间为从货物装上船舶时起到货物卸离船舶时止，集装箱货物除外。

5）包装和标志条款（packages and marks）

包装和标志条款规定货物应妥善包装，标志应正确、清晰。如因标志不清或包装不良所产生的一切责任和费用由货方承担。具体来讲，外运和中远的提单里都要求应以不小于 5 cm 长的字体将目的港清晰地标明在货物的外部，并且该标志须能保持到交货时依然清晰可读，否则将由托运人承担所导致的罚款和额外费用。

6）运费和其他费用条款（freight and other charges）

运费和其他费用条款规定运费支付方式、时间、币种和计算方法。运费支付主要有预付运费（freight prepaid）和到付运费（freight to collect）两种。

预付运费一般要求托运人在货物装船之后，提单交付之前支付；到付运费则是在货物抵达目的港，承运人交付货物以前付清。无论是预付运费还是到付运费，如果船舶和货物或其中之一遭受任何灭失或损坏，运费均不予退还，也不得扣减。如果应支付给承运人的运费和/或其他费用未能付清，承运人还可以对货物及单证行使留置权，甚至变卖货物，以补偿自己的损失。

7）自由转船条款（trans-shipment clause）

自由转船条款规定虽然提单为直达提单，但如果有需要，承运人可以采取一切合理措施，包括将货物交由属于承运人自己的船舶或属于他人的船舶，或经铁路或以其他运输工具直接地或间接地驶往目的港、转船、驳运、卸岸、在岸上或水面上储存以及重新装船起运，上述费用由承运人负担，但风险由货方承担。承运人的责任仅限于其本身经营的船舶所完成的那部分运输。

8）托运人错误申报条款（inaccuracy in particular furnished by shipper）

托运人错误申报条款规定托运人应对提单上所填写的货物数量、重量、尺码和内容的正确性负责。由于托运人错误申报或有意谎报致使船舶或货物遭受灭失或损坏，托运人须负责赔偿并承担由此产生的一切费用。这一点与海商法和国际公约的规定也是一致的。错误申报条款同时赋予承运人在装船港或目的港核查托运人申报项目的权力。如果承运人发现所申报内容与事实不符，有权收取罚款。

9）承运人赔偿责任限额条款（limit of liability）

承运人赔偿责任限额条款规定以一定的金额将承运人对货物的灭失或损坏所负的赔偿责任限制在一定范围之内。

责任赔偿限额一般以每一件或每计算单位若干货币表示，不同国家的法律，不同的国际公约甚至不同的航运公司有自己的标准；外运公司和中远公司的海运提单上规定，承运人对货物灭失或损坏进行赔偿时参照货物的净货价加运费及已付的保险费的总额，但应限制在每件或每一计费单位不超过 700 元人民币。如承运人接受货物前托运人已书面申报的货价高于此限额，而又已经填入提单并按规定支付额外运费的则除外。如货物的实际价值超过申报价值，则以申报价值为准。

10）危险品、违禁品条款（dangerous，contraband goods）

危险品、违禁品条款规定托运人在运送危险品时必须事前通知承运人，并按有关法律、法规的要求在货物、集装箱或包装外加以注明。如未能做到，承运人为船货安全在必要时有权给予处置，使其不能为害或抛入海中或卸下，而不负任何责任。对违禁品，一经发现，承运人也同样有权处置而不承担任何责任。

11）共同海损条款（general average）

共同海损条款规定发生共同海损时将在什么地点、按照什么规则计算共同海损。国际上通常采用《约克–安特卫普理算规则》（*York-Antwerp Rules*）。中国的航运公司一般规定按1975年北京理算规则理算。

12）留置权条款（lien clause）

留置权条款规定承运人对应收未收的运费、空舱费、滞期费以及其他费用，可将货物或任何单证行使留置权，并有权出售或处理货物以抵偿应收款项。如果出售货物的所得不足以抵偿应收款项和由此产生的费用，承运人还有权向货方收取差额。

13）美国条款（america clause）

美国条款主要针对来往美国的货物。因为美国没有参加世界性的有关航运方面的国际公约，特别是没有参加专门针对提单的《海牙规则》，所以来往美国港口的货物运输只能运用美国《1936年海上货物运输法》（*Carriage of Goods by Sea Act 1936*），运费也要按照联邦海事委员会登记的运费率执行。如果提单背面条款的规定与美国海上货物运输法有抵触，则以美国法为准。来往美国港口运输货物的航运公司大多在提单中列有此条规定。

除以上条款外，提单背面一般还有装货、卸货和交货条款，驳船货条款，冷藏货条款，索赔通知和诉讼时效条款，战争、冰冻、检疫、罢工、港口拥挤条款等。

6.4.2 集装箱提单的内容与条款

1. 集装箱提单的内容

国际航运界比较有影响的集装箱提单正面记载事项的格式在国际上是统一的，但具体项目有所不同，通常记载的内容如下。

- 联运经营人的姓名、地址；
- 发货人的姓名、地址；
- 提单的签发日期、地点；
- 接受、交付货物的地点；
- 识别货物的标志；
- 有关货物的详细情况（件数、重量、尺码等）；
- 货物外表状况；
- 联运提单的签发份数、重量、尺码等。

集装箱提单一般都应注明上述各项内容，如果缺少其中一项或两项，只要所缺少的内容不影响货物的安全运输和当事人之间的利益，则仍然有效。

集装箱提单除正面内容外，通常还订有正面条款，这是集装箱货物运输的特点所要求的。正面条款由"确认条款""承诺条款""签署条款"组成，其内容如下。

1）确认条款

确认条款表明承运人是在箱子外表状况良好、铅封号码完整的条件下接货、交货，同时说明该提单是一张收货待运提单。

2）承诺条款

承诺条款表明正式签发的正本提单是运输合同成立的证明，对双方都有约束力。

3）签署条款

签署条款指签发正本提单的份数，凭其中一份正本交货后，其余作废。

2. 集装箱提单的作用

集装箱提单是集装箱货物运输的货运单证，是由负责装箱运输的经营人或其代理人收到货物后签发给货物托运人的货物凭证。其作用和法律效力如下。

- 集装箱提单一经签发，则表明负责集装箱运输的人的责任已开始。
- 集装箱提单是交货的凭证。
- 集装箱提单是集装箱运输经营人与货物托运人之间运输合同订立的证明。
- 集装箱提单是代表货物所有权的凭证，即货物的物权凭证可自由转让买卖。

集装箱提单种类很多，内容、格式繁多，其中有几个国家、几家船公司共同使用同一格式，也有同一条船使用不同格式的。

3. 集装箱提单的主要条款

1）承运人的责任期限

集装箱运输的承运人接货、交货地点往往是距离港口很远的内陆货运站或货主仓库，因此，集装箱提单将承运人的责任期限规定为 "从收到货物开始至交付货物时止"，以代替普通船提单下的"钩至钩原则"。如英国 OCL 公司的集装箱提单对承运人的责任期限规定为："承运人对自接货之时起至交货时止期间所发生的货损事故应承担责任。"中国远洋运输公司联运提单采用前后条款（BEFORE AFTER CLAUSE），也就是说，承运人对收货前、交货后的货物不负责任。

2）舱面货选择权条款

现行的海上运输法规定，如承运人将货物装载甲板运输，此种运输仅限于该种货物根据航海习惯可装载甲板运输，或事先已征得货主同意，并在提单上记载"装载甲板运输"字样。反之，如承运人擅自将货物装载甲板运输而导致货物损害，则构成根本违反运输合同的行为，随之运输合同中给予承运人的一切抗辩理由、免责事项等均无效，由此而产生的一切损失承运人必须负责赔偿。

但由于集装箱船舶构造的特殊性和经济性，要求有相当数量的集装箱装载甲板运输，通常，一艘集装箱船在满载时有 30%左右的货箱装载甲板运输。然而，在实际业务中要决定将哪些货箱装载甲板运输是不可能的，因此，集装箱提单中规定了一条舱面货（甲板货）条款，规定装载舱面运输的集装箱与舱内集装箱享有同样权益。

3）承运人的赔偿责任限制

所谓承运人的赔偿责任限制是指："承运人对每一件或每一货损单位负责赔偿的最高限额。"各国的法律和船公司的提单对承运人的赔偿责任限制都有明确规定，有的按照《海牙规则》，有的按照国内法。

如货物由承运人或其代理人负责装箱，即拼箱货运输，承运人的责任与普通货提单规定的责任一样，按件或单位数负责赔偿，或毛重每千克。但整箱货运输，承运人收到的仅仅是外表状况良好，铅封完整的集装箱，至于内装什么货、多少件、包装如何等，承运人只能从有关单证上知悉。为此，《维斯比规则》对《海牙规则》修改时做了这样的规定："如在提单中已载明这种工具内的货物件数或单位数，则按所载明的件数或单位数赔偿，如集装箱、托盘或类似的装运工具为货主所有，赔偿时也作为一件。"中国远洋运输总公司联运提单条款规定如下。

（1）当承运人应对货物的灭失或损害负责赔偿时，此种赔偿应根据该货物的发票价值加上运费、保险费（如已支付）计算。

（2）如果无货物发票价值，此项赔偿则应根据该项货物交付地点和交付货方当时的价值，或应已如此交付时的价值计算。货物价值应根据商品交易价值计算，而在无此项价格时，则按现时市场价格计算，如果无商品交易价格或现时市场价格，则应根据相同品种及质量货物的正常价值计算。

（3）赔偿金额不得超过灭失或损害时货物的毛重每千克人民币3元。

（4）只有在承运人同意下，托运人所宣布的超过本提单规定限制的货物价值已在提单上计明时，才能要求赔偿较高的金额，在此情况下，宣布的价值便作为赔偿限额。任何部分灭失或损害，都应在此宣布价值的基础上按比例调整。

（5）如经证明，货物的灭失或损害是发生在海上或者内陆水路，承运人的责任限额定为每件或每一计费单位人民币700元。

4）制约托运人的责任条款

（1）发货人装箱、计数或不知条款。《海牙规则》规定如果承运人、船长或其代理人有适当依据怀疑货物的任何标志、号码、数量、重量不能确切代表其实际收到的货物，或无适当的方法进行检验，便没有必要在提单上将其实际注明或表明。根据《海牙规则》这一规定，承运人可以在提单拒绝载明箱内货物的详情。但是，如果提单上缺少这些记录，势必会影响提单的流通性，因此，在实际业务中又不得不根据货主的通知内容予以记载。另外，如果承运人默认货主提供的集装箱内的件数，则会在能否享受最高赔偿限额等责任方面带来不利。因而，承运人在根据货主提供的内容如实记载于提单同时，又保留"发货人装箱、计数"或"不知条款"。以最大限度达到免除责任的目的。特别是集装箱运输下的整箱货，承运人收到的仅是外表良好、铅封完整的集装箱，对里面所装的货物一无所知，所以，有必要加注这样的条款。

（2）铅封完整交货条款。这一条款的规定仅适用于整箱货交接是以铅封完整与否来确定承运人责任的。如货物受损人欲提出赔偿要求，不仅需举证说明，还应根据集装箱提单中承运人的责任形式来确定。

（3）货物检查权条款。所谓货物检查权条款是指：承运人有权，但没有义务在任何时候将集装箱开箱检验，核对其所装载的货物。经过查核，如果发现所装载的货物全部或一部分不能适合运输，承运人有权对该部分货物放弃运输，或存放在岸上或水上具有遮蔽的或露天的场所，这种存放也已认为按提单交货，即承运人的责任已告终止。

集装箱提单上订有货物检查权条款，是为了承运人对箱内货物的实际状况的怀疑，或积载；不正常时启封检查。承运人在行使这一权利时，无须得到托运人的预先同意，当然一般来说，对由货主自己装载的集装箱启封检查时，原则上应征得货主同意，其费用由货主负担。

（4）海关启封检查条款。根据《国际集装箱海关公约》的规定，海关有权检查集装箱，因此，集装箱提单中都规定："如果集装箱的启封是由海关当局认为检查箱内货物内容打开而重新封印，由此而造成、引起任何货物灭失，损害，以及其他后果，本公司概不负责。"

在实际业务中，尽管提单条款做了这样的规定，承运人对这种情况还应做好记录，并保留证据，以使其免除责任。

（5）发货人对货物内容准确性负责条款。集装箱提单中所记载的内容，通常由发货人填写，或由负责集装箱运输的承运人或其代表根据发货人所提供的有关托运文件制成。在集装箱运输经营人接受货物时，发货人应视为他已向承运人保证，他在集装箱提单中所提供的货物种类、标志、件数、重量、数量等概为准确无误，如系危险货物，还应说明其危险特性。

如货物的损害系由于发货人提供的内容不准确或不当所致，发货人应对承运人负责，即使发货人已将提单转让于他人也不例外，集装箱货物在由货主自行负责装箱时，货主对承运人造成的损害负责赔偿。

5）危险货物运输

货物托运人必须在危险货物外表刷上清晰的、永久性的货物标志，并能提供任何适用的法律、规章，以及承运人所要求的文件证明。集装箱提单条款规定如下。

（1）承运人在接受具有爆炸性、易燃性、放射性、腐蚀性、有害性、有毒性等的危险货物时，只有在接受由货主为运输此种货物而提出的书面申请方能进行。

（2）承运人或其代理人对于事先不知其性质而装载的具有易燃、爆炸，以及其他危险性的货物，可在卸货前任何时候、任何地点将其卸上岸，或将其销毁，或消除其危害性而不予赔偿。该货物的所有人对于该项货物所引起的直接或间接的一切损害和费用负责。

（3）如承运人了解货物的性质，并同意装船，但在运输过程中对船舶和其他货物造成危害可能时，也同样可在任何地点将货物卸上岸，或将其销毁，消除危害性而不负任何责任。

因此，在托运危险货物时，托运人应保证：

①提供危险货物详细情况；

②提供运输注意事项、预防措施；

③满足危险货物有关运输、保管、装卸等要求；

④货物的包装外表应注有清晰的、永久性的标志；

⑤在整箱货运输时，箱子外表（四面）应贴有危险品标志。

6）承运人的运价本

由于有关集装箱运输术语、具体交接办法、计费方法、货物禁运规定，以及交货方式等问题，均无法一一在提单上列举说明，因此需要运价本补充予以详述。在国际货运业务中，各船公司一般均将运价本的主要条款装订成册，必要时对外提供，以弥补提单条款规定之不足。集装箱提单中有关承运人的运价本是提单的组成部分，运价本与提单发生矛盾时，以提单为准。

7）索赔与诉讼

现行的集装箱提单对于拼箱货货损事故处理，即索赔要求和诉讼时效基本上与普通船提单的规定相同。但整箱货运输，由于整箱货在卸箱港交付后当时并不拆箱，因此，只能根据表面状况交货，如果箱子外表状况良好、铅封完整，承运人的责任即告终止。如果货物或箱子外表状况并不良好，考虑到集装箱运输的特点，有的提单条款规定收货人应在 3 天、7 天内以书面形式通知承运人。对于诉讼时效，有的提单规定为 1 年，有的提单规定为 9 个月，如果属于全损，有的提单仅规定为 2 个月，超出规定期限，承运人将解除一切责任。

8）货主自行装卸集装箱责任

在由货主自行装卸集装箱，以集装箱作为运输单元交承运人运输时，集装箱提单一般均订有：

（1）承运人接受的是外表良好、铅封完整的集装箱，有关箱内货物的详细情况概不知悉；

（2）货主应向承运人保证，集装箱以及箱内货物适应装卸、运输；

（3）当集装箱由承运人提供时，货主有检查集装箱的责任；

（4）当承运人在箱子外表状况良好、铅封完整下交付时，也已认为承运人完成交货义务；

（5）承运人有权在提单上做出类似"由货主装载并计数"或"据称内装"等字样的保留文字。

9）首要条款

集装箱提单中的首要条款内容如下。

（1）就提单中所涉及的海上或内陆水路运输的货物而言，提单内容受制于《海牙规则》或《海牙维斯比规则》，即《海牙规则》或《海牙维斯比规则》的其他任何法规被强制适用于本提单。如提单中已有的条款，在任何程度上被认为与其他任何法规内容相抵触，或其他任何法律、法令或法规强制性适用于提单所证明的合同，提单条款内容将被视为无效。

（2）就提单所涉及的航空货物而言，提单内容受制于1929年的《华沙航空货运公约》，以及1955年经修改过的《海牙议定书》。

（3）如果提单被用于多式联运，则应视为具体体现了1980年已通过的《联合国国际货物多式联运公约》的内容，如果提单内容与多式联运公约内容不符，提单条款仍然有效。

10）强制性法律、管辖权、限制性法令

提单所证明的或包含的合同将受到提单签发地法律、法令或法规的管辖，当地法律另有规定的除外。但提单并不限制或剥夺任何国家的现行法律、法令或法规对承运人所认可的任何法定保护、有关事项的免责或责任限制。

11）提单可转让性

除非提单正面已注有"不可转让"，否则一旦接受提单，提单出让人、受让人以及提单签发人一致同意提单可转让性，并通过背书或无须背书转让，提单持有人有权接受或转让本提单所记载的货物。

 复习思考题

一、填空题

1. 舱面货提单又称_____，这是指货物装于露天甲板上承运时，并于提单上注明_____字样的提单。

2. 在集装箱运输中，托运人报关时使用的单证为_____。

3. 用以证明海上货物运输合同和货物由承运人接管或装船，以及承运人据以交付货物的单证是_____。

4. 我国的卸货交接单据是_____和_____。

5. _____是专门列出船舶所载运的全部危险货物的汇总清单。

6.《海牙规则》中承运人船舶适航义务中，在_____谨慎处理，以便使船舶适航。

7.《海牙规则》规定承运人的两大基本义务是_____、_____。

8.《汉堡规则》对承运人的赔偿责任限制是_____。

二、单项选择题

1. 下列货运单证（　　）是船舶办理出口（进口）报关手续必需的货运单证。

  A. 托运单　　　　　B. 装货清单　　　　C. 载货清单　　　　D. 收货单

2. 一批货物于 1999 年 1 月 5 日装船完毕，承运人在装完货后签发提单 1999 年 1 月 1 日，这属于何种提单（　　）。

  A. 预借提单　　　　B. 倒签提单　　　　C. 收货待运提单　　D. 清洁提单

3. 在国际海上货物运输中，收货单的作用是：①船方收到货物的凭证；②货损货差的原始证据；③船长签发提单的依据。（　　）

  A. ①②③　　　　　B. ①②　　　　　　C. ①③　　　　　　D. ②③

4. 装货过程中，如果发现货物有缺点，应在（　　）上批注。

  A. 提单　　　　　　B. 托运单　　　　　C. 装货单　　　　　D. 收货单

5. 货物装船后，船公司根据提单副本，将全船货物按卸箱港逐票罗列的汇总清单为（　　）。

  A. 装货清单　　　　B. 载货运费清单　　C. 舱单　　　　　　D. 托运单

6.《海牙规则》于（　　）年生效。

  A. 1921 年 6 月　　B. 1941 年 6 月　　C. 1931 年 6 月　　D. 1931 年 10 月

7.《海牙规则》中要求承运人尽到的义务有（　　）。

  A. 保证货物万无一失

  B. 保证船舶的适航

  C. 因为其采用"完全过失责任"，所以承运人负所有责任

  D. 在开航前、开航时、开航后，承运人对货物要负责

8.《海牙规则》修订前规定承运人提供适航船舶的义务时间为（　　）。

  A. 开航前和开航时　　　　　　　　　B. 接货和交货

  C. 装船后　　　　　　　　　　　　　D. 船航行期间

9. 下列关于承运人提供适航船舶义务是（　　）。

  A. 承运人只需在开航前谨慎处理

  B. 承运人要妥善地配备船员，装备船舶和配备供应品

  C. 若在预定航线中产生不可预见的风险，承运人也需承担一定的责任

10. 所谓"赔偿责任限制"是指多式联运经营人对每一件或每一货损单位负责赔偿的（　　）。

  A. 最低限额　　　B. 最高限额　　　　C. 边际限额　　　　D. 平均限额

三、多项选择题

1. 下列（　　）是装货港使用的单证。

  A. 托运单　　　　　B. 装货单　　　　　C. 装货清单　　　　D. 危险货物清单

2. 下列（　　）是卸箱港常用的单证。

  A. 过驳清单　　　　B. 货物溢短单　　　C. 提货单　　　　　D. 配载图

3. 按货物是否已装船，提单划分为（　　）。

A. 已装船提单   B. 不记名提单   C. 收货待运提单   D. 清洁提单
4. 按提单上有无批注，提单划分为（   ）。
 A. 清洁提单   B. 不记名提单   C. 收货待运提单   D. 不清洁提单
5. 提单印就的文字条款包括（   ）。
 A. 外表状况良好条款   B. 内容不知条款
 C. 承认接受条款   D. 定义条款
6.《海牙规则》第三条规定了承运人的两个主要责任是（   ）。
 A. 保证船舶适航的责任   B. 管理货物的责任
 C. 管理船舶的责任   D. 赔偿责任
7. 有关国际海运货物运输的法规包括（   ）。
 A.《海牙规则》   B.《海牙议定书》
 C.《维斯比规则》   D.《华沙公约》
 E.《汉堡规则》
8. 下列条款中属免责条款的是（   ）。
 A. 火灾   B. 航行与管船过失
 C. 航行与管货过失   D. 不可抗力
9.《海牙规则》的缺陷有（   ）。
 A. 责任期间不合理   B. 赔偿限额太低
 C. 适用范围窄   D. 诉讼时效过短
10.《海牙规则》中要求承运人的责任期间有（   ）三种。
 A. 钩至钩   B. 舷至舷   C. 钩至舷   D. 管至管
11. 对《维斯比规则》的修订内容，下列说法正确的是（   ）。
 A. 确定了提单作为最终证据的法律效力
 B. 延长了诉讼时效
 C. 提高了承运人的赔偿责任限制
 D. 增加了集装箱货物的责任限制条款

四、名词解释
倒签提单   全式提单   指示提单   载货清单   装货单

五、简答论述题
1. 试述主要货运单证的流转程序。
2. 试论述集装箱提单的正面内容。
3. 提单应具有哪些功能？
4. 提单是怎样分类的？具体分为哪些提单？
5. 提单中制约托运人的责任条款有哪些？

参考答案
一、填空题
1. 甲板货提单   On Deck   2. 装货单   3. 提单
4. 货物溢短单   货物残损单   5. 危险货物清单
6. 开航前和开航时

7. 承运人提供适航船舶的义务、承运人管理货物的义务

8. 完全过失责任制

二、单项选择题

1. C　2. B　3. A　4. D　5. A　6. C　7. B　8. A　9. B　10. B

三、多项选择题

1. ABCD　2. ABC　　3. AC　　4. AD　　5. ABC　　6. AB

7. ACE　　8. ABD　9. ABCD　10. ABD　11. ABCD

 **案例分析**

2006 年 9 月，原告浙江省 MM 进出口有限公司通过上海 HY 国际货运代理有限公司（以下简称"HY 货代"）委托被告上海 KK 货运公司运输一个自中国上海至美国洛杉矶的集装箱货物，被告向原告签发了提单。提单上记载，原告为托运人，收货人凭指示，货物交接方式为堆场至堆场，箱号 CCLU4783837，装运港为上海港，卸箱港为洛杉矶港。

货物出运后，收货人未付款赎单。11 月 16 日，HY 货代向原告发送电子邮件表示因尚未收到原告另案三份正本电放保函，故未将涉案核销单、报关单寄还原告。12 月 4 日，浙江省国家税务局出具证明，证明涉案报关单项下的货物未办理退税。涉案增值税发票抵扣联显示货物不含增值税购进金额共计人民币 199 548.72 元。报关单上记载，涉案货物 FOB 价为 32 137.60 美元，报关出口日期为 2006 年 10 月 2 日。

12 月 28 日，原告委托中华人民共和国浙江省杭州市公证处出具公证书，对中国 JZ 运输股份有限公司网站提供的涉案集装箱跟踪信息进行公证。公证书上载明涉案集装箱预计 2006 年 10 月 14 日抵达洛杉矶，同年 11 月 22 日已用于其他航次另行流转。

原告认为，凭单放货是承运人的义务，被告未凭正本提单将货物放行，对原告的损失应承担赔偿责任。故请求判令被告赔偿货款损失 32 137.60 美元和出口退税损失人民币 27 852.58 元。

思考题：法院应如何判决？

参考答案

裁判上海海事法院经审理认为：　原、被告之间通过涉案提单证明的海上货物运输合同法律关系成立。根据航运惯例和有关规定，在原告持有正本提单的情况下，装载涉案货物的集装箱已经流转的事实可以证明被告无单放货行为成立，被告应依法承担违约赔偿责任。遂判决被告向原告赔偿货款损失和出口退税损失。

【评析】如何认定无单放货的事实？

无单放货案中，关键需要明确的是无单放货事实是否发生。对无单放货事实的发生，原告应当先行承担举证责任。

一般来说，原告可以提供以下三类证据证明无单放货事实发生：

（1）原告在货物交付地提货不着的证明；

（2）承运人或者其代理人、受雇人对放货的确认；

（3）货物买方或者其他相关方对已经提货的确认。

如果货物是集装箱运输，原告提供证据证明装载货物的集装箱已经从目的港拆箱运回的，应当根据下列原则认定有关事实：

（1）以门到门方式运输货物的，可以认定无单放货事实发生；

（2）以场到场或者场站交接方式运输整箱货的，可以认定无单放货事实发生；

（3）以场到场或者场站交接方式运输拼箱货的，可以初步认定无单放货事实发生。

集装箱已经从目的港拆箱运回，被告仍否认无单放货事实的，举证责任转移由被告承担。

本案中，涉案货物于 2006 年 9 月 30 日出运，载货集装箱于同年 11 月 22 日已用于其他航次另行流转。根据航运惯例和有关规定，在货物的交接方式为堆场至堆场的情况下，承运人应在装箱港集装箱堆场整箱接货，负责运抵卸箱港集装箱堆场整箱交货，收货人负责在卸箱港集装箱堆场整箱提货和拆箱，拆箱后应将空箱于规定期限内交至承运人指定的堆场。因此，在原告持有正本提单的情况下，装载涉案货物的集装箱已经流转的事实可以证明被告无单放货行为成立。被告未收回正本提单即交付货物，致原告在未收到货款的情况下不能控制货物，应依法承担违约赔偿责任。

开篇案例参考答案

关于保证金制度，2000 年开始，无船承运人需向原交通部指定的银行交纳 80 万元的保证金。到了 2010 年，无船承运人有了新的选择，即购买保证金责任保险，最开始为一年 2 万，之后这一额度逐年下降。根据交通运输部 2013 年 10 月发布的《关于无船承运业务经营者保证金责任保险制度操作办法的通知》，无船承运业务经营者保证金责任保险方式与无船承运业务保证金方式、保证金保函方式，均为无船承运业务经营资格申请人可采纳的财务责任证明形式，三者并行存在，供申请人自行选择。此外，交通运输部水运局 2018 年 9 月公布的国际海上运输业务及海运辅助业务经营审批无船承运业务服务指南中提到，以交纳保证金方式申请无船承运人资格的，应提交保证金已交存的银行凭证复印件（交存 80 万元人民币保证金）。以保证金责任保险方式申请资格的，应提交保险机构签发的保险单和保险费缴费发票。以保证金保函方式申请资格的，应提交担保机构的从业证明文件、担保机构签发的保函等。

保证金制度取消后，交通运输部又发布了取消后的事中事后监管措施的公告，取消"无船承运业务审批"后，交通运输部将加强无船承运企业备案管理，省级交通运输主管部门将定期对外公布本省无船承运企业名单，做好动态管理。通过"双随机、一公开"监管等方式，省级交通运输主管部门要组织对本省无船承运业务经营者的运价备案和执行情况进行检查。此外，交通运输部还要求省级交通运输主管部门应建立举报监督机制，调动公众的监督积极性，对公众举报反映的问题，认真核实依法处理。而且，无船承运企业将纳入水路运输市场信用信息管理，实施严重失信企业联合惩戒机制。省级交通运输主管部门负责本行政区域内无船承运经营企业信用信息归集工作，及时向社会公开信用记录。

我国无船承运业是从传统货运代理业发展而来的，由于货运代理业的历史状况和管理不规范，导致无船承运人提单的签发与管理，长期未能达到《中华人民共和国国际海运条例》规定的理想状态；另外，保证金制度要求 80 万元保证金，所带来的资金压力过大，很多企业为了减轻资金压力，选择不进行 NVOCC 登记，而实际上私自签发提单经营无船承运业务的做法。因此，对于已经凸显的问题，总是需要出台新的政策措施来引导和解决，推动其规范管理，促进其良性发展。

保证金取消对于无船承运人而言，确实门槛有所放低，但我们要看到，货代在选择成为无船承运人之后，自身有没有对应的资源、分支机构或者代理、信息网络系统支持业务的开展和运行，才是核心问题。即使政策利好，也不会发生大批量无船承运人涌入市场，给市场造成混乱的局面。相反，准入门槛的降低，有利于更多具备一定实力的货代企业申报备案，一旦他们完成了向 NVOCC 身份的转化，契约承运人、货代提单（OUSE B/L）将越来越多地出现在进出口贸易和运输市场之中。这样，更多公司将会签发自己备案过的提单，承担起《中华人民共和国海商法》规定的承运人的责任，同时也有利于政府的管理和行业规范化发展。

资料来源：无船承运人为什么要取消审批制和保证金呢？[EB/OL].（2019−08−22）[2021−1−16]. https://www.nvocc.net.cn/hyzx/449.html.

无船承运业务取消审批、退还保证金！货主的担忧谁来解？[EB/OL].（2019−04−12）[2021−1−22]. https://www.sohu.com/a/307398693_151241.

第7章

集装箱班轮出口货运

本章要点
- 掌握集装箱出口货运程序；
- 掌握集装箱进口货运程序；
- 掌握集装箱进出口货运业务。

 开篇案例

班轮联盟外的"悲剧"与联盟内的"喜剧"

2008 年，班轮公会解体后，班轮业寻求以联盟形式抱团取暖。但是，那些涉足主干航线运营，又未有实力加入班轮联盟的班轮公司，在连连上演"悲剧"；在运力总体供过于求的背景下，也有深耕区域航线的个体在连续放映"喜剧"。

1. 班轮联盟外的"悲剧"

在全球主要班轮公司中有着厚重历史的以星航运和太平船务因自身实力等原因未加入班轮联盟，几乎连年亏损。以星航运 2018 年以来与 2M 联盟加强合作，经营业绩有所改善；太平船务却困难重重，业绩向弱。

1）以星航运合作降亏

2019 年，以星航运继续扩大与 2M 联盟在亚洲—北美航线合作的同时，拓展亚洲—地中海航线的合作，这些合作使得这家以色列班轮公司的经营业绩有所改善，但未能使其取得盈利。2019 年，以星航运营业收入 33.00 亿美元，同比增长 1.60%；受国际财务报告准则（IFRS 16）影响，营业利润 1.49 亿美元，同比大增 282.05%。如图 7-1 所示，2019 年以星航运亏损 0.18 亿美元，但较 2018 年亏损 1.26 亿美元的状况有明显好转。

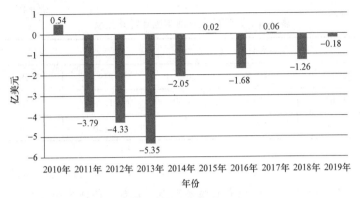

图 7-1　以星航运营业净利润

需要特别说明的是，2019 年，以星航运租入运力比例超过 98%，受 IFRS 16 影响，其营业利润水平明显提高，但净利润水平难免降低。

2019 年，以星航运在平均运营船队规模降至 30.1 万 TEU 的背景下（2018 年为 37.8 万 TEU），处理货运规模并未大幅减少，运费水平亦有提升。根据以星航运年报，2019 年，其处理货运量 282.1 万 TEU，同比下降 3.19%；单箱收益 1 009 美元，同比增长 3.70%。

2）太平船务极力收缩

未加入班轮联盟的太平船务经营状况甚是艰难。这家新加坡班轮公司 2016 年亏损 2.51 亿美元，2017 年盈利 1.19 亿美元，2018 年上半年则亏损 1.41 亿美元，自 2018 年下半年起，太平船务不再公布经营业绩。

近年来，太平船务一直通过出售资产维持运营，2019 年以来则采取更强的收缩战略。2019 年 4 月，太平船务宣布正式退出亚欧航线市场；5 月，以 38 亿元向中远海运集团全资附属企业中远海运金融控股有限公司出售启东胜狮等 5 家企业的全部股权，以缓解财务压力；2020 年 2 月，宣布退出跨太平洋航线市场，以及出售南太平洋区域班轮运营商 Pacific Direct Line 的股份；3 月，分别以 3.67 亿和 1.87 亿美元向塞斯潘和万海航运出售 4 艘和 2 艘 1.2 万 TEU 型船舶。

根据 Alphaliner 数据，截至 4 月 15 日，太平船务在营船舶 111 艘，37.17 万 TEU，以 TEU 计，租入运力占比 59.7%。

2. 亚洲区域内的"喜剧"

业界近年来目睹了市场运行的重重惨景，但是每见万海航运和海丰国际的经营业绩，或许只会联想起莎士比亚的"四大喜剧"。

1）万海航运继续增盈

万海航运是亚洲区域内航次最密集、服务网络最完整和载货量最大的班轮公司。2019 年，由于亚洲区域货量继续攀升，万海航运的经营业绩大幅上升。万海航运营业收入 23.61 亿美元，同比增长 6.64%；营业利润 0.98 亿美元，同比增长 167.17%。盈利 1.16 亿美元，同比增长 213.51%（见表 7-1）。

表 7-1　万海航运与海丰国际经营业绩　　　　　　单位：亿美元

项目	万海航运			海丰国际		
	2019 年	2018 年	2017 年	2019 年	2018 年	2017 年
营业收入	23.61	22.14	19.93	15.54	14.49	13.48
净利润	1.16	0.37	0.83	2.20	1.98	1.87

万海航运是中国台湾三家班轮公司之一，相较加入班轮联盟的长荣海运和阳明海运，其以不结盟的方式运营，以特长航线和专业服务取胜。无疑，在班轮业长期运力过剩的背景下，万海航运已成为行业的佼佼者。

3 月，万海航运以 1.87 亿美元购入太平船务旗下两艘船舶："Kota Panjang"轮（1.18 万 TEU，2017 年交付）和"Wan Hai 805"轮（1.18 万 TEU，2018 年交付）。

在各家班轮公司扩大租入运力的背景下，万海航运仍旧倾向以自有船舶开展生产经营。截至 4 月 15 日，万海航运在营船舶 93 艘、24.87 万 TEU，以 TEU 计，租入运力仅占 35.4%。

2）海丰国际节节升高

2019 年，海丰国际继续加强亚洲区域内航线网络布局，力行成本控制，经营业绩继续向上。2019 年，海丰国际营业收入 15.54 亿美元，同比增长 7.2%；营业利润 2.98 亿美元，同比增长 18.03%，净利润 2.20 亿美元，同比增长 11.37%（见表 7-1）。

2010 年，在班轮业经历大亏损、大整合的背景下，海丰国际始终稳健发展，且 10 年中均保持盈利。根据海丰国际披露的历年年报，2010—2019 年，其累计实现盈利 13.95 亿美元。

2019 年，因有效运营，海丰国际货运量与单箱受益取得显著增长：货运量达 248 万 TEU，同比增长 3.5%；单箱收益 536.6 美元，同比增长 2.8%。

海丰国际也是奉行拥有船舶资产的班轮公司，截至 4 月 15 日，海丰国际在营船舶 83 艘、12.01 万 TEU，以 TEU 计，租入运力占 23.9%。

来源：2019 班轮联盟外的"悲喜剧"[EB/OL].（2020-04-21）[2021-1-20]. http://info.jctrans.com/newspd/cgs/20204212535098.shtml.

思考题：加入联盟与否为什么会导致企业间产生如此大的经营业绩差异是业界应当思考的课题。请结合三大联盟近几年财务数据和运力数据，谈谈你对此问题的看法。

7.1　集装箱班轮出口货运

7.1.1　集装箱班轮出口货运程序

集装箱运输的出口货运程序与传统的杂货班轮运输的出口货运程序大体一致。只是因为采用了集装箱作为运载工具，增加了空箱和重箱的发放和接收、集装箱的装箱和拆箱等作业，并补充了一些与其相适应的集装箱特有的单证。此外集装箱货物的交接方式多种多样，所以不同交接方式下的货运流程也不尽相同。具体地说，集装箱运输的出口货运程序如下。

1. 订舱

订舱（booking）是指托运人或其代理人向承运人或其代理机构等申请货物运输，承运人对此申请给予承诺的行为。

发货人（在 FOB 价格条件下，也可以是收货人）应该根据贸易合同或信用证条款的规定，在货物出运之前的一定时间内，填制订舱单向船公司或其代理人，或经营集装箱运输的其他人提出订舱的申请。很多情况下，发货人委托货运代理人来办理有关订舱的业务。

2. 承运

承运是指船公司或其代理人，或经营集装箱运输的其他人接受订舱或托运申请的行为。

船公司或其代理人，或负责运输的其他人根据货主的订舱申请，考虑其航线、船舶、运输要求、港口条件、运输时间等方面能否满足发货人的要求，从而决定是否接受订舱申请。一旦接受订舱申请，应审核托运单，确认无误后，在装货单联［场站收据副本（1）］上签章，表明承运货物。同时，应根据托运单编制订舱清单，然后分送集装箱码头堆场、集装箱货运站，据此办理空箱的发放及重箱的交接、保管，以及装船等一系列业务工作。

3. 发放空箱

通常，集装箱是由船公司免费提供给货主或集装箱货运站使用的，货主自备箱的比例较小。

整箱货运输，空箱由发货人到指定的集装箱码头堆场领取；拼箱货运输，空箱由集装箱货运站负责领取。在领取空箱时，必须提交集装箱发放通知书。办理交接时，应于集装箱码头堆场对集装箱及其附属设备的外表状况进行检查，并分别在设备交接单（出场）上签字确认。

4. 货物装箱

集装箱货物有整箱货和拼箱货之分，其各自的装箱作业也不相同。

在整箱货的情况下，货主自行完成货物的装箱，并填制装箱单。

对于拼箱货，发货人将不足一整箱的货物运至集装箱货运站，货运站根据订舱清单的资料，核对无误后接管货物，并签发场站收据给发货人；集装箱货运站将分属于不同货主的零星货物拼装到同一个集装箱内，并填制装箱单。

5. 整箱货交接

发货人自行负责装箱的整箱货，通过内陆运输运至集装箱码头堆场。码头堆场对重箱进行检验后，与货方共同在设备交接单上签字确认，并根据订舱清单，核对场站收据和装箱单，接收货物。

6. 集装箱交接签证

集装箱码头堆场在验收货箱后，即在场站收据上签字，并将签署的场站收据交还给发货人，由发货人据此换取提单。

7. 换取提单

发货人凭经集装箱堆场或货运站的经办人员签署的场站收据，向集装箱运输经营人或其代理人换取提单，然后去银行结汇货款。

8. 装船

集装箱码头堆场或集装箱装卸区根据接受待装的货箱情况，制订装船计划，在船舶到港前将待装集装箱移至前方堆场，船靠泊后完成装船作业。

7.1.2 集装箱出口货运中的主要单证

1. 集装箱货物托运单

托运单（booking note，B/N）是由托运人根据贸易合同和信用证的有关内容向承运人或其代理人办理货物运输的书面凭证。托运单主要详细记载有关货物情况及对运输的要求等内容。集装箱托运单的格式见表7–2。

在集装箱运输中，为简化手续，是以场站收据联单的第一联作为集装箱货物的托运单，该联单由货主或货主委托货代缮制，并送交船公司或其代理人订舱。

2. 场站收据

场站收据（dock receipt，D/R）又称港站收据或码头收据，是船公司委托集装箱堆场、集装箱货运站在收到整箱货或拼箱货后，签发给托运人以证明收到货物，托运人可凭以换取提单的单据。

根据运输业务的需要，场站收据通常设计为一式十联，各联用途如下。

第一联　　托运单（货主留底）

第二联　　托运单（船代留底）

第三联　　运费通知（1）

第四联　　运费通知（2）

第五联　　场站收据副本（1）——装货单联

第五联（附页）　缴纳出口货物港务申请书

第六联（浅红色）场站收据副本（2）——大副联

第七联（黄色）　正本场站收据

第八联　　货代留底

第九联　　配舱回单（1）

第十联　　配舱回单（2）

表 7-2　集装箱托运单

▽

Shipper（发货人）		

Consignee（收货人）	D/R No.（编号）	第

Notify Party（通知人）		一

Pre-Carriage By（前程运输）　Place of Receipt（收货地点）	集装箱货物托运单 货主留底	联

Ocean Vessel（船名）　Voy. No.（航次）　Port of Loading（装货港）

Port of Discharge（卸箱港）　Place of Delivery（交货地点）	Final Destination for Merchant's Reference（目的地）

Container No. 集装箱号	Seal No. 封志号 Marks &No. 标志与号码	No. of containers or pkgs. 箱数或件数	Kind of Packages；Description of Goods 包装种类与货名	Gross Weight 毛重（千克）	Measurement 尺码（立方米）
TOTAL NUMBER OF CONTAINERS OR PACKAGES(IN WORDS) 集装箱数或件数合计（大写）					

FREIGHT &CHARGES 运费与附加费	Revenue Tons 计费吨	Rate 运费率 Per 每	Prepaid 运费预付	Collect 到付

Ex Rate（兑换率）　Prepaid at（预付地点）　Payable at（到付地点）　Place of Issue（签发地点）

Total Prepaid（预付总额）　No. of Original B(S)/L（正本提单份数）

Service Type Receiving ☐ -CY. ☐ -CFS. ☐ -DOOR	Service Type on Delivery ☐ -CY. ☐ -CFS. ☐ -DOOR	Reefer Temperature Required 冷藏温度	F	C
TYPE OF GOODS（种类）	☐ Ordinary　☐ Reefer　☐ Dangerous　☐ Auto 普通　　冷藏　　危险　　裸装车辆 ☐ Liquid　☐ Live Animal　☐ Bulk ☐ 液体　　活动物　　散货	危 险 品	Glass Property IMDG Code Page UN No.	

可否转船：	可否分批：	
装期：	效期：	
金额：		
制单日期：		

以上一式十联，船公司或其代理接受订舱后在托运单上加填船名、航次及编号，并在第五联装货单上盖章，表示确认订舱，然后将第二至四联留存，其余各联全部退还货主或货代公司。

货代公司将第五联、第五联附页、第六联、第七联共四联留作报关之用。

第九联或第十联交托运人（货主）做配舱回执，其余供内部各环节使用。

场站收据联单虽然有十联之多，但其核心单据为第五联、第六联、第七联。

第五联是装货单联（shipping order，S/O），经承运人确认后的装货单，盖有船公司或其代理人的图章，是船公司发给船上负责人员和集装箱装卸作业区接受货物的指令，也是船上大副凭以收货的依据。报关时，海关查核后也在此联盖放行章，所以又称关单。装货单联和大副联在货物交接结束后，由码头堆场留存；货物装船完毕后，将大副联交与船方大副。装货单联见表7-3。

第七联是正本场站收据（黄色纸张，便于辨认，俗称黄联）。集装箱堆场或集装箱货运站验收集装箱或货物后，如果没有异常，由集装箱码头堆场或货运站在正本场站收据上签章，退回货主或货代，据以签发提单。如果集装箱或货物的实际状况与单据记载不符，或外表状况有缺陷，则需在场站收据上做出批注后，退还给货主或其代理人。

3. 集装箱设备交接单

集装箱设备交接单（equipment interchange receipt，E/R or EIR）是集装箱进出港区、场站时，用箱人（或运箱人）与管箱人（或其代理人）之间交接集装箱及其附属设备的凭证，兼有凭以发放集装箱的功能。在日常业务中被简称为"设备交接单"。它既是一种交接凭证，又是一种发放凭证，对集装箱运输特别是对箱务管理起着重要作用。

集装箱设备交接单有多种用途，在集装箱货物出口运输中，它主要是货主或其货运代理人领取空箱出场及运送重箱进场装船的交接凭证。货主或货运代理人在向船公司或其代理人订舱并取得装货单后，可向船方领取设备交接单。

集装箱设备交接单一式六联。在集装箱进口货运业务中，前面三联用于空箱出场，印有"出场 OUT"字样，分别为管箱单位联、码头堆场联和用箱人/运箱人联（见表7-4）。第一联盖有船公司或其集装箱代理人的图章，集装箱堆场凭其发放空箱。在空箱发放后，第一、二联由堆场留存；第三联由提箱人留存。设备交接单的后面三联用于重箱进场，印有"进场 IN"字样，也分别为管箱单位联、码头堆场联和用箱人/运箱人联（见表7-5）。该三联是在装载货物的集装箱送到港口作业区堆场时交接之用，其中第一、二两联由送货人交付港区，其中第二联留港区，第一联转给船方据以掌握集装箱的去向，送箱人自留第三联作为存根。

集装箱码头堆场的经办人员和用箱人（或运箱人）在交接空箱或重箱时，应对集装箱进行检查，并在设备交接单上做准确的记录，用以分清双方责任。

空箱交接标准：箱体完好、水密、气密、不漏光、清洁、干燥、无味，箱号及装载规范清晰，特种集装箱的机械、电器装置正常。

重箱交接标准：箱体完好、箱号清晰、铅封完整无损，特种集装箱的机械、电气装置运转正常，并符合出口文件记载要求。

4. 集装箱装箱单

集装箱装箱单（container load plan，CLP）是详细记载集装箱内所装货物的名称、数量、尺码、重量，以及标志等内容的单据。装箱单的格式见表7-6。

不论是由发货人自行装箱，还是由集装箱货运站负责拼货装箱，负责装箱的一方都要

表 7-3 集装箱装货单

▽ Shipper（发货人）：	委托号： Forwarding agents B/L No. (编号)

Consignee（收货人）：	装　货　单 场 站 收 据 副 本　　第二联

Notify Party（通知人）

Received by the Carrier the Total number of containers or other packages or units stated below to be transported subject to the terms and conditions of the Carrier's regular from of Bill of loading (for Combined Transport or port to Port Shipment) which shall be deemed to be incorporated herein..

Date(日期)：

Pre carriage By（前程运输）　　　Place of Receipt（收货地点）

Ocean Vessel（船名）　Voy. No.（航次）　Port of Loading（装货港）

场　站　章

Port of Discharge（卸货港）　　Place of Delivery（交货地点）　Final Destination for Merchant's Reference（目的地）

Container No. （集装箱号）	Seal No.（封志号） Marks & Nos. （标志与号码）	No. of containers or pkgs. 箱数或件数	Kind Packages：Description of Goods（包装种类与货名）	Gross Weight 毛重（公斤）	Measurement 尺码（立方米）

TOTAL NUMBER OF CONTAINERS

OR PACKAGES (IN WORDS)

集装箱数或件数合计（大写）

Container No.（箱号）	Seal No.（封志号）	Pkgs.（件数）	Container No.（箱号）	Seal No.（封志号）	Pkgs.（件数）

Received（实收）	By Terminal clerk/Tally clerk（场站员/理货员签字）

FREIGHT & CHARGES	Prepaid at（预付地点）	Payable at（到付地点）	Place of Issue（签发地点）　BOOKING（订舱确认） APPROVED BY
	Total Prepaid（预付总额）	No. of Original B(S)/L（正本提单份数）	货值金额：

Service Type on Receiving □-CY, □-CFS, □-DOOR	Service Type on Delivery □-CY, □-CFS, □-DOOR	Reefer Temperature Required（冷藏温度）　℉　℃	
TYPE OF GOODS （种类）	□Ordinary, □Reefer, □Dangerous, □Auto. （普通）（冷藏）（危险品）（裸装车辆） □Liquid, □Live Animal, □Bulk, □ _____ （液体）（活动物）（散货）	危险品	Glass: Property: IMDG Code Page: UN No.

发货人或胆力人名称地址：		联系人：	电话：
可否转船	可否分批	装　期：	备 注
效期：		制单日期：	
运费由	支付，如预付运费托收承兑，请填准银行帐号		装箱场站名称：

表7-4 集装箱发放/设备交接单
EQUIPMENT INTERCHANGE RECEIPT

OUT 出场

用箱人/运箱人（CONTAINER USER/HAULIER）			提箱地点（PLACE OF DELIVERY）	

来自地点(WHERE FROM)		返回/收箱地点(PLACE OF RETURN)	

船名/航次（VESSEL/VOYAGE No.）	集装箱号(CONTAINER No.)	尺寸/类型(SIZE/TYPE)	营运人(CNTROPTR)

提单号(B/L No.)	铅封号(SEAL No.)	免费期限(FREE TIME PERIOD)	运载工具牌号(TRUCK.WAGEON.BARGE No.)

出场目的/状态(PPS OF GATE-OUT/STATUS)	进场目的/状态(PPS OF GATE-INTATUS)	出场日期(TIME-OUT)
		月　　日　　时

出场检查记录(INSPECTION AT THE TIME OF INTERCHANGE)

普通集装箱(GP CONTAINER)	冷藏集装箱(RF CONTAINER)	特种集装箱(SPECIAL CONTAINER)	发电机(GEN SET)
□正常(SOUND) □异常(DEFECTIVE)	□正常(SOUND) □异常(DEFECTIVE)	□正常(SOUND) □异常(DEFECTIVE)	□正常(SOUND) □异常(DEFECTIVE)

损坏记录及代码（DAMAGE&CODE）

BR	D	M	DR	DL
破损	凹损	丢失	污箱	危标
(BROKEN)	(DENT)	(MISSING)	(DIRTY)	(DG LABEL)

左侧（LEFT SIDE）　　右侧（RIGHT SIDE）　　前门（FRONT）　　集装箱内部（CONTAINER INSIDE）

顶部（TOP）　　底部（FLOOR BASE）　　箱门（REAR）

如有异状，请注明程度及尺寸
(REMARK)

除列明者外，集装箱及集装箱设备交接时完好无损，铅封完整无误。

THE CONTAINER/ASSOCCIAFTED EQUIPMENT INTERCHANGED IN SOUND CONDITION AND SEAL INTACT UNLESS OTHERWISE STATED.

用箱人/运箱人签署　　　　　　　　　　　　　　码头/堆场值班员签署

(CONTAINER USER/HAULIER'S SIGNATURE)　　　　(TERMINAL/DEPOT CLERK'S SIGNATURE)

表7-5　集装箱发放/设备交接单
EQUIPMENT INTERCHANGE RECEIPT

IN 进场

用箱人/运箱人（CONTAINER USER/HAULIER）		提箱地点（PLACE OF DELIVERY）

发往地点(DELIVERED TO)		返回/收箱地点(PLACE OF RETURN)

船名/航次(VESSEL/VOYAGE No.)	集装箱号(CONTAINER No.)	尺寸/类型(SIZE/TYPE)	营运人(CNTROPTR)

提单号(B/L No.)	铅封号(SEAL No.)	免费期限(FREE TIME PERIOD)	运载工具牌号(TRUCK.WAGEON.BARGE No.)

出场目的/状态(PPS OF GATE-OUT/STATUS)	进场目的/状态(PPS OF GATE-INTATUS)	进场日期(TIME-IN)	
		月　　日　　时	

出场检查记录(INSPECTION AT THE TIME OF INTERCHANGE)			
普通集装箱(GP CONTAINER)	冷藏集装箱(RF CONTAINER)	特种集装箱(SPECIAL CONTAINER)	发电机(GEN SET)
□正常(SOUND) □异常(DEFECTIVE)	□正常(SOUND) □异常(DEFECTIVE)	□正常(SOUND) □异常(DEFECTIVE)	□正常(SOUND) □异常(DEFECTIVE)

损坏记录及代码（DAMAGE&CODE）

BR	D	M	DR	DL
破损	凹损	丢失	污箱	危标
(BROKEN)	(DENT)	(MISSING)	(DIRTY)	(DG LABEL)

左侧（LEFT SIDE）　　右侧（RIGHT SIDE）　　前门（FRONT）　　集装箱内部（CONTAINER INSIDE）

顶部（TOP）　　底部（FLOOR BASE）　　箱门（REAR）

如有异状，请注明程度及尺寸 (REMARK)

除列明者外，集装箱及集装箱设备交接时完好无损，铅封完整无误。

THE CONTAINER/ASSOCCIAFTED EQUIPMENT INTERCHANGED IN SOUND CONDITION AND SEAL INTACT UNLESS OTHERWISE STATED.

用箱人/运箱人签署

(CONTAINER USER/HAULIER'S SIGNATURE)

码头/堆场值班员签署

(TERMINAL/DEPOT CLERK'S SIGNATURE)

表7-6 装箱单

CONTAINER LOAD PLAN

装 箱 单

(1) Terminal's Copy 码头联

SHIPPER'S/PACKER'S DECLARATIONS: We hereby declare that the container has been thoroughly cleaned without any evidence of cargoes of previous shipment prior to vanning and cargoes has been properly stuffed and secured.

Reefer Temperature Required. 冷藏温度 ℃. ℉.				Ship's Name/Voy No. 航名/航次	Port of Loading 装货港	Port of Discharge 卸箱港	Place of Delivery 交货地			
Class 等级	IMDG Page 危规页码	UN No. 联合国编号	Flashpoint 闪点							
Container No. 箱号				Bill of Lading No. 提单号	Packages&packing 件数与包装	Gross Weight 毛重	Measurements 尺码	Description of Goods 货名	Marks & Numbers 唛头	
				Front 前						
Seal No. 封号										
Cont.Size 箱型 20' 40' 45'	Cont. Type.箱类 GP=普通箱 TK=油罐箱 RF=冷藏箱 PF=平板箱 OT=开顶箱 HC=高箱 FR=框架箱 HT=挂衣箱									
ISO Code For Container Size/Type. 箱型/箱类 SIO 标准代码										
Packer's Name / Address 装箱人名称/地址				Door 门						
TEL No. 电话号码				Received by Drayman 驾驶员签收皮车号	Total Packages 总件数	Total Cargo Wt 总货量	Total Meas 总尺码	Remarks:备注		
Packing Date. 装箱日期										
Packed by. 装箱人签名				Received by Terminals/Date of Receipt 码头收箱签收和收箱日期		Cont. Tare Wt 集装箱皮重	Cgo/Cont Total Wt 货/箱总重量			

根据装进集装箱内的货物情况填制装箱单，并且每个载货集装箱都要填制一份装箱单。如果所装货物的种类不同，应该按照从前到后（或从底到门）的装箱顺序填写不同货物的资料。对于特种货物还应加注特定要求，如冷藏货物要注明箱内温度的要求；危险货物要列明危险等级、国际危规页码等。

集装箱装箱单是记载集装箱内所装货物详细情况的唯一单据，所以，装箱单内容记载的是否准确，直接影响到集装箱运输的安全。集装箱装箱单的主要作用如下：

（1）是发货人、集装箱货运站与集装箱堆场之间交接货物的证明；

（2）是向承运人提供箱内所装货物的明细清单；

（3）是装箱港、卸箱港的集装箱装卸作业区编制装船、卸船计划的依据；

（4）是计算船舶吃水和稳性的数据来源；

（5）是集装箱船舶办理进出口报关时，向海关提交的载货清单的补充资料；

（6）当发生货损货差时，是处理索赔事故的原始依据之一。

装箱单一式五联，其中，码头堆场、承运人、船代各一联，发货人/装箱人两联。整箱货的装箱单由发货人填制，拼箱货的装箱单由作为装箱人的集装箱货运站填制。

装箱单的流转程序如下。

发货人或集装箱货运站将货物装箱后，填制五联装箱单，连同重箱一起送至集装箱堆场。堆场业务人员在五联单上签收后，留下码头堆场联、承运人联和船代联三联，其中：码头堆场自留码头堆场联，据以编制装船计划；将承运人联和船代联分送船公司和船舶代理公司，据以编制积载计划和处理货运事故；将发货人/装箱人两联返还给货主或集装箱货运站。

装箱单所记载的事项必须与场站收据及报关单据上的内容相一致，否则会影响货物的正常运输。例如，出现装箱港不一致，港口码头可能不予配装，造成退关；又如，装箱单所记载的货物重量或尺码与报关单上或发票上的不符，由于船公司依据装箱单上的数据缮制提单、舱单，当出口单位结汇时发生单单不一致情况时，便不能结汇等。因此，发货人必须如实、准确、全面地填写装箱单。

5. 危险品货物托运所需的单证

危险货物由于具有易爆、易燃、有毒、腐蚀、放射等危害特性，在进出口运输安排上要求较高，难度较大，托运的手续和需要的单证也比一般普通货物复杂烦琐得多。在实际业务中，由于发货人托运时提供的材料、单证错误或不详，货物包装不当，以及船方管理不良，积载、隔离不当造成的海难事故时有发生。因此，发货人或货运代理人在托运时必须小心谨慎，正确提供和填写所需的各类单证，这是保证运输安全的首要条件之一。

办理危险货物的托运时，应注意的事项及需要提供的单证如下。

（1）危险货物的托运/订舱必须按各类货物的不同危险特性，分别缮制托运单，办理订舱配船，以便船方了解危险货物的性质，按照《国际海运危险货物规则》的要求安排货物的交接、保管、装卸和运输，确保运输安全。特别对于不同性质、互不相容的货物，如果混装，极容易发生化学反应，引起燃烧、爆炸等事故。

（2）托运单的缮制。除普通货物在托运时需要填写的内容（例如，装货港、目的港、发货人、收货人、通知人、货物的品名、标志、重量、尺码、件数等）以外，危险货物的托运单还需增加下述七项内容。

①货物名称。必须用准确的化学学名或技术名称，不能使用商品俗名。

②必须注明"危险货物（dangerous cargo）"字样，以引起船方的重视。

③必须注明危险货物的性质和类别。

④必须注明联合国危险品编号。

⑤必须注明《国际海运危险货物规则》页码。

⑥易燃液体必须注明闪点。

另外，在积载时如有其他特殊要求，也必须在托运单上注明，供船舶配载时参考。

（3）托运时应提供中英文对照的"危险货物说明书"或"危险货物技术证明"，一式数份。单据中必须列明品名、别名、分子式、性能、运输注意事项、急救措施、消防方法等内容，供港口装卸、船舶运输时作为参考。

（4）托运时必须同时提交经海事局审核批准的"包装危险货物安全适运申报单（简称'货申报'）"，船舶代理人在配船以后凭此申报单再向海事局办理"船舶载运危险货物申报单"（简称"船申报"），港务部门必须收到海事局审核批准的船申报后才允许船舶装载危险货物。

（5）托运时应提交"检验检疫局"出具的，按《国际海运危险货物规则》要求进行过各项试验，结果合格的"危险货物包装容器使用证书"。该证书需经港务管理局审核盖章后方始有效。港口装卸作业区凭港务局审核盖章后的证书，同意危险货物进港，并核对货物后方可验放装船。海事局也凭该包装证书办理上述第（4）项内容中的货物申报。

（6）集装箱装载危险货物后，还需填制中英文版的"集装箱装运危险货物装箱证明书"一式数份，分送港区、船方、船代和海事局。

（7）危险货物外包装表面必须张贴《国际海运危险货物规则》规定的危险品标志或标记，具体标志或标记图案需参阅危规的明细表；成组包装或集装箱装运危险货物时，除箱内货物张贴危险品标志和标记外，在成组包装或集装箱外部四周还需贴上与箱内货物内容相同的危险品标志和标记。

（8）对出口到美国或需在美国转运的危险货物，托运时应提供英文的"危险货物安全资料卡（简称 MSDS）"一式两份，由船代转交承运人提供给美国港口备案。危险货物安全资料卡上需填写：概况、危害成分、物理特性、起火和爆炸资料、健康危害资料、反应性情况、渗溢过程、特殊保护措施、特殊预防方法等九项内容。

（9）罐式集装箱装运散装危险货物时，还必须提供罐式集装箱的检验合格证书。

（10）出运到美国的危险货物或在香港转运的危险货物，还需要增加一份《国际海运危险货物规则》推荐使用的"危险货物申报单"。

7.1.3 拼箱货的集拼货运业务

对于尺码或重量达不到整箱要求的小批量货物，可以与其他发货人的、到同一卸箱港的货物集中起来，拼配成一个 20 ft 或 40 ft 整箱，这种做法称为货物集拼（consolidation）。通常由货运代理公司承办集拼业务。

承办集拼业务的货代必须具有如下条件。

（1）具有集装箱货运站（CFS）装箱设施和装箱能力。

（2）与国外卸箱港有拆箱分运能力的航运企业或货代企业建有代理关系。

（3）获得政府部门的批准，有权从事集拼业务，并有权签发自己的货代提单（House B/L）。从事集拼业务的国际货运代理企业由于可以签发自己的货代提单，所以通常被货方视为承运人。

集拼货运业务特征如下：

（1）不是国际贸易合同的当事人。

（2）在法律上有权订立运输合同。

（3）本人不拥有、不经营海上运输工具。

（4）因与货主订立运输合同而对货物运输负有责任。

（5）有权签发提单，并受该提单条款约束。

（6）具有双重身份，对货主而言，他是承运人，但对真正运输货物的集装箱班轮公司而言，他又是货物托运人。

集拼业务的操作比较复杂，先要了解各种货物的特性、运输要求，然后进行合理拼配。待拼成一个 20 ft 或 40 ft 集装箱时，可以向船公司或其代理人订舱。

对集拼的每票货物各缮制一套托运单联单（或场站收据联单），再缮制一套汇总的托运单联单（或场站收据联单），例如，有五票货物拼成一个整箱，这五票货须分别按其货名、数量、包装、重量、尺码等各自缮制托运单（场站收据）联单，另外再缮制一套总的托运单（场站收据）联单，货名可写作"集拼货物"（consolidated cargo），数量、总的件数（packages）、重量、尺码都是五票货的汇总数，目的港是统一的，提单号也是统一的编号，但五票分单的提单号则在这个统一编号之尾缀以 A、B、C、D、E 以资区分。货物出运后船公司或其代理人按总单签一份海运提单（ocean B/L），托运人是货代公司，收货人是在卸箱港的货代公司。然后，货代公司根据海运提单，按五票货的各场站收据内容签发五份货代提单（house B/L），House B/L 编号按海运提单号，尾部分别缀以 A、B、C、D、E，其内容则与各单一托运单（场站收据）相一致，分别签发给各托运人用于银行结汇。

另外，货代公司须将船公司或其代理人签发给他的海运提单正本连同自己签发的各份 House B/L 副本寄送到卸箱港。在船舶抵港后，在卸箱港的货代公司向船方提供正本海运提单，提取该集装箱到自己的货运站（CFS）拆箱，通知 House B/L 中列明的各收货人持正本 House B/L 前来提货。

7.2　集装箱班轮进口货运

7.2.1　集装箱班轮进口货运程序

集装箱的进口货运程序也与杂货班轮运输的进口货运程序大体相同。集装箱的进口货运包括卸货、接运、报关、报验、转运等多项业务，涉及多种运输方式的承运人、港口、海关、检验检疫等管理机构，其主要货运程序如下。

1. 卸船准备

在卸箱港的船公司或其代理人在收到装箱港的船公司或其代理人寄来的有关单证后，就开始进行一系列的准备工作。

船舶到港前，船公司在卸箱港的代理人要联系集装箱码头堆场，为船舶进港、卸货以及货物的交接做好准备工作；联系集装箱货运站，为拼箱货的拆箱作业做好准备工作。此外，船公司在卸箱港的代理人还要向收货人发出进口货物的提货通知书，通知收货人做好提货准备；在集装箱进入集装箱堆场或货运站，处于可交付状态后，再向收货人发出到货通知。

2. 卸船拆箱后，发放到货通知

卸箱港码头堆场根据装箱港寄送的相关单证，制订卸船计划。船舶进港靠泊后，进行卸船作业。一般地，集装箱从船上卸下来后，如果是在堆场整箱交接，则将集装箱安置在码头后方堆场，向收货人发出到货通知；如果是集装箱拼箱货，则需要先将集装箱运送到指定的集装箱货运站，进行拆箱、分票、整理后，再发出到货通知，要求收货人及时来提取货物。

3. 换取提货单

收货人收到到货通知后，凭此通知和正本提单向船公司或其代理人换取提货单。船公司或其代理人将各单据进行核查，审核无误后，收回到货通知和正本提单，签发提货单给收货人。如果是运费到付的方式，换单前还要付清运费。

实际业务中，由于种种原因（如提单流转慢），货已到港，还未得到提单的收货人，急于提取货物，收货人往往出具保证书来换取提货单，等提货单收到后再注销保证书。

4. 报关、报验

根据国家有关法律、法规的规定，进口货物必须办理验放手续后，收货人才能提取货物。因此，收货人在换取了提货单后，还必须凭提货单和其他报关单证，及时地办理有关报关、报验手续。

5. 交付货物

经海关验收，并在提货单上加盖海关放行章后，收货人就可以在指定的地点凭收货单提取货物，完成货物的交付。整箱货的交付是在集装箱堆场进行的；拼箱货的交付是在集装箱货运站完成的。堆场或货运站凭海关放行的提货单，与收货人结清有关费用（如果在货运过程中产生了相关费用，如滞期费、保管费、再次搬运费等）后交付货物。

在交付整箱货或拼箱货时，集装箱堆场或集装箱货运站的经办人员还必须会同货主或货主的代理人检查集装箱或货物的外表状况，填制集装箱设备交接单（出场），双方在记载了货物状况的交货记录上签字，作为交接证明，各持一份。

7.2.2 集装箱进口货运中的主要单证

在集装箱进口货运中，有些单证与杂货班轮运输中使用的单证在名称、作用等方面均相同，如进口载货清单、进口载货运费清单、提货单等，只是在单证的内容方面有一些差异，而有些单证是集装箱运输所特有的，如待提集装箱报告等。

1. 提货通知书（delivery notice）

提货通知书是在卸箱港的船公司或其代理人向收货人或通知人发出的船舶预计到港时间的通知。它是根据船舶的动态，以及装箱港的船公司或其代理人寄来的单据资料而编制的。

卸箱港的船公司或其代理人向收货人或通知人发出提货通知的目的在于要求收货人事先做好提货准备，以便集装箱货物到港后能尽快疏运出港，避免在港口堆场长期存放，使集装箱堆场能更充分地发挥中转、换装的作用。

提货通知书是船公司为使货运程序能更顺利地完成而发出的单证，对于这个通知书是否发出、发出是否及时，以及收货人是否收到这个通知书，承运人并不承担责任。

2. 到货通知书（arrival notice）

到货通知书是船公司在卸箱港的代理人在集装箱已经卸入堆场，或拼箱货已移至集装箱货运站，并做好交接准备后，向收货人或通知人发出的要求其及时提取货物的书面通知。收货人可凭到货通知书和正本提单到船公司在卸箱港的代理人处换取提货单。

3. 提货单（delivery order，D/O）

提货单是收货人或其代理人据以向集装箱堆场或集装箱货运站提取货物的凭证。

虽然收货人或货运代理人提取货物是以正本提单为交换条件的，但在实际业务中，通常是收货人或货运代理人先凭正本提单向卸箱港的船公司或其代理人换取提货单，再持提货单到集装箱堆场或集装箱货运站提取货物。提货单的格式内容见表 7-7。

表 7-7　进口集装箱货物提货单
DELIVERY ORDER

收货人名称			收货人开户银行与账户		
船名	航次	起运港	目的港	船舶到港时间	
提单号	交付条款	卸货地点	进库港日期	第一程运输	
标记与集装箱号	货 名		集装箱数或件数	重量（kgs）	体积（m³）

船代公司重要提示：	收货人章	海关章
（1）本提货单中有关船、货内容按照提单的相关显示填制； （2）请当场检查本提货单内容错误之处，否则本公司不承担由此产生的责任与损失；（Error and Omission Excepted） （3）本提货单仅为向承运人或承运人委托的雇用人或替承运人保管货物订立合同的人提货的凭证，不得买卖转让；（Non-negotiable） （4）在本提货单下，承运人代理人及雇用人的任何行为，均应被视为代表承运人的行为，均应享受承运人享有的免责、责任限制和其他任何抗辩理由；（Himalaya Clause） （5）本提货单所列的船舶预计到港时间，不作为申报进境和计算滞报金、滞箱费、疏港费等起算的依据，货主不及时换单或提货造成的损失，责任自负； （6）本提货单中的中文译文仅供参考。 　　　中国上海外轮代理有限公司 　　　　（盖章有效） 　　　　年　月　日	检验检疫章	
（7）注意事项： （8）本提货单需盖有船代放货章和海关放行章后方始有效。凡属法定检验、检疫的进口商品，必须向检验检疫机构申报。 （9）提货人到码头公司办理提货手续时，应出示单位证明或经办人身份证明。提货人若非本提货单记名收货人时，还应出示提货单记名收货人开具的证明，以表明其为有权提货的人。 （10）货物超过港存期，码头公司可以按《上海港口货物疏运管理条例》的有关规定处理，在规定期间无人提取的货物，按《海关法》和国家有关规定处理。		

港区场站　　　　　　　　　　　　　　　　　　　　　　换单日期

REF No.: PSH/QF—116　　　　　　ISSUE No.1　　　　　　ISSUE　DATE:

提货单为一式五联：①到货通知书；②提货单；③费用账单（蓝色）；④费用账单（红色）；⑤交货记录。

提货单联单的流转程序如下。

（1）在货物已经卸船、具备交付条件后，卸箱港的船公司或其代理人向收货人或通知人发出到货通知书。

（2）收货人或其代理人凭收到的到货通知书和正本提单，向卸箱港的船公司或其代理人换取提货单、费用账单（蓝色）、费用账单（红色）和交货记录等四联。

（3）收货人或其代理人持提货单联单及相关报关单证办理报关手续。海关验放后，在提货单上盖海关章放行。若需要商检等其他手续，也应得到相关机构的认可放行。

（4）收货人或其代理人凭已盖海关章放行的提货单联单向集装箱堆场或集装箱货运站办理提货手续，集装箱堆场或集装箱货运站核对相应单证无误后，将提货单和费用账单（蓝色）、（红色）等三联留下，作为放货、结算费用的依据。在交货记录联上盖章，以示同意放货。

（5）收货人或其代理人凭已盖章的交货记录到指定的集装箱堆场或集装箱货运站提取货物。提货完毕后，双方均在交货记录上签字，集装箱堆场或货运站收回交货记录联。

7.3　集装箱进出口货运业务

7.3.1　集装箱船公司进出口货运业务

集装箱船公司在国际集装箱进出口货运业务中起着主导作用，是集装箱运输能否顺利进行的关键。为此，在集装箱货物进出口货运中，集装箱船公司一般应做好下列各项运输业务工作。

1. 集装箱船公司出口货运业务

1）掌握待运货源情况

集装箱船公司一般根据自己对船舶挂靠港货源的预测，与各类无船承运人型的集装箱运输经营人签订的长期协议及订舱情况来掌握各港的货源情况。

各类无船承运人型的集装箱运输经营人都掌握一定数量的货源，在自己不具备运输船舶的情况下，要保证货物顺利运输，一般都会与集装箱船公司订立各种类型的较为长期的协议，其基本内容是保证为集装箱船公司的各航班（或某些航班）提供一定数量的集装箱货物，而集装箱船公司则接受订舱和给予某些优惠（包括运价、回扣等），这种协议对无船承运人来讲有了稳定的运输工具和优惠条件，集装箱船公司则有了稳定的货源。这对于集装箱船公司掌握货源情况是十分有利的。

此外，集装箱船公司还可通过货主暂定订舱或确定订舱进程掌握待运货源的情况，并据以部署空箱的调配计划。所谓暂定订舱，是在船舶到港前 30 d 前后提出的，由于掌握货源的时间较早，所以对这些货物能否装载到预订的船上，以及这些货物最终托运的数量是否准确，都难以确定；所谓确定订舱，通常在船舶到港前 7～10 d 提出，一般都能确定具体的数量、船名、装船日期。

2）调配集装箱

集装箱运输中使用的集装箱，除少数是货主自有外，大多是由集装箱船公司提供的。为了有效利用船舶运力，集装箱船公司应配备一定数量、种类和规格的集装箱。为了便于货主使用和最大限度地提高集装箱的利用率，各集装箱船公司必须在船舶挂靠的港口及其腹地内陆地区进行适当的部署和调配。集装箱的部署与调配一般根据货源情况、订舱情况和经济原则等进行。

3）接受托运

发货人提出订舱申请后，集装箱船公司根据货物运输要求、船舶能力及集装箱配备情况等决定是否接受托运申请。如果同意接受，则在订舱单或场站收据上签章。集装箱船公司在接受货物托运时除应了解货物的详细情况（名称、数量、包装、特殊货物详情等）、装卸港、交接地点和运输要求等外，还应了解是否需要借用空箱及所需箱子的规格、种类和数量，并由双方商定领取空箱的时间和地点、具体装箱地点、交接货物的时间和地点及由谁来负责内陆运输等事项。

集装箱船公司或船代接受托运后，如发货人需借用空箱，船公司或船代应按时签发提箱单并通知集装箱堆场向发货人或其代表发放空箱（指发货人自装的整箱货）或通知有关集装箱货运站到堆场提箱。

4）接收货物

集装箱船公司应根据场站收据上确定的交接方式接收货物，接收货物的地点一般是集装箱码头或内陆堆场（CY）、集装箱货运站（CFS）或货主的工厂和仓库（DOOR）。在 CY 接收整箱货一般由船公司委托堆场接收；在 CFS 接收拼箱货一般由集装箱货运站作为船公司的代理人接货；在 DOOR 接收货物一般由船公司或其代表（委托的代理人或陆运承运人）接货，并由船公司安排接货地至码头堆场的内陆运输。船公司的代表或委托的接货代理人接收货物后，起运港船公司或船代应及时签发提单。

5）协助装船

通过各种方式接收的货物，到达集装箱码头堆场，按堆场计划堆放后，由集装箱码头堆场负责装船的一切工作，船公司或船代应随时与集装箱码头装卸部门协调联系。

6）制送有关单证

为使目的港编制卸船计划和安排内陆运输、转运等工作，在集装箱货物装船离港后，集装箱船公司或代理应立即制作有关装船单证并尽快通过各种可能的方式（邮寄、电传或 EDI 网）将其送至各卸船港。一般由装船港船代制作、寄送的单据主要有：提单或场站收据副本、集装箱号码单、箱位积载图、货物舱单、集装箱装箱单、装船货物残损报告、特殊货物表等。

2. 集装箱船公司进口货运业务

1）接受各装船港寄送的单据，做好卸船准备

为了有效地缩短船舶在港时间，提高运输效率，保证集装箱货物及时交付或继续运输，集装箱船公司在集装箱货物进口中首先应做好卸船的准备工作。

（1）从装船港代理处取得装船单证，并把有关单证送交集装箱码头业务部门。

（2）根据上述单证制定船舶预计到港计划，并协助集装箱码头制订完整的卸船计划。

（3）根据货物舱单、集装箱号码单、提单副本、特殊货物表等向海关及有关方面办理进口卸货申请、集装箱暂时进口、保税运输、危险品申报等手续。

2）制作和寄送有关单证

接到有关单证后，集装箱船公司或代理应尽快制作和寄送下述单证。

（1）船舶预计到港通知书。该单证是向提单副本记载的收货人或通知人寄送的说明货物情况和运载这些货物的船舶预计到港日期的单据，以使收货人在船舶抵港前做好提货准备。

（2）到货通知书（交货记录第1联）。到货通知书是在船舶抵港时间、卸船计划和时间确定后，船公司或代理通知收货人具体交付货物时间的单据。一般先用电话通知，然后寄送书面通知。

3）协助卸船

集装箱货物卸船一般由码头堆场按卸船计划进行。卸下的集装箱按堆存计划堆放或转到集装箱货运站，船公司或船代应随时与集装箱码头装卸部门协调联系。

4）签发提货单（交货记录第2联）

集装箱船公司或代理根据收货人出具的交货通知、正本提单，并在结清到付运费和其他费用后，签发提货单。

在签发提货单时，首先要核对正本提单签发人的签署、签发的年月日、背书的连贯性，判断提单持有人是否合法，然后再签发提货单。提货单应具有提单所记载的内容，如船名、交货地点、集装箱号码、铅封号、货物名称、收货人名称等交货所必须具备的内容，在到付运费和其他有关费用未付清的情况下，原则上应收讫后再签发提货单。在正本提单尚未到达，而收货人要求提货时，可采用与银行共同向船公司出具担保书（即保函 Letter of Guarantee）的办法，担保书应保证：

（1）若收货人收到正本提单，即将正本提单交船公司或其代理人。

（2）在没有正本提单下发生的提货，对船公司由此遭受的任何损失，收货人应负一切责任。

此外，如收货人要求更改提单上原指定的交货地点，船公司或其代理人应收回全部的正本提单后，才能签发提货单。

7.3.2 集装箱码头堆场进出口货运业务

在集装箱运输中，码头堆场的主要业务是办理集装箱（空箱）和集装箱货物（重箱）的装卸、转运、收发、交接、保管、堆存、掏箱、搬运等工作，并办理集装箱的修理、清洗、蒸熏和衡量等工作。

1. 码头堆场出口货运业务

1）发放空箱

集装箱运输中使用的集装箱，除极少数是货主自有外，绝大多数是属于船公司或集装箱租赁公司所有的。船公司或集装箱租赁公司不可能在世界各地都设有堆场来堆存、管理这些集装箱。因此，它们的集装箱一般都通过委托关系存放在各码头和内陆场站的堆场，这些堆场则作为集装箱代理人对存放的箱子行使管理权。

在发货人自装箱情况下，码头或内陆堆场凭集装箱所有人签发的提箱单向发货人或其代表发放空箱，并办理设备交接单手续。对于需在集装箱货运站装箱的货物使用的空箱，堆场根据承运人的指示将空箱发给集装箱货运站，并办理设备交接单手续。

2）制订堆场作业计划、船舶积载图与装船计划

为了尽量缩短集装箱船舶在港停留时间，码头堆场应在船舶受载前根据订舱单、卸箱港先后顺序及船舶配载要求制订船舶的积载图和装船计划。

为了经济合理地使用码头堆场和保证装船计划的顺利实施，码头堆场在接收货物之前要制订堆场作业计划，即根据码头装、卸船舶情况对集装箱在堆场内装卸、搬运、储存、保管等做出全面安排。

3）接收重箱

发货人或集装箱货运站将已装箱的集装箱货物运至码头堆场时，堆场大门要对其核对订舱单、场站收据、装箱单、出口许可证、设备交接单等单据；检查集装箱数量、号码、铅封号等是否与场站收据一致，箱子外表状态与铅封是否有异常等；然后堆场业务人员将代表运输经营人接收货物，并在场站收据上签章退还给发货人。如发现异常情况，应在场站收据上说明或与有关方面联系是否接收。

4）组织装船

集装箱货物出口装船一般是由码头堆场装卸部门组织实施的。在装船过程中，堆场装卸部门的主要业务工作如下。

（1）在开装前（一般是 24 h，最后一批不迟于 4 h 前）将场站收据大副联和理货联送交理货公司。

（2）根据船公司的船期提供合适的泊位，并及时做好装卸船的全部准备工作。

（3）按装船计划组织装船，装船过程中，理货员应在船边理货。

（4）通过理货人员与船方办理货物交接。

（5）制作装船清单及积载图，并连同接收货物时货主提供的其他单证一并送船代。

5）对特殊集装箱的处理

对堆存在场内的冷藏集装箱应及时接通电源，每天还应定时检查冷藏集装箱的冷冻机的工作情况是否正常，箱内温度是否保持在要求限度内，在装卸和出入场内时，应及时解除电源。

对于危险货物集装箱，应根据可暂时存放和不能暂时存放两种情况分别处理。能暂存的集装箱应堆放在有保护设施的场所，而且，堆放的集装箱数量不能超过许可的限度。对于不能暂存的集装箱应在装船预定时间进场后即装上船舶。

2. 码头堆场进口货运业务

1）做好卸船准备工作

码头堆场应根据船公司提供的船期在船舶抵港前做好全部卸船准备工作，包括：

（1）接受船代交送的有关单证。

（2）根据单证安排卸货准备，并制订卸船计划、堆场作业计划及交货计划。

2）组织卸船与堆放

堆场根据卸船计划组织完成集装箱卸船工作，并将卸下的集装箱按堆场作业计划从码头前沿运往堆场堆放。

3）交付重箱

对已卸船的集装箱货物由码头堆场负责办理货物交接工作。交货的对象主要有收货人（CY 条款）、集装箱货运站（CFS 条款）或内陆承运人（内陆 CY、CFS、DOOR 条款）三类。在向不同对象交货时堆场应办理的业务如下。

（1）交给收货人。收货人或其代理人到堆场提货时，应出具船公司或船代签发并由海关放行的提货单。经核对无误后，堆场将集装箱交收货人。交货时堆场与收货人双方在交货记录上签字交接，如果交接的货物有问题或运输途中有批注，应把问题及批注记入交货记录。

（2）交给集装箱货运站。这种情况一般是拼箱货。由集装箱货运站到堆场提取集装箱运到货运站拆箱后交给收货人。如果码头堆场和货运站是各自独立的机构，交接时应制作交接记录，否则可由双方在装箱单上签字作为交接的依据。

（3）交给内陆承运人。这种情况一般是集装箱货物要继续运往内陆地区的最终交货地点（内陆场站或收货人的工厂、仓库）。如果海上承运人的责任在码头堆场终止，堆场与内陆承运人以交货记录进行交接；如果海上承运人承担全程运输责任，内陆承运人是海上承运人的分包承运人，码头堆场取得船公司的指示后，只需与内陆承运人办理内部交接手续即可，待运至最终交货地后再办理交货记录。

交货时，堆场应与收货人办理设备交接单（OUT）手续。

4）收取有关费用

堆场交货时应核对所交货物是否发生保管费、再次搬运费、集装箱超过免费使用期的滞期费或其他费用。如果有，则应向收货人收取这些费用后交付货物。

5）制作交货报告与未交货报告

在交货工作结束后，码头堆场应根据实际交货情况制作交货报告送交船公司或代理。收货人未能提货，应制作未交货报告送交船公司或代理。

6）回收空箱

收货人在堆场提货时一般连同货箱一起提取。提货后收货人应尽可能在免费用箱期内拆箱、卸货，并将空箱运回码头堆场。堆场应负责集装箱回收工作，并办理设备交接单手续。如果发生滞期费，则回收时应加收这些费用。

7.3.3　集装箱货运站进出口货运业务

集装箱货运站是集装箱运输系统的重要组成部分，在集装箱货物的集疏运过程中发挥着重要作用。

1. 集装箱货运站出口货运业务

1）做好接收货前的准备工作

根据船舶代理提供的订舱清单，计划所需空箱规格、种类和数量，码头货运站将上述信息通知船公司或其代理人，并和发货人联系堆场，提取空箱。

2）制订装箱作业计划

码头货运站应编制装箱作业计划，安排作业场地，联系发货人，使其按计划依次发货集港。

3）办理并接受托运人的出口拼箱货物交接

对照订舱单，清点货物件数，检查货物包装外表状况，如果有异状，应在场站收据相应栏中加以批注。遇有批注，则必须与船方联系，由船方决定是否接受装箱。同时还应再核查出口许可证，全部核查无误后，即签发场站收据，交还给发货人。

4）拼箱货装箱

应根据货物的积载因数和集装箱的箱容系数，尽可能充分利用集装箱的容积，并确保箱内货物安全无损。装箱时由货运站、外轮理货、发货人、海关共同监装，外轮理货编制理货单证。

5）制作装箱单

货运站在进行货物装箱时，应制作集装箱装箱单。装箱单的主要内容包括：船公司、船名、航次、装箱时间、装箱港、目的港、场站收据编号及备注等，制单应准确无误。

6）将拼装的集装箱运至码头堆场

货运站在装箱完毕后，在海关监管下，对集装箱加海关封志，并签发场站收据。同时，应尽快联系码头堆场，将拼装的集装箱运至码头堆场，货运站与码头堆场办理内部交接手续。

2. 集装箱货运站进口货运业务

1）做好交货前的准备工作

集装箱货运站在船舶到港前几天，从船公司或其代理人处取得以下单证：

（1）提单副本或场站收据副本；

（2）货物舱单；

（3）集装箱装箱单；

（4）装船货物残损报告；

（5）特殊货物表。

货运站根据以上单据做好拆箱交货准备工作。

2）发出交货通知

货运站根据船舶进港时间及卸船计划等情况，联系码头堆场决定提取拼箱集装箱的时间，制订拆箱交货计划，并对收货人发出交货日期的通知。

3）从码头堆场领取重箱

货运站经与码头堆场联系办妥后，即可从码头堆场领取重箱，双方应在集装箱装箱单上签字，对出堆场的集装箱应办理设备交接手续。

4）拆箱交货

货运站从堆场取回重箱后，即开始拆箱作业；拆箱后，应将空箱退回码头堆场。

收货人前来提货时，货运站应要求收货人出具船公司签发的提货单，经单货核对无误后，即可交货，双方应在交货记录上签字。如果发现货物有异常，则应将这种情况记入交货记录的备注栏内。

5）收取有关费用

集装箱货运站在交付货物时，应检查保管费及有无再次搬运费，如果已发生有关费用，则应收取费用后再交付货物。

6）制作交货报告或拆箱单

货运站根据拆箱作业理货计数单，编制交货报告或拆箱单，分送船舶代理和码头业务主管部门，以便船公司据此处理有关事宜。交货报告或拆箱单内容包括船公司、船舶航次、箱号、提单号、拆箱日期等。

7.3.4　集装箱货方进出口货运业务

集装箱运输下，货方（发货人、收货人）的进出口货运业务与普通船运输中货方应办理的事项基本相同，但也有一些集装箱运输所要求的特殊事项，如货物的包装应适合集装箱运输，保证装运货物所需要的空箱，在整箱货运输下负责货物装箱等。

1. 发货人出口货运业务

1）签订贸易合同

发货人（出口方）与进口方签订贸易合同后才会产生货物运输的需要。在签订合同时除应注意一般合同中货物的品质、包装、价格条款、装运时间和地点、交付方式等外，如果系集装箱货运，则还应在有关运输条款中注明：必须允许装箱运输；接受舱面运输条款；应列明交货地点、交接方式；在对卸箱港至目的地运输费用不了解时，可采用卸箱港到岸价交货条款，但交货地点仍可为内陆地点，从卸箱港至目的地的一切费用由收货人支付；应尽量争取不列入已装船提单结汇条款，以利于提早结汇等。

2）准备适箱货物

发货人应在贸易合同规定的装运期限前备好全部出口货物。

3）订舱和提取空箱

发货人按贸易合同规定的装运期向承运人提出订舱申请，在承运人接受后，发货人制作场站收据。如果货物是由发货人自行装箱的整箱货，发货人应凭承运人（或船代）签发的提箱单到指定堆场提取空箱并办理设备交接单手续。

4）报关报检

发货人凭场站收据、出口许可证、商品检验证书等单证向海关、检验部门申报，海关、检验部门同意放行后在场站收据上加盖放行章。

5）货物装箱交运

对发货人自行装箱的整箱货，发货人负责货物装箱、制作装箱单，并在海关加封后凭场站收据、装箱单、设备交接单、出口许可证、衡量单、特种货物清单等单证将重箱送至集装箱码头或内陆堆场交运，取得堆场签署的场站收据正本。对于拼箱货，发货人应凭场站收据、出口许可证、特种货物清单等单证将货物运至指定的集装箱货运站交运，并取得货运站签署的场站收据正本。

6）办理保险

出口货物若以 CIF 或 CIP 或类似的价格条件成交，发货人应负责办理投保手续并支付保险费用。

7）支付运费和换单结汇

在预付运费情况下，发货人应在支付全部运费后凭场站签署的场站收据（正本）向承运人或其代理换取提单；如果运费是到付的，则可凭已签署的场站收据直接换取提单。取得提单正本后，附上贸易合同及信用证上规定的必要单据，即可与银行结汇。

8）向收货人发出装船通知

在以 FOB、CFR、FCA 和 CPT 等价格条件成交时，发货人在货物装船后有向收货人发出装船通知的义务，以便收货人能及时对货物投保。

2. 收货人进口货运业务

1）签订贸易合同

收货人作为买方首先必须同国外的卖方（发货人）签订贸易合同。

2）申请开证

收货人与出口方签订贸易合同后，应即向开证银行申请开证（信用证）。开证时应注意运输条款中必须注明允许集装箱装运和是否必须签发已装船提单等内容。对于进口方，应争取列入已装船提单结汇条款，以减少风险。

3）租船订舱

对以 FOB、FCA 等价格条件成交的货物，收货人有租船订舱的责任。订舱后收货人有义务将船名、装船期等通知发货人。

4）办理保险

对以 FOB、CFR、FCA、CPT 等价格条件成交的货物，收货人（进口方）有责任投保和支付保险费用。

5）付款取单

在开证行收到起运地银行寄来的全套运输单据后，收货人必须向开证行支付货款（或开信托收据）才能领取全套单证（提单正本等）。

6）换取提货单

收货人凭正本提单及到货通知书向承运人或其代理换取提货单，并付清应付的全部费用。

7）报关报检

收货人凭交货记录、装箱单和其他报关报检所必需的商务和运输单证向海关及有关机构办理报关、报检和纳税手续。

8）提货及还箱

海关放行后，收货人凭提货单到堆场（整箱货）或集装箱货运站（拼箱货）提取货物并由双方签署交货记录。整箱货物连箱提取，应办设备交接单手续。收货人提箱后，应尽可能在免费用箱期内拆箱、卸货，并把空箱运回规定地点还箱。

9）货损索赔

收货人在提货时发现货物与提单（装箱单）不符时，应分清责任，及时向有关责任方（发货人、承运人、保险公司等）提出索赔，并提供有效单据和证明。

 复习思考题

一、填空题

1. 在整箱货运输时，空箱由发货人到指定的＿＿＿＿领取；拼箱货运输时，则由＿＿＿＿负责领取空箱。在领取空箱时，必须提交＿＿＿＿。

2. 发货人自行负责装箱的整箱货，通过内陆运输运至集装箱码头堆场。码头堆场对重箱进行检验后，与货方共同在＿＿＿＿上签字确认，并根据订舱清单，核对＿＿＿＿和＿＿＿＿，接收货物。

3. 船舶到港前，船公司在卸箱港的代理人要联系＿＿＿＿，为船舶进港、卸货以及货物的交接做好准备工作；联系＿＿＿＿，为拼箱货的拆箱作业做好准备工作。

4. 收货人收到到货通知后，凭此通知和正本提单向船公司或其代理人换取＿＿＿＿。

5. 集装箱船公司应根据场站收据上确定的交接方式接收货物，接收货物的地点一般是＿＿＿＿、＿＿＿＿或＿＿＿＿。

二、单项选择题

1. 集装箱船公司或代理根据收货人出具的交货通知、正本提单，并在结清到付运费和其他费用后，签发（　　　）。

A. 提货单　　　　　B. 到货通知　　　　　C. 提货通知

2. 在发货人自装箱情况下，码头或内陆堆场凭集装箱所有人签发的（　　）向发货人或其代表发放空箱，并办理设备交接单手续。

A. 提单　　　　　　B. 设备交接单　　　　C. 提箱单

3. 集装箱货物出口装船一般是由（　　）组织实施的。

A. 码头堆场　　　　B. 货运站　　　　　　C. 内陆货运站　　　D. 码头堆场装卸部门

4. 对已卸船的集装箱货物由（　　）负责办理货物交接工作。

A. 码头堆场　　　　B. 货运站　　　　　　C. 内陆货运站

5. （　　）在装箱完毕后，在海关监管下，对集装箱加海关封志，并签发场站收据。

A. 码头堆场　　　　B. 货运站　　　　　　C. 内陆货运站

三、判断题

1. 货运站从堆场取回重箱后，即开始拆箱作业；拆箱后，应将空箱退回码头堆场。（　　）

2. 发货人应在贸易合同规定的装运期限前备好全部出口货物。　　　　　　　（　　）

3. 对于拼箱货，发货人应凭场站收据、出口许可证、特种货物清单等单证将货物运至指定的集装箱货运站交运，并取得货运站签署的场站收据正本。　　　　　　（　　）

4. 收货人凭正本提单及到货通知书向承运人或其代理换取提货单，并付清应付的全部费用。
　　　　　　　　　　　　　　　　　　　　　　　　　　　　　　　　　（　　）

5. 通常，集装箱是由船公司免费提供给货主或集装箱货运站使用的，货主自备箱的比例较小。　　　　　　　　　　　　　　　　　　　　　　　　　　　　　　（　　）

四、名词解释

订舱　　　场站收据　　　货物集拼　　　提货单

五、简答论述题

1. 试述集装箱运输的出口货运程序。

2. 试述集装箱装箱单的主要作用。

3. 试述拼箱货的集拼货运业务。

4. 试述集装箱进口货运程序。

5. 试述集装箱码头堆场进出口货运业务。

参考答案

一、填空题

1. 集装箱码头堆场　　集装箱货运站　　集装箱发放通知书

2. 设备交接单　　场站收据　　装箱单

3. 集装箱码头堆场　　集装箱货运站

4. 提货单

5. 集装箱码头或内陆堆场（CY）　集装箱货运站（CFS）　或货主的工厂仓库（DOOR）

二、单项选择题

1. A　2. C　3. D　4. A　5. B

三、判断题

1. T　2. T　3. T　4. T　5. T

 **案例分析**

进出口公司诉运输公司提单签发、货物交付纠纷

2000 年 8 月 22 日，原告山东省临朐县进出口公司与韩国 HANYOON 公司签订了一份来料加工合同，由原告为其加工一批服装，加工费（工缴费）总额为 64 647.40 美元，产品出口价值为 201 698.83 美元。原料装运港和目的港分别为韩国仁川（或釜山港）和青岛港，产品装运港和目的港分别为青岛港和仁川（或釜山港）；产品装运期最晚为 2000 年 10 月，工缴费支付方式为 T/T（装运后 3 天）。

2000 年 9 月 27 日，原告向被告先进海运航空株式会社订舱，并出具了委托书，要求被告为其运输一个 20 ft 集装箱至韩国釜山。委托书注明：托运人为"山东省临朐县进出口公司"，收货人为"HANYOON CO.LTD"，通知方为"收货人（SAME AS CONSIGNEE）"，货物名称为"夹克衫、汗衫和裤子"，件数 213 箱；运费到付。

被告接受委托后，于 2000 年 10 月 2 日将货物装上船，当时原告未索要正本提单。10 月 6 日货到目的港釜山港并将货物交付收货人 HANYOON 公司。2000 年 10 月 8 日，原告业务员向被告落实货物上船情况，并索要提单，被告未予书面答复。因未收到韩国收货人的加工费，原告于 2000 年 10 月 11 日书面要求被告退运，被告通知原告该票货物已按惯例放给了指定的收货人，至于有关费用，应由原告与收货人协商解决。应原告业务人员的要求，被告方业务人员于 2000 年 10 月 13 日将加有"FAX RELEASE"（电放）的提单副本传真给原告。

原告向青岛海事法院起诉称，原告与韩国 HANYOON 公司签订了来料加工合同后，向被告托运了两集装箱来料加工出口的货物。托运后，虽经原告多次催要，被告一直拒签正本提单。后被告在没有正本提单的情况下，将货物交付出去，致使原告的加工费无法收回。因此，原告诉请被告赔偿原告来料加工费 10 478.90 美元及利息。

被告辩称，原告托运的是一个集装箱而非两个；货物托运后，原告从未向被告索要过正本提单；被告在本案中不存在任何过错，对其损失不承担责任；该批货物的运输合同主体是山东省临朐县进出口公司和韩国 HANYOON 公司。托运人为韩国 HANYOON 公司。山东省临朐县进出口公司完成运输后，将货物交给托运人或原告指定的收货人，显然没有任何过错。要求驳回原告的诉讼请求。

思考题：法院应如何判决？

参考答案

【审判】

青岛海事法院经审理认为，被告未提供证据证明被告与韩国 HANYOON 公司存在运输合同，即使存在这样的运输关系也不影响原、被告之间存在运输合同关系。在国际海上货物运输中，一票货物存在两个运输合同关系是完全正常的。关键是原、被告之间是否存在运输合同关系。从本案的事实来看，原告于 2000 年 9 月 27 日将订舱委托书传真给被告，并在委托书中注明了托运人、收货人、装卸港、目的港，并注明了货物的数量和装船日期，已构成了要约。被告于 2000 年 9 月 28 日在"入货通知"中书面通知了原告该批货物的提单号码、

承运船舶的船名、预计装港日期和抵目的港日期，并通知原告入货。实际上，该批货物也已由被告承运。由此可见，被告已经接受了原告的要约。依照《中华人民共和国合同法》第二十六条、第十五条的规定，承诺通知到达要约人时生效，承诺生效时合同成立。因此，原、被告双方存在运输合同关系。被告以存在另一个合同为由，主张原、被告之间不存在运输合同，其理由不能成立。

在本案中，原告在委托被告运输货物的委托书中，明确记载货物的收货人为韩国"HAN YOON 公司"，在货物装船之后卸货之前，原告未要求被告签发提单，被告将货物运到目的港后，将货物交给委托书指定的收货人，已履行了双方运输合同约定的义务。海上运输合同履行完毕后，原告无权要求承运人补签提单。

尽管《中华人民共和国海商法》对托运人要求签发提单的期限没有规定，但从公平合理、保护承运人的正当利益及提单由船长签发的历史来看，托运人要求签发提单应当在货物装船之后、船舶离港之前提出。托运人在船舶离港之后提出的，承运人或其代理人也可以签发，但有合理理由的，承运人或其代理人有权拒绝签发。由于托运人未及时要求签发提单而遭受损失的，应由托运人自己承担。

综上所述，本案被告已经按照原告委托书约定的条件将货物交给了指定的收货人，履行了其应尽的义务。原告未在合理的时间内要求被告签发提单，被告有权拒绝签发，由此造成原告的损失，原告应自行承担。据此青岛海事法院于 2001 年 6 月 22 日判决如下：

驳回原告山东省临朐县进出口公司的诉讼请求。

判决后，当事双方均未上诉。

【评析】

本案中，原告因未及时要求承运人签发提单，导致其失去对货物的控制而无法收回来料加工费，被告则认为其与原告之间不存在运输合同关系，且原告未要求签发提单，因此不应对原告的损失负责。这里提出了两个有意思的问题：一是原、被告之间海上货物运输合同是否成立？二是承运人签发提单义务合理期限如何确定？

在本案原、被告双方之间既无书面合同，又无提单作为合同证明的情况下，要判断原、被告双方之间是否存在（成立）海上货物运输合同关系，首先要看《中华人民共和国海商法》对海上货物运输合同订立有无形式上的要求。根据《中华人民共和国海商法》第四十三条的精神，海上货物运输合同，除航次租船合同应当书面订立外，对其他的海上货物运输合同的订立尚无强制性规定，因此，应解释为这些合同为不要式合同。就本案涉及的合同而言，其显然不属于航次租船合同，在订立形式上，固然不以书面形式为必要。既然《中华人民共和国海商法》对海上货物运输合同的订立没有强制性规范，那么在根据事实确认当事人之间是否有海上货物运输合同成立时，应当依据《中华人民共和国合同法》关于合同订立、合同成立的制度。《中华人民共和国合同法》规定当事人订立合同采取要约、承诺方式，承诺生效时合同成立。在本案中，法院认为原告传真给被告的订舱委托书，内容具体确定，有明确的缔约意思表示，是有约束力的要约，而被告给原告的"入货通知"是同意要约的意思表示，构成承诺，加之被告已经实际上承运了要约所列货物，足以认定原、被告之间以要约承诺方式订立了海上货物运输合同，该合同在承诺生效时成立，并且已经得到了履行。由本案事实来看，在既不存在书面海上货物运输合同，又没有提单等证据证明合同存在的情形下，依据《中华人民共和国合同法》关于合同订立、成立相关制度精神，仍可以确认当事人之间是否存在海上货物运输合同，这是运用《中华人民共和国合同法》的基本制度补充《中华人民共和国海商法》规定的空白而灵活适用法律的范例，体现了《中华人民共和国合同法》作为普通法对《中华人民共和国海商法》这一特别法的补充作用。

本案解决的第二个问题是以第一个问题的解决为前提的。只有当事人双方之间存在海上货物运输合同关系，才能谈到托运人与承运人之间的权利义务关系。在认定原、被告之间成立海上货物运输合同关系后，针对原告称因作为承运人的被告拒绝签发提单导致其经济损失的主张，确定承运人签发提单义务的合理期限成为决定承运人应否承担赔偿责任的关键。就承运人签发提单的法定义务，从原则上讲，应当说在合同履行期间内，承运人应托运人要求，有义务签发提单。《中华人民共和国海商法》第七十条规定："货物由承运人接收或者装船后，应托运人的要求，承运人应当签发提单。"从该条规定来看，首先，承运人签发提单的义务是以托运人有此要求为前提。如果托运人无此要求，承运人可以不签发提单。其次，在合同履行过程中，应推定托运人有权要求承运人签发提单。但《中华人民共和国海商法》对托运人要求签发提单的明确期限没有限制。在这种情况下，应当根据合同双方之间权利义务关系的平衡及海运惯例来确定承运人有无义务签发提单。在货物装船后，船舶离港前，根据海运惯例，应托运人的要求，承运人有义务签发提单；在船舶离港后，到达目的港之前，应视具体情况来认定承运人有无义务签发提单。在不影响船期、对承运人合同义务履行不造成重大妨碍的情况下，承运人可以应要求签发提单，但若根据实际情况，承运人认为签发提单会严重影响其利益（如船即将到达目的港，此时签发提单会导致提单的流转延误交货，影响船期），可以拒绝签发提单，但如果托运人提供担保，愿意承担由此给承运人造成的损失，承运人也不妨签发。如果承运人签发了提单，依照我国的法律规定，承运人应凭正本提单将货物交给提单指定的收货人（记名提单）或提单的合法持有人（指示提单）。在未签提单的情况下，承运人应将货物交给委托书指定的收货人或依托运人的指示交有关收货人。承运人将货物交付给指定的收货人后，承运人即完成了其运输和交货的合同义务。

本案的问题是在合同已经履行完毕后，托运人是否有权利要求承运人补签提单？承运人签发提单的法定义务是否以合同履行期间为限？要回答这个问题，应当从两个方面看。一方面，从海上运输中承运人与托运人的关系看，二者之间为海上货物运输合同关系，因此，对于当事人权利、义务而言，应当以合同履行期间为界限。在合同履行期间，托运人有权要求承运人补签提单；在运输合同已经履行完毕的情况下，承运人的合同义务也解除，托运人无权要求承运人签发提单。另一方面，正如本案中判决所指出的，从提单的功能及历史来看，国际通行的惯例是托运人应当在货物装船后，船舶离港前提出签发提单的要求。在承运人已经交付货物后，托运人再要求签发提单的话，此时签发提单将置承运人于不利地位，对承运人来说是不公平的。因此，依照合同履行及终止的原理及提单本身的功能来看，合同履行完毕承运人可以拒绝签发提单，由于未及时要求承运人签发提单所造成的损失，应当由托运人自己承担。

开篇案例参考答案

从 2017 年 4 月 1 日起，全球集装箱班轮运输市场上的"2M+现代""OCEAN Alliance""THE Alliance"三大新联盟正式开启运作。三大航运联盟在亚欧航线、跨太平洋航线、跨大西洋航线三条全球集装箱主干航线上合计运力占到市场份额近九成，亚欧航线上三大联盟运力占比更是达到 100%。

最初形成航运联盟的原因之一，是因为在船舶大型化以后，每条船的舱位利用率要达到90%以上才能实现规模效益。虽然自 2017 年开始全球承运商减到 10 家，但任何一家班轮公司想单独填满一艘 2 万 TEU 船舶的所有舱位仍旧很困难。建立联盟后，班轮公司之间可以共享舱位，实现规模效益。联盟成立后，也增强了班轮公司的竞争力和话语权。因为联盟可以通过增加航线频率、扩大服务范围、调整运力、降低运价波动等方式获得更大的收益。形成联盟以后，在与上游供应商以及下游企业如港口等谈判时无疑更有话语权。

联盟形成之后，在资源配置、船舶设备订造、软硬件共同使用、联营经营管理、开展多式联运和综合物流服务及提高服务质量等方面确实带来不少好处，从而可以扩大规模经济效益，降低单位运输成本和提高联盟成员竞争能力。由于联盟对内是联合派船、统一分配舱位，对外是一套船期、一种港序，这种运力调配方式比早期班轮公会内部实行的传统运力配额方式更加直接和有力，且联盟成员通过运力共享的方式进行合作，彼此间的关系比较紧密。由于联盟采取强强联手的形式，在主干航线上投入大型、高速船舶，并通过枢纽港积极开辟支线网络，所以运输频率高、周转时间短、挂靠港口全；许多联盟成员（如马士基、铁行渣华、中远）在主要港口使用自营码头，使得装卸、中转和多式联运作业均有保证，再加上运用先进科技手段提高服务质量，使得联盟在服务上的优势日益明显。

联盟统一规划航线、统一调遣船舶、互通有无，所以大公司可以借助小公司进入偏远航线，小公司也可以借助大公司进入主干航线，从而使联盟成员不论大小，均成为某种意义上的全球承运人，极大地改善了联盟成员的业务范围和竞争实力。联盟同时也改变了船港双方的力量对比，与联盟的往来关系到一个港口的生存。所以，为争取联盟挂靠，港口当局不得不以降低装卸费率、增加设施投入、建立海铁联运接口、推行港口私营化等方式改善码头堆场服务。联盟也正是看到了这一点，在与港口的谈判中开始掌握主动，尽量降低港口使用费，并取得实效。

第8章

国际集装箱运费计算

本章要点

- 了解国际集装箱运价体系；
- 掌握国际集装箱运费的费用结构及计算办法；
- 掌握整箱货海运运费的计算方法，最低、最高和亏箱费计算。

 开篇案例

2020 跌宕起伏的航运市场

　　受疫情影响，2020 年下半年，全球呈现港口运力不足的局面。就亚洲和中国市场而言，青岛、连云港、宁波和上海这些大港，都报告设备不足，船舶停泊作业日益延误，港口继续承压。澳大利亚各港口正遭受大量空集装箱积压的困扰，据估计，空集装箱的数量超过 5 万个。在悉尼，情况尤其如此。至于美国市场，西海岸港口和芝加哥一直在竭力应对进口激增的局面，令西海岸港口设施"承受巨大压力"。ONE 也出现了船只延误，造成码头严重拥堵的情况。船舶的可靠性也在下降，这与亚洲港口的拥堵有很大关系。集装箱的可用性也受到重大打击，一些船只离开中国的时候并没有满载，不是因为货物不足，而是因为可用集装箱数量仍然不稳定。

　　因全球疫情升温，各国港口缺柜、缺工，加上码头拥挤，船舶准班率从 6 月的 85%～90%，降到 9 月的 56%，船期平均延误 5 天，且准点率持续下降中。目前美国西海岸港口候港时间需要 4～5 天，澳大利亚与新西兰虽然疫情控制情况较佳，但因各项管制依然造成码头拥挤，奥克兰候港时间超过 10 天，英国的费利克斯托则因塞港已宣布停收空柜。

　　集装箱航运市场淡季超旺，全航线运价上涨，并开始收取各项附加费，价格从 200～1 000 美元不等，美国线虽因交通运输部干预难以涨价，但托运人为了确保货物如期运送而自动加价的情况并不罕见，买舱费行情每大箱在 950～1 250 美元。因运价疯涨，船公司欧美线回程

大多拒收货物，全速载空柜回航亚洲。

为了赶回船期，也为了尽速将欧美空柜运回亚洲装出口货，船公司都已尽量不收回程货，尤其是美国内陆输往亚洲的货物，其中属出口旺季的美国谷物，因为集装箱进出内陆要花两星期时间，且谷物属于重货，影响船只装载量，德国赫伯罗特公开宣布停收，其他公司虽未宣布停收，实际上多数都拒收。

美国运往亚洲的货物，每大箱（40 ft）运价多数在 400～500 美元，而亚洲运往美西的货物，每大箱运价超过 3 800 美元，运往美东的货物每吨超过 4 600 美元，以目前运价结构，船公司自然是放弃回程货，如果收了回程货，因为都是重货，装载量会降到七成左右，航速也会变慢，现在回程因为载空柜全速航行，航行时间可从 13 天缩短为 11 天。

国内情况也不容乐观，缺柜严重的深圳港、万海航运等对于运往东南亚的货物已开始收取每箱 500 美元、每大箱 1 000 美元的缺柜费，运价等于翻一倍以上；马士基、地中海航运与法国达飞等，对东亚地区，包括台湾在内运往新西兰的集装箱征收 200～300 美元的码头拥挤附加费。由于船公司受反托拉斯法约束，不能采取联合涨价行动，每家公司都增加了不同名目与不同价格的附加费。赫伯罗特宣布：将从东亚（不包括日本）到英国的航行价格提高为 5 190 美元/FEU，向西地中海的航行价格提高为 4 710 美元/TEU，将到北美大陆价格提高为 4 690 美元/TEU。东南亚航线运费也已冲破 2 000 美元。自 11 月 15 日起，达飞对亚洲出口至地中海、北非地区的所有货物，征收旺季附加费，标准为 300 美元/TEU、600 美元/TEU。另外，由于亚洲对集装箱的强烈需求，从 11 月 16 日开始，达飞还将对从亚洲运往非洲的 40 ft 高柜，征收每箱 200 美元的附加费，主要包括从中国、韩国、印度东海岸、孟加拉国、斯里兰卡以及东南亚地区出口的货物。地中海航运对所有出口至英国的货物，征收港口拥堵附加费。

一边是亚洲地区集装箱短缺，另一边是英国港口严重拥堵。鉴于近期英国港口的持续大范围拥堵，地中海航运宣布，将对所有出口至英国的集装箱，征收 50～175 美元/TEU 不等的拥堵附加费。

来源：集装箱短缺，各大港口严重拥堵，达飞、地中海等船公司纷纷加收附加费[EB/OL].（2020-11-13）[2021-1-22]. https://www.sohu.com/a/431480053_203652.

思考题： 结合相关资料，谈谈为什么国际航运市场会出现如此反常的局面，都是哪些因素可能导致运价大幅度波动？

8.1　集装箱海运运价及定价原则

8.1.1　集装箱海运运价的概念

海运运价又称"海运运费率"，指的是用于计算海运运费的单价或运费率，是海上货物运输承运人为完成货物运输所提供的服务的单价。

一般来说，海运运价的确定和变动取决于运输服务的供需关系。从理论上讲，运价最高不能超过货物对运费的负担能力，最低不能低于运输成本。但由于航运市场中海运需求弹性的作用，有时也会暂时出现运价低于运输成本的情况。

国际海运运价大体可以分为两种：班轮运价和租船运价。海上集装箱运输大都采用班轮运输，因此集装箱海运运价实质上也属于班轮运价的范畴。班轮运价的制定所依据的主要因素是运输成本和国际航运市场的竞争情况。集装箱运价即集装箱运输的单位价格，它不是一个简单的结构金额，而是由运费率标准、计收方法、承托双方责任、费用、风险划分等构成的综合价格体系。

随着国际多式联运的发展，承运人的业务范围由海上拓展到内陆，承运人对货物的责任也随之扩大，其费用有所增加，而增加的费用也只能从运费中收回来，这对运价的制定工作提出了新的要求，即应制定出一套适合集装箱运输的运费率、规定和有关条款，这个费用一般被定为一个计收标准，以确保船公司在整个运输过程中产生的全部支出都能得到相应的补偿。

8.1.2 国际集装箱海运运价确定的原则

"港—港"或称"钩—钩"交接方式下海运运价的确定，通常基于下列三个基本原则。

1. 运输服务成本原则

运输服务成本原则（the cost of service），是指班轮经营人为保证班轮运输服务连续、有规则地进行，以运输服务所消耗的所有费用及一定的合理利润为基准确定班轮运价。根据这一原则确定的班轮运价可以确保班轮运费收入不至低于实际的运输服务成本。该原则被广泛应用于国际航运运价的制定。

2. 运输服务价值原则

运输服务价值定价原则（the value of service）是从需求者的角度出发，依据运输服务所创造的价值的多少进行定价，也即货主根据运输服务能为其创造的价值水平而愿意支付的价格。运输服务的价值水平反映了货主对运价的承受能力。如果运费超过了其服务价值，货主就不会将货物交付托运，因为较高的运费将使其商品在市场上失去竞争力。因此，如果说按照运输服务成本原则制定的运价是班轮运价的下限的话，那么，按照运输服务价值原则制定的运价则是其上限，因为基于运输服务价值水平的班轮运价，可以确保货主在出售其商品后能获得一定的合理收益。

3. 运输承受能力原则

运输承受能力原则（what the traffic can bear）采用的定价方法是以高价商品的高运费率补偿低价商品的低运费率，从而达到稳定货源的目的。按照这一定价原则，承运人运输低价货物可能会亏本，但是，这种损失可以通过对高价货物收取高运费率所获得的盈利加以补偿。虽然，高价值货物的运价可能会高于低价值货物的运价很多倍，但从运价占商品价格的比例来看，高价值货物比低价值货物运价要低得多。根据联合国贸发会的资料统计，低价值货物的运价占该种货物 FOB 价格的 30%～50%，而高价值货物的运价仅占该类货物 FOB价格的 1%～28%。因此，尽管从某种意义上说，运输承受能力定价原则对高价值货物是不太公平的，但是这种定价方法消除或减少了不同价值货物在价格与运价之间的较大差异，从而使得低价值货物不致因运价过高而失去市场竞争力被放弃运输，实现了稳定货源的目的。因而，对于班轮公司来说，这一定价原则具有十分重要的意义。

毫无疑问，上述定价原则在传统的件杂货海上运输价格的制定过程中确实起了十分重要的作用。然而，随着集装箱运输的出现，如何确定一个合理的海运运价，确实是集装箱班轮运输公司面临的全新课题。在过去，由于零散的件杂货种类繁多，实际单位成本的计算较为复杂，因而运输承受能力原则比运输服务成本原则更为普遍地被船公司所接受。使用标准化的集装箱运输使单位运输成本的计算更加简化，特别是考虑到竞争的日趋激烈，现在承运人更多地采用运输服务成本原则制定运价。当然，在具体的定价过程中，应该是以运输服务的成本为基础，结合考虑运输服务的价值水平以及运输承受的能力，综合地运用这些定价原则。如果孤立地运用某一个原则，都不可能使定价工作做得科学合理。

由于集装箱班轮运输已进入成熟期，运输工艺的规范化使各船公司的运输服务达到均一化程度，尤其是随着集装箱船舶的大型化，船舶运输的损益平衡点越来越高，使得扩大市场占有率，以迅速突破损益平衡点，成为集装箱船公司获利的基础。因此，维持一定水平的服务内容，合理地降低单位运输成本，以低运价渗透策略迅速扩大市场占有率，应是合理制定集装箱海运运价的重要前提。

8.2 国际集装箱多式联运运费计算

8.2.1 国际集装箱多式联运的费用结构

在国际多式联运方式下，由于承运人对货物的风险和责任有所扩大，因此，集装箱货物的运费一般包括从装船港承运人码头堆场或货运站至卸箱港承运人码头堆场或货运站的全过程费用。如果由承运人负责安排全程运输，所收取的运费中还应包括内陆运输的费用。但从总的方面来说，集装箱货物运费仍主要由海运运费加上各种与集装箱运输有关的费用组成。

集装箱货物的全程运输可划分为发货地内陆运输，装箱港集装箱码头搬运、装卸作业，海上运输，卸箱港集装箱码头搬运、装卸作业和收货地内陆运输等五个区段的运输及作业，所以集装箱货物的运输费用应包括海上运输费用，内陆运输费用，各种装卸费用，装箱、拆箱费用，搬运费，手续费及服务费等费用。在国际集装箱货物多式联运的情况下，承运人根据自己对货物运输所承担的风险和责任，收取全程运输费用，费用结构见表8-1。

表8-1 国际多式联运的费用结构

交接方式	发货地陆上运输				海上运输	收货地陆上运输			
	A	B	C	D	E	D	C	B	A
DOOR to DOOR	√		√		√		√		√
DOOR to CFS	√		√		√		√	√	
DOOR to CY	√		√		√	√	√		
CFS to DOOR		√	√		√		√		√
CFS to CFS		√	√		√		√	√	
CFS to CY		√	√		√	√	√		

续表

交接方式	发货地陆上运输				海上运输	收货地陆上运输			
	A	B	C	D	E	D	C	B	A
CY to DOOR	√		√		√		√		√
CY to CFS	√		√		√		√	√	
CY to CY			√		√	√	√		

注：字母 A、B、C、D、E 所代表的含义如下。

A 为内陆集疏运费，包括通过铁路、公路、航空、沿海和内河支线网络向集装箱码头集中和疏散集装箱货物所发生的运输费用。

B 为集装箱货运站（非码头内）服务费，包括货运站对拼箱货物的取箱、装箱、送箱、拆箱、理货、免费期间的堆存、签单、制单等各种作业所发生的费用。

C 搬运费：包括装卸船、船与堆场间搬运、免费堆存期间的搬运费用。

D 换装费：使用港区机械将集装箱从货主接运车上卸下或装上时所发生的费用。

E 为海运运费，指海上运输区段的集装箱运输费用。

集装箱全程运输费用通常分为以下几种。

1. 海运运费

从集装箱船舶运输公司的优越性看，如将海运运费当作运输的等价物，那么，集装箱船可收取高于普通船运输的运费。但从目前的收费情况看，除有特殊规定外，基本上仍是按所运货物的运费吨所规定的运费率计收，这与普通船货物运费的计收方法基本一致。

2. 堆场服务费

堆场服务费也叫码头服务费，包括在装船港堆场接收出口的整箱货，以及堆存和搬运至装卸桥下的费用。同样，在卸箱港包括从装卸桥接收进口箱，以及将箱子搬运至堆场和堆存的费用。堆场服务费一般分别向发货人、收货人收取。

3. 拼箱服务费

拼箱服务费是指拼箱货在集装箱货运站所产生的费用，包括为完成下列服务项目而收取的费用：①将空箱从堆场运至货运站；②将装好货的重箱从货运站运至装船港码头堆场；③将重箱从卸箱港码头堆场运至货运站；④理货；⑤签发场站收据、装箱单；⑥在货运站货运地正常搬运；⑦装箱、拆箱、封箱、做标记；⑧一定期限内的堆存；⑨必要的分票与积载；⑩提供箱子内部货物的积载图。

4. 集散运输费

集散运输又叫支线运输（feeder service），是指由内河、沿海的集散港至集装箱出口港之间的集装箱运输。一般情况下，集装箱在集散港装船后，即可签发集装箱联运提单，承运人为这一集散而收取的费用称集散运输费。

5. 内陆运输费

内陆运输费有两种情况，一种由承运人负责运输，另一种由货主自己负责运输。

1）由承运人负责的内陆运输

由承运人负责的内陆运输费用根据承运人的运价本和有关提单条款的规定来确定，主要包括：

（1）区域运费。承运人按货主的要求在所指定的地点间，进行重箱或空箱运输所收取的费用。

（2）无效拖运费。承运人将集装箱按货主要求运至指定地点，而货主却没有发货，且要求将箱子运回。一旦发生这种情况，承运人将收取全部区域费用，以及货主宣布运输无效后可能产生的任何延迟费用。

（3）变更装箱地点所引起的费用。如果承运人应货主要求同意改变原集装箱交付地点，货主要对承运人由此而发生的全部费用给予补偿。

（4）装箱时间延迟费。承运人免费允许货方集装箱的装箱时间长短以及超过允许装箱时间后的延迟费多少，主要视各港口的条件、习惯、费用支出等情况而定，差别甚大。如，在发货人工厂、仓库装箱时，有的规定免费允许时限为：20 ft 箱 2 h，40 ft 箱 3 h。上述时间均从司机将箱子交给货主时起算，即使是阴天下雨或其他恶劣气候也不能超出规定的时限。若超出规定的时限，则对超出时间计收延迟费。

（5）清扫费。使用箱子结束后，货主有责任清扫箱子，将清洁无味的箱子归还给承运人。如果此项工作由承运人负责，货主仍应负责其费用。

2）由货主自己负责的内陆运输

由货主自己负责的内陆运输，承运人则可根据自己的选择和事先商定的协议，在指定的场所将集装箱或有关机械设备出借给货主，并按有关规定计收费用。在由货主自己负责内陆运输时，其费用主要包括：

（1）集装箱装卸费。货主在承运人指定的场所（如集装箱码头堆场或货运站）取箱，或按照承运人指定的地点归还箱子，或将箱子装上车辆，或从车上将集装箱卸下等，所发生的费用均由货主负担。

（2）超期使用费。货主应在规定的用箱期届满后，将箱子归还给承运人，超出时间则为延误，延误费用的计收标准按每箱每天计收，不足一天以一天计。

（3）内陆运输费。货主对其从得到集装箱时起至归还集装箱止整个期间所产生的费用负责。

集装箱货物运费还可概括为：

（1）发货地国家内陆运输费及有关费用；

（2）发货地国家港区（码头堆场）费用；

（3）海运运费；

（4）收货地国家港区（码头堆场）费用；

（5）收货地国家内陆运输费及有关费用。

由于集装箱运输特别是国际多式联运不仅存在由谁负责内陆运输的问题，而且还有整箱货、拼箱货之分，因此，费用的结构和分担方式较复杂。

必须说明，上述只是集装箱货物运费组成的一般概念。目前，有些港口习惯上对整箱货在堆场至堆场交货的情况下不另收堆场服务费，因为实际上这部分费用已加到海运运费里了。此外，在集装箱运价本中，某些航线还出现了总包干运费率（all inclusive）的计算方法，即在该运费率中包括了一切附加费用，方便了运费的计算。

另外，有些航线采用包箱费率，即按箱子的类型规定每一种箱的包干运价。这种包箱费率一般分商品包箱费率（commodity box rates）和均一包箱费率（FAK box rates）两种。前者按不同商品和不同类型的集装箱规格规定各种不同的包箱费率，后者不管箱内装什么商品（危险品除外），都按不同类型集装箱规定包箱费率。整箱货，其运价可以是总包干运费率，也可以是包箱费率加各种附加费。包箱费率是国际航运竞争的产物。这种运费率较低，是对货主托运整箱货的一种优惠，也是船公司揽货的一种手段。

8.2.2 国际集装箱多式联运的计费方式

国际集装箱多式联运全程运费是多式联运经营人向货主一次性计收的。目前，多式联运运费的计收方式主要有单一运费制、分段运费制和混合运费制。

1. 按单一运费制计算运费

单一运费制是指集装箱从托运到交付，所有运输区段均按照一个相同的运费率计算运费。在西伯利亚大陆桥（siberian landbridge，SLB）运输中采用的就是这种计费方式。

2. 按分段运费制计算运费

分段运费制是指按照组成多式联运的各运辖区段，分别计算海运、陆运（铁路、汽车）、空运及港站等各项费用，然后合计为多式联运的全程运费，由多式联运经营人向货主一次计收。各运输区段的费用，再由多式联运经营人与各区段的实际承运人分别结算。目前，大部分多式联运的全程运费均采用这种计费方式，例如，欧洲到澳大利亚的国际集装箱多式联运、日本到欧洲内陆或北美内陆的国际集装箱多式联运等。

3. 按混合运费制计算运费

理论上讲，多式联运经营人应制定全程运价表，且应采用单一运费率。然而，由于制定单一运费率是一个较为复杂的问题，因此，作为过渡方法，目前有的多式联运经营人尝试采取混合计收办法：从国内接收货物地点至到达国口岸采取单一运费率，向发货人收取（预付运费）；从到达国口岸到其内陆目的地的费用按实际成本确定，另向收货人收取（到付运费）。

当然，也有的采取分段累加计收，或者根据分段累加的总费用换算出单一运费率计收。

8.2.3 国际集装箱海运运费计算的基本方法

由于海上集装箱运输大都是采用班轮营运组织方式经营的，因此集装箱海运运价实质上也属班轮运价的范畴。集装箱海运运费的计算方法与普通的班轮运输的运费计算方法是一样的，也是根据运费率本规定的运费率和计费办法计算运费的，并有基本运费和附加运费之分。基本运费是指班轮公司为一般货物在航线上各基本港口间进行运输所规定的运价。基本运费是全程运费的主要部分。附加费是指班轮公司承运一些需要特殊处理的货物，或者由于燃油、货物及港口等原因收取的附加运费。

1. 基本运费

班轮基本运费的计算方法因所运货种的不同而不同，计有重量法、体积法、从价法、选择法、综合法、按件法和议定法等七种。

1）重量法

重量法以重量吨为计费单位，按商品的毛重，每 1 t（1 t=1 000 kg）为 1 重量吨。基本运费等于计重货物的运费吨乘以运费率。所谓计重货物是指按货物的毛重计算运费的货物。在运价表中注明"W"。

按照国际惯例，计重货物是指每公吨的体积小于 1.132 8 m^3 的货物，而我国远洋运输运价表中则将每吨的体积小于 1 m^3 的货物定为计重货物。

2）体积法

体积法以 m^3 为计费单位，每 1 m^3 为 1 体积吨。基本运费等于容积货物的运费吨乘以运费率。所谓容积货物是指按货物的体积计算运费的货物，在运价表中注明"M"。它的计量单位为容积或称尺码吨。

按照国际惯例，容积货物是指每公吨的体积大于 1.132 8 m^3 的货物，而我国的远洋运输运价表中则将每吨的体积大于 1 m^3 的货物定为容积货物。某些国家对木材等容积货物按板尺和霍普斯尺作为计量单位，它们之间的换算关系是：

1 ft^3=12 board foot（板尺）=0.785 Hoppus foot（霍普斯尺）；

1 m^3=35.314 8 ft^3。

3）从价法

从价法的基本运费等于货物的离岸价格（FOB）乘以从价运费率。所谓货物的离岸价格是指装运港船上交货（free on board）。若贸易双方按此价格条件成交，卖方应承担货物装上船之前的一切费用，买方则承担运费及保险费等在内的货物装上船以后的一切费用。从价运费率常以百分比表示，一般为 1%～5%。按从价法计算的基本运费的货物，在运价表中用 Ad.Val 表示。

但是，贸易双方在谈判中除按离岸价格条件成交外，通常还有按到岸价格条件（cost insurance and freight，CIF）或按离岸加运费价格条件（cost and freight，C&F）成交的。如果按后两种价格条件成交且托运人只能提供 CIF 或 C&F，则应先将它们换算成 FOB，即 FOB=C&F–运费=CIF–保险费–运费。

4）选择法

选择法即从上述三种计算运费的方法中选择一种收费最高的计算方法来计算运费。此法适用于难以识别货物属于计重货物或容积货物的情况；或货物的价值变化不定的货物。

在运价表中，对按选择法计算的货物常以 W/M 或 Ad.Val 表示。

[例 8-1] 某货物按运价表规定，以 W/M 或 Ad.Val 选择法计费，以 1 m^3 体积或 1 mt 重量为 1 运费吨，由甲地至乙地的基本运费率为每运费吨 25 美元，从价运费率为 1.5%。现装运一批该种货物，体积为 4 m^3，毛重为 3.6 mt，其 FOB 价值为 8 000 美元，求运费多少？

解： 按三种标准计算如下：

重量法：25×3.6=90（美元）

体积法：25×4=100（美元）

从价法：8 000×1.5%=120（美元）

三者比较，以"Ad.Val"的运费较高。所以，该批货物的运费为 120 美元。计算时，也可以先作 W/M 比较：4 m^3 和 3.6 t 比较，先淘汰"W"，而后作"M"和"Ad.Val"计算比较，这样可省略一次计算过程。

5）综合法

综合法指该种货物分别按货物的毛重和体积计算运费，并选择其中运费较高者，再加上该种货物的从价运费。此类货物在运价表中用 W/M Plus Ad.Val 表示。

　　6）按件法

　　按件法是指按货物的实体件数或个数为单位计算运费的方法。适用于既是非贵重物品，但又不需测量重量和体积的货物。如活牲畜按每头计收，车辆按每辆计收等。

　　7）议定法

　　议定法指按承运人和托运人双方临时议定的运费率计算运费。此类货物通常是低价的货物，如特大型的机器等。在运价表中此类货物以 Open 表示。

　　一般情况下，使用的计费标准是按重量或体积计算运费；对于贵重商品，则按其货价的一定百分比计算运费；当货物以重量吨或体积吨或从价计费时，择其运费收入高者进行计费，称为择大计费。至于各种商品应按何种计算标准计收运费，在承运人公布的运价表中均有具体的规定。

　　通常，在班轮运价本中除了说明及有关规定部分外，主要内容是货物分级表及航线费率表。在货物分级表中列出了各种货物的计算标准（指按什么方法计算运费，即上述七种方法中的某一种）及等级；航线运费率表列出了各等级货物的不同运费率，而运费率通常又分东行及西行两种。

　　2. 附加运费

　　与普通班轮一样，国际集装箱海运运费除计收基本运费外，也要加收各种附加费。附加费的标准与项目，根据航线和货种的不同而有不同的规定。集装箱海运附加费通常包括以下几种。

　　1）因商品的特点而需要特殊设备或作业所发生的附加费

　　某些货物，如钢管之类的超长货物、超重货物、需洗舱（箱）的液体货等，由于它们的运输难度较大或运输费用增高，因而对此类货物要增收货物附加费。当然，对于集装箱运输来讲，因计收对象、方法和标准不同而有所不同。例如，对于超长（长度超过 12 m）、超重货物（单件不可解体的毛重超过 5 t 者）加收的超长、超重、超大件附加费（heavy lift and over-length additional），只对由集装箱货运站装箱的拼箱货收取，其运费率标准与计收办法与普通班轮相同。如果采用 CFS/CY 条款，则对超长、超重、超大件附加费减半计收。

　　2）因商品运达港口的不同情况而增收的附加费

　　（1）港口拥挤费（port congestion surcharge）。港口拥挤费是指由于装卸港港口拥挤堵塞，抵港船舶不能很快进行装卸作业，造成船舶延长停泊，增加了船期成本，船公司视港口情况的好坏，在不同时期按基本运费率加收不同百分比的费用。

　　（2）港口附加费（port surcharge）。港口附加费是指由于卸箱港港口费用太高或港口卸货效率低、速度慢，影响船期所造成的损失而向货主加收的费用。

　　（3）直航附加费（directed additional）。直航附加费是指运往非基本港的货物达到一定数量时，船公司可安排直航，因此而收取的费用。直航附加费一般比转船附加费低。

　　（4）转船附加费（trans-shipment surcharge）。转船附加费是指凡运往非基本港的货物，需转船运往目的港时，船方收取的附加费，其中包括转船费和二程运费。

　　（5）变更卸箱港附加费（alteration of discharging port additional）。变更目的港仅适用于整箱货，并按箱计收变更目的港附加费。提出变更目的港的全套正本提单持有人，必须在船舶抵达提单上所指定的卸箱港 48 h 前以书面形式提出申请，经船方同意后变更。如果变更目的港的运费超出原目的港的运费，申请人应补交运费差额，反之，承运人不予退还。由于变更目的港所引起的翻舱及其他费用也应由提出变更要求的一方承担。

（6）选港附加费（optional additional）。选港附加费是指船公司对运输合同所约定的卸货区域内选择卸箱港或交货地点而卸载的货物所加收的费用。仅适用于整箱托运整箱交付的货物，而且一张提单的货物只能选定在一个交货地点交货，并按箱收取选港附加费。

选港货应在订舱时提出，经承运人同意后，托运人可指定承运人经营范围内三个直航的或经转运的卸箱港，选港必须按照船舶挂靠顺序排列。此外，提单持有人还必须在船舶抵达选卸港范围内第一个卸箱港 96 h 前向船舶代理人宣布交货地点，否则船长有权在第一个或任何一个选港将选卸货卸下，即应认为承运人已终止其责任。

（7）绕航附加费（deviation surcharge）。绕航附加费是指由于正常航道受阻不能通行，船舶必须绕道才能将货物运至目的港时，船方所加收的附加费。

3）因经济变化、汇率浮动、原油产量增减等而临时增加的附加费

（1）燃油附加费（bunker surcharge or bunker adjustment factor）。燃油附加费是指因油价上涨，船公司营运成本增加，为转嫁额外负担而加收的费用。燃油附加费有的航线按基本运费率的百分比加收，有的航线按运费吨加收一定金额。

（2）货币贬值附加费（currency adjustment factor，CAF）。货币贬值附加费是指由于船方用以收取运费的货币贬值，所收到的运费低于货币贬值前所收相同金额的值，使纯收入降低，船方为弥补这部分损失而加收的费用。

（3）旺季附加费（peak season surcharge）。旺季附加费是指在运输旺季因大多数航线供求关系紧张，船公司舱位不足所征收的一种附加费。

另外，还有洗舱费（cleaning charge，主要适用于散装油舱）、空箱调运费（equip rest surcharge）、熏蒸费（fumigation charge）等。

各种附加费用的计算办法，或者是在基本运费率的基础上以一定的百分比计算，或者是按绝对数增收若干美元。

8.2.4　国际集装箱海运运费的计算

国际集装箱海运运费的计算办法与普通班轮运费的计算办法一样，也是根据运费率本规定的运费率和计费办法计算运费，同样也有基本运费和附加费之分。不过，由于集装箱货物既可以交集装箱货运站（CFS）装箱，也可以由货主自行装箱整箱托运，因而在运费计算方式上也有所不同。表 8-2 显示了班轮杂货运价与集装箱货物运价主要项目差别。

表 8-2　班轮杂货运价与集装箱货物运价主要项目对比

对比项目	集装箱货物		班轮杂货
	整箱货	拼箱货	
普通货物运费率级别	一般为 4 个级别运费率或 3 个级别运费率，比如，1~7 级、8~10 级、11~15 级、16~20 级；或者 1~8 级、9 级、10~11 级、12~20 级等		21 个级别运费率，由商品 20 级与 Ad. Val 构成

续表

对比项目	集装箱货物		班轮杂货
	整箱货	拼箱货	
货类划分	普通货、一般化工品、半危险品、全危险品、冷藏货 5 类，有的还单列出挂衣箱运费率		普通货、冷藏货、活牲畜等
计费方式	除采用与班轮杂货相同的计费方式外，大多采用 FCS，FCB，FAK 等包箱计费	与班轮杂货计算方法相同	按等级运费率或商品列名运费率计收运费
超长、超重附加费	无（因系货物自行装箱，与船公司无关）	收取，如 CFS/CY 减半收取	收取
变更目的港附加费	有	无（不允许变更卸箱港）	有
选择目的卸箱港附加费	有	无（不允许变更卸箱港）	有
转船附加费	有	有	有
对于家具、行李与服装的计费	对于非成组装箱的载于集装箱内的家具与行李，运费按箱内容积的 100% 计收；对于挂衣箱，运费按箱内容积的 85% 计收		按实际运费吨计收运费
最低运费	每箱规定最低运费，计算办法与班轮杂货不同	每份提单规定最低运费	每份提单规定最低运费
最高运费	有	无	无
货物滞期费	有	有	有
箱滞期费	有	无	无
运价表运费率适用	港至港（包括港区附近的货运站）间费用		舷（钩）至舷（钩）间费用

可以看出，这种差异主要表现在当集装箱货物是整箱托运，并且使用的是承运人的集装箱时，集装箱海运运费计收有"最低计费吨"和"最高计费吨"的规定，此外，对于特种货物运费的计算以及附加费的计算也有其规定。

1. 拼箱货运价及其计算

船公司或其他承运人对拼箱货运费的计算依据的是其所承担的责任和费用。由于拼箱货由货运站负责装箱、拆箱，该货运站应为承运人所拥有或管辖，而且承运人的责任系从出口国货运站至进口国货运站，因此对于交货前和交货后所发生的费用及相关责任均由货主自负。

集装箱拼箱货的运价仍沿用班轮杂货运费的计算方法，即以每运费吨为单位（尺码大的按尺码吨计费，重量大的按重量吨计费）。另外，在拼箱货海运运费中还要加收与集装箱有关的费用，如拼箱服务费等，但不再收取件杂货情况下码头的收货费用。但是，由于拼箱货涉及不同的收货人，因而拼箱货不能接受货主提出的有关选港或变更目的港的要求。所以，在拼箱货海运运费中没有选卸港附加费和变更目的港附加费。拼箱费的起码运费，按每提单计收。

集装箱拼箱货的班轮运费采用基本运费率加附加费的形式。

基本运费率（basic rate）是运价表中对货物规定的必收的基本运费单位。它是运价的主要部分，是其他一些按百分比收取的附加费的计算基础。基本运费率只是根据一般商品在班轮公司定期挂靠的基本港口之间进行运输的平均水平制定的，并不包括在运输、装卸、积载过程中以及由于经济等原因而额外增加的费用，因此，运价表中除了列明基本运费率，还列明可能产生的附加费。具体计算时可对应查找并累计。

此种方法计算简单，但却是一项具体而细致的工作，一般先查找货物分级表，确定航线、基本港，确定是否采取协议运价或特价，查找商品的基本运费率，再查出各项应收附加费的计算办法及运费率，确定商品的计量单位和计量单位的换算步骤，最后计算运费。

[**例 8-2**] 某货主以 CFS/CFS 条款从上海装运 10 t，共计 11.3 m³ 蛋制品，到英国普利茅斯港，要求直航。计算全部运费。

解：经查货物分级表、中国—欧洲地中海航线等级运费率表和附加运费率表可知：蛋制品是 10 级，计算标准是 W/M，10 级货物的基本运费率为 116 元/t，普利茅斯港直航附加费，每计费吨为 18 元，燃油附加费为 35%。由于重量吨小于体积吨，因此该货物计费吨应为 11 尺码吨，全部运费（F）为：

$$F=(116+116×35\%+18)×11=1\ 920.60\ （元）$$

2. 整箱货海运运费的计算

1）按计费吨计收方式

对于整箱托运的集装箱货物运费的计收：一种方法是同拼箱货一样，按实际运费吨计费。

2）按箱计收运费方式

对于整箱货，目前普遍实行与传统班轮杂货不同的计费方式——包箱费率（commodity box rates，CBR）。它的特点是以每个箱子为计费单位，不计实际装货量。这种包箱费率可分为以下三种形式。

（1）FAK（freight for all kinds rates）包箱费率。这种运费率是指对每一集装箱不细分箱内货类、不计货量（当然不能超过规定的重量限额），按照普通货、一般化工品、半危险品、全危险品、冷藏货物分别制定出不同箱型的运费率计收运价。

①一般化工品（chemical non-hazardous）。即无害化工品，指国际危规中未列名的化工品，易燃、易爆危险品除外，这类化工品通常在运价本中有附录列明。

②半危险品（semi-hazardous cargo）。列于国际危规中的商品，国际危规等级为 3.2、3.3、4.1、4.2、4.3、5.1、6.1、6.2、8、9。

③全危险品（hazardous cargo）。列于国际危规中的商品，国际危规等级为 2、3.1、5.2。

除②、③中的半危险品及全危险品外，国际危规中的等级为 1 类爆炸品和 7 类放射物品的，其运价通常采用议定。

④冷藏货物（reefer or refrigerated cargo）。指需要用温度控制、使用专用冷藏箱运输的货物。

FAK 包箱费率在激烈竞争形势下，受运输市场供求关系变化影响较大，变动也较为频繁。一般适用于短程特定航线的运输和以 CY/CY，CFS/CY 方式交接的货物运输。

（2）FCS（freight for class）包箱费率。这种运费率是指分箱型，对货物按不同货物种类和等级制定的包箱费率。在这种运费率下，一般（如中远运价本）将货物分为普通货物、非危险化学品、半危险货物、危险货物和冷藏货物等几大类，其中普通货物与件杂货一样为 1～20 级，各公司运价本中按货物种类、级别和箱型规定包箱费率。但集装箱货的运费率级差要远小于件杂货的运费率级差。一般来讲，等级低的低价值货物运费率要高于传统件杂货运费率，等级高的高价值货物运费率要低于传统件杂货运费率，同等级的货物按重量吨计费的运价高于按体积吨计费的运价。这也反映了船公司鼓励货主托运高价值货和体积货。

使用 FCS 包箱费率计算运费时，先根据货名查到货物等级，然后按货物大类等级、交接方式和集装箱尺度查表，即可得到每只集装箱相应的运费。

FCS 包箱费率属于货物（或商品）包箱费率。中远运价本中，在中国—澳大利亚和中国—新西兰航线上采用这种运费率形式。

（3）FCB（freight for class and basis）包箱费率。这种运费率是指按不同货物的类别、等级（class）及计算标准（basis）制定的包箱费率。在这种运费率下，即使是装有同种货物的整箱货，当用重量吨或体积吨为计算单位（或标准）时，其包箱费率也是不同的。这是其与 FCS 包箱费率的主要区别。

使用 FCB 包箱费率计算运费时，首先不仅要查清货物的类别等级，还要查明货物应按体积吨还是重量吨作为计算单位，然后按等级、计算标准及交接方式、集装箱类别查到每只集装箱的运费。

FCB 包箱费率也属于货物（或商品）的包箱费率。中远运价本中，在中国—卡拉奇等航线上采用这种费率形式。

3）按最高运费或最低运费计费的方式

在整箱托运集装箱货物且所使用的集装箱为船公司所有的情况下，存在承运人按集装箱最高利用率（container maximum utilization）和最低利用率（container minimum utilization）支付海运运费的规定。前者称为最高运费，后者称为最低运费。

（1）最高运费。普通船货物运输中没有最高运费的概念，货主要求托运多少货，承运人则按该货种所规定的运费率收取运费。最高运费的计收只出现在集装箱整箱货运输方式下，集装箱最高运费的含义是当箱中所装货物体积吨超过承运人所规定的最高运费吨时，承运人仅按最高运费吨计收运费，超过最高运费吨部分免收运费。大多数船公司通常按箱子的规格和类型规定一个按集装箱的内部容积（85%）折算的最高运费吨。例如，COSCON 的运价本规定 20 ft 集装箱的最高运费吨为 31 m³，而 40 ft 集装箱的最高运费吨为 67 m³。设置最高运费的目的在于鼓励托运人采用集装箱装运货物并能最大限度地利用集装箱的内容积。它仅适用于按体积计算运费且使用船公司提供的集装箱并由货主自行装箱的货物，不适用于按重量吨计算运费的货物，以及货主使用自备箱或由承运人货运站装箱或采用包箱费率的场合，当然也不适用非集装箱货。

至于计收的运费率标准，如果箱内只有一种等级的货物，则按该运费率计算运费；如果箱内装有不同等级的货物，计收运费时通常采用下列几种做法。

①按运费率高低，从高运费率起往低运费率计算，直至货物的总体积吨与规定的集装箱内容积相等为止。

[例 8-3] 一个 40 ft 集装箱内装的 A，B，C 三种货物（属同一货主 FCL 货）分别属于中远运价本中的第 5，8，15 级货，相应的每计费吨（FT）的运费率依次为：USD 85，USD 100，USD 130，且该运价规定 40 ft 集装箱的最高运费吨为 67 m³。假设三种货物的尺码与重量分别为：A：10 m³，10 mt；B：20 m³，9 mt；C：40 m³，8 mt。试求此集装箱的运费。

解：该箱所装货物的总体积为 70 m³，超出最高运费吨 3 m³，根据最高运费吨的规定，

A 货免交 3 m³ 的运费，即 3×85=255（USD）。则计收运费情况如下：

C 货运费：40×130=5 200（USD）；

B 货运费：20×100=2 000（USD）；

A 货运费：[67−(40+20)]×85 = 595（USD）；

合计运费 7 795 USD。

[例 8−4] 若例 8−3 将 A，B，C 之尺码分别改为 2 m³，8 m³，60 m³，或将 A，B，C 之尺码分别改为 1 m³，1 m³，68 m³，则此集装箱的运费是否有变化？

解：此时该箱所装货物的总体积仍为 70 m³，超出最高运费吨 3 m³，除了 A 货（2 m³）全部免费，还有 1 m³ 的 B 货免交运费。应缴运费总额如下：

60×130+(67−60)×100=8 500（USD）。

当 A，B，C 尺码分别改为 1 m³，1 m³，68 m³ 时，该箱所装货物的总体积仍为 70 m³，A、B、C 超出最高运费吨 3 m³ 各为 1 m³。运费总额为 67×130=8 710（USD）。

②如果货主没有按照承运人的要求，详细申报箱内所装货物的情况，运费则按集装箱内容积计收，而且，运费率按箱内装货物所适用的最高运费率计。

[例 8−5] 容积为 25 m³ 的 20 ft 箱装有 A、B 两种货物，经查证，A 货物 10 m³，B 货物 12 m³，所运航线对应的运费率分别为 100 USD 和 90 USD，但货主未详细申报。求应收运费。

解：应收运费 25×100=2 500（USD）。

③如果箱内货物只有部分没有申报数量，未申报部分运费按箱子内容积与已申报货物运费吨之差计收。

[例 8−6] 容积为 25 m³ 的 20 ft 箱装有 A、B、C 三种货物，货主申报 A 货物 10 m³，B 货物 10 m³，C 货物 4 m³ 未申报，所运航线对应的运费率分别为 100 USD、90 USD 和 95 USD。求应收运费。

解：应收运费 10×100+10×90+(25−10−10)×100=2 400（USD）。

（2）最低运费。对于由货主自行装箱，且非实行包箱运费的整箱货的最低运费的计收，船公司通常不是规定一个最低运费金额，而是规定一个最低运费吨。规定集装箱最低利用率的主要目的是，如果所装货物的吨数（重量或体积）没有达到规定的要求，则仍按该最低利用率时相应的计费吨计算运费，以确保承运人的利益。

在确定集装箱的最低利用率时，通常要包括货板的重量或体积。最低利用率的大小主要取决于集装箱的类型、尺寸和集装箱班轮公司所遵循的经营策略。当然，在有些班轮组织的运费率表中，集装箱的最低利用率通常仅与箱子的尺寸有关，而不考虑集装箱的类型。目前，按集装箱最低利用率计收运费的形式主要有三种：最低装载吨、最低运费额以及上述两种形式的混合形式。

各航运公会或船公司对不同箱型的货柜规定了各自的最低运费吨。若柜内所装货物未达到最低运费吨，按最低运费吨乘以运价而得运费。最低装载吨可以是重量吨或体积吨，也可以是占集装箱装载能力（载重或容积）的一个百分比。以重量吨或体积吨表示的最低装载吨数通常因集装箱的类型和尺寸的不同而不同，但在有些情况下也可以是相同的。而当以集装箱装载能力的一定比例确定最低装载吨时，该比例对于集装箱的载重能力和容积能力通常是一样的，当然也有不一样的。比如，远东水脚公会（Far East Freight Conference，FEFC）规定，一个 20 ft 干货集装箱的最低运费吨为：重量吨为 17.5 t，体积吨为 21.5 m³。

[例 8-7] 远东水脚公会某航运公司承运一只柜内（FCL）装有 10 级货的厨具（16 mt，18CBM），查知所走航线上 10 级货运费率（freight rate）为 USD160/RT，求其运费（freight）？（该船公司使用公制单位）

解： 由于此货为尺码货（以尺码吨作运费吨的货），故其 RT 为 18，未达到尺码方面的最低运费吨，应收运费为：21.5×160 = 3 440（美元）。

最低运费额则是按每吨或每个集装箱规定一个最低运费数额，其中后者又被称为"最低包箱运费"。

最低装载吨和最低运费额的混合形式则是根据下列方法确定集装箱最低利用率：一种是按集装箱载重能力或容积能力的一定百分比加上按集装箱单位容积或每集装箱规定的最低运费额；另一种是按最低重量吨或体积吨加上集装箱容积能力的一定百分比。

最低计费吨可以是重量吨或尺码吨，也可以是占集装箱容积装载能力的一个百分比，一般为集装箱箱内容积的 60%，如 20 ft 箱为 21.5 m³ 尺码吨；40 ft 箱为 43 m³ 尺码吨。

（3）亏箱运费（short fall freight）的计算。在箱内所装货物未能达到规定的最低运费吨时，货主应对其亏损部分支付亏箱运费。亏箱运费实际上就是对不足计费吨所计收的运费，也就是所规定的最低计费吨与实际装载货物数量之间的差额。实装货物的全部运费是根据具体航线的货物等级运费率及计费标准计算出的基本运费和附加运费之和。如果最终核算的全部运费仍低于最低包箱运费，则按后者计收运费。

在计算亏箱运费时，通常是以箱内所载货物中运费率最高者为计算标准。

亏箱运费的计算有两种方法。

一是以亏箱吨乘以箱内货物计费吨为权数的加权平均计算的平均每吨的运费率求得，即

$$亏箱运费=亏箱吨×实装货物的全部运费/计费吨$$

式中　　　　　　　　　　$$计费吨=规定的最低运费吨-亏箱吨$$

二是以亏箱吨乘以箱内计费最高的货物运费率。

例如，120 ft 箱内装载货物，重量吨为 13 t，尺码吨为 19 m³，最低计费吨为 21.5 m³，则不足计费吨为 2.5 m³。

[例 8-8] 根据远东水脚公会的规定：一个 20 ft 干货集装箱的最低运费吨为 17.5/21.5（t/m³），假设一个 20 ft 干货箱内装运电器 10 m³/5 t，五金 7 m³/8 t，运费率分别为 USD 25 W/M，USD 30 W/M。试采用上述两种方法计算亏箱运费。

解： 采用上述两种方法计算的实装货物全部运费与亏箱运费如表 8-3 所示。

表 8-3　最低运费计算

货种	体积吨/m³	重量吨/t	计费吨/ft	运费率	运费/USD
电器	10	5	10	25	10×25=250
五金	7	8	8	30	8×30=240
合计	17	13	18		490
最低运费吨	21.5	17.5	21.5		
亏箱吨	4.5	4.5	3.5		

按加权平均运费率计算亏箱费=3.5×(490/18)=95.278（USD）

按箱内最高运费率计算亏箱费=3.5×30=105（USD）

通过上述计算可以看出，第 1 种计算方法对货主较为有利，因此，货主应事先了解承运人按何种方法计算亏箱运费。

3. 附加费的计算

如前所述，整箱货运运费的附加费与普通班轮运输的附加费计收规定相同，除了基本运费外，还可能产生一些附加费，包括因港口情况复杂或出现特殊情况所产生的港口附加费（port surcharge）；因国际市场上燃油价格上涨而增收的燃油附加费；为防止货币贬值造成运费收入的损失而收取的货币贬值附加费（currency adjustment factor，CAF）；因战争、运河关闭等原因迫使船舶绕道航行而增收的绕航附加费（deviation surcharge）；因港口拥挤致使船舶抵港后不能很快靠卸而需长时间待泊所增收的港口拥挤附加费（port congestion surcharge）等。此外，对于贵重货物，如果托运人要求船方承担超过提单上规定的责任限额，船方要增收超额责任附加费（additional for excess of liability）。当承运人为货主提供诸如货物仓储、报关或转船运输以及内陆运输等附加服务时，承运人将加收服务附加费（service additional）。对于集装箱货物的转船运输，包括支线运输转干线运输，都应收取转船附加费（trans-shipment additional）。

需指出的是，随着世界集装箱船队运力供给大于运量需求的矛盾越来越突出，集装箱航运市场上削价竞争的趋势日益蔓延，因此，目前各船公司大多减少了附加费的增收种类，将许多附加费并入运价当中，给货主提供一个较低的包干运价。这一方面起到了吸引货源的目的，同时也简化了运费结算手续。

[例 8-10] 某托运人通过中远集装箱公司承运一票货物（2×20 ft FCL），采用包箱费率，从黄埔港出口到勒哈佛（Le Havre）港。另有货币贬值附加费 10%，燃油附加费 5%。

另：查中国—欧洲集装箱运费率表知：从黄埔港到勒哈佛港，须经香港转船，运费率为直达基础上加 USD150/20 ft。从黄埔港出口直达运费率为 1 550 USD/20 ft。问：托运人应支付多少海运运费？

解：海运运费计算公式：$F=F_b+\sum S$，即

海运运费=基本运费+货币贬值附加费+燃油附加费

基本运费=(1 550+150)×2=3 400（USD）

货币贬值附加费=3 400×10%=340（USD）

燃油附加费=3 400×5%=170（USD）

海运运费=3 400+340+170=3 910（USD）

4. 特殊货物海运运费的计算

一些特殊货物如成组货物、家具、行李及服装等在使用集装箱装运时，在运费的计算上有一些特别的规定。

1）集装箱内成组货的运费

（1）对符合运价本有关成组货的规定和要求，并按拼箱货托运的成组货，可以与件杂货同样处理，给予运费优惠，但对按整箱货托运的成组货，则不能享受优惠运价。

（2）不论是按拼箱货还是按整箱货托运的货物，在计算运费时均应扣除托盘本身的重量或尺码，但这种扣除不得超过成组货（货物加托盘）重量或尺码的10%，超出部分仍按托盘上货物所规定的运费率计收运费。但也有的航线习惯上对整箱货的托盘在计算运费时不扣除其重量或尺码。

2）集装箱内家具或行李的运费

当集装箱内装载家具或行李时，除了组合成箱子再装入集装箱的，均按箱子内容积的100%计收运费和其他与集装箱有关的费用。该办法一般适用于搬家的物件。

3）滞期费

在集装箱运输方式下，如货主未在规定的免费堆存期内前往承运人的堆场或者货运站提取货物，承运人会根据超出的时间向货主收取滞期费。一般来说，整箱货的免费堆存期从货箱卸下船时算起，其中不包括星期天、节假日。这一免费堆存期各港口的规定不同，习惯上有2、3、5、7 d不等。滞期费按天计算，一旦进入滞期时间，便应连续计算，即在滞期时间内若有星期天、节假日，该星期天、节假日也应计入滞期时间。

不同货箱的免费堆存期也有所不同，冷藏箱、散装液体箱的免费堆存期比干货箱要短，卸船后要求收货人尽快提取，如有的规定为24 h，有的规定为48 h，超出规定时间，则计收滞期费。应该注意的是，在规定的免费堆存期内如果货主没有提取货箱，承运人有权将货或箱子另行处理，费用和责任由货主自负。对于拼箱货，若在货运站规定的免费堆存期内，收货人仍未前来提取货物，承运人对超出免费堆存期的时间按运费吨向货方收取滞期费。

4）箱子及设备的超期使用费

如果货主所使用的箱子和有关设备为承运人所有，而货主又未能在免费使用期届满后将箱子或有关设备归还给承运人，或送交承运人指定的地点，承运人则按规定向货主收取超期使用费。

5）服装的运费

对于服装挂载集装箱内运输的，计收运费时应注意以下几点。

（1）承运人仅接受整箱货堆场至堆场运输（CY/CY），但特殊情况例外。

（2）运费按箱子内容积的85%计算，衣架及其他必要的装箱物料由货主提供。

（3）货主可在同一箱内挂载服装和其他货物，运费按箱子内容积的85%加上同一箱内所装的其他货物的实际尺码计收，但总的运费尺码不得超过箱子内容积的100%，在这种情况下，货主应提供经承运人同意的公证部门出具的货物衡量证书。

6）回运货物

回运货物是指在卸箱港或交货地卸货一定时间以后由原承运人运回原装箱港或发货地的货物。对于这种回运货物，承运人一般给予一定的运费优惠，比如，货物在卸箱港或交货地卸货后六个月由原承运人运回原装箱港或发货地，对整箱货（原箱）的回程运费按原运费的85%计收，拼箱货则按原运费的90%计收回程运费。但货物在卸箱港或交货地滞留期间发生的一切费用均由申请方负担。

5. 集装箱有关费用

与集装箱有关的费用包括铅封费和设备交接单费、空箱押金、压箱费等。

1）铅封费和设备交接单费

有关铅封和设备交接单的相关收费项目，在中国大陆地区不同港口有不同的名称，华东和华北地区称为封签操作管理费（简称铅封费），深圳称为柜单费、打单费，其他部分港口称为封箱单费、设备交接单费、箱单费等。此外，如果发生退单、改单，还产生EIR退单费、EIR改单费。为了简化海陆的运费结构，减少运费外附加费用的种类，并统一相同地理区域内不同港口的收费标准，马士基公司将其统一称为设备操作管理费（equipment operation management fee）。按照马士基公司的解释，它包含四种服务：将马士基专用子弹头铅封分发给托运人、发货人的成本；购买、储存及操作处理铅封的成本；签发设备交接单给拖车公司以确保它们能凭借订舱确认书提取空集装箱的成本；检查所有重箱的铅封状况和装卸船时集装箱状态的开支。

铅封费（封制费）、设备交接单费（箱单费）等是依铅封数和箱单打印数向提箱客户收取的费用，铅封费一般为10～50元/封，箱单费在每标准箱10～30元不等。

此外，铅封费和设备交接单费原先一直由车队提箱时交付，随着车队的抵制，许多船公司改为与订舱代理直接结算，比如，中海集运对于外贸进口货物的箱管单证工本费，收费形式原来是由车队在开具重箱放箱单和设备交接单时刷卡收取，现在调整为在进口换提货单时收取；对于外贸出口货物的箱管单证工本费，收费形式原来是由车队在开具空箱设备交接单时刷卡收取，现在调整为在出口签提单时收取。

2）空箱押金、压箱费

一般对于协议车队或客户，空箱押金、压箱费通常采用缴纳风险抵押金的形式，而对于非协议车队或客户往往需要缴纳空箱押金或压箱费（有时可采用支票）。

比如，青岛场站协会要求，凡与场站有提取空箱业务的运输业户，协会负责对手续合法的车队进行审验，办理登记备案，并按每单位拥有20辆集装箱拖车以下者，一次性缴纳风险抵押金5万元，每超过一辆，按2 000元的标准累加风险抵押金。对于非协议车如需提箱，每次应向提箱场站缴纳集装箱箱体押金后才能办理，集装箱箱体押金标准如下。RF和TK箱型：10 000元/20 ft；RF和RH箱型：20 000元/40 ft；其他箱型：2 000元/20 ft，5 000元/40 ft。

3）货物滞期费

在集装箱运输中，货物运抵目的地后，承运人通常给予箱内货物一定的免费堆存期（free time），但如果货主未在规定的免费期内前往承运人的堆场提取货箱，或去货运站提取货物，承运人则对超出的时间向货主收取滞期费（demurrage）。货物的免费堆存期通常系从货箱卸下船时起算，其中不包括星期六、星期天和节假日。但一旦进入滞期时间，便连续计算，即在滞期时间内若有星期六、星期天或节假日，该星期六、星期天及节假日也应计入滞期时间，免费堆存期的长短以及滞期费的计收标准与集装箱箱型、尺寸以及港口的条件等有关，同时也依班轮公司而异，有时对于同一港口，不同的船公司有不同的计算方法。

根据班轮公司的规定，在货物超过免费堆存期后，承运人有权将箱货另行处理。对于使用承运人的集装箱装运的货物，承运人有权将货物从箱内卸出，存放于仓储公司仓库，由此产生的转运费、仓储费以及搬运过程中造成的事故损失费与责任均由货主承担。

4）集装箱超期使用费

如果货主所使用的集装箱和有关设备为承运人所有，而货主未能在免费使用期届满后将集装箱或有关设备归还给承运人，或送交承运人指定地点，承运人则按规定对超出时间向货主收取集装箱使用费。

5）美国反恐舱单费、信息费

因"9·11"事件，凡进口到美国的货物需向美国海关提供具体的数据，包括毛重、体积、件数等，称 AMS（America manifest system）。AMS 费用一般标准为 USD 25/SHIPMENT，每次更改费用一般为 USD 40/SHIPMENT。

受到 AMS 截止日的限制，美线装柜工作可能正好在 AMS 截止日之后，但是 AMS 发送舱单的时候却需要提供箱号，所以在这种情况下就必须先提箱，放在堆场里面，这时候产生的费用就称为预提箱费。预提箱费通常为小柜 100 元，大柜 150 元。

6）换单费（D/O FEE）

换单费，是指收货人办理提货单等事宜时，船公司或代理收取的换单手续费，一般 200元/票。

在签发货代提单的情况下，会涉及两种换单费，一种是船公司换单费，另一种是货代换单费。如果是拼箱货，收货人可凭货代提单直接至货代处办理货代换单，支付货代换单费即可；如果是整箱货，首先，收货人凭货代提单到货代处办理货代换单，支付货代换单费，一般 300 元/票，取得船公司提单，然后凭船公司提单到船公司代理处换取 D/O 单，支付船公司换单费，换单费通常为 200 元/单。

6. 集装箱多式联运下的港口费用

1）按业务性质分类

（1）港口规费。指具有税收性的费用，实行统收统支，主要包括船舶港务费、货物港务费、港口建设费（2021 年 1 月 1 日零时起经对外开放口岸港口辖区范围内所有货物不再征收港口建设费）、港口设施保安费、船舶吨税等。

（2）船舶使用费。它是与船舶有关的港口费用，主要包括拖轮费、系/解缆费、停泊费、开/关舱费、装卸费、理货费等。

（3）港口劳务收费。指港口企业根据委托方的要求，为其提供劳务所产生的港口费用，主要包括装卸费、保管费、驳运费、换装包干费、货物港务费、杂项作业费等。

2）按港口收费性质和市场竞争程度划分

（1）政府定价。指由政府价格主管部门或者其他有关部门，按照定价权限和范围制定的价格。目前，港口规费、船舶使费实行政府定价。对军事运输和抢险救灾物资运输的港口劳务收费实行政府定价，由交通运输部会同中国人民解放军总后勤部、国家发展和改革委员会制定。

（2）政府指导价。指由政府价格主管部门或者其他有关部门，按照定价权限和范围规定基准价及其浮动幅度，指导经营者制定的价格。

（3）市场调节价。指由经营者自主制定，通过市场竞争形成的价格。目前，集装箱装卸费、集装箱堆存费、集装箱中转包干费等具有劳务性质的收费，其标准可由港口经营人自行制定，并在其经营场所提前对外公布。

如前所述，大部分港口费用通常包含在船公司所收取的运费之中。因此，以下所称的港口费用是指港口进行国际集装箱多式联运中转作业时向多式联运经营人所收取的费用（即不包括应由船方付费的部分）。实践中，主要包括以下各项费用。

（1）中转包干费。中转包干费通常包括自集装箱开始卸船（或车）起至装上车（或船）离港期间所发生的搬移费、堆存费和装（卸）车/驳船费等。它一般按进口/出口、箱类（一般重箱、冷藏箱和烈危重箱）、箱型分别规定不同的运费率。

由于中转包干费的收费标准可由港口自行制定，因而，有些港口为吸引更多的中转货流，对中转货物收取较低的港口装卸等费用，而对于直达货物则收取较高的装卸包干费用。表 8-4 列出了经洋山港区码头沿海、长江、国际中转集装箱的中转包干费运费率。

表 8-4　洋山港区集装箱中转包干费运费率表　　　单位：元/箱

	箱型	20 ft	40 ft
标准箱	装载一般货物集装箱	200	300
	空箱	140	210
	装载一级危险货物集装箱	220	330
	冷藏重箱	220	330
	冷藏空箱	154	231

（2）代收代征费。代收代征费主要包括货物港务费、港口建设费、港口设施保安费等。

（3）附加费。附加费主要包括铁路线使用费、烈危重箱的夏季喷水降温作业费以及拆、装箱包干费等。

 复习思考题

一、填空题

1. 国际海运运价大体分＿＿＿＿＿和＿＿＿＿＿两种。

2. 集装箱运价即集装箱运输的单位价格，它不是一个简单的结构金额，而是由＿＿＿＿＿、＿＿＿＿＿、＿＿＿＿＿、＿＿＿＿＿、＿＿＿＿＿等构成的综合价格体系。

3. "运输承受能力"原则（"What the traffic can bear"）采用的定价方法是以＿＿＿＿＿商品的高运费率补偿＿＿＿＿＿商品的低运费率，从而达到稳定货源的目的。

4. 目前，国际集装箱海上运输，有几种不同的运价形式，其中主要包括＿＿＿＿＿、＿＿＿＿＿、＿＿＿＿＿等。

5. 按照国际惯例，容积货物是指每公吨的体积大于＿＿＿＿＿的货物。

二、单项选择题

1. 租约规定"满载货物 1 万 t，船方有上下 5% 的幅度选择"。船长宣载 9 800 t，而租方实际提供 9 500 t 货物。问租方应付给船方（　　）的亏舱费。

  A. 300 t   B. 500 t   C. 无亏舱费   D. 100 t

  2. 集装箱的使用超出了免费使用期时，承运人应向集装箱使用者收取（　　）。

  A. 滞期费   B. 储存费   C. 保管费   D. 无须收费

  3. FAK 运费率是指（　　）。

  A. 不同等级运费率   B. 均一运费率

  C. 重量/尺码选择运费率   D. 近洋航线运费率

  4. 承运人在提单中列明有关运价本的条款，说明承运人的运价本与提单正面所记载的运价不一致时，（　　）。

  A. 以运价本为准   B. 以提单记载为准

  C. 提单条款无效   D. 双方另行商定

  5. 凡运往非基本港的货物达到或超过规定的数量，船舶可直接挂靠，但要收取（　　）。

  A. 转船附加费 B. 直航附加费 C. 港口附加费 D. 选港附加费

  6. 在国际海上集装箱班轮运输中，运价本中没有的内容是（　　）。

  A. 条款和规定 B. 船期   C. 基本运价   D. 附加运价

  7. 航次租船合同规定"滞期费每天 3 000 美元，速遣费每天 1 500 美元"。船舶装货滞期 3 d，卸货速遣 3 d。若按装卸时间平均计算，则租方总共应付（　　）滞期费。

  A. 9 000 美元 B. 4 500 美元 C. 0 美元   D. 3 000 美元

  8. 下列（　　）不属于国际货物集装箱运输中的包箱费率。

  A. FCL   B. FAK   C. FCS   D. FCB

  9. 集装箱运费收入的最主要部分是（　　）。

  A. 海运运费 B. 港区服务费 C. 集疏运费 D. 货运站服务费

三、多项选择题

  1. 集装箱货物在进行门到门运输时，可通过多种运输方式完成整个运输过程，该过程可分（　　）个组成部分。

  A. 出口国内陆运输   B. 装船港运输

  C. 海上运输   D. 卸箱港运输

  E. 进口国内陆运输

  2. 下列属于班轮基本运费计算方法的有（　　）。

  A. 重量法 B. 体积法   C. 从价法   D. 综合法

  E. 按件法

四、判断题

  1. 在国际海上运输中，托运人托运一件货物，货物的重量为 0.6 t，体积为 0.7 m^3，通常其运费吨就是 0.7。   （　　）

  2. 班轮运价按制定形式划分，可分为单项运费率运价、等级运价和航线运价。（　　）

  3. 在无论船舶靠泊与否条款下，如果泊位空着，但由于天气不好使船舶不能驶入，也可以起算装卸时间。   （　　）

  4. 按照港口规定和运价本的规定，通常将单件重量为 5 t 以上的货物称为重件货，计收超重附加费。   （　　）

5. 货物积载因数的大小说明货物的轻重程度。　　　　　　　　　（　　）

五、名词解释

亏箱运费　港口拥挤费　货币附加费　燃油附加费　包箱费率

六、计算题

1. 某货主托运一票货，该货的积载因数是 1.6 m³/t。如将该票货装于某拼箱公司的国际标箱 1 CC 箱中，已知该集装箱自重为 2.5 t，最大总重量为 24 t，计算亏箱后最大总容积为 29 m³。试问：

（1）1 个 1 CC 箱中最多可装多少吨该票货物？

（2）如果货主仅托运 3 t 该票货物（计费标准按 LCL 条款，即 USD 200 W/M），该发货人应付的运费额是多少？（要求写出计算过程）

2. 某进出口公司委托一国际货运代理企业代办一小桶货物以海运方式出口国外。货物的重量为 0.5 t，小桶（圆的）的直径为 0.7 m，桶高为 1 m。货代最后为货主找到一杂货班轮公司承运该货物。货运代理人查了船公司的运价本，运价本中对该货物运输航线、港口、运价等的规定为：基本运价是每运费吨支付 100 美元（USD100/运费吨），燃油附加费按基本运费增收 10%（BAF10%），货币贬值附加费按基本运费增收 10%（CAF10%），计费标准是"W/M"；提单起码运费按 1 运费吨计算（minimum freight: one freight ton）。你作为货运代理人，请计算该批货物的运费并告诉货主以下内容：

（1）货物的计费吨（运费吨）是多少？

（2）该批货物的基本运费是多少？

（3）该批货物的附加运费是多少？总的运费是多少？

参考答案

一、填空题

1. 班轮运价　租船运价

2. 运费率标准　计收方法　承托双方责任　费用　风险划分

3. 高价　低价

4. 均一运费率（FAK）　包箱费率（CBR）　运量折扣运费率（TVC）

5. 1.132 8 m³

二、单项选择题

1. A　2. A　3. B　4. B　5. B　6. B　7. B　8. A　9. A

三、多项选择题

1. ABCDE　2. ABCDE

四、判断题

1. T　2. T　3. F　4. T　5. T

六、计算题

1.（1）24 t–2.5 t=21.5 t，该集装箱能装 21.5 t 货物。

29/1.6=18.125 t，该集装箱实际最多能装 18.125 t 货物。

（2）3×200=600 美元，按货物重量计收。

3×1.6×200=960 美元，按货物体积计收。

两者取大者，应为 960 美元。

2. （1）1 个运费吨
　　（2）100 美元
　　（3）不收（没有），100 美元

 **案例分析**

集装箱超期使用费纠纷

20××年 9 月，B 集装箱发展有限公司（以下简称 B 公司）将一份载明特别保证提箱后及时将空箱归还到贵公司指定的堆场，且在 10 d 内结清所有费用的进出口集装箱放箱申请（保函），交给 A 船舶代理有限公司（以下简称 A 公司），并在向 A 公司提交了 3 张进口集装箱发放申请单和 3 张限万元押箱支票后，分 3 次从 A 公司处共提走 55 只集装箱。B 公司在提箱后 10 d 内将空箱归还给 A 公司并结清了修箱费。A 公司认为上述 55 只集装箱在 B 公司归还空箱时已共计产生集装箱超期使用费人民币 200 余万元，而 B 公司尚未履行其在保函中主动承诺的支付所有费用的义务，请求判令 B 公司支付集装箱超期使用费人民币 200 余万元及其利息损失。B 公司则辩称，集装箱超期使用费应由收货人支付，其作为公路运输企业，从未承诺支付或垫付该费用，请求驳回 A 公司的诉请。

【审理】海事法院经审理认为，从放箱申请（保函）的内容上看，所有费用应当是在 B 公司责任期间以内所产生的一切费用，不应包括 B 公司提箱前已产生的超期使用费，B 公司的行为不构成主动承诺，不应承担提箱前超期使用费的支付责任。遂判决对 A 公司的诉讼请求不予支持。

思考题：
1. B 公司的角色是什么？为什么法院会做出不利于 A 公司的判决？
2. 在此案例中 A 公司应该如何追偿损失？

参考答案

【分析】如何确定所有费用的真实意思将决定本案最终的处理结果，对此可以从以下几个方面进行分析。

1. 对申请（保函）的全文内容进行审核，可以看出，B 公司特别保证的是提箱后及时将空箱归还至 A 公司指定堆场并结清所有费用，因此 B 公司的责任期间应从提箱后起算，所有费用应当是在 B 公司提箱后所产生的一切费用，不是也无法指向 B 公司责任期间以外所产生的提箱前超期使用费。A 公司截取"所有"一词所做出的有利于自己的推演有违 B 公司的真实意思。

2. B 公司提箱时向 A 公司提交的是 3 张限万元支票，而涉案的超期使用费是人民币 200 余万元，两者相差甚远，亦可从侧面反映出 B 公司并无承诺支付提箱前超期使用费的真实意思。

3. 虽然收货人超期提货须支付超期用箱费已成为行业惯例，但并不是说谁去提货谁就要支付超期费。基于船舶代理人和公路运输人在集装箱业务中缔约地位悬殊，为船舶代理人利益，公路运输人代收货人向船舶代理人支付超期用箱费在实务中较为常见，但是远没有成为固定的交易习惯。且市场经济是法治经济，各经济主体虽然实力可能有差距，但法律地位平等。因此依据行业惯例亦不能做出对 B 公司不利的解释。

4. 依据诚实信用原则，B 公司在经营涉案集装箱公路运输业务的利润相对微薄的情况下，主动承诺支付 200 余万元人民币，有悖于市场经济主体进行交易时的正常理性，若做出对 B 公司不利的解释将极大损害其利益；涉案申请（保函）为 A 公司起草，其作为权利主体相对于 B 公司理应对自身的权利尽更大的谨慎注意义务，即使对申请（保函）中的条款有不同的理解，也应当做出对 A 公司不利的解释。

综合上述分析，B 公司并无承诺支付包括其提箱前的所有的超期使用费的真实意思，理应做出对 A 公司不利的判决。

开篇案例参考答案

集装箱短缺的原因是什么？为什么船上没有仓位？下面简单解释一下 2020 年集装箱严重短缺的原因。

从 2020 年年初开始，新型冠状病毒性肺炎在全球肆虐，从 2020 年 3 月到 4 月，许多国家进入封城状态。当进入封城状态时，这些国家的人民经济活动受到限制，港口工人的人数减少，这导致货物装卸速度降低。同时，一些工厂暂时关闭，造成大量集装箱在港口滞留。

由于货物的移动受到限制，船公司减少了船舶数量，以稳定成本。如果船公司在没有货物的情况下继续派船，就会造成损失。因此，船公司减少了船只的数量以维持海运。大多数国家从 4 月到 6 月限制经济活动，从 7 月开始，世界经济活动开始复苏。

新型冠状病毒性肺炎在中国开始流行，导致中国很早就制定了针对新型冠状病毒性肺炎的计划，并成功控制了新型冠状病毒性肺炎的传播。同时，由于政府资金的支持，我国的工厂在疫情早期阶段就得以恢复生产，并重新开始了出口活动。这增加了我国产品的出口。由于中国比其他国家更早地恢复了工厂的生产，这鼓励了其他国家企业在中国投资生产，中国的出口增长。

一般来说，从 9 月开始，大量货物从中国运往北美。除此之外，中国的国庆假期也不容忽视，这导致大量发货人试图在假期开始前发出货物。在此时间段，中国的出口量也大大增加。

但由于航运公司减少了船只数量，中国发货人无法提到空的集装箱。为了解决集装箱短缺的问题，航运公司正在减少免费用箱时间和滞留时间。例如，一些航运公司已经将它们在日本的免费用箱时间从 14 天减少到 7 天。它们建立了一个快速收集集装箱、卸货和返还集装箱的系统。

在北美，从港口提取集装箱运到内陆，然而，集装箱长时间无法返回港口。延误的原因是由于新型冠状病毒性肺炎感染导致人力和底盘不足。另外，司机短缺，也意味着不能快速地将集装箱带回港口。再者，港口收集集装箱的底盘也不足，许多集装箱滞留在港口。正常需要 1～2 天的时间返回空的集装箱和底盘，而当下情况，可能一周都不能返回。

这些问题一再发生，使得情况变得更糟。缺少驾驶员和底盘，导致船到达两周后，收货人才能提取集装箱。这导致北美的海运成本急剧增加。常规海运到洛杉矶港口，40 ft 集装箱通常不超过 2 000 美元。然而，这段时间一些船公司已经将费用提高到了近 4 000 美元。

总结，可能的原因是：

（1）新型冠状病毒性肺炎，4 月至 6 月世界经济活动减少；

（2）从 7 月开始，日常商品的需求已经恢复，这增加了出口；

（3）中国控制住新型冠状病毒性肺炎，比其他国家更早地恢复了生产，增加了中国的出口量；

（4）航运公司减少了船只的数量，空箱运输减少；

（5）因为北美的圣诞业务需求，中国使用集装箱将货物发往北美；

（6）由于北美地区严重缺乏司机和底盘，集装箱不能从内陆返回，无法卸箱作业；

（7）由于北美地区人力不足，货物装卸速度减慢……

第 9 章

国际集装箱多式联运

本章要点

- 了解国际集装箱多式联运的定义与特征；
- 掌握多式联运经营人的含义、特征和双重身份；
- 掌握多式联运经营人的几种责任制及区别。

 **开篇案例**

多式联运经营人身份认定和责任承担

案情

原告：张某

被告：某物流企业，某陆运企业

第三人：某陶瓷企业

2012 年 11 月 8 日，张某向第三人购买瓷砖，货物由某物流企业安排拖车装入箱号分别为 TRHU1510477 和 GCSU2082246 的两只集装箱中，第三人开具的收据显示两箱货物的货款为 163 538 元。张某与某物流企业口头约定，由后者将上述两只集装箱的货物从广东运至福建晋江。

2012 年 11 月 23 日，涉案货物从广东起运。11 月 24 日，张某向户名为罗某的账户支付 5 900 元（罗某为某物流企业股东，占股 50%）。

货物运至福建石狮石湖港后，某物流企业指示某陆运企业负责上述货物的陆路运输。某物流企业发往某陆运企业且由某陆运企业盖章确认的《送货明细》载明，张某系涉案两只集装箱货物的货主，送货地点为晋江磁灶，拖车费为每箱 590 元。因某陆运企业员工工作疏忽，并未将其中箱号为 TRHU1510477 的货物送至张某处，某陆运企业的《签收单》显示该箱货物于 2012 年 12 月 7 日由他人签收，而此人不愿归还货物。

张某诉请法院判令：①某物流企业和某陆运企业返还箱号为 TRHU1510477 的货物，若无法返还，则连带赔偿货物损失 8.2 万元；②某物流企业和某陆运企业连带返还运费 3 000元。诉讼费用由某物流企业和某陆运企业承担。

裁判

一审认为，本案立案案由为海上货物运输合同纠纷，但因涉案货物运输事宜发生在沿海港口与陆路之间，故案由为多式联运合同纠纷。本案的争议焦点在于：①某物流企业和某陆运企业在涉案货物多式联运中的法律地位及其应承担的责任；②张某诉求的损失金额是否合理。

1）关于被告在多式联运中的法律地位及其应承担的责任问题

一审认为，首先，某物流企业系涉案货物多式联运经营人。其次，某陆运企业系案涉多式联运合同的区段承运人。

综上，法院认为某物流企业作为案涉货物多式联运的经营人，根据《中华人民共和国合同法》第三百一十七条的规定，对全程运输承担承运人的义务，依法应对张某诉称的货物损失承担赔偿责任，即承担返还错误交付的货物或赔偿经济损失的违约责任；某陆运企业作为多式联运合同项下的区段承运人，张某要求其与某物流企业就货物损失承担连带责任的主张，与法律规定不符，不予支持。

2）关于张某诉求的损失金额是否合理的问题

一审认为，某物流企业至今无法实际交付 TRHU1510477 集装箱货物，故应赔偿张某的损失。

综上，一审认定张某提供的证据可初步证明涉案货物的损失，可以认定其中TRHU1510477 集装箱货物价值，为收据记载的两只集装箱货物价值 163 538 元的一半，即81 769 元。此外，张某还根据《中华人民共和国合同法》第三百一十四条主张涉案货物的运费损失，因该规定适用的情形系货物因不可抗力灭失，并非本案中因区段承运人错误交付导致的损失，故原审不予采纳。但运费支出经查证属实，系属张某因此而遭受的损失，符合《中华人民共和国合同法》第一百一十三条规定的损害赔偿的范围，故原审酌定张某损失的运费按两只集装箱运费 5 900 元的一半计算，为 2 950 元。

综上，根据《中华人民共和国合同法》第一百零七条、第三百一十一条、第三百一十七条，《中华人民共和国民事诉讼法》第六十四条第一款、第一百四十四条的规定，一审判决：①某物流企业应在判决生效之日起七日内向张某返还涉案 TRHU1510477 集装箱所装货物；②若某物流企业无法返还上述第一项判项中所载货物，则应于判决生效之日起十日内赔偿张某货物损失 81 769 元、运费 2 950 元；③驳回张某对某物流企业的其他诉讼请求；④驳回张某对某陆运企业的全部诉讼请求。如果某物流企业未按指定的期间履行给付金钱义务，应当依照《中华人民共和国民事诉讼法》第二百五十三条的规定，加倍支付迟延履行期间的债务利息。案件受理费 1 925 元，由某物流企业负担 1 918 元，张某负担 7 元。

一审判决后，某物流企业不服，向二审提起上诉，二审经审理后认为上诉理由不成立，驳回上诉，维持原判。

来源：周艳军. 多式联运经营人身份认定和责任承担[EB/OL]. 航运交易公报，（2018-06-13）[2021-1-22]. http://info.jctrans.com/xueyuanpd/czal/20186132396527.shtml.

思考题：多式联运经营人身份认定和承担的责任如何确认？区段承运人是否应对托运人直接承担赔偿责任？货物价值应如何认定？

9.1　国际多式联运

9.1.1　多式联运的英文表达

国际多式联运被认为是当前最先进的一种运输组织方式。它通过采用海、陆、空等两种或两种以上不同的运输方式，实现国际的一贯式运输。国际上关于多式联运的英文有不同的表达方式。

（1）intermodal transport 与 intramodal transport：在美国，通常用 intermodal transport 表示两种或两种以上运输方式之间的联合运输，而用 intramodal transport 表示同一种运输方式之间的联合运输。

（2）multimodal transport。在欧洲，1980 年《联合国国际货物多式联运公约》（*United Nations Convention on International Multimodal Transport of Goods*）中，用 multimodal transport 表示多式联运，指两种或两种以上运输方式之间的联合运输。

（3）combined transport。某些情况下用 combined transport 代替 multimodal transport，或者不做区分。例如，国际商会（the International Chamber of Commerce，ICC）1973 年制定的《联合运输单证统一规则》（*Uniform Rules for a Combined Transport Document*）中，用 combined transport 表示多式联运，定义为"至少使用两种不同的运输方式，将货物从一国运往另一国的运输"。另外，国际商会《跟单信用证统一惯例》（UCP 600）在第 19 条"涵盖至少两种不同运输方式的运输单据"[a transport document covering at least two different modes of transport（multimodal or combined transport document）] 中对二者不加以区分，均表示多式联运的含义。

我国 2016 年年底发布的《中华人民共和国交通运输行业标准》（JT/T 1092—2016），关于货物多式联运术语中给出如下相关术语。

（1）多式联运（intermodal transport）。货物由一种且不变的运载单元装载，相继以两种及以上运输方式运输，并且在转换运输方式的过程中不对货物本身进行操作的运输形式。

（2）联合运输（multimodal transport）。从接受委托至到达交付，组织使用两种及以上的运输方式完成的货物运输形式。

（3）组合运输（combined transport）。干线运输主要采用铁路、水运运输方式，且最先和最后的接驳运输采用短距离公路运输的运输形式。

（4）集装箱多式联运（container intermodal transport）。以集装箱作为运载单元的多式联运形式。

（5）多式联运运载单元（intermodal loading unit）。可以在不同运输方式之间实现便捷转换的标准化储运容器（注：包括但不限于集装箱、交换箱和厢式半挂车等）。

可见，在我国，combined transport 被译为组合运输，multimodal transport 为联合运输，而多式联运为 intermodal transport。从英文的用词来看，也表明我国的多式联运更加强调运输过程的组织与管理，而欧洲则更加强调运输工具之间的组合。

9.1.2　国际多式联运的定义与特征

国际多式联运（international multimodal transport）是指按照多式联运合同，以至少两种不同的运输方式，由多式联运经营人将货物从一国境内的接管地点运至另一国境内指定交付地点的货物运输方式。它通常是以集装箱为运输单元，将不同的运输方式有机地组合在一起，构成连续的、综合性的一贯式运输。通过一次托运，一次计费，一份单证，一次保险，由各运输区段的承运人共同完成货物的全程运输，即将货物的全程运输作为一个完整的单一运输过程来安排。

1. 国际多式联运的要素

根据 1980 年《联合国国际货物多式联运公约》以及我国 1997 年《国际集装箱多式联运管理规则》的定义，国际集装箱多式联运是指"按照国际集装箱多式联运合同，以至少两种不同的运输方式，由多式联运经营人将国际集装箱从一国境内接管的地点运至另一国境内指定交付的地点"。而《海商法》对于国内多式联运的规定是，必须有一种方式是海运。根据这些要求可以得出国际多式联运的构成要素。

1）一个国际多式联运经营人负责全程

1980 年《联合国国际货物多式联运公约》第一条第 2 款规定：多式联运经营人（multimodal transport operator，MTO）是指本人或通过其代表订立国际多式联运合同的人，他是事主，而不是发货人的代理人或代表、参加国际多式联运的承运人的代理人或代表，并且负有履行合同的责任。我国《货物多式联运术语》（JT/T 1092—2016）6.1 条定义，多式联运经营人（intermodal transport operator）是指与托运人签订国际多式联运合同，并对运输过程承担全程责任的当事人。由此可见，国际多式联运经营人是指本人或者委托他人以本人名义与托运人订立一份国际多式联运合同，并以承运人身份承担完成此合同责任的人。在联运业务中作为总负责人对全程负责，并对货物在运输途中的损坏负赔偿责任。

2）一份国际多式联运合同

承托双方必须签订一份国际多式联运合同，明确规定国际多式联运经营人与托运人/收货人之间的权利、义务、责任与豁免的合同关系和运输性质。国际多式联运经营人根据该合同的规定，负责完成或组织完成货物的全程运输并一次性收取全程运费。所以，国际多式联运合同是确定多式联运性质的根本依据，也是区别多式联运和一般传统联运的主要依据。

3）一份全程多式联运单证

多式联运单证是证明国际多式联运经营人接管货物和负责按合同条款交付货物所签发的凭证。该单证应满足不同运输方式的需要，并按单一运费率计收全程运费。值得注意的是，多式联运单证虽然广泛应用于国际多式联运中，但它并非构成国际多式联运的必要条件，而只是一个充分条件。

首先，多式联运单证只是国际多式联运合同的证明，并不是国际多式联运经营人和承运人之间的合同本身。这一点已为国际公约和商业惯例所普遍承认。缺少它并不会影响多式联运合同的成立。其次，根据《联合国国际货物多式联运公约》第三条第 1 款，公约的强制适用并不需要签发多式联运单证，只要签订国际多式联运合同即可。最后，1991 年《国际商会关于多式联运单证的规则》第一条第 1 款也规定，签发单证并不是适用该规则的前提条件。此外，该规则还规定，在没有签发单证的情况下，国际多式联运经营人也应当向托运人所指示的人交付货物。显然，缺少多式联运单证，国际货物多式联运照样成立。

但在实践中，签发多式联运单证往往已成为不可缺少的环节。其原因在于：首先，就货主而言，买卖双方在贸易合同中大多将多式联运单证作为结汇、提货的必备单证；其次，就国际多式联运经营人而言，现有的国际多式联运合同大多采用口头或者以托运单的形式制定，因而缺少明确承托双方的权利、义务与责任等方面的条款，这就需要签发多式联运单证，以证明国际多式联运合同的存在和明确合同的条款。

4）至少两种不同运输方式

多式联运必须是至少两种不同运输方式的组合，这里所称的运输方式是指铁路、公路、水路、航空、管道五种运输方式，形成如海陆、海空、陆空或铁公等组合运输。不过，在实践中，有时会根据需要，对运输方式进行扩大或缩小的解释。比如，我国《海商法》下的多式联运必须包含海运方式；1973 年国际商会《联合运输单证统一规则》将不同的运输方式定义为"使用两种或两种以上的运输方式，如海运、内河、航空、铁路或公路等运输货物"。此外，为了履行单一方式运输合同而进行的该合同所规定的货物接送业务，比如，全程签发航空运输单证下机场两端的汽车接送货物运输业务，从形式上看也已构成航空汽车组合形态，不过，作为航空运输的延伸，这种汽车接送习惯上视同航空业务的一个组成部分，它虽称为陆空联运，但由于会按航空运输方面的国际公约或法规处理，因此，《联合国国际货物多式联运公约》将这种接送业务排除在多式联运之外，以避免多式联运法规同单一方式法规在这个问题上的矛盾。因此，基于不同法规适用的特定性，在不同的法规下所界定的多式联运内涵会有所差异。

5）两国之间的货物运输

国际多式联运必须是国际的货物运输，这不仅是区别于国内货物运输，也是是否适用国际运输法规的限制条件问题。

以上是从法律构成要件角度分析国际多式联运的特点。不过，从效率与便利方面考虑，理想的国际多式联运还应具备以下特点。

（1）以集装箱为载体。这是因为以集装箱为载体可以更加充分地发挥各种运输方式的优势，因而，国际多式联运通常是指国际集装箱多式联运。

（2）实行全程单一运费率。全程采用单一运费率，实行一次付费，有助于简化运费计算，方便货主。

由此可见，国际多式联运是一种以方便托运人和货主为目的的先进的货物运输组织形式，其特点可以总结为"五个一"，即一人负责，一份合同，单一运费率，一单到底，一贯式运输。

2. 与一般国际货运的区别

国际多式联运虽然由一个经营人承担全部运输，但往往是接受货主委托后，自己承担一部分运输，然后将其余各段的运输工作委托其他承运人。但这又不同于单一的运输方式，这些接受国际多式联运经营人负责转托的承运人，只是依照运输合同关系对国际多式联运经营人负责，与货主不发生任何业务关系。国际多式联运与一般国际货物运输的区别主要有以下几个方面。

1）货运单证的内容与制作方法不同

国际多式联运大都为"门到门"运输，故货物于装船或装车或装机后应同时由实际承运人签发提单或运单，国际多式联运经营人签发多式联运提单，这是国际多式联运与任何一种单一的国际货运方式的根本不同之处。在此情况下，海运提单或运单上的发货人应为国际多式联运的经营人，收货人及通知方一般应为国际多式联运经营人的国外分支机构或其代理；多式联运提单上的收货人和发货人则是真正的、实际的收货人和发货人，通知方则是目的港或最终交货地点的收货人或该收货人的代理人。

多式联运提单上除列明装箱港、卸箱港外，还要列明收货地、交货地或最终目的地的名称以及第一程运输工具的名称、航次或车次等。

2）多式联运提单的适用性与可转让性与一般海运提单不同

一般海运提单只适用于海运，从这个意义上说多式联运提单只有在海运与其他运输方式结合时才适用，但它也适用于除海运以外的其他两种或两种以上的不同运输方式的连贯的跨国运输（国外采用"国际多式联运单据"就可避免概念上的混淆）。

多式联运提单把海运提单的可转让性与其他运输方式下运单的不可转让性合二为一，因此，国际多式联运经营人根据托运人的要求既可签发可转让的，也可签发不可转让的多式联运提单。如果属于前者，收货人一栏应采用指示抬头；如果属于后者，收货人一栏应具体列明收货人名称，并在提单上注明不可转让。

3）信用证上的条款不同

根据多式联运的需要，信用证上的条款应有以下三点变动。

（1）向银行议付时不能使用船公司签发的已装船清洁提单，而应凭国际多式联运经营人签发的多式联运提单，同时还应注明该提单的抬头如何制作，以明确可否转让。

（2）多式联运一般采用集装箱运输（特殊情况除外，如果在对外工程承包下运出机械设备则不一定采用集装箱），因此，应在信用证上增加指定采用集装箱运输条款。

（3）如果不由银行转单，改由托运人或发货人或国际多式联运经营人直接寄单，以便收货人或代理能尽早取得货运单证，加快在目的港（地）提货的速度，则应在信用证上加列"装船单据由发货人或由国际多式联运经营人直寄收货人或其代理"之条款。如果由国际多式联运经营人寄单，发货人出于议付结汇的需要应由国际多式联运经营人出具一份"收到货运单据并已寄出"的证明。

4）海关验放的手续不同

一般国际货物运输的交货地点大都在装箱港，目的地大都在卸箱港，因而办理报关和通关的手续都是在货物进出境的港口。而国际多式联运货物的起运地大都在内陆城市，因此，内陆海关只对货物办理转关监管手续，由出境地的海关进行查验放行。进口货物的最终目的地如为内陆城市，进境港口的海关一般不进行查验，只办理转关监管手续，待货物到达最终目的地时由当地海关查验放行。

9.2　国际多式联运经营人

9.2.1　国际多式联运经营人的含义及其特征

我国《货物多式联运术语》（JT/T 1092—2016）对国际多式联运经营人所下的定义是："多式联运经营人（intermodal transport operator）是与托运人签订国际多式联运合同，并对运输过程承担全程责任的当事人。"由此可见，国际多式联运经营人是一个独立的法律实体，它的身份是一个对货主（托运人）负有履行合同责任的承运人。作为国际多式联运的主体，国际多式联运经营人从法律的角度讲，具有以下基本特征：

1. 国际多式联运经营人是国际多式联运合同的主体

国际多式联运经营人是本人而非代理人，它既对全程运输享有承运人的权利，又负有履行多式运输合同的义务，保证将货物交给多式联运单证的持有人或单证中指定的收货人，并对责任期间所发生的货物的灭失、损害或迟延交付承担责任。

2. 国际多式联运经营人是运输全程的负责人

国际多式联运经营人既可以拥有运输工具从事一个或几个区段的实际运输，也可以不拥有任何运输工具，仅负责全程运输的组织工作。当国际多式联运经营人以拥有的运输工具从事某一区段运输时，它既是契约承运人，又是该区段的实际承运人。

3. 国际多式联运经营人具有双重身份

国际多式联运经营人既以契约承运人的身份与货主（托运人或收货人）签订国际多式联运合同，又以货主的身份与负责实际运输的各区段承运人（通常称为实际承运人）签订分运运输合同。

9.2.2　国际多式联运经营人的类型

国际多式联运经营人为了履行国际多式联运合同规定的运输责任，可以自己办理全程中的一部分实际运输，把其他部分运输以自己的名义委托给有关区段的运输承运人（俗称分承运人）办理；也可以自己不办理任何部分的实际运输，而把全程各段运输分别委托有关区段分承运人办理。根据是否拥有运输工具、场站设施，国际多式联运经营人可以分成以下三类。

1. 以船舶运输经营为主的承运人型（vessel operating multimodal transport operators, VO–MTO）

随着集装箱运输的发展，众多船舶所有人拥有了汽车、火车或飞机等运输工具，将他们的服务范围扩展到包括陆上运输和航空运输在内的其他运输方式，成为多式联运经营人。它与货主订立国际多式联运合同后，除了利用自己拥有的运输工具完成某些区段的实际运输，对于自己不拥有或经营的运输区段则需要通过与相关的承运人订立分包合同（subcontract）来实现该区段的运输。这类国际多式联运经营人既是契约承运人，又是某个或几个区段的实

际承运人。此外，它们也可能不拥有场站设施，而是与相关场站经营人订立内陆装卸、仓储
及其他辅助服务的分合同来安排相关的装卸与仓储服务。

2. 港站经营人型

这类国际多式联运经营人拥有货运站、堆场、仓库等场站设施，它与货主订立国际多式
联运合同后，除了利用自己拥有的场站设施完成装卸、仓储服务，还需要与相关的各种运输
方式的承运人订立分合同，由这些承运人来完成货物运输。

值得注意的是，包括中国在内的许多国家，通常禁止实际承运人或港站经营人兼营或
代理多式联运业务，如果需拓展这类业务，必须注册专门的国际货运代理企业或无船承
运企业。此外，即使当地法律法规允许业务兼营，从规避风险的角度，也应该注册相互
独立的公司，实行分业经营。从这个意义上讲，国际多式联运经营人都是代理人型的，
其差别在于委托的分包商不同，即有些国际多式联运经营人可委托自己的关联公司从事
实际的运输与场站业务，有些国际多式联运经营人则需要在市场上寻找从事运输与场站
业务的实际承运人或港站经营人。

3. 代理人型

这类国际多式联运经营人不拥有任何运输工具和场站设施，需要通过与相关的承运人、
场站经营人订立分合同来履行它与货主订立的国际多式联运合同，并承担相关的责任。国际
上将此类经营人又称为"无船承运人"（non-vessel operating common carrier，NVOCC）。

9.2.3　国际多式联运经营人的责任

国际多式联运经营人的责任是指其按照法律规定或运输合同的约定对货物的灭失、损害
或延迟交付所造成损失的违约责任，它由责任期间、责任基础、责任形式、责任限额、免责
等几部分构成。

表 9-1 列出了《联合国国际货物多式联运公约》及与其他单一运输方式有关的国际公约
与惯例在国际多式联运经营人/承运人责任限额、诉讼时效等方面的规定。表 9-2 显示了有
关公约与惯例关于国际多式联运经营人责任的规定。如果某一国际多式联运合同同时属于
《海商法》和《中华人民共和国民法典》的适用范围，而两者又有不同规定的，应首先适用
《海商法》的规定，然后适用《中华人民共和国民法典》的规定。

1. 责任期间

国际多式联运经营人的责任期间是指国际多式联运经营人履行义务和承担责任的期间。
对于责任期间，有关的国际公约或国内法的规定不尽相同。

（1）在国际海上运输领域内，不同的公约或法律对承运人的责任期间存在不同的规定。
目前我国海商法采用两种规定：①船至船，适用于非集装箱货物；②港至港，适用于集装
箱货物。

（2）《联合国国际货物多式联运公约》对承运人的责任期间的规定。根据集装箱运输下
货物在货主仓库、工厂以及集装箱码头堆场、货运站进行交接的特点，《联合国国际货物多
式联运公约》参照《汉堡规则》，对国际多式联运经营人规定的责任期间是："多式联运经营
人对于货物的责任期间，自其接管货物之时起至交付货物时止。"

表 9-1　有关国际公约/惯例对国际多式联运经营人责任等方面规定一览表

公约或法律名称	责任基础	责任形式	责任期间	货损货差责任额 SDR/件	货损货差责任额 SDR/kg	延迟交付损失 责任限额	延迟交付损失 推定灭失	货损货差通知时限 显而易见	货损货差通知时限 非显而易见	诉讼时效
海牙规则	不完全过失责任		船/船	100 lb		未规定				1 年
维斯比规则	不完全过失责任		船/船	666.67	2			交付之前或当时	3 个连续日	1 年, 3 月追偿期
汉堡规则	完全过失责任		港/港	835	2.5	延迟货 2.5 倍运费, 不得超过总运费	60 d	1 个工作日	15 个连续日	2 年, 3 月追偿期, 迟延交付: 60 d
国际铁路货物运送公约	严格责任		站/站		16.66	2 倍运费	30 d	未作规定	30 d	1 年, 故意或严重过失为 2 年
国际公路货物运输合同公约	严格责任		站/站		8.33	不超过运费	约定期限: 30 d 未约定期限: 60 d	交付之前或当时	7 个工作日	1 年, 故意或严重过失为 3 年。迟延交付: 21 d
空运:华沙公约/海牙议定书/蒙特利尔公约	《华沙公约》: 不完全过失; 《海牙议定书》《蒙特利尔公约》: 严格责任		场/场		17	未规定	7 d	海牙议定书规定, 损坏: 行李 7 d, 货物 14 d; 延误: 21 d		2 年, 3 月追偿期, 延迟交付: 60 d
联合国国际货物多式联运公约 含水运	完全过失责任	修正统一责任制	接货/交货	920	2.75	延迟货 2.5 倍运费, 不得超过总运费	90 d	1 个工作日	6 个连续日	2 年, 3 月追偿期, 延迟交付 60 d
联合国国际货物多式联运公约 不含水运				如区段适用法律规定限额高, 则适用该区段的法律规定	8.33					
联合运输单证统一规则 含水运	确定区段: 等同区段适用运输公约/法规, 非确定区段: 完全过失责任	网状责任制	接货/交货	确定区段: 等同区段适用运输公约/法规。非确定区段: 2 SDR/kg		确定区段: 取决于适用运输公约规定, 且不得超过运费。非确定区段: 不赔	90 d	交付之前或当时	7 个连续日	9 月
多式联运单证规则 含水运	完全过失责任, 但水运区段仍实行不完全过失责任	网状责任制	接货/交货	666.67	2	不超过运费	90 d	交付之前或当时	6 个连续日	9 月
多式联运单证规则 不含水运				如区段适用规定了限额, 则适用该区段的法律规定	8.33					

表 9-2　国际多式联运责任

		海商法	中华人民共和国民法典
运输方式限定		国际多式联运必须包含海运	海陆空均可
责任形式		网状责任制	网状责任制
责任免除	货损区段确定	适用调整该区段运输方式的有关法律规定	适用调整该区段运输方式的有关法律规定
	货损区段未确定	实行不完全过失责任即享有《海商法》第五十一条规定的 12 项免责	实行严格责任，即仅在不可抗力时才可免责
责任限额	货损区段确定	适用调整该区段运输方式的有关法律规定	适用调整该区段运输方式的有关法律规定
	货损区段未确定	适用海运规定，即《海商法》第五十六条第一款规定	不享受责任限额，即按全额赔偿
延迟交付责任		未规定（参见《海商法》第一百零五条规定）	承担责任，并按实际损失给予赔偿（参见《中华人民共和国民法典》第八百四十二条和第五百八十四条）

2. 赔偿责任基础

　　责任基础是指国际多式联运经营人对于货物运输所采取的赔偿责任原则。国际多式联运经营人的赔偿责任基础一般是指国际多式联运经营人在按运输合同规定完成运输的过程中（责任期限内），对发生的哪些事情或事故承担赔偿责任及按照什么样的原则判断是否应承担责任。《联合国国际货物多式联运公约》对国际多式联运经营人规定的赔偿责任基础是：国际多式联运经营人对货物的灭失、损坏，或延迟交付所引起的损失，如果以上事故发生于货物由其掌管期间，应负赔偿责任。同时规定，除非经营人证明其本人、受雇人或代理人或其他人，为避免事故的发生及其后果已采取一切能符合要求的措施。对延迟交付规定：如果货物未在议定时间内交付，或无此种协议，未在按照具体情况对国际多式联运经营人所能合理要求的时间内交付，即为延迟交付。

　　对于承运人赔偿责任基础，目前，各单一运输公约或法律的规定不一，但大致可分为过失责任制和严格责任制两种。过失责任制是指按承运人对货损、货差是否有过失而决定其是否负责的原则，过失责任制又可分为完全过失责任制和不完全过失责任制两种，前者是指只要承运人对货损、货差有过失的就应承担责任，而后者却附有一部分除外规定，即基本前提是应承担责任，但对某些过失，法律仍允许承运人免责。严格责任制是指除了不可抗力等有限的免责事由，不论有无过失，承运人对于货损、货差均应承担责任。由于采用严格责任制的国际公约和国内法也列举了大量的免责事项，因此，严格责任制与完全过失责任制之间已无甚差别。

　　目前，《海牙规则》《维斯比规则》《华沙公约》采用不完全过失责任制，对于航行/驾驶过失免责；《汉堡规则》《海牙议定书》《联合国国际货物多式联运公约》采用完全过失责任制；《国际公路货物运输公约》《铁路货物运输国际公约》《国际铁路货物联运协定》《中华人民共和国铁路法》《中华人民共和国民法典》均采用严格责任制；《中华人民共和国民用航空法》采用双重责任制，对于货损、货差采用严格责任制，对于延迟交付损失采用完全过失责任制。

3. 责任形式

国际多式联运中货物的全程运输，一般是由国际多式联运经营人及其代理人和各区段的实际承运人共同完成的。如果货物在运输过程中发生灭失、损害或延误，是由国际多式联运经营人负责，还是由实际承运人负责？在不同的区段，以不同的方式发生时，是依据同一标准进行赔偿，还是根据损害发生区段所适用的法律规定的标准（即不同标准）进行赔偿呢？对国际多式联运经营人赔偿责任的分析，首先必须确定责任制（liability regime），即其应承担的责任范围。在目前的国际集装箱多式联运中，国际联运经营人所负的责任范围主要有以下两种类型。

1) 网状责任制（network liability system）

网状责任制是指国际多式联运经营人对集装箱运输的全过程负责，而对货物的灭失、损坏或延迟交付的赔偿则根据各运输方式所适用的法律规定进行处理，如公路区段按《国际公路货物运输公约》处理，海上区段按《海牙规则》处理，铁路区段按《国际铁路货物运输公约》处理，航空区段按《华沙公约》处理。在不适用上述国际法时，则按相应的国内法的规定处理。同时，赔偿限额也是按各区段的国际法或国内法的规定进行赔偿，对不明区段的货物隐蔽损失，或作为海上区段按《海牙规则》处理，或按双方约定的原则处理。目前，大多数国家的多式联运单据均采取这种赔偿责任形式，包括 1973 年《联合运输单证统一规则》、1991 年《多式联运单证规则》和《海商法》《中华人民共和国民法典》。例如，1991 年《多式联运单证规则》对货物的灭失、损坏和延迟交付规定了统一的归责原则，并对多式联运是否包含海运规定了两种统一的责任限制，同时该规则进一步规定，如果能清楚地知道货损发生的运输区段，而该运输区段所适用的国际公约或国内法又规定了另一项责任限制，则应优先适用该公约或该国家法律。

2) 统一责任制（uniform liability system）

统一责任制是指国际多式联运经营人对货主赔偿时不考虑各区段运输方式的种类及其所适用的法律，而是对全程运输按一个统一的原则并一律按一个约定的责任进行赔偿，即国际多式联运经营人对全程运输中货物的灭失、损坏或延期交付负全部责任，无论事故责任是明显的，还是隐蔽的；是发生在海运段，还是发生在内陆运输段，均按一个统一原则由国际多式联运经营人统一按约定的限额进行赔偿。

统一责任制的优势在于货方和经营人可以预见到未来的货物损失赔偿的程度。在网状责任制下，货主有时难以查明适用某一区段的法律，自己能否得到赔偿以及能得到多少的赔偿，统一责任制弥补了这一缺陷。统一责任制是一种科学、合理、手续简化的责任制度。这种责任制有利于货方，但对国际多式联运经营人来说责任负担较重，因此，目前没有国际多式联运经营人愿意采用这种责任形式，在世界范围内采用还不够广泛。

3) 经修正的统一责任制（modified uniform liability system）

《联合国国际货物多式联运公约》采用了此种责任制。它在责任基础方面与统一责任制相同，在赔偿限额方面则与网状责任制相同。国际多式联运经营人对全程运输负责，各区段的实际承运人仅对自己完成区段的运输负责。无论货损发生在哪一个区段，国际多式联运经营人和实际承运人都按公约规定的统一责任限额承担责任。同时该公约进一步规定，如果能清楚地知道货损发生的运输区段，而该运输区段所适用的国际公约或国内法又规定了比上述限额高的限额，则应优先适用该公约或该国家法律。

经修正的统一责任制最大限度地保留了统一责任制的优点，同时通过对其加以修正，缓和统一责任制下各区段运输方式责任体制之间存在的差异和矛盾，较好地适应了运输法律发展的现状，使国际多式联运中的运输风险在承托双方之间得到较为合理的分配。这种修正通常针对国际多式联运的海运阶段，且有利于国际多式联运经营人。

4. 责任限额

1）有关货损货差的责任限额

目前，各国际货物运输公约所规定的责任限额，除了在数值上不尽相同，在计量的币值上也有很大的不同。值得注意的是，公约或法律所规定的责任限额为强制性规定，对于承运人而言，任何降低责任限额的条款均属无效，除非公约或法律允许。而且，除了在托运人已事先申明货物的价格并支付附加费的情况下，承运人不得根据责任限额限制自己的赔偿额外，对于因承运人或其代理人故意或明知可能会造成损失而轻率地作为或不作为所造成的货物损失，除非《海牙规则》未对此做出规定，《维斯比规则》《汉堡规则》《联合国国际货物多式联运公约》《中华人民共和国海商法》《中华人民共和国民用航空法》均规定承运人无权享受责任限额。

2）有关延迟交付的责任限额

延迟交付是指货物未在明确议定的时间内交付或在无此协议时，未能按照具体情况，在一个对勤奋的承运人所能合理要求的时间内交付。在海上运输中，《海商法》规定承运人仅对有明确议定交付期限的延迟损失予以赔偿。根据《海商法》规定，对于明确议定交付期限下所造成的延迟损失予以赔偿，其责任限额为延迟交付货物的运费数额，如果延迟损失与货物的灭失、损坏同时发生，则按货物灭失、损坏的责任限额为准，即对于货物延迟损失和灭失、损坏的责任不能超过货物灭失、损坏所规定的责任限额。《汉堡规则》《联合国国际货物多式联运公约》则规定无论有无议定交付期限，承运人对于延迟损失均予以赔偿。《汉堡规则》和《联合国国际货物多式联运公约》做出如下相同的规定：对于延迟损失的责任限额，相当于延迟交付的货物应付运费的 2.5 倍，但不得超过整个合同运费额，而且，在同时伴随货物的灭失、损坏时，总赔偿责任不能超过按公约所规定的货物损坏、灭失的责任限额所确定的货物全部灭失的赔偿责任限额。

5. 承运人责任的免除

目前，对于承运人可以免除责任的所谓免责条款，除了《汉堡规则》及《联合国国际货物多式联运公约》未采用列举法，其他国际公约、惯例及国内法律法规大多采用列举方式列举了若干免责事项。

9.3　开展国际多式联运经营的条件

国际多式联运是一种比区段运输高级的运输组织形式，20 世纪 60 年代末美国首先试办多式联运业务，受到货主的欢迎。随后，国际多式联运在北美、欧洲和远东地区开始采用；20 世纪 80 年代，国际多式联运已逐步在发展中国家实行。当前，国际多式联运已成为一种新型的重要的国际集装箱运输方式，受到国际航运界的普遍重视。1980 年 5 月在日内瓦召开的联合国国际多式联运公约会议上产生了《联合国国际货物多式联运公约》。该公约在 30 个国家批准和加入一年后生效。该公约对国际多式联运的发展产生了积极的影响。

1. 我国对开展国际多式联运经营企业的资格要求

《中华人民共和国国际货物运输代理业管理规定》明确规定：国务院对外贸易经济合作主管部门负责对全国的国际货物运输代理业实施监督管理。在我国从事国际货物运输代理的企业必须具备以下条件。

（1）必须依法取得中华人民共和国企业法人资格。

（2）有与其从事的国际货物运输代理业务相适应的专业人员。

（3）有固定的营业场所和必要的营业设施。

（4）有稳定的进出口货源市场。

（5）国际货物运输代理企业的注册资本最低限额应当符合下列要求：经营海上国际货物运输代理业务的，注册资本最低限额为 500 万元人民币；经营航空国际货物运输代理业务的，注册资本最低限额为 300 万元人民币；经营陆路国际货物运输代理业务或者国际快递业务的，注册资本最低限额为 200 万元人民币。经营前款两项以上业务的，注册资本最低限额为其中最高一项的限额。国际货物运输代理企业每设立一个从事国际货物运输代理业务的分支机构，应当增加注册资本 50 万元。

2. 开展国际多式联运经营的条件

国际多式联运涉及多种运输方式，是综合性的一体化运输。因此，开展国际多式联运经营应具备比单一运输方式更为先进、更为复杂的技术条件，这些条件如下。

1）必须具有企业法人资格

经营国际多式联运的企业，必须在取得国家主管部门批准的经营资格后，到所在地区工商行政管理部门登记注册手续，取得企业法人资格。具备了独立经营权，企业自己或委托代理人才能够与托运人、各区段承运人，以及相关的其他关系人签订合同，从而经营国际货物多式联运，对货物的全程负责。

2）具有从事国际多式联运所需的专业知识、技能和经验

开展国际多式联运经营，必须具备丰富的专业知识、技能和经验，能全面、及时地了解和掌握国际贸易与运输的有关法律程序、实务及市场的最新动态，以及有关的实际承运人和码头、港站的运费率水平与成本结构等，以便缮制多式联运单据和制定国际多式联运单一运费率。

3）具有一个较为完整的国际多式联运经营网络

开展国际多式联运经营，必须拥有覆盖其所有服务领域的国际网络，该网络通常由各分支机构、子公司、代理机构等组成。同时，应采用现代化的通信手段（如 EDI）将网络的各机构和环节紧密地联系起来。要建立和开发自己的联运线路、集装箱货运站以完善经营网络。

4）具有与经营业务相适应的资金能力

开展国际多式联运经营，必须拥有足够的自有资金，以满足经营业务开展的需要；同时，一旦发生货物的损坏或灭失，有能力承担对货主的赔偿责任。

5）具有国际多式联运的运输单证

国际多式联运对国际多式联运的经营人来说工作繁杂，但对托运人来说却很方便。为了把方便留给托运人，国际多式联运经营人必须签发自己的联运单证，作为与托运人之间的运输合同，同时还要确保其流通性。

6）具有组织社会各种运输方式的能力

国际多式联运经营人要完成运输任务，就要能把各具特色的运输方式融为一体，充分发挥不同运输方式的优越性，克服不同运输工具对单证、货物交接和设备等不同要求造成的困难。

3. 国际多式联运的优越性

国际多式联运是国际运输业发展的必然方向，开展国际集装箱多式联运具有许多明显的优越性，主要表现在以下几个方面。

1）简化托运、制单和结算手续

在国际多式联运方式下，无论货物运输距离有多远，由几种运输方式共同完成，且不论运输途中货物经过多少次转换，所有一切运输事项均由国际多式联运经营人负责办理。而一旦运输过程中发生货损货差，由国际多式联运经营人对全程运输负责。托运人只需办理一次托运、订立一份运输合同，一次支付费用、一次保险，从而省去托运人办理托运手续的许多不便。由于国际多式联运采用一份货运单证，统一计费，也简化了制单和结算手续，节省人力和物力。

2）减少中间环节，缩短货物运输时间，减少货损货差事故，提高货运质量

在国际多式联运方式下，以集装箱为载体，各个运输环节之间密切配合，紧凑衔接，货物所到之处中转迅速及时，大大减少了货物的在途停留时间，从而从根本上保证了货物安全、迅速、准确、及时地运抵目的地，因而也相应地降低了货物的库存量和库存成本。集装箱本身具有很好的风雨密性、强度高、整体搬移性差、防盗性好，是一种安全可靠的集装器具。全程的物流作业中破损率非常低，且机械化、自动化作业程度高，对于提高货物的全程运输质量具有重要的作用。

3）降低运输成本，节省运杂费

以集装箱为载体的多式联运由于全程运输环节的有序衔接，在时间方面具有一定的优势。同时以集装箱为集装器具可以节省包装费用，降低破损、通关、保险费率等杂费。

4）提高运输组织水平，利于实现合理化运输

国际多式联运可以有效整合现有运输资源，充分发挥各种运输方式的优越性。同时各部门、相关组织机构有机协调作业，有利于提高整个社会的运输组织效率，实现合理化运输。

5）提高社会效益，改善运输环境

以集装箱为载体的多式联运有利于加强政府部门对货物的监管，尤其是危险品、贵重物资、限制出口物资的管控，有利于各种运输方式的协调运作，先进技术的引进和技术交流；同时减少运输消耗、污染、无效作业等不和谐因素对环境的破坏。

4. 国际多式联运合同

国际多式联运合同除具有一般运输合同的特征外，还具有以下法律特征。

（1）国际多式联运合同的承运人一方为两人以上。国际多式联运合同的承运人须为两人以上，若仅为一人，则不为联运。国际多式联运合同的承运人虽为两人以上，但国际多式联运合同只是一个合同，而不是数个运输合同的组合。

（2）相互衔接的不同的运输方式承运。承运人虽为两人以上，但各承运人是以同一运输工具完成运输任务的，也不属于联运。国际多式联运合同的承运人一方须以不同的运输工具承运，例如铁路与公路联运、铁路与水路联运、公路与水路联运、铁路与航空联运，以及三

种或三种以上运输方式的联运。

（3）一次交费并使用同一运输凭证。在国际多式联运中，货物由一承运人转交另一承运人运输时，不需另行交费和办理托运手续或购票。

国际多式联运经营人与发货人双方协商一致后签订国际多式联运合同，合同一旦签订，合同双方均负有约定的义务和权利，双方各司其职、各负其责。

 复习思考题

一、单项选择题

1. 多式联运是指铁路、公路、海洋、内河和航空等不同运输方式，至少有（　　）。
　　A. 一种　　　　　B. 两种　　　　　C. 一种及以上　　D. 两种及以上

2. 不拥有船舶而从事海上货物运输的人是（　　）。
　　A. 收货人　　　　　　　　　　B. 无船承运人
　　C. 多式联运经营人　　　　　　D. 发货人

3. 在集装箱多式联运中，（　　）成为典型工艺流程的第一个和最后一个环节。
　　A. 航空运输　　　B. 公路运输　　　C. 水路运输　　　D. 管道运输

4. 国际多式联运经营人是（　　）。
　　A. 发货人的代理人　　　　　　B. 承运人的代理人
　　C. 具有独立法人资格的经济实体　　D. 实际运输人

5. 国际多式联运所应具有的特点不包括（　　）。
　　A. 签订一个运输合同　　　　　B. 采用一种运输方式
　　C. 采用一次托运　　　　　　　D. 一次付费

6. NVOCC 意指（　　）。
　　A. 托运人　　　　　　　　　　B. 班轮公司
　　C. 无船承运人　　　　　　　　D. 国际海上货运代理人

7. （　　）是指国际多式联运经营人就货物的损害，全程运输都按统一的标准负责，而不论货损发生的区段。
　　A. 网状责任制　　　　　　　　B. 统一责任制
　　C. 经修正的统一责任制　　　　D. 经修正的网状责任制

8. 国际多式联运下的网状责任制是指（　　）。
　　A. 对全程运输负责，且对各运输区段承担的责任相同
　　B. 对全程运输负责，且对各运输区段承担的责任不同
　　C. 对全程不负责任，由实际承运人负责
　　D. 仅对自己履行的运输区段负责

9. 国际多式联运经营人对货物承担的责任期限是（　　）。
　　A. 自己运输区段　　　　　　　B. 全程运输
　　C. 实际承运人运输区段　　　　D. 第三方运输区段

二、多项选择题

1. 下列属于国际多式联运责任制的是（　　）。

A. 统一责任制　　　B. 网状责任制　　　C. 串式责任制　　　D. 修正统一责任制

2. 联运提单与国际多式联运单据在性质上的区别是（　　）。

　　A. 使用的范围不同　　　　　　　B. 签发人不同

　　C. 签发人对运输负责的范围不同　　D. 运费率不同

3. 开展国际多式联运的基本条件包括（　　）。

　　A. 国际多式联运经营人必须与发货人订立国际多式联运合同，国际多式联运经营人必须对全程运输负责

　　B. 即使是国际多式联运，国际多式联运经营人接管的货物也无须是国际运输的货物

　　C. 使用两种或两种以上的不同运输方式，而且必须是不同运输方式下的连续运输

　　D. 国际多式联运的运费率为全程单一运费率

4. 国际多式联运的特征或基本条件是（　　）。

　　A. 必须由一个国际多式联运经营人对货物运输的全程负责

　　B. 必须具有一份国际多式联运合同

　　C. 必须使用一份全程多式联运单证

　　D. 必须是至少两种不同运输方式的连续运输

　　E. 必须是国际的货物运输

三、判断题

1. 国际多式联运所运输的货物必须是集装箱货物，不可以是一般的散杂货。　　（　　）

2. 国际多式联运就是两种以上的运输工具协作完成一项运输任务。　　（　　）

3. 国际多式联运要求发货地和交货地位于不同的国家。　　（　　）

4. 国际多式联运经营人在从事业务的过程中采取保险的形式来降低自己的经营风险。

（　　）

5. 网状责任制下，国际多式联运经营人按国际多式联运合同统一规定的标准进行赔偿。

（　　）

参考答案

一、单项选择题

1. D　2. B　3. B　4. C　5. B　6. C　7. B　8. B　9. B

二、多项选择题

1. ABD　　2. ABCD　　3. ACD　　4. ABCDE

三、判断题

1. F　2. F　3. T　4. T　5. F

 **案例分析**

1. 某货主委托承运人的货运站装载 1 000 箱小五金，货运站在收到 1 000 箱货物后出具仓库收据给货主。在装箱时，装箱单上记载 980 箱，货运抵进口国货运站，拆箱单上记载 980 箱，由于提单上记载 1 000 箱，同时提单上又加注"由货主装箱、计数"，收货人便向承运人提出索赔，但承运人拒赔。根据题意分析回答下列问题：

（1）提单上类似"由货主装载、计数"的批注是否适用拼箱货，为什么？

（2）承运人是否要赔偿收货人的损失，为什么？

（3）承运人如果承担赔偿责任，应当赔偿多少箱？

2. 国内A贸易公司出口货物，并通过B货代公司向某国外C班轮公司订舱出运货物，货装船后，C公司向A公司签发一式三份记名提单。货到目的港口，记名提单上的收货人在未取得正本提单的情况下，从C公司手中提走货物。A公司以承运人无单放货为由，在国内起诉C公司（提单上注明适用美国法律。在美国，承运人向记名提单的记名收货人交付货物时，不负有要求记名收货人出示或提交记名提单的义务）。

请根据题意分析并回答：

（1）本案适用哪国法律，为什么？

（2）承运人是否承担无单放货责任。（请根据我国海商法和美国法有关法律分别阐述为什么）

3. 中国A贸易公司就出口某产品与国外B公司达成销售合同，合同规定货物数量100 mt，可增减10%，USD500/mt。国外B公司所在地C银行应B公司的申请开立信用证。信用证规定货物总金额为USD50 000，数量约100 mt。A贸易公司在交货时，恰逢市场价格呈下跌趋势。A贸易公司将110 mt货物交船公司托运，并取得船公司签发的正本提单。A贸易公司凭商业发票（金额为 USD55 000）、提单等单证到银行结汇，但遭到银行拒付，理由是单、证不符。请问：

（1）银行是否有权拒付，理由何在？

（2）A贸易公司应交多少公吨货物才能既符合信用证的规定，又可避免经济损失？

（3）假如银行有权拒付，作为卖方的A公司应当如何处理此事？

参考答案

1.（1）不适用。因为是承运人的货运站代表承运人收货并装箱的，除非货运站代表货主装箱、计数。

（2）是。提单在承运人与收货人之间是绝对证据，收货人有权以承运人未按提单记载数量交货为由提出赔偿要求。

（3）20箱。

2.（1）本案适用美国法律。因为我国海商法规定，合同当事人可以选择适用的法律，B/L（提单）注明适用美国法律，所以应适用美国法律。

（2）①承运人无须承担无单放货责任。因为提单上注明适用美国法律。在美国，承运人向记名提单的记名收货人交付货物时，不负有要求记名收货人出示或提交记名提单的义务。

②承运人承担无单放货责任。因为我国海商法规定，提单是承运人保证据以交付货物的单证，不论是记名提单或非记名提单，承运人均有义务凭正本提单交付货物。

3.（1）有权，根据《跟单信用证统一惯例》（UCP 500）规定，凡"约""近似""大约"或类似意义措辞用于信用证金额、数量或单价前，应理解为允许对数量、金额或单价有不超过10%的增减幅度。本题中信用证金额前无约量的表示，故信用证金额不能增加，如果超过信用证规定金额，容易造成单、证不符，有被拒付的风险。

（2）本题我方应交货 100 mt。

（3）作为卖方，应当即刻请求买方修改信用证，并按修改后的信用证重新到银行议付。

作为卖方还可以请求买方换用其他付款方式，如电汇等。

开篇案例参考答案

多式联运是指以两种以上不同的运输方式将货物运送到目的地的运输方式，如海陆联运、水铁联运等。多式联运实行"一次托运、一次收费、一票到底、一次保险、全程负责"的一条龙服务，在物流业务中具有其独特的优越性。多式联运由多式联运经营人向托运人承担责任，而区段承运人不直接向托运人承担责任。从本案的原告诉请和被告的抗辩来看，本案是一起较典型的多式联运经营合同纠纷案，案件的多式联运经营人的身份认定和责任承担问题、区段承运人是否应对托运人直接承担责任、货物价值的认定等问题是多式联运经营合同纠纷案中常见的争议焦点。

1）多式联运身份认定和责任承担

多式联运经营人，是指与托运人订立多式联运合同的人。多式联运经营人可以自己履行合同，也可以仅仅作为缔约承运人而组织实际承运人履行合同。多式联运经营人对全程运输享有承运人的权利，集中表现为可以向托运人或者收货人收取全程运费。多式联运经营人的义务主要体现为：签发多式联运单据；保证货物全程运输安全；保证履行合同的其他义务。

本案中，涉案货物系通过包含海运和陆运的多式联运方式运输，张某与某物流企业之间虽未订立书面合同，但某物流企业在原审的答辩状中自认其在办理涉案货物运输中实施了订舱、安排拖车、装货、按张某提供信息送货以及向船东垫付运费和拖车费等业务操作，某物流企业辩称其与张某之间只是货物运输代理合同关系，但其未能举证真正的多式联运经营人是谁，而某陆运企业只负责涉案多式联运的陆路区段运输，只是涉案多式联运合同的区段承运人，因此，原审认定某物流企业系涉案货物多式联运经营人，并无不当。根据《中华人民共和国合同法》第八百三十八条的规定，某物流企业作为涉案货物多式联运的经营人，应对全程运输承担承运人的义务，故法院判令由某物流企业对张某的货物损失承担责任，有事实和法律依据。

2）区段承运人不直接承担责任

《中华人民共和国合同法》第三百一十八条规定，多式联运经营人可以与参加多式联运的各区段承运人就多式联运合同的各区段运输约定相互之间的责任，但该约定不影响多式联运经营人对全程运输承担的义务。多式联运经营人与区段承运人之间的合同，是承运人之间的内部协议，调整的是多式联运经营人与区段承运人之间的权利义务关系，该合同虽然与多式联运合同联系密切，但两者相互独立。根据合同的相对性原则，多式联运经营人与各区段承运人之间的多式联运合同不能变更。解除多式联运经营人与托运人之间的合同关系，也不能影响多式联运经营人对全程运输承担的义务。

本案中某陆运企业作为多式联运合同项下的区段承运人，与原告托运人张某之间不存在合同关系，某物流企业要求某陆运企业对货物损失承担赔偿责任，缺乏法律依据。

3）货物价值认定

物流业务中，一旦货物在运输过程中因承运人不能免责的事由灭失，如何确定其赔偿数额就是一个无法回避的问题。《中华人民共和国合同法》第三百一十二条规定：货物毁损、灭失的赔偿额，当事人有约定的，按照其约定；没有约定或约定不明确的，依照《中华人民共和国合同法》第六十一条的规定仍不能确定的，按照交付或应当交付时货物到达地的市场价格计算。法律、行政法规对赔偿额的计算方法和赔偿限额另有规定的，依照其规定。

就本案货物运输而言，法律及行政法规并未对货物灭失赔偿限额另有规定，本案货物灭失赔偿额应按照有约定的按约定，没有约定或约定不明的按应当交付时货物到达地的市场价格计算。一般来说，货物从起运地到到达地应有一定的利润空间，所以到达地市场价格往往包含商业上预期可得的利润，这是承运人知道或应当知道的。因此，承运人应对预期利润承担赔偿责任。

第 10 章

大陆桥运输

本章要点

● 掌握美国大陆桥、北美小陆桥及微型陆桥的概念和区别；

● 理解 OCP 的含义、适用条件；

● 掌握西伯利亚大陆桥、新亚欧大陆桥的概念；

● 掌握新亚欧大陆桥的优势及作用。

开篇案例

发挥桥头堡先锋作用，服务"一带一路"

2020 年 4 月 26 日，载箱量 2.4 万 TEU 的全球首艘最大集装箱班轮——THE 联盟"HMM 阿尔赫西拉斯"轮首航仪式在山东港口青岛港前湾三期集装箱码头 81 泊位隆重举行，标志着山东港口集装箱业务迈入 2.4 万 TEU"大船时代"。这是山东港口在全球港航业受新型冠状病毒性肺炎影响的特殊形势下，对接顶级港航资源，深度服务"一带一路"，共同打造"东西双向互济、陆海内外联动"国际物流大通道的有力实践，将进一步增强山东港口的综合实力，助力全球产业链供应链稳定。

基因契合：世界级大港与世界级大船的瞩目对接

大船靠大港。那么，这条世界最大的集装箱船舶到底有多大？用一组数据说明，"HMM 阿尔赫西拉斯"轮长 399.9 m，宽 61.03 m，型深 33.2 m，设计装载量为 23 964TEU，打破了此前"地中海古尔松""地中海伊莎贝拉""地中海米娅"等 23 756 TEU 的纪录，是目前世界上最大的集装箱船。

近年来，船舶大型化大行其道。世界前十大船公司纷纷更换 1.8 万 TEU 以上的大船。其中，韩国 HMM 2020 年有 12 艘 2.4 万 TEU 大船陆续下水，成为全球拥有最大集装箱船舶数量最多的船公司。"HMM 阿尔赫西拉斯"轮正是第一艘下水的大船。

超大型集装箱船所带来的规模经济效益、提高的燃油效率等效果不言而喻，但同时也对港口的码头能力、操作效率、配套服务、集疏运能力等提出了全方位挑战。

作为山东港口龙头的青岛港拥有优良的水深条件、先进的码头设施、优越的集疏运体系，23 个大型集装箱专用泊位能从容停靠世界最大集装箱船舶，"世界上有多大的船舶，青岛港就有多大的码头"，所言非虚。更有世界第一的"振超效率"闻名遐迩。目前青岛港 8 000TEU 船舶泊位效率平均达到 145 自然箱/时以上，200 m 以上的船舶作业桥吊单机效率达到 30 自然箱/时，在全球十大航运公司效率统计排名中位居首位。

山东港口在适应船舶大型化方面显示出的得天独厚优势，受到了全球众多超级货轮的青睐。据统计，今年青岛港已累计接卸装载量超 2 万 TEU 的集装箱大船 48 艘次，同比翻番增长。

聚合效应：一体化改革推动全球枢纽港版图重塑

通常，拥有大型船舶的班轮公司会选择箱量更集中、辐射性更强的港口优先挂靠，以确保单航次载箱量规模和经济效益，这直接导致航线上的少数枢纽港"强者更强"。作为"船王"的"HMM 阿尔赫西拉斯"轮此次首航选择山东港口青岛港，背后也有对航线、腹地货源等关键资源的深度考量。

自山东港口组建以来，各港口间握指成拳、错位发展，一体化改革发展不断加速。海向，增航线、扩舱容、拓中转；陆向，开班列、建陆港、拓货源，构建了以青岛港为龙头，日照港、烟台港为两翼，渤海湾港为依托，内陆众多无水港为延展的一体化发展格局，加快打造集装箱国际枢纽港，带来全球枢纽港版图的重塑。2020 年以来，山东港口新增集装箱航线 10 条，其中青岛港集装箱航线达到 174 条，航线密度稳居北方港口第一位。

为进一步优化"一带一路"航线布局，2019 年 10 月与 HMM 签署中（鲁）韩国际大通道框架协议，发挥山东港口在国际资源配置、国际物流运输中的区位、政策等优势，与中日韩港航及物流企业联手打造东联日韩、西接欧亚大陆的国际物流大通道。而此次首航的"HMM 阿尔赫西拉斯"轮将被投入 THE 联盟亚洲—北欧航线中，实现青岛港欧洲航线的运力升级，继续扩大青岛港远洋航线优势。新大船的投入运营，使原有的航线舱位增长了 30%，这将进一步放大平台效应和聚合效应，助力山东港口加快由目的港向枢纽港、由物流港向贸易港转型。

"HMM 阿尔赫西拉斯"轮从青岛出发，依次挂靠釜山、宁波、上海等港口，经苏伊士运河后驶往鹿特丹、汉堡等欧洲港口，将加快打造东联日韩、西接欧亚大陆的"东西双向互济、陆海内外联动"的国际物流大通道，也将助力山东港口打造"一带一路"海上战略支点、世界一流的海洋港口和国际航运中心。

来源：全球首艘最大集装箱班轮：THE 联盟"HMM 阿尔赫西拉斯"轮首航山东港口[EB/OL].（2020－04－26）[2021-1-10]. http://news.hexun.com/2020-04-26/201157542.html.

思考题：结合我国东部沿海港口发展，谈谈大陆桥发展对于我国乃至中亚地区的作用和意义。

10.1　大陆桥运输概述

10.1.1　大陆桥运输的定义

大陆桥运输（land bridge transport）是用横贯大陆的铁路或公路作为中间桥梁，将大陆两端的海洋运输连接起来的连贯运输方式。大陆桥运输也属国际多式联运的范畴，由于大陆桥运输在国际多式联运中的作用比较突出，因此作为一种特殊的运输方式存在。其目的在于缩短运输距离，减少运输时间和节约运输总费用支出。目前从太平洋东部的日本，通过海运到俄罗斯远东沿海港口（纳霍德卡和东方港等），后再经西伯利亚大铁路等陆上交通，横跨亚欧大陆直达欧洲各国或沿海港口，再利用海运到达大西洋沿岸各地，这类货物运输即为典型的大陆桥运输。

大陆桥运输一般都是以集装箱为媒介，因为采用大陆桥运输，中途要经过多次装卸，如果采用传统的海陆联运，不仅会增加运输时间，而且大大增加装卸费用和货损货差。以集装箱为运输单位，则可大大简化理货、搬运、储存、保管和装卸等操作环节，同时经海关铅封的集装箱，中途不用开箱检验，可以迅速直接转换运输工具，故采用集装箱是开展大陆桥运输的最佳方式。

10.1.2　大陆桥运输产生的历史背景

历史上第一条大陆桥是美国大陆桥，该大陆桥产生于 20 世纪 50 年代初期。当时由于朝鲜战争的进行和运输战争物资的需要，日本通向西方的海运受到严重威胁，于是日本与美国联合，利用美国东、西海岸的港口和铁路网，开展海—陆—海联运集装箱货物。其做法是：日本货运公司，将集装箱装载在船上，运到美国太平洋沿岸港口上岸，再利用横贯美国东西的铁路，运输到美国东海岸港口（大西洋沿岸），再装船运输到欧洲。

第二条大陆桥，试办于 1967 年，1971 年转为正式运营。当时，由于阿以战争爆发，迫使苏伊士运河关闭，航运中断，沟通亚、非、欧大陆以及红海与地中海的国际通道被截断，而又时逢巴拿马运河堵塞，远东与欧洲之间的海上货运船舶不得不改道绕航非洲好望角或南美洲德雷克海峡，导致航行里程增加，运输时间延长。又由于石油危机的冲击，油价上涨，海运成本急剧上升；再加以苏联建设开发西伯利亚，于是日本为了开辟新的通向西方的运输线，又与苏联联合，利用其东部的纳霍德卡港和西伯利亚铁路以及欧洲铁路，形成了世界上第二条大陆桥运输线，它就是当今世界上运量最多的西伯利亚大陆桥。现在西伯利亚大陆桥西端已扩展到中欧、西欧、英国、爱尔兰、北欧和伊朗等地，东端从海上连接韩国、中国、菲律宾等国家和地区。

目前广泛使用的大陆桥除西伯利亚大陆桥、北美大陆桥外，还有横贯我国的新亚欧大陆桥和在建的第三条亚欧大陆桥。

10.1.3 大陆桥运输的特点和优越性

1. 大陆桥运输的特点

（1）采用海陆联运方式，全程由海运段和陆运段组成。

（2）比采用海运缩短路程，但增加了装卸次数。所以在某一地域大陆桥运输能否发展，主要取决于它与全程海运比较在运输费用、运输时间等方面的综合竞争力。

2. 大陆桥运输的优越性

（1）缩短了运输里程；

（2）降低了运输费用；

（3）加快了运输速度；

（4）简化了作业手续；

（5）保证了运输安全，简化了货物的包装。

10.2 北美大陆桥

北美大陆桥（North American land bridge）是指利用北美的大铁路从远东到欧洲的"海陆海"联运。北美的加拿大和美国都有一条横贯东西的铁路公路大陆桥，它们的线路基本相似，北美大陆桥是世界上历史最悠久、影响最大、服务范围最广的陆桥运输线。其中美国大陆桥的作用更为突出。

10.2.1 美国大陆桥

美国大陆桥（U.S. land bridge）是北美大陆桥的组成部分，是最早开辟的从远东至欧洲水陆联运线路中的第一条大陆桥。美国大陆桥有两条线路。

（1）连接太平洋与大西洋的路线。远东、中国、东南亚的货物从美国西海岸的洛杉矶、西雅图、旧金山等口岸上桥，通过铁路横贯美国至美国东海岸的纽约、巴尔的摩等港口转海运到达欧洲，其中铁路全长约 3 200 km，运输方式为海—铁—海。

（2）连接太平洋与墨西哥湾的路线。远东、中国、东南亚的货物从美国西海岸上桥，通过铁路至南部墨西哥湾口岸的休斯敦、新奥尔良等港口转海运到达南美洲，铁路全长 500～1 000 km，运输方式为海—铁—海）。

美国大陆桥后因东部港口和铁路拥挤，货到后往往很难及时换装，抵消了大陆桥运输所节省的时间，大陆桥运输的优越性没有得到充分的体现。目前美国大陆桥运输基本陷于停顿状态，但在大陆桥运输过程中，又形成了小陆桥和微型陆桥运输方式，而且发展迅速，其地位远高于大陆桥。

小陆桥、微型陆桥和大陆桥运输的区别如图 10-1 所示。

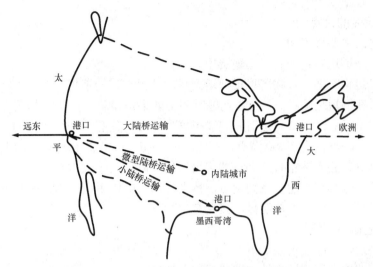

图 10-1　小陆桥、微型陆桥和大陆桥运输示意图

10.2.2　美国小陆桥

　　小陆桥（mini-land bridge，MLB）运输比大陆桥的海—陆—海运输缩短一段海上运输，成为海—陆或陆—海形式。如远东至美国东部大西洋沿岸或美国南部墨西哥湾沿岸的货运，可由远东装船运至美国西海岸，转装铁路（公路）专列运至东部大西洋或南部墨西哥湾沿岸，然后换装内陆运输运至目的地。小陆桥运输是在美国大陆桥开始萎缩后产生的，这种运输由于不必通过巴拿马运河，所以可节省时间。小陆桥运输全程使用一张海运提单，由海运承运人支付陆上运费，由美国东海岸或墨西哥港口转运至目的地的费用由收货人负担。我国前几年大部分货物用此方式运达美国。

　　我国出运到美国的集装箱货物，在使用小陆桥运输时可先将货物运至日本港口，再转运美国西海岸卸船后，交铁路运抵美国东部海岸或加勒比海区域。

　　对我国出口商、运输经营人来说，使用小陆桥运输条款应注意以下问题。

　　（1）小陆桥运输是完整的多式联运，由运输经营人签发全程联运提单，并收取全程运费，对全程运输承担责任。

　　（2）小陆桥运输下的集装箱货物，其提单应分别注明卸箱港：××港，交货地：××交货地。

　　（3）小陆桥运输下成交的货物，卖方（发货人）承担的责任、费用终止于最终交货地。

　　（4）小陆桥运输下的集装箱货物，应根据运输经营人在美国注册的运价本收取运费，原则上无任何形式的运费回扣，除非运输经营人与货主之间订有服务合同，即在一定时间内提供一定货运量后，货主可享有较低运价。

　　（5）在按服务合同收取运费而货物托运人是无船承运人时，小陆桥运输的集装箱货物应出具两套提单，一套是无船承运人签发给货主的无船承运人提单 HOUSE-B/L，另一套则是船公司签发给无船承运人的主提单 MEMO-B/L。前者给货主用于结汇，后者供无船承运人在美国的代理凭其向船公司提货。

1. 小陆桥运输的优点

小陆桥运输的主要优点如下。

（1）避免了绕道运输，节省了运输费用。

（2）缩短了运输时间，货物可以提前运到目的地投放市场销售。

美国小陆桥在缩短运输距离、节省运输时间上效果是显著的。以日本/美东航线为例，从大阪至纽约全程水运（经巴拿马运河）航线距离为 9 700 海里，运输时间 21～24 d。而采用小陆桥运输，运输距离仅为 7 400 海里，运输时间 16 d，可节省 1 周左右的时间。

（3）可以享受铁路集装箱直达列车的优惠运价，降低运输成本。

由于小陆桥运输具有上述一系列优点，特别是通往美国墨西哥湾口岸的小陆桥运输，因其运输时间缩短显著，成本降低明显，很受客户青睐。

2. 小陆桥运输的路线

目前小陆桥运输的路线主要如下。

（1）欧洲到美国东海岸转内地或其相反方向运输。

（2）欧洲到美国墨西哥湾地区转内地或其相反方向运输。

（3）远东、日本到美国西海岸转内地或其相反方向运输。

（4）澳大利亚到美国西海岸转内地或其相反方向运输。

3. 小陆桥运输存在的问题

小陆桥运输方式的出现比原有的大陆桥运输更具优势，深受货主的青睐，但在运输业发展过程中，仍存在一些问题。

（1）铁路运输费用偏高。

（2）运输时间上得不到保证，特别是冬季。

（3）由于往返程集装箱货源不平衡，造成空集装箱在美国东海岸大量积压。

（4）当集装箱货物运至美国东海岸或墨西哥湾，再运送到内陆收货人手中时，这部分内陆运输费用和责任不在陆桥运输范围内，由货主自己负担。

（5）美国东海岸铁路本身的衔接问题等。

基于小陆桥运输的这些不足，货主们表现出一些不满。于是，一种更具优势的运输方式出现了。

10.2.3 美国微型陆桥

1. 微型陆桥运输的产生

微型陆桥运输（U.S.micro-land bridge），是在小陆桥运输形成的基础上产生的。

随着小陆桥运输的发展，又产生了新的矛盾，如货物由靠美国东海岸内地工厂运往国外、远东地区（或反向），首先要通过国内运输，以国内提货单运至东海岸，交给船公司，然后由船公司签发由东海岸出口的国际货运单证，再通过国内运输，运至西海岸港口或运至远东。对于这种运输路线，不仅增加了运输费用，而且耽误了运输时间。为解决这一矛盾，微型陆桥应运而生。

所谓微型陆桥运输，是指海运加一段从海港到内陆城乡的陆上运输或相反方向的运输形式。由于没有通过整条陆桥，而只利用了部分陆桥，故又称半陆桥运输（semi-land bridge），如远东至美国内陆城市的货物，改用微型陆桥运输，则货物装船运至美国西海岸，换装铁路

（公路）集装箱专列可直接运至美国内陆城市。微型陆桥运输全程也使用一张海运提单，铁路运费也由海运承运人支付。微型陆桥运输与小陆桥运输的区别在于铁路运费，微型陆桥运输包括由东岸港口或墨西哥湾至最终目的地的运费由承运人负责，而小陆桥运输对由港口或墨西哥湾至最终目的地的运费由收货人承担。微型陆桥比小陆桥优越性更大，既缩短了时间，又节省了运费，因此近年来发展非常迅速。

我国出口美国的集装箱货物，在进口商寄来的信用证中经常出现"IPI"一词，其英文全称为"interior point intermodal"，意即"内陆点多式联运"，即 IPI 运输，是指远东、日本经美国西海岸至美太平洋岸西南向、墨西哥湾口岸港口，利用集装箱拖车或铁路运输将货物运至美国内陆城市的海陆联运，是典型的微型陆桥运输。因此，运输实务中经常用"IPI"代表微型陆桥运输。

IPI 运输条款下的内陆公共点（inland common points）主要包括：芝加哥、亚特兰大、达拉斯、底特律、丹佛、圣路易斯、密尔沃基、华盛顿、普勒维丹斯、里士满、堪萨斯城、夏洛特、辛辛那提、盐湖城、圣迭戈、萨克拉门托、孟菲斯。

使用 IPI 运输时应注意以下问题。

（1）在 IPI 运输方式下其提单应写明卸箱港：××港，交货地：××交货地。

（2）运输经营人对货物承担的责任从接收货物时起至交付货物时止，即对全程运输负责。

（3）IPI 运输方式下的集装箱货物，在到岸价的情况下，卖方（发货人）承担的责任、费用终止于最终交货地。

（4）IPI 运输尽管使用两种不同的运输方式，但使用同一张货运提单并收取全程运费。

2. 微型陆桥运输的优点

微型陆桥运输与小陆桥运输相比，运输时间更短，送达时间更快，运输费用更省，主要体现在以下几个方面。

（1）由于微型陆桥运输可以使用联运提单，经美国西海岸港口，将集装箱货物直接运送至美国内陆城市。

（2）避免不必要的绕道和迂回运输，使运输径路更合理。

（3）避免在港口中转换装和运输时间的延误。

（4）可以做到船舶与铁路集装箱直达列车相衔接，以更快的运输速度直达目的地。

10.2.4　加拿大大陆桥

加拿大大陆桥（Canada land bridge）的运输路线是，通过海运将集装箱货物从日本海运至温哥华或西雅图后，利用加拿大两大铁路横跨北美大陆运至蒙特利尔，然后再与大西洋的海上运输相连接，一直运到欧洲各港口。

加拿大大陆桥最初是为了与西伯利亚大陆桥相抗衡而设立的，但是，由于经日本—加拿大—欧洲的运费与经日本—欧洲集装箱船运费差不多，故日本的客户对加拿大大陆桥运输也不积极，所以加拿大大陆桥也未发展起来。

10.2.5　OCP 运输

"OCP"是 overland common points 的简写，意即"内陆公共点或陆上公共点"。其含义是：根据美国运费率规定，以落基山脉为界，即除紧临太平洋的美国西部 9 个州以外，其以东地区均为适用 OCP 的地区范围，这个范围很广，约占美国全国三分之二的地区。

OCP 运输是一种特殊的国际运输方式。它虽然由海运、陆运两种运输形式来完成，但它并不是也不属于国际多式联运。国际多式联运是由一个承运人负责的自始至终的全程运输；而 OCP 运输，海运、陆运段分别由两个承运人签发单据，运输与责任风险也是分段负责。因此，它并不符合国际多式联运的含义，它是一种国际多式的联营运输。总之，OCP 运输是"为履行单一方式运输合同而进行的该合同所规定货物的接送业务，不应视为国际多式联运。"(《联合国国际货物多式联运公约》)

OCP 是一种成熟的国际航运惯例。美国 OCP 运输条款规定，凡是经过美国西海岸指定港口转往内陆地区的货物，如果按照该条款运输，可以享受内陆地区运输的优惠运费率，即陆路公共点运费率（OCP rate），比当地运费率（local rate）低 3%～5%，同时可享有比直达美国东海岸港口每尺码吨约低 3.5 美元的海运费，已含内陆转运费、码头费、装卸费等。因此，采用 OCP 运输，对进出口双方都有利。

OCP 运输只适用于美国或加拿大内陆区域。采用 OCP 运输方式时必须满足以下条件。

（1）货物最终目的地必须属于 OCP 地区范围内，这是签订运输条款的前提。签订贸易合同时应在运输条款中予以明确，同时也要明确是集装箱运输，OCP 运输方式。

（2）货物必须经由美国西海岸港口中转。因此，在签订贸易合同时，有关货物的目的港应规定为美国西海岸港口，即为 CFR 或 CIF 美国西海岸港口条件。

（3）在提单备注栏内及货物唛头上应注明最终目的地 OCP***城市。为方便制单结汇，信用证也要做出相应规定：

"自***（装运港）至***（美国西海岸港口）OCP***（内陆地点）"，其英文如下：

"Shipment from *** to *** OCP***"

例如，我国出口至美国一批货物，卸箱港为美国西雅图，最终目的地是芝加哥。西雅图是美国西海岸港口之一，芝加哥属于美国内陆地区城市，此笔交易就符合 OCP 规定。经双方同意，可采用 OCP 运输条款。在贸易合同和信用证内的目的港可填写"西雅图"后加括号内陆地区，即"CIF Seattle（OCP）"。除在提单上填写目的港西雅图外，还必须在备注栏内注明"内陆地区芝加哥"字样，即"OCP Chicago"。货物品名、唛头及货物包装上也应注明 Seattle OCP Chicago，在提单中间空白处也要加打 OCP Chicago 标记，以便在装卸、转运时识别。

采用 OCP 方式运输，即使货物的最终目的地分散在美国内陆区域的几个地方，只要把所有货物品名并列在一份提单上，且在最终目的地处注明 OCP，承运人将合并计算含装卸、仓租、码头及内陆转运在内的相关费用，海运部门安排货物的内陆转运工作，收货人在指定目的地提货，从而大大方便了收货。

为了更好地区分几种运输方式，将异同点汇总于表 10-1。

表 10-1 OCP，MLB 和 IPI 运输方式比较

比较项	OCP	MLB	IPI
货物成交价	卖方承担的责任、费用终止于美国西海岸港口	卖方承担的责任、费用终止于最终交货地	与 MLB 相同
提单签发	仅适用海上区段货物运输	适用全程运输	与 MLB 相同

续表

比较项	OCP	MLB	IPI
运费计收	海、陆运输分段计收运费	收取全程运费	与 MLB 相同
保险区段	海、陆运输区段分别投保	可全程投保	可全程投保
货物运抵区域	内陆公共点	美国东海岸和美国湾	内陆公共点
多式联运方式	不是完整的多式联运	完整的多式联运	完整的多式联运
空箱回运	船公司	收货人	收货人
运单使用	陆上用	不用	不用
运输责任	海、陆分别	提单签发人	提单签发人

10.3　西伯利亚大陆桥

西伯利亚大陆桥（Siberian land bridge）也称第一亚欧大陆桥，全长 1.3 万 km，东起俄罗斯东方港或纳霍德卡，西至俄芬（芬兰）、俄白（白俄罗斯）、俄乌（乌克兰）和俄哈（哈萨克斯坦）边界，过境欧洲和中亚等国家。把太平洋远东地区与苏联波罗的海、黑海沿岸及西欧大西洋岸连接起来，为世界最长的大陆桥。至 2021 年这条大陆桥运输路线的西端已从英国延伸到西欧、中欧、东欧、南欧、北欧整个欧洲大陆和伊朗、近东各国，其东端也不只是日本，而发展到韩国、菲律宾、中国等地。从西欧到远东，比海上经好望角航线缩短 1/2 的路程，比经苏伊士运河航线缩短 1/3 的路程，同时，运费要低 20%～25%，时间可节省 35 d 左右。从 20 世纪 70 年代初以来，西伯利亚大陆桥运输发展很快。目前，它已成为远东地区往返西欧的一条重要运输路线。日本是利用这条大陆桥的最大主顾。整个 20 世纪 80 年代，其利用西伯利亚大陆桥运输的货物数量每年都在 10 万个集装箱以上。

1. 西伯利亚大陆桥运输服务形式

当时，前苏联为了更好地经营西伯利亚大陆桥运输，负责办理大陆桥过境运输业务，于 1980 年 2 月专门成立了运输组织机构——全苏过境运输公司（现俄罗斯运输集团公司），该机构提供下列三种大陆桥运输服务形式，如图 10-2 所示。

第一种形式：海—铁—海线（transea）。

由日本等地用船将集装箱货物运至俄罗斯纳霍德卡港或东方港，经西伯利亚铁路运至莫斯科，再经铁路运至波罗的海的圣彼得堡、塔林、里加和黑海的日丹诺夫、伊里切夫斯克，再装船运至北欧、西欧、巴尔干地区港口或相反方向的运输线。

第二种形式：海—铁—铁线（tranrail）。

由日本等国家，用船将集装箱货物运至俄罗斯纳霍德卡港或东方港，经西伯利亚铁路运至西部国境站，再转至伊朗或东欧、西欧铁路，再运至欧洲各地或相反方向的运输线。

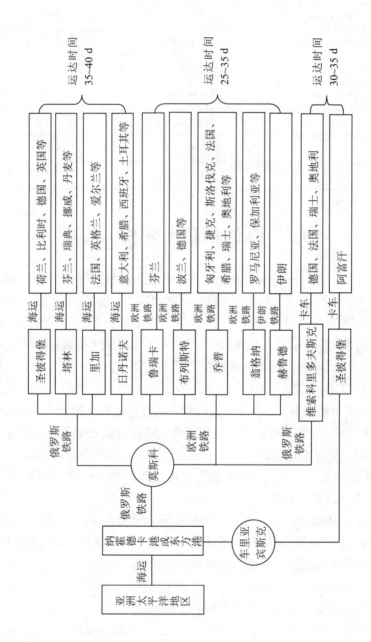

图 10-2 西伯利亚大陆桥运输路径图

第三种形式：铁/卡路线（Trancons）。

由日本等地把货箱装船运至俄罗斯纳霍德卡港或东方港，经西伯利亚铁路运至俄罗斯西部边境站布列斯特附近的维索科里多夫斯克，再用卡车把货箱运至德国、法国、瑞士、奥地利等国。

2. 西伯利亚大陆桥运输经营组织

现在，西伯利亚大陆桥运输业务经营者是俄罗斯过境运输集团公司，该公司设有三个业务处。

（1）西伯利亚过境运输处。主管经过俄罗斯往返欧洲与远东之间的过境运输。

（2）伊朗过境运输处。主管欧洲和亚洲经过俄罗斯至伊朗的过境运输。

（3）南方过境运输处。主管从欧洲和亚洲经过俄罗斯至阿富汗，以及中东地区的过境运输。

俄罗斯过境运输集团公司由俄罗斯联邦经济发展与贸易部设立，公司与俄罗斯联邦交通部、海运部、空运部下属的单位组成委员会，共同安排大陆桥运输业务，制定运价，安排运输计划等。因而，组织经营大陆桥运输业务的是俄罗斯过境运输集团公司，而实际的承运者是俄罗斯的铁路、公路、航空部门。

西伯利亚大陆桥运输的另一个经营者是"俄罗斯铁路集装箱运输公司"，该公司由东欧和西欧各国铁路等部门组成。其主要业务是承担由俄西部边境站至欧洲各地和相反方向的集装箱运输。该公司是跨国组织，实行统一的运输条件和运价，中国与欧洲间的业务均与该公司有直接的、密切的联系。

我国通过西伯利亚铁路可进行陆桥运输的路线有三条。

（1）铁—铁路线。从中国内地各站把货物运至中俄边境满洲里/后贝加尔，进入俄罗斯，或运至中蒙边境站二连/扎门乌德进入蒙古，经蒙俄边境站苏赫巴托/纳乌斯基进入俄罗斯，再经西伯利亚铁路运至白俄罗斯西部边境站，辗转欧洲铁路运至欧洲各地或从俄罗斯运至伊朗。

（2）铁—海路线。由国内铁路将集装箱转我国边境满洲里，转俄罗斯铁路运至波罗的海沿岸的日丹诺夫、伊里切斯克等港后，转有关船公司船运至北欧、西欧、巴尔干地区港口。

（3）铁—公路线。由国内铁路将集装箱运至我边境满洲里，转俄罗斯铁路运至俄罗斯西部边境站，再转公路运至德国、瑞士、奥地利等国家。

3. 西伯利亚大陆桥存在的问题

（1）运输时间不稳定。运输能力易受冬季严寒影响，港口有数月冰封期。

（2）往返货源不平衡。货运量西向大于东向约 2 倍，来回运量不平衡，集装箱回空成本较高，影响了运输效益。

（3）运力紧张，铁路设备陈旧。随着新亚欧大陆桥的竞争力提高，这条大陆桥的地位正在下降。

10.4　新亚欧大陆桥

新亚欧大陆桥（A–E.land bridge）东起我国黄海之滨的连云港、日照等沿海港口城市，向西经陇海兰新线的兰州、武威、哈密、吐鲁番到乌鲁木齐，再向西经北疆铁路到达我国边境的阿拉山口，进入哈萨克斯坦，再经俄罗斯、白俄罗斯、波兰、德国，西止荷兰的鹿特丹港。

这条大陆桥跨越欧亚两大洲，联结太平洋和大西洋，全长约 10 800 km。通向中国、中亚、西亚、东欧和西欧 30 多个国家和地区，是世界上最长的一条大陆桥。1990 年 9 月 11 日，我国陇海兰新铁路的最西段乌鲁木齐至阿拉山口的北疆铁路与俄罗斯土西铁路接轨，第二条亚欧大陆桥运输线全线贯通，并于 1992 年 9 月正式通车，12 月 1 日投入国际集装箱运输业务。新亚欧大陆桥的贯通不仅便利了我国东西交通与国外的联系，更重要的是对我国的经济发展产生了巨大的影响。

10.4.1 新亚欧大陆桥的运行路线

远东和东南亚地区的货物运输，经新亚欧大陆桥自我国过境运往中东和西北欧，经阿拉山口国境站出境后的运输线路主要有六条。

第一条经哈萨克斯坦的阿拉木图、乌兹别克斯坦塔什干，到达土库曼斯坦的阿什哈巴德，并可继续运至伊朗、阿富汗、土耳其等国，形成东、中、西亚间的运输，这是一条最有价值的运输线，极具发展潜力。它比经西伯利亚大陆桥的路线运输距离要缩短 2 774～3 345 km。

第二条经哈萨克斯坦的切利诺格勒、俄罗斯的奥伦堡到达黑海沿岸的诺沃罗西克港和日丹诺夫港，再装船运到巴尔干地区。

第三条经俄罗斯的莫斯科，到达波罗的海沿岸的里加、塔林和圣彼得堡等港口，再转船运往德国、荷兰、英国、比利时、瑞典、丹麦、挪威、葡萄牙等港口。

第四条经俄罗斯的莫斯科、白俄罗斯的西部国境站布列斯特，再以欧洲铁路或公路运往波兰、德国、法国等。

第五条经哈萨克斯坦的克孜勒奥尔达、俄罗斯的伏尔加格勒、乌克兰的基辅，通过乔普国境站运至捷克、斯洛伐克、匈牙利、奥地利、瑞士等国。

第六条经乌克兰的基辅通过翁格内国境站运至罗马尼亚、保加利亚、土耳其、希腊等国。

10.4.2 新亚欧大陆桥的优势与作用

1. 新亚欧大陆桥的优势

新亚欧大陆桥又名"第二亚欧大陆桥"，是从中国连云港到荷兰鹿特丹的铁路联运线。它东起中国江苏连云港和山东日照市，西到荷兰鹿特丹、比利时的安特卫普，途经江苏、山东、河南、安徽、陕西、甘肃、山西、四川、宁夏、青海、新疆 11 个省、区，89 个地、市、州的 570 多个县、市，到中哈边界的阿拉山口出国境。出国境后可经 3 条线路抵达荷兰的鹿特丹港。中线与俄罗斯铁路友谊站接轨，进入俄罗斯铁路网，途经阿克斗亚、切利诺格勒、古比雪夫、斯摩棱斯克、布列斯特、华沙、柏林达荷兰的鹿特丹港，全长 10 900 km，辐射世界 30 多个国家和地区。它比北线大陆桥减少行程 3 000 km，比走海路费用节约 20%，时间减少一半。北线经阿克斗亚、切利诺格勒，到彼罗巴甫洛夫斯克纳，再经莫斯科、布列斯特、华沙、柏林到达鹿特丹港。南线经过阿雷西、伊列次克、布良斯克，再经过布列斯特、华沙、柏林到达鹿特丹港。也可从阿雷西分路，通过伊朗的马什哈德到德黑兰，还可从布良斯克分岔至乔普到达匈牙利的布达佩斯。亚欧大陆桥中国段全长 4 131 km，由陇海铁路和兰新铁路组成。

以亚欧大陆桥为纽带，它将中国与独联体国家、伊朗、罗马尼亚、保加利亚、匈牙利、捷克、斯洛伐克、波兰、德国、奥地利、比利时、法国、瑞士、意大利、英国紧密相连。它对环太平洋经济圈的协调发展起到重要作用，也使得中国与世界大市场的距离更近。

与西伯利亚大陆桥相比，新亚欧大陆桥具有明显的优势。

1）地理位置和气候条件优越

整个陆桥避开了高寒地区，港口无封冻期，自然条件好，吞吐能力大，可以常年作业。

2）运输距离短

（1）它使亚欧之间的货运距离比西伯利亚大陆桥缩短得更为显著，从日本、韩国至欧洲，通过新亚欧大陆桥，水陆全程仅为 12 000 km，比经苏伊士运河少 8 000 多 km，比经巴拿马运河少 11 000 多 km，比绕道好望角少 15 000 多 km，比经北美大陆桥缩短运距 9 100 km。

（2）到中亚、西亚各国，优势更为突出。日本神户、韩国釜山等港至中亚的哈萨克、乌兹别克、吉尔吉斯、塔吉克、土库曼斯坦 5 个国家和西亚的伊朗、阿富汗，通过西伯利亚大陆桥和新亚欧大陆桥，海上距离相近，陆上距离相差很大。如到达伊朗、德黑兰，如果走西伯利亚大陆桥，陆上距离达到 13 322 km。如果走新亚欧大陆桥，陆上距离只有 9 977 km，两者相差 3 345 km。又如到达中亚的阿雷西，如果走西伯利亚大陆桥，陆上距离是 8 600 km，如果走新亚欧大陆桥，陆上距离只有 5 862 km，相差 2 774 km。

3）辐射面广

新亚欧大陆桥辐射亚欧大陆 30 多个国家和地区，总面积达 5 071 万 km，居住人口约占世界总人口的 75%。东端除能吸引东亚和东南亚诸国的集装箱货物运量外，西端还能辐射北欧、西欧和东欧诸国。同时，经阿拉木图、塔什干南下，还可达中亚各国，以及伊朗、土耳其、伊拉克等国。

4）对亚太地区吸引力大

除我国外，日本、韩国、东南亚各国、一些大洋洲国家均可利用此线开展集装箱运输。

由于该大陆桥具有上述一系列优势，从发展趋势看，大陆桥运输前景广阔，开发潜力巨大。随着现代科学技术的迅猛发展，包括火车、轮船等在内的交通工具的现代化、高速化、特别是时速超过 500 km 的磁悬浮列车的试运成功，对以铁路运输为主的大陆桥运输，必将产生不可估量的推动作用。还有集装箱运输的迅速普及，既为大陆桥运输提供了稳定的箱源，又展示了大陆桥运输的巨大潜力。

2. 新亚欧大陆桥的作用

新亚欧大陆桥区域经济发展具有明显的互补性。

新亚欧大陆桥的东西两端连接着太平洋与大西洋两大经济中心，基本上属于发达地区，但空间容量小，资源缺；而其辽阔狭长的中间地带亦即亚欧腹地除少数国家外，基本上都属于欠发达地区，特别是中国中西部、中亚、西亚、中东、南亚地区，地域辽阔，交通不够便利，自然环境较差，但空间容量大，资源富集，开发前景好，开发潜力大，是人类社会赖以生存、发展的物华天宝之地。这里是世界上最重要的农牧业生产基地，粮、棉、油、马、羊在世界上占有重要地位。这里矿产资源有数百种，其中，金、银、铜、铁、铀、铅、锌、铂、镍、钛、锑、汞、铬、镁、钠、钾、钒、铝、钨、锰、钼、磷、硼等均享誉世界。能源尤为富集，煤炭储量 20 000 亿 t 以上，石油储量约 1 500 亿 t，天然气储量近 7 500 亿立方英尺，堪称世界"能源之乡"。因此，新亚欧大陆桥通过的区域，在经济上具有较强的相互依存性与优势互补性，蕴藏了非常好的互利合作前景。

新亚欧大陆桥的发展，为沿桥国家和亚欧两大洲经济贸易交流提供了一条便捷的大通道、对于促进陆桥经济走廊的形成，扩大亚太地区与欧洲的经贸合作，促进亚欧经济的发展与繁荣具有重要意义。通过沿桥开放，可以更好地吸收国际资本、技术和管理经验，加快经济振兴。

新亚欧大陆桥在中国境内全长 4 131 km，贯穿中国东、中、西部的 11 个省（区），还影响到湖北、四川、内蒙古等地区。这个地区人口约 4 亿，占全国的 30%；国土面积 360 万 km²，占中国的 37%，在中国的社会经济发展中处于十分重要的位置。中国对大陆桥沿线地区进行的地质勘探和对两侧 100 km 范围内的空中遥感勘测表明这一地带能源矿产资源相当富集，有开采价值的就达 100 多种，沿桥省区名列首位的矿产有 64 种，其中保有储量占全国 50% 以上的有煤、铝、铜、镍、石棉等。铜、铂、铅、锌、金等有色金属及石油、电力等均在全国占有举足轻重的地位。特别是煤炭储量 2 000 亿 t，石油储量数百亿吨，不仅在中国内部，在世界上也屈指可数。仅塔里木盆地油气总生成量就有 300 亿 t，相当于世界五大油田总和。该地带还有全国重要的粮食、棉花、油料和畜牧业基地。旅游资源更丰富多彩，被誉为我国的"金腰带"；黄河为该区提供了最大的水资源补给，其中上游是水力资源的"富矿带"；煤炭、石油和黄河水力资源构成了"中国能源之乡"。

这里曾是全国 156 个重点工程及三线军工、重大企业集中布置地区，煤炭、石油、机械、航空、化工、电力、冶炼、纺织等产业具有可观的规模。科学技术力量也比较雄厚。这些优势决定了该地带具有巨大的开发潜力。

10.4.3 新亚欧大陆桥的运输经营组织

1. 新亚欧大陆桥的全程经营人

有关部门已有明确规定，中国大陆桥目前只允许下列 5 个公司经营。

1）中国对外贸易运输总公司

中国对外贸易运输总公司简称中国外运集团，是中国最早开始经营国际货物多式联运和大陆桥运输的经营人，现已与世界上 140 多个国家和地区、300 多个港口及内陆城市建立了代理关系，在美国、加拿大等地设立了子公司，在汉堡、安特卫普、鹿特丹、东京、纽约、科威特等城市设有代表处和子公司，形成了联结国内外的国际运输网络。

2）中国铁路对外服务公司

中国铁路对外服务公司简称铁外服，成立于 1981 年，是交通运输部直属的综合性对外经贸公司。该公司以代理、咨询、服务等经营为主，为全国铁路系统各单位和国内外厂商服务。根据国家规定，该公司在新亚欧大陆桥过境国际集装箱运输中，负责中国铁路段的经营。

3）中铁集装箱运输有限责任公司

中铁集装箱运输有限责任公司与全国各铁路局、运输站段、数百个铁路车站的集装箱运输机构组成集装箱运输系统，管理、经营铁路集装箱运输的各项业务。公司系统调度、统一组织国内、国际集装箱铁路运输，其中包括陆桥集装箱过境运输。在国外设立分支机构和办事处的业务重点是致力于开拓国际集装箱货物多式联运业务。在国内主要城市拥有大型集装箱货场，办理各种集装箱的发运、中转、堆存、集散业务，对经由中国铁路办理的集装箱运输实行统一管理，并通过铁路各级集装箱管理机构，开展各项业务活动。

4）中国远洋运输集团公司

中国远洋运输集团公司简称中远集团，成立于 1961 年，目前拥有中国最大的远洋运输船队，是跨国家、跨地区、多层次、多元化的大型国际性的综合航运企业。在世界各地拥有独资及合营的公司和驻外代表机构，并拥有国内最完善的国际船舶代理体系，在全国主要海运口岸成立了国际货运公司，为中远船舶揽货、配载、开展国际集装箱多式联运业务，把业务从港口延伸到世界各主要港口口岸的内陆，其规模经营在国际航运界名列前茅，是典型的承运人型多式联运经营人。大陆桥国际集装箱过境运输业务由其在全国各地的货运公司负责办理。

5）中国外轮代理有限公司

中国外轮代理有限公司简称外代总公司，成立于 1953 年，在交通运输部领导下，承担中外船舶在港口的代理业务。公司同国内口岸的港务、海陆运输部门、进出口公司等业务单位有着密切的联系，与世界各个国家和地区的航运和国际贸易运输企业建立了多种形式的代理业务。

该公司主要业务范围是办理船舶进出港的申报手续，联系货物交接、中转，组织集装箱运输，受船公司委托代签海运提单、联运提单、海上运输合同，代办各种海上货物运输的费用结算，代收代付款项等。大陆桥运输业务由集装箱部负责办理。

2. 新亚欧大陆桥的运输管理

我国政府对开展新亚欧大陆桥运输极为重视，为了加强对这一运输方式的领导和组织协调，国家计委、联合交通、外贸、卫生等相关部门于 1991 年 7 月 9 日联合颁发了《关于亚欧大陆桥国际集装箱过境运输管理试行办法》，明确规定了过境中国运输的经路、口岸、经营人、费用标准、报关报验手续等有关事宜。其主要内容包括以下几个方面。

（1）亚欧大陆桥运输指国际集装箱从东亚、东南亚国家或地区由海运或陆运进入我国口岸，经铁路运往蒙古、独联体各国、欧洲、中东等国家和地区或相反方向的过境运输。

（2）过境国际集装箱（以下简称过境箱）箱型应符合国际标准化组织 ISO 的规定。目前只办理普通型 20 ft、40 ft 箱。其他冷藏、板架、开顶等专用型集装箱的运输临时议定。

（3）办理过境箱的中国口岸暂定为：连云港、天津、大连、上海、广州港和阿拉山口、二连浩特、满洲里、深圳北铁路换装站。

（4）中国办理过境箱的全程经营人为中国铁路对外服务公司、中国对外贸易运输总公司、中国远洋运输总公司、中国外轮代理总公司及其在口岸所在地的分支机构和口岸所在地政府指定的少数有国际船、货代理权的企业。

（5）办理过境箱铁路运输的中国段经营人为中国铁路对外服务总公司。中国铁路对外服务公司应积极与有关国家铁路经营人协商并签订协议，做好过境箱的交接、清算、信息处理等工作。

（6）过境箱铁路运输的费用采取全程包干。实行浮动，一次支付外汇（美元）。由中国铁路对外服务公司统一收取、结算。

（7）过境箱铁路运输按《国际铁路货物联运协定》及交通部有关规定办理。铁路部门应及时与过境国铁路部门联系，对过境箱运输合理组织，加强调度，掌握动态，在计划、装车、挂运等方面提供方便。

（8）过境箱在港口的运输、装卸作业按交通部有关规定办理。过境箱在中国港口的装卸船费、堆存费及装卸车费等实行包干，按现行规定支付。各港口应对过境箱的提取、装卸、转运提供方便。

（9）过境箱入境时，经营人应按海关规定填写"过境货物申报单"一式两份，向入境地海关申报。申报单位应注明起运国和到达国，一份由入境地海关存查，另一份由海关做关封。并加盖海关监管货物专用章，随铁路票据传递到站，交出境地海关凭此检查放行。

（10）下列物品不准办理过境运输：各种武器、弹药及军需品（通过军事途径运输的除外）、鸦片、吗啡、海洛因、可卡因、烈性毒品及动植物。

（11）卫检和动植物检疫机关对来自非疫区的过境箱，一般不进行卫生检疫和动植物检疫。对来自疫区的过境箱，经营人需向卫生检验、动植物检疫机关申报、装有动植物产品的过境箱，经营人需向动植物检疫机关申报。卫生检验和动植物检疫机关对申报的过境箱应简化手续，为过境箱及时转运提供方便，申报时一律不收取费用。

（12）各地海关应加强对过境箱的管理，在口岸联检及报关中如发现过境箱以藏匿或伪报品名等手法逃避海关监管，装运禁止过境的货物时，由海关按中国海关规定处理；如箱体完整、封志无损，未发现违法或可疑现象时可只做外形查验，为过境箱提供方便。

（13）过境箱原则上由经营人办理运输保险或保价运输。各承运人应严格执行过境箱的交接手续，发生货损货差时，认真做好商务记录，按国际和国内有关规定处理。

3. 当前新亚欧大陆桥存在的问题

自从1992年12月1日第一列新亚欧大陆桥过境集装箱列车由连云港驶出以来，新亚欧大陆桥集装箱运输得到了很大发展，但仍存在许多不足，其原因主要有以下几个方面。

（1）面临西伯利亚大陆桥的激烈竞争。俄罗斯政府为了保护西伯利亚大陆桥的运输市场份额，为吸引更多货源，把大多数的人力、财力和物力投入到西伯利亚大陆桥上，并采取了降价、提速和提高服务质量的措施。由纳霍德卡的东方港经西伯利亚大陆桥到俄波边境的布列斯特的集装箱快运列车运营，全程1.2万km，历时仅9d，运行期间可随时掌握货物动态。

（2）新亚欧大陆桥货源不平衡，陆运换装时间较长。一般都认为，新亚欧大陆桥是连接亚太地区和欧洲最快捷、最廉价的运输通道。但事实上中欧陆上区段的运输时间也存在一定的问题。以中欧集装箱班列为例，途经各国之间的铁轨轨距、海关监督、报关等各个方面的对接，因此比海运、空运更为复杂。比如，一趟由中国发往德国的班列，途中至少要经过两次换装，使用不同技术标准的火车车板做三段运输：中国的车板、宽轨段的车板，以及欧洲的车板。按我国目前铁路规定的运输速度计算，从连云港到阿拉山口约需18d。出境后，在每个国家境内都需要两天以上的时间进行换装、报关、报验等作业。初步计算，非整列集装箱运输从连云港到鹿特丹要超过40d，整列也需要30d以上，而全程海运实际运输时间目前平均仅需要25d左右、而西伯利亚大陆桥铁路提速后不会超过全程海运的时间。

尤其是新型冠状病毒性肺炎爆发以来，对欧洲的供应链带来了较大冲击，加剧了中欧间贸易结构的不平衡，使得中欧班列去回程货种不平衡的情况相比往年更为严重，对中欧班列出境后宽轨段的车板在洲际间的周转带来压力，到达欧洲的宽轨段车板因为缺少回程货物而没有办法快速回到中方边境口岸接车，进而形成了出口货物在边境口岸的积压与拥堵。尽管中国国家铁路集团有限公司曾经发布过几次出口货物停装令，但收效甚微。

（3）过境口岸设施条件差、手续烦琐、停留时间长。目前，中哈边境口岸存在着三方面的问题，制约了新亚欧大陆桥运输的发展。一是阿拉山口站场在设施、换装能力、仓储能力等方面均不能适应大陆桥运输的实际需要。以前，中哈边境的通行速度为每天

100～150 辆汽车和 900 辆铁路货车，自 2020 年疫情以来，平均每天仅 20 辆汽车和 500 辆铁路货车，疫情导致的东西向货物运输的不平衡更是加剧了口岸拥堵的常态化。不过，对此状况哈方也在积极努力提升。据悉，在"光明之路"国家规划（2020—2025）框架下，哈方正在对多斯托克车站进行现代化改造，以提升列车通关效率，扩大过境运输规模。计划到 2025 年前，将过境哈萨克斯坦的集装箱班列运行速度提升到 1 300～1 400 km/d，将多斯托克车站的换装能力提升到 100 万 TEU/d。二是阿拉山口和德鲁日巴口岸的检查检验手续烦琐，造成货物停留时间长，有时停留竟达 5～6 d。三是阿拉山口岸各种收费项目繁多。据货主反映，一车货物在阿拉山口除运费以外的各种费用竟达四五千元人民币。

4. 新亚欧大陆桥的对策建议

新亚欧大陆桥经济走廊是丝绸之路经济带的重要载体，在地理区位上对其他经济走廊的建设具有引领作用。为使新亚欧大陆桥（TCR）国际集装箱联运能吸引到更多的货源，需要加强以下几方面工作。

一是加强铁路口岸站换装能力建设，提高铁路运能和运力。各国铁路加强口岸站换装能力建设，配备先进的作业设施，有利于集装箱联运顺利过境，不出现因口岸堵塞而停限装。同时新亚欧大陆桥沿桥国家要不断完善线路、车辆、信息等设施，保障快捷运输和货物安全，为客户提供更优良的服务。中国铁路也正在大力加强铁路和口岸站设施建设，即将投入使用的阿拉山口换装库也是中国铁路加强阿拉山口口岸通过能力建设的重要举措之一。二是加强新亚欧大陆桥沿桥国家的协调。建立新亚欧大陆桥的多边合作协调机制，包括各国海关及检验检疫部门在内定期组织召开协商会，协调各国的利益，发展全桥统一的多式联运，为客户提供无障碍运输。三是建议欧盟国家对亚欧间长距离运输的铁路集装箱联运给予较低的运价，以降低运输成本，争取更多货源。四是揽取更多的东行货物，提高新亚欧大陆桥国际集装箱联运的效率。由于各国的经济程度不同和国情差异，现在新亚欧大陆桥国际集装箱联运中西行的货物多，东行的适箱货少，造成很多空箱东返，浪费了宝贵的运力资源。因此，建议各国以优惠的价格揽取东行货物，实现新亚欧大陆桥国际集装箱联运重去重回，提高新亚欧大陆桥的运输效率。

10.5　第三亚欧大陆桥

10.5.1　第三亚欧大陆桥构想的提出

2007 年 11 月 1 日，云南专家学者在"构建第三亚欧大陆桥专家论坛"会上提出"第三亚欧大陆桥"构想，这个构想是云南提出建设中国连接南亚国际大通道的一个扩展。具体路线以深圳港为代表的广东沿海港口群为起点，以昆明为枢纽，经缅甸、孟加拉国、印度、巴基斯坦、伊朗，从土耳其进入欧洲，最终抵达荷兰鹿特丹港，横贯亚欧 21 个国家（含非洲支线四个国家：叙利亚、黎巴嫩、以色列和埃及），全长约 151 57 km，比目前经东南沿海通过马六甲海峡进入印度洋行程要短 3 000 km 左右。

10.5.2　第三亚欧大陆桥的战略意义

第三亚欧大陆桥通过 AMBDC 机制（东盟—湄公河流域开发合作机制）下的泛亚铁路西线，把亚洲南部和东南部连接起来，使整个亚洲从东到西、从南到北的广大地区第一次通过铁路网完整地联系起来，成为我国继北部、中部之后，由南部沟通东亚、东南亚、南亚、中亚、西亚以及欧洲、非洲的又一最便捷和安全的陆路国际大通道。

一直以来，亚洲南部没有一条大动脉可以连接亚洲各地区及欧洲、非洲。东亚国家到南亚、西亚和非洲的贸易仍然主要依赖海运，从太平洋绕过马六甲海峡进入印度洋再到南亚、非洲和欧洲目的地，无形之中增加了贸易成本。第三亚欧大陆桥将从陆路沟通东亚、东南亚、南亚、西亚与欧洲和非洲的联系，从亚洲南部形成第三条贯通太平洋、印度洋和大西洋之间的陆路桥梁。对于中国、亚洲、欧洲和非洲的发展都具有深远意义。

10.5.3　第三亚欧大陆桥的主要优势

1. 地缘优势突出

第三大陆桥地理位置和气候条件较好，避开了高寒、沙漠地区，相邻港口无封冻期。它同时也是沟通大西洋、印度洋的桥梁，联系亚洲、欧洲、非洲的纽带，连接黑海、地中海、红海、阿拉伯海、里海的枢纽；并与土耳其海峡、直布罗陀海峡、霍尔木兹海峡三个重要石油通道和苏伊士运河及马六甲海峡两个特殊交通要道相连，其地缘优势不言而喻。

2. 基本与海岸线平行

与第一、第二大陆桥相比，第三亚欧大陆桥最大的优势是其基本与海岸线平行，连接港口最多，海运与陆运结合最紧密。世界许多重要港口都在这条通道上，如上海、宁波、广州、吉大港、加尔各答、孟买、塞得港、伊斯坦布尔等，其中很多都是世界上最繁忙的港口，货物吞吐量大，在全球运输业和商业中占有重要地位。同时，这些海港中许多又是重要的航空港，航线密集，空运发达。这样，第三大陆桥能较好地将海、陆、空三种运输方式结合在一起。

3. 铁路网十分密集

与第一、第二大陆桥相比，第三亚欧大陆桥沿途铁路网密集，这些铁路网连成一座巨大的"桥网"。从东往西，依次是我国长江中下游地区铁路网、中南半岛铁路网、南亚次大陆铁路网、西亚铁路网、欧洲铁路网，从西亚再往西进入北非铁路网。

10.5.4　第三大陆桥的主要作用

构建以深圳港为起点的第三亚欧大陆桥，可以进一步推动我国东南沿海港口贸易。具体作用表现在以下几个方面。

1. 云南成为桥上枢纽

云南省地处我国与中南半岛和南亚次大陆结合部，与越南、老挝、缅甸直接接壤，是我国不绕经马六甲海峡通往南亚、中亚、印度洋进入欧洲、非洲最为便捷的陆上通道，具有地理位置最优、面临市场最广、与东盟及沿桥国家的互补性最强、友好交往历史最久、对外连通条件最好的优势。云南立体交通网络的建成，能够凭借独特的区位和交通优势，汇集西南华南地区对南亚、东南亚的大部分人流、物流，成为第三亚欧大陆桥的枢纽。当前，云南已成为中国西南地区与东南亚各国的国际通信联络前沿，下一步将向西延伸到孟加拉国、印度，向南延伸至泰国，成为第三亚欧大陆桥的信息平台。

此外，云南还将成为第三亚欧大陆桥产业承接及出口加工基地，区位优势将使云南成为推动我国经济与亚欧大陆的直接融合，拓展对外开放的广度和深度，提升我国沿边开放的先行示范区。

2. 带动沿线贸易产业发展

区域经济合作是世界经济发展的主要方向，第三亚欧大陆桥沿线有以我国为主的亚太经合组织的东亚板块、东南亚国家联盟、中印缅孟合作论坛、南亚次区域合作联盟、印度洋经济社会、南亚自由贸易区、海湾石油输出国组织、欧盟、非盟等多个相互联系、相互覆盖的区域、次区域经济合作组织。这一广泛区域合作获得成功，将使得资源和各类生产要素在区域内实现优化配置。

3. 加工业制造业环境和条件得到改善

随着"第三亚欧大陆桥"工作的逐渐推进，云南省加工制造业所面临的环境和条件将得到极大改善，云南可以充分发挥我国与环印度洋和地中海沿岸地区在经济上的互补优势，借助"9+2"泛珠合作平台，主动对接市场需求，承接我国东部沿海发达地区的产业转移，在沿线中心城市和口岸布局，并发展一批面向南亚、东南亚、西亚乃至非洲的进出口加工基地和加工型贸易产业群。

10.5.5　第三大陆桥发展前景与机遇

1. 提升西部沿边开放

中国西部地区资源丰富，已发现有 160 种矿产资源，稀有金属储量占全国 90% 以上、水能资源储量占全国 80% 以上，享有"植物王国""生物基因王国""矿产资源宝库"等美称，第三亚欧大陆桥为我国西部内陆发展带来新的机遇。

2. 新的国际大通道促进我国进一步融入世界

第三亚欧大陆桥的开发，不仅对中国全方位对外开放、促进国家经济发展、消除贫困等影响巨大，更对中国进一步融入世界具有促进作用。从东亚、东南亚和南亚的发展态势来看，中国面临的竞争压力日益加剧，迫切需要通过国际大通道的建设，加速从陆路融入全球化，开拓新的市场。

3. 铁路网络建设，保障向西开放

云南铁路拥有准轨、米轨、寸轨三轨并存的路网，主要铁路有准轨贵昆、成昆、南昆、沪昆客专、云桂客专及米轨昆河、蒙宝等干线。目前，成昆铁路扩能改造工程永仁至广通段已全线铺通，渝昆高铁重庆段、四川段已开工。国际通道方面，中越国际通道国内段昆玉河铁路已全线开通，中老昆万铁路玉磨段预计 2021 年年底开通，中缅铁路大理至临沧段、中缅印铁路大理至保山段、保山至瑞丽段正快速推进。中缅国际通道方面，昆楚大铁路 2018 年 7 月开通，全线预计 2021 年通车。随后，泛亚铁路、滇藏铁路等"八出省，五出境"的铁路网规划陆续实现，以昆明为中心的铁路网将为中国对外开放向西推进提供路网保障。

中国的对外开放将是海陆并进，东西互动的新型开放战略。第三亚欧大陆桥是一个很有战略眼光同时又很现实的大胆构想，而这一构想的实现必将给我国的开放和发展带来前所未有的大好机遇，也更加密切我国同东南亚、南亚和西亚各国的经济、政治和文化往来，并提高中国对外开放的总体水平。

第三亚欧大陆桥将连接"三亚"（东亚、南亚、西亚）、沟通"三洋"（太平洋、印度洋、大西洋）、横贯"三洲"（亚洲、欧洲、非洲）。第三亚欧大陆桥将成为造福亚欧非人民的友谊之桥、发展之桥，也是企业合作，发展，共赢的桥梁，它将为我们进一步拓宽经营思路，扩大发展空间，为客户需求提供全新服务。

 复习思考题

一、填空题

1. 第一亚欧大陆桥也称_____，全长 1.3 万 km，东起俄罗斯_____，西至俄芬（芬兰）、俄白（白俄罗斯）、俄乌（乌克兰）、俄哈（哈萨克斯坦）边境，过境欧洲和中亚等国家。它将太平洋远东地区与苏联波罗的海、黑海沿岸及西欧大西洋岸连接起来，为世界最长的大陆桥。

2. 新亚欧大陆桥东起我国的_____等沿海港口城市，向西经陇海兰新线的兰州、武威、哈密、吐鲁番到乌鲁木齐，再向西经北疆铁路到达我国边境的_____，进入哈萨克斯坦，再经俄罗斯、白俄罗斯、波兰、德国，西止荷兰的_____。

二、单项选择题

1. 历史上第一条大陆桥是（　　）。

　　A. 新亚欧大陆桥　　　　　　　　　B. 美国大陆桥

　　C. 西伯利亚大陆桥　　　　　　　　D. 第三亚欧大陆桥

2. 小陆桥运输全程使用一张海运提单，由海运承运人支付陆上运费，由美国东海岸或墨西哥港口转运至目的地的费用由（　　）负担。

　　A. 分段承运人　　B. 海运承运人　　C. 收货人　　　　D. 发货人

3. 微型陆桥的陆上运费由（　　）负责。

　　A. 分段承运人　　B. 海运承运人　　C. 收货人　　　　D. 发货人

三、多项选择题

1. 美国大陆桥的两条线路为（　　）。

　　A. 连接太平洋与大西洋的路线　　　B. 连接太平洋与墨西哥湾的路线

　　C. 连接大西洋与印度洋的路线　　　D. 连接大西洋与墨西哥湾的路线

2. 西伯利亚大陆桥的经营者为（　　）。

　　A. 俄罗斯过境运输集团公司

　　B. 俄罗斯铁路对外服务公司

　　C. 俄罗斯铁路集装箱运输公司

　　D. 外轮代理公司

3. 新亚欧大陆桥的运输经营人为（　　）。

　　A. 中国对外贸易运输总公司　　　　B. 中国铁路对外服务公司

　　C. 中铁集装箱运输有限责任公司　　D. 中国远洋运输集团

　　E. 中国外轮代理有限公司

四、判断题

1. OCP 运输条款规定采用 OCP 运输的货物必须经由美国西海岸港口中转。　　（　　）
2. OCP 运输属于国际多式联运。　　（　　）

五、名词解释

大陆桥运输　　"OCP" 运输　　小陆桥运输　　微型陆桥运输

六、简答题

1. 简述大陆桥运输的优越性。
2. 简述 OCP 运输的适用条件。
3. 简述新亚欧大陆桥的优势。

七、论述题

1. 试分析美国大陆桥、小陆桥、微型陆桥的区别。
2. 试分析新亚欧大陆桥存在的问题和不足。

参考答案

一、填空题

1. 西伯利亚大陆桥　　纳霍德卡港或东方港
2. 连云港、日照　　阿拉山口　　鹿特丹港

二、单项选择题

1. B　　2. C　　3. B

三、多项选择题

1. AB　　2. AC　　3. ABCDE

四、判断题

1. T　　2. F

 案例分析

新亚欧大陆桥信息化的挑战与需求分析

1. 挑战

1）主管部门不明确

没有统一的规划、建设和管理部门，与新亚欧大陆桥相关的物流信息化涉及交通运输部、民航局、商务部、海关、商检等部门，仍然是相对分散的。而且涉及数十个重要城市及区域，由于体制没有理顺，各区域及部门之间分工又有交叉，造成了物流信息化中存在条块分割、重复建设等问题。

2）资源缺乏整合

虽然中国海运、港口、铁路、民航、口岸及各物流园区等都有自己的信息系统，对货物运输过程进行了跟踪和管理，特别是中国铁路已经完成了铁路货车跟踪信息系统的建设，但是目前这些信息大部分是为内部的生产监控服务，系统间的信息网络不能共享，信息交流必须通过纸质单证传递，对外服务很少，也缺乏专门机制和渠道服务社会。除沿海、近海个别港口和集装箱办理场站建立了个别的信息系统外，绝大部分集装箱运输管理还未应用信息系

统，这已成为制约集装箱运输发展的重要因素之一。

3）供给缺乏引导

新亚欧大陆桥沿线城市从事物流信息服务的公司、企业很多，建立的物流信息平台也很多，它们的技术途径及架构差异极大，也有部分市政府投资建设物流信息化项目，但信息系统普遍缺乏与物流链上其他企业及单位进行信息共享的能力。中国的海运、港口、铁路、口岸等大陆桥运输部门的信息系统之间缺乏有效连接和沟通，也缺乏对外提供信息服务的基本制度。

2. 需求分析

1）企业

（1）物流监控及时化。为保证在整段新亚欧大陆桥的广大区域达成在适当的时间（right time）将适当质量（right quality）的货物（right commodity）于适当的地点（right place）送达适当的客户（right customer），需要集成及管理各类物流业务数据，进行物流链电子协作，对物流服务需求及执行例外状况的变化及时做出响应。

（2）物流信息数字化。要建立多样化的数据录入和数据采集，应用自动采集识别、数据库、多对多的数据交换等技术手段，实现政府单位、物流服务提供商、制造商、流通商、上下游顾客之间的信息共享及快速流动，特别是中小型企业间的数字化协同运作。

（3）多式联运一体化。通过信息平台整合，实现运输企业、货代、仓储、集装箱、保税管理等物流资源共享与优化配置，完成新亚欧大陆桥海铁、铁公路等多式联运的信息交换及货况追踪。

2）政府

（1）口岸服务效率化。为相关政府口岸监管部门提供单点录入并线处理的信息服务，整合一关三检及港口管理，为企业提供一站式信息集成，提供口岸全程货物监管和信息共享。

（2）决策分析精确化。基于实际发生的物流信息交易，在整合的基础上，使政府主管部门及时掌握整体物流市场环境的变化，可以为政府实施规划、管理提供实用有效的决策分析信息。

思考题：试分析新亚欧大陆桥物流协作网络服务平台建设的思路。

参考答案

（1）要统筹规划，突出重点。根据新亚欧大陆桥物流信息化建设中存在的问题，提出整体宏观的物流协作服务网络平台规划，并确立以各类企业在 B2B2G 全生命周期中所发生的各式信息交换及全程货况追踪为应用重点，实现统一接入、统一身份认证、统一业务操作和统一数据管理，提升各类企业及政府在物流信息化的无缝连接。

（2）要试点示范，分步实施。新亚欧大陆桥物流范围辽阔，国家城市众多，建议选择大型企业物流链的整合协作为示范重点，打破地区限制及功能条块的制约，形成有实际需求的外在压力，逐步推动整合型的物流协作服务网络平台。

开篇案例参考答案

新亚欧大陆桥辐射亚欧大陆 30 多个国家和地区，总面积达 5 071 万 km²，居住人口占世界总人口的 75%左右。新亚欧大陆桥对于带动我国中部、西部地区经济发展，促进各民族团结具有深远的意义。

　　新亚欧大陆桥东西两端连接着太平洋与大西洋两大经济中心，基本上属于发达地区，但空间量小，资源紧缺。而其辽阔狭长的中间地带亦即亚欧腹地除少数国家外，基本上都属于欠发达地区，特别是中国中西部、中亚、西亚、中东、南亚地区，地域辽阔，交通不够便利，自然环境较差，但空间容量大，资源富集，开发前景好，开发潜力大，是人类社会赖以生存、发展的物华天宝之地。这里是世界上最重要的农牧业生产基地，粮、棉、油、马、羊在世界上占有重要地位。这里矿产资源有数百种，其中，金、银、铜、铁、铀、铅、锌、铂、镍、钛、锑、汞、铬、镁、钠、钾、钒、铝、钨、锰、钼、磷、硼等均享誉世界。能源尤为富集，煤炭储量 20 000 亿 t 以上，石油储量约 1 500 亿 t，天然气储量近 7 500 亿 ft^3，堪称世界"能源之乡"。因此，新亚欧大陆桥通过区域，在经济上具有较强的相互依存性与优势互补性，蕴藏了非常好的互利合作前景。亚欧大陆桥这一基础设施，会拉动相关产业和经济的发展，加强我国东西部之间物质和信息的交流，进而推及至对整个世界经济、贸易发展的促进作用。

　　总之，亚欧大陆桥除了具有带动周边地区经济发展的作用外，对于加强我国各民族之间的联系、促进民族团结具有同等重要的作用；同时，也能创造利于我国经济建设的和平的周边环境。

参考文献

[1] 汪益兵. 集装箱运输实务[M]. 北京：机械工业出版社，2006.

[2] 杨茅甄. 集装箱运输实务[M]. 北京：高等教育出版社，2007.

[3] 楼伯良. 集装箱运输管理[M]. 上海：华东师范大学出版社，2007.

[4] 吴永富. 国际集装箱运输与多式联运[M]. 北京：人民交通出版社，1998.

[5] 王义源. 远洋运输业务[M]. 北京：人民交通出版社，2003.

[6] 肖红，邹赐岚. 集装箱运输与多式联运[M]. 北京：人民交通出版社，2017.

[7] 赵宁，徐子奇，宓为建. 集装箱码头数字化营运管理[M]. 2版，上海：上海科学技术出版社，2019.

[8] 王鸿鹏. 集装箱运输管理[M]. 北京：电子工业出版社，2007.

[9] 江静. 国际集装箱运输与多式联运[M]. 北京：中国商务出版社，2006.

[10] 刘敏文. 危险货物运输管理[M]. 北京：人民交通出版社，2002.

[11] 刘鼎铭. 集装箱货物装箱方法[M]. 北京：人民交通出版社，1985.

[12] 高明波. 集装箱物流运输[M]. 北京：对外经济贸易大学出版社，2008.

[13] 方照琪. 集装箱运输管理与国际多式联运[M]. 北京：电子工业出版社，2016.

[14] 陈洋. 集装箱码头操作[M]. 北京：高等教育出版社，2001.

[15] 李雪蔚. 集装箱船舶积载[M]. 北京：人民交通出版社，1997.

[16] 孟祥茹，宋伟，姜华. 集装箱多式联运[M]. 北京：人民交通出版社，2017.

[17] 杨志刚. 国际集装箱多式联运实务与法规[M]. 北京：人民交通出版社，2004.

[18] 许明月，王晓东，胡瑞娟，等. 国际货物运输[M]. 北京：对外经济贸易大学出版社，2007.

[19] 杨志刚，王立坤，周鑫. 国际集装箱多式联运实务法规与案例[M]. 北京：人民交通出版社，2006.

[20] 王晓东. 国际运输与物流[M]. 北京：高等教育出版社，2006.

[21] 王艳艳. 集装箱运输管理[M]. 北京：北京理工大学出版社，2007.

[22] 蒋正雄，刘鼎铭. 集装箱运输学[M]. 北京：人民交通出版社，1997.

[23] 张炳华，张亚明，冯房柱，等. 集装箱应用全书[M]. 北京：人民交通出版社，2000.

[24] 孙家庆，张赫，程显胜. 集装箱多式联运[M]. 北京：中国人民大学出版社，2016.

[25] 谢东建. 集装箱运输管理[M]. 北京：中国物资出版社，2007.

[26] 郭丽颖. 集装箱运输学[M]. 武汉：武汉理工大学出版社，2008.

[27] 武德春，鲁广斌. 集装箱运输管理[M]. 北京：机械工业出版社，2007.

[28] 王鸿鹏，许路，邓丽娟. 国际集装箱运输与多式联运[M]. 大连：大连海事大学出版社，2004.

[29] 肖林玲. 国际货物运输代理[M]. 北京：高等教育出版社，2009.

[30] 陈琳，蔡卫卫. 集装箱多式联运[M]. 上海：上海财经大学出版社，2006.

[31] 谢东建. 集装箱运输管理[M]. 北京：中国物资出版社，2007.

[32] 吴彩奕，秦绪杰. 国际货运代理实务[M]. 合肥：中国科学技术大学出版社，2009.

[33] 黄中鼎. 国际货运代理实务[M]. 北京：中国物资出版社，2006.

[34] 范泽剑. 国际货运代理[M]. 北京：机械工业出版社，2006.

[35] 李勤昌. 国际货物运输实务[M]. 北京：清华大学出版社，2008.

[36] 刘丽艳. 集装箱运输与多式联运[M]. 北京：清华大学出版社，2017.

[37] 徐淑芬. 大陆桥运输[M]. 北京：中国铁道出版社，1997.

[38] 周江雄，庞燕. 国际货物运输与保险[M]. 长沙：国防科技大学出版社，2006.